일러스트로 읽는
르네상스의 거장들

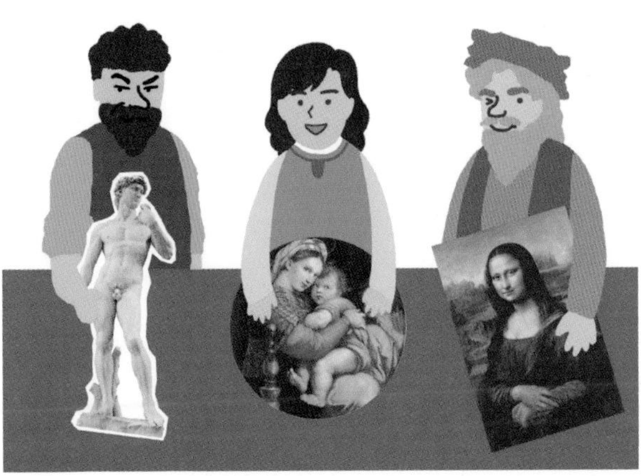

일러스트로 읽는

르네상스의 거장들

Renaissance

스기마타 미호코 지음

강신이 옮김

어젠다

머리말

이 책은 16세기의 화가이자 건축가이며, 문필가인 조르지오 바사리(Giorgio Vasari)가 쓴《미술가 열전》을 토대로 하고 있다. 역사상 처음으로 서양미술사를 쓴 이 책에는 르네상스기에 활약한 많은 예술가들의 매우 유쾌한 일화가 다양하게 실려 있다. 너무도 유명한 레오나르도 다 빈치와 미켈란젤로, 라파엘로의 일화는 물론, 독자들에게는 잘 알려지지 않은 예술가들의 개인적인 사건들까지, 때로는 만담이 아닐까 싶을 정도로 재미난 이야기들이 많이 담겨 있다. 이러한 일화를 만화의 형태로 쉽게 접한다면, 이제까지 '아득히 먼 옛날의 초인적인 천재'로만 여겨졌던 예술가들을 우리와 같은 삶을 산 인간으로 가깝게 느낄 수 있을 것이다.

한마디로 피렌체의 우피치 미술관에 가 보면 르네상스 시대에는 레오나르도 다 빈치나 미켈란젤로뿐만 아니라 그보다 더 많은 예술가가 있었다는 것을 느끼게 될 것이다. 그러나 대부분의 예술가들은 이름이 잘 알려져 있지 않고, 작품의 소재도 종교화가 대부분이라 독자들에게는 멀게만 느껴질 것이다. 하지만 예술가에 얽힌 재미난 일화와 지식을 알고 작품을 접하면, 이제껏 '아마 훌륭한 작품이겠지. 잘은 모르겠지만 말야.'라고만 생각했던 것이 '이 마리아상은 화가가 가장 사랑했던 부인의 초상이구나. 역시 미인이야.'와 같이 관점이 바뀌며 즐겁게 기억될 것이다. 이것이 바로 이 책이 바라는 점이다.

바사리의 《미술가 열전》은 이후 연구를 통해 다수의 잘못된 연대 표기, 작품과 작자의 잘못된 연결, 근거 없는 일화 등을 지적받으며 신뢰할 수 없는 책으로 각인되기도 했다. 하지만 당시의 예술가들을 이 정도로 생생하게 그려낸 책은 없었으며, 일화의 진위보다는 그랬음에 틀림없다고 믿는다는 점에서 훌륭한 가치가 있는 고전으로 읽히고 있다. 이 책을 통해 조금이라도 고전의 재미와 즐거움을 느끼게 된다면 더할 나위 없이 기쁠 것이다.

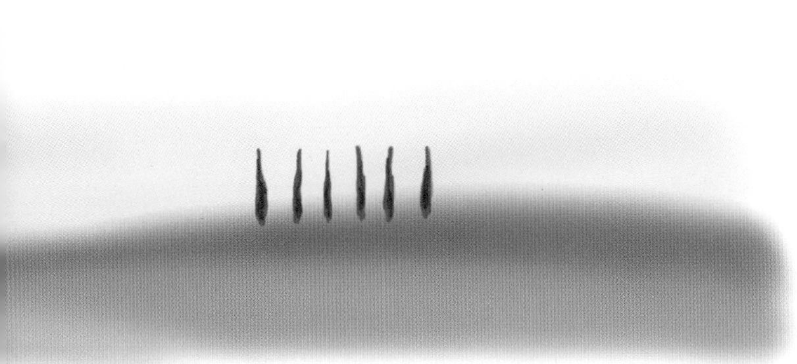

차례

머리말

르네상스기 예술가들의 연대 그래프 8

스승과 제자·친구·라이벌 관계도 10

르네상스란 12

르네상스를 지향한 사상 '인문주의' 14

바사리의 르네상스 미술 전개도 15

프로토 르네상스 16

초기 르네상스 17

전성기 르네상스 18

프로토 르네상스

지오토 20

초기 르네상스

필리포 브루넬레스키 30

도나텔로 44

마사치오 52

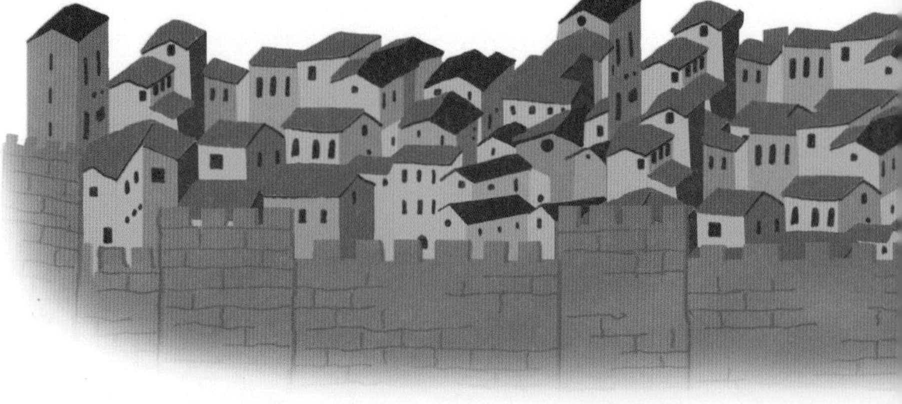

파올로 우첼로 58
프라 안젤리코 66
필리포 리피 72
보티첼리 82
미니 칼럼: 초기 르네상스의 수태고지 비교 90

전성기 르네상스
레오나르도 다 빈치 92
미켈란젤로 부오나로티 108
라파엘로 산치오 122
미니 칼럼: 세 거장의 자화상 비교 135

특별 기획: 거장들의 악마 표현 비교 136
《미술가 열전》의 저자 '조르지오 바사리'는 이런 사람 138
르네상스 예술가로 보는 당신은 어떤 타입인가? 142

참고문헌 144

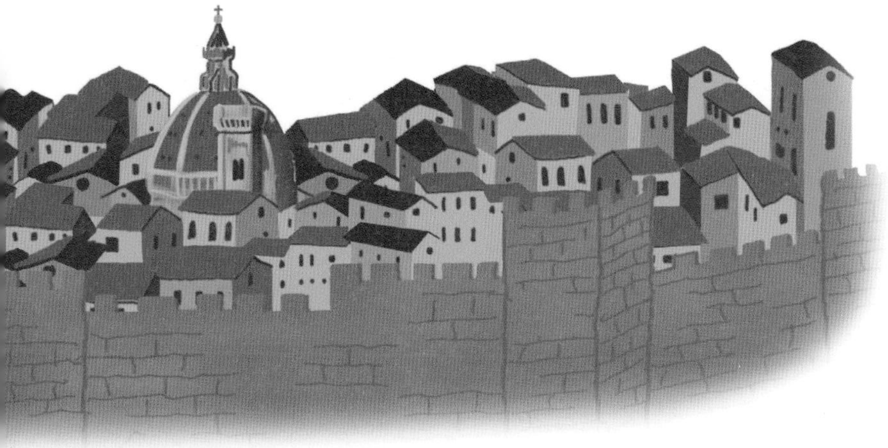

르네상스기 예술가들의

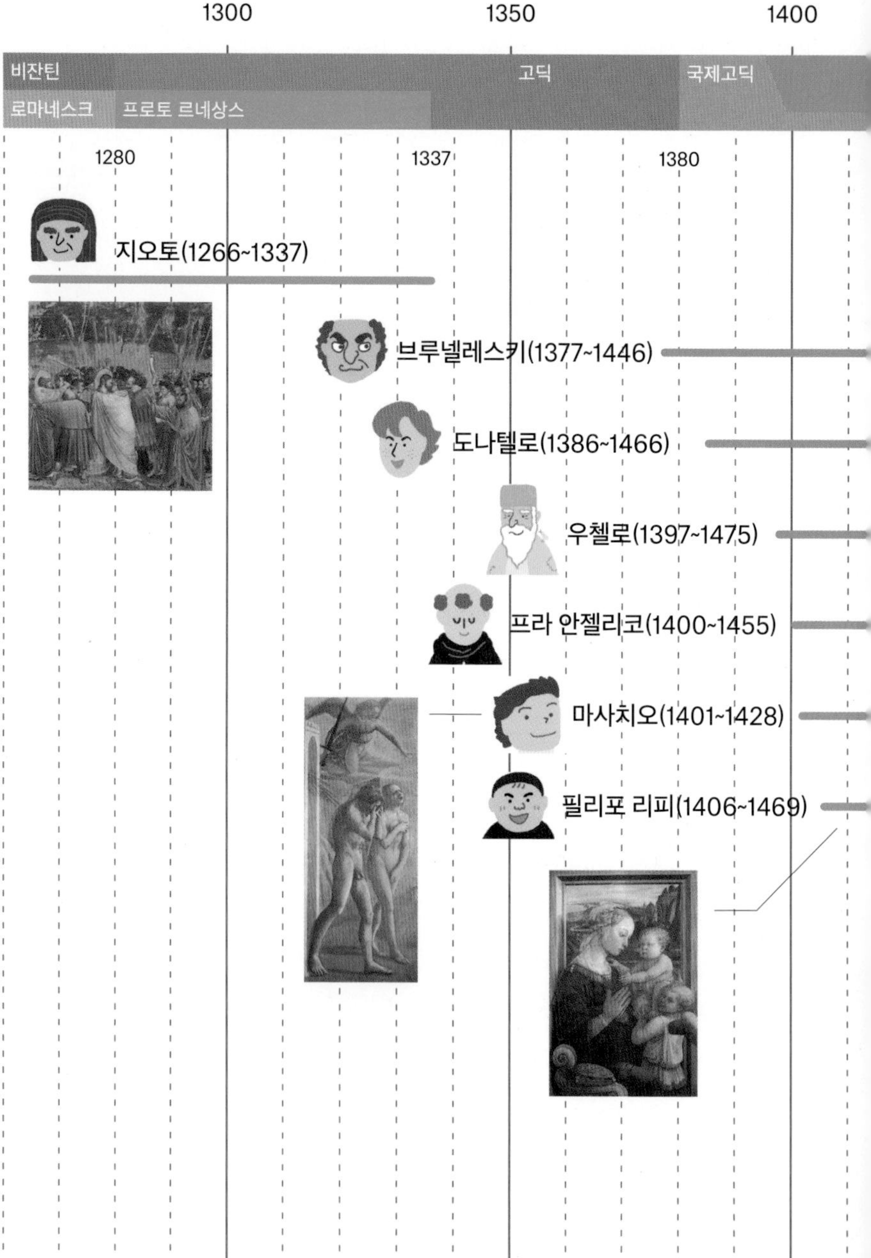

1300
1350
1400
비잔틴
고딕
국제고딕
로마네스크
프로토 르네상스
1280
1337
1380
지오토(1266~1337)
브루넬레스키(1377~1446)
도나텔로(1386~1466)
우첼로(1397~1475)
프라 안젤리코(1400~1455)
마사치오(1401~1428)
필리포 리피(1406~1469)

연대 그래프

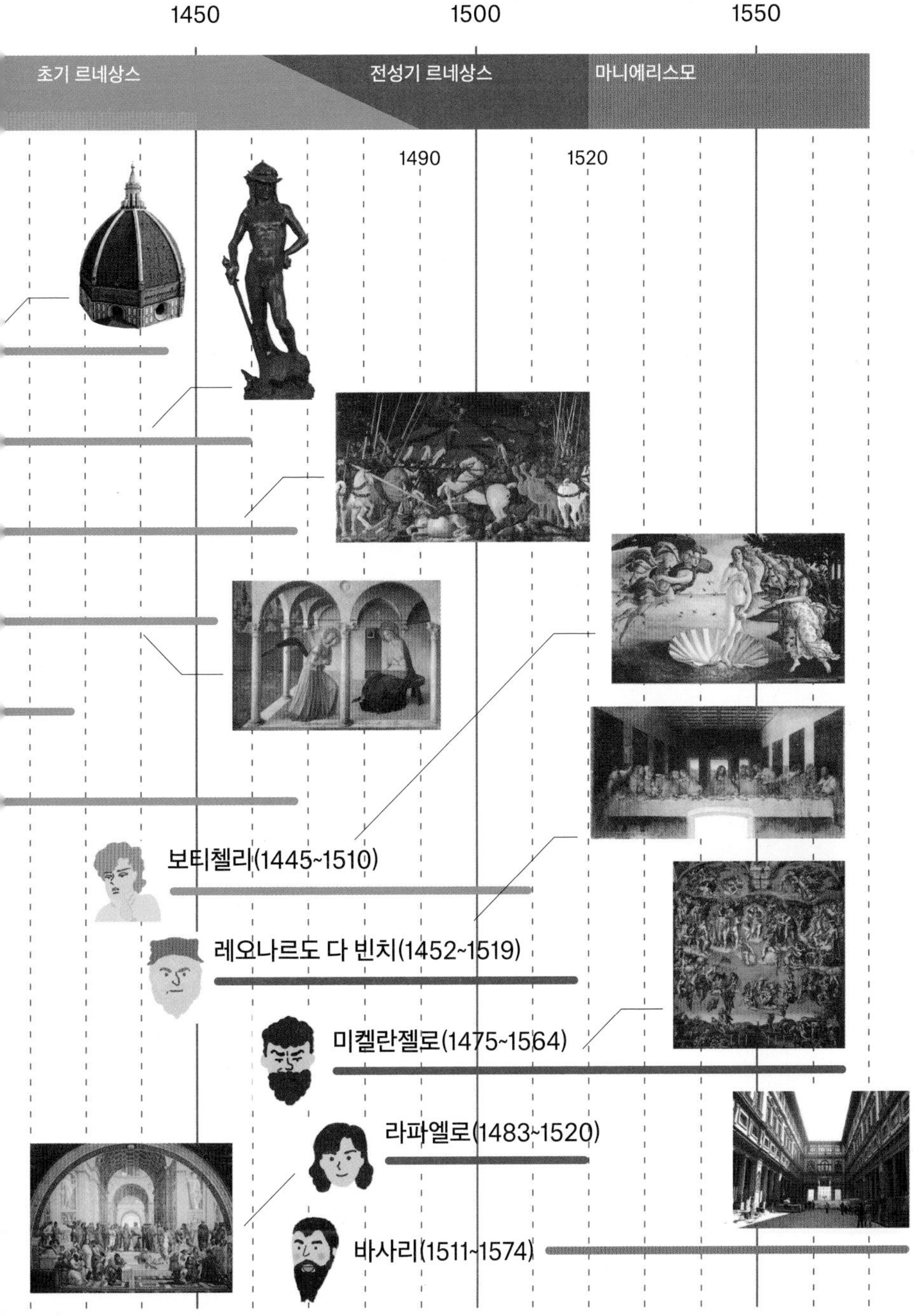
1450
1500
1550
초기 르네상스
전성기 르네상스
마니에리스모
1490
1520
보티첼리(1445~1510)
레오나르도 다 빈치(1452~1519)
미켈란젤로(1475~1564)
라파엘로(1483~1520)
바사리(1511~1574)

스승과 제자·친구·

피렌체에서는 특히 15세기에 집중적으로 재능 있는 예술가가 차례로 등장하여, 서로서로 영향을 주고받으며 함께 연구하여 훌륭한 르네상스 미술을 탄생시키는 원동력이 되었다.

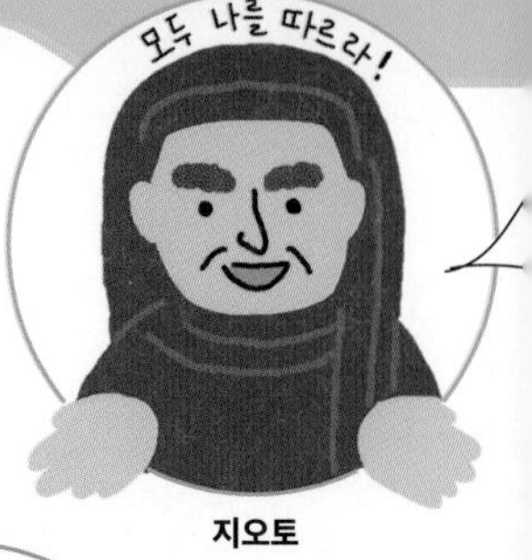
모두 나를 따르라!
지오토

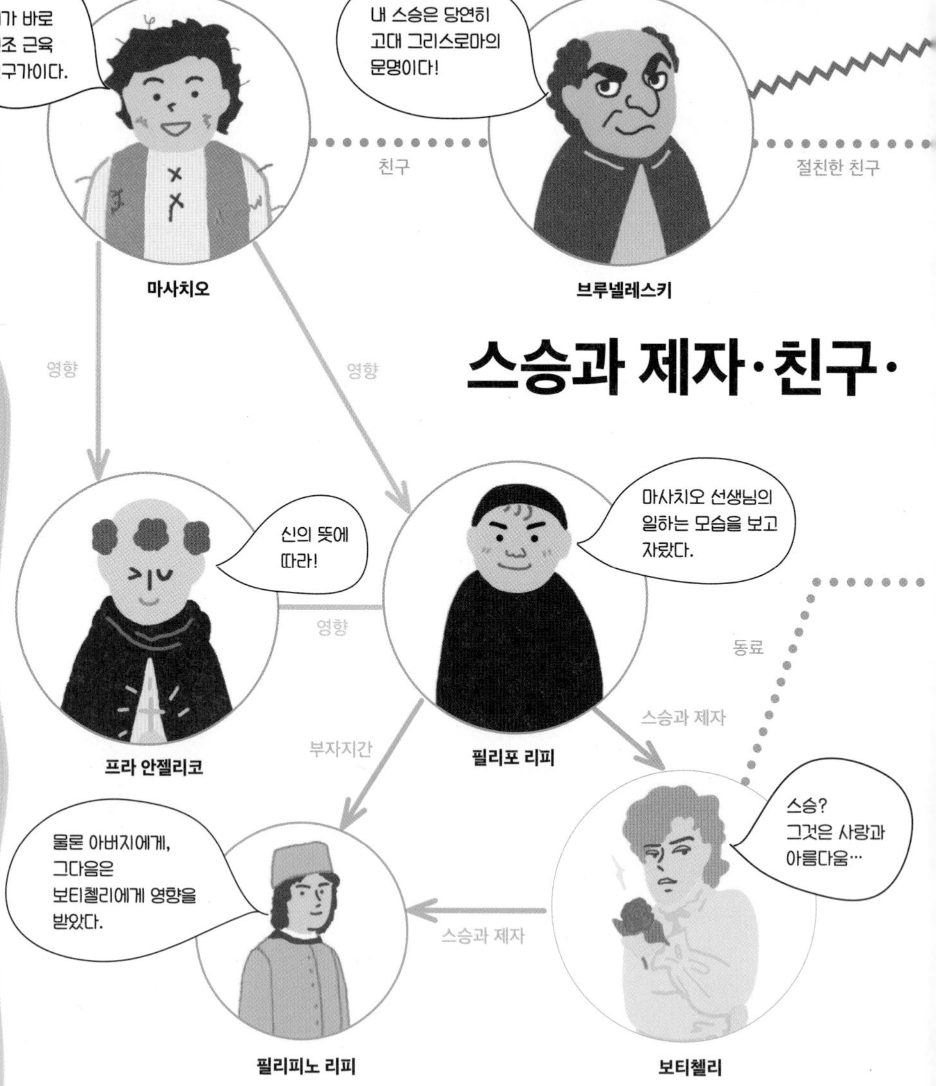
내가 바로 원조 근육 연구가이다.
마사치오
내 스승은 당연히 고대 그리스로마의 문명이다!
브루넬레스키
친구
절친한 친구
영향
영향
신의 뜻에 따라!
프라 안젤리코
영향
마사치오 선생님의 일하는 모습을 보고 자랐다.
필리포 리피
동료
스승과 제자
부자지간
물론 아버지에게, 그다음은 보티첼리에게 영향을 받았다.
필리피노 리피
스승과 제자
스승? 그것은 사랑과 아름다움…
보티첼리

라이벌 관계도

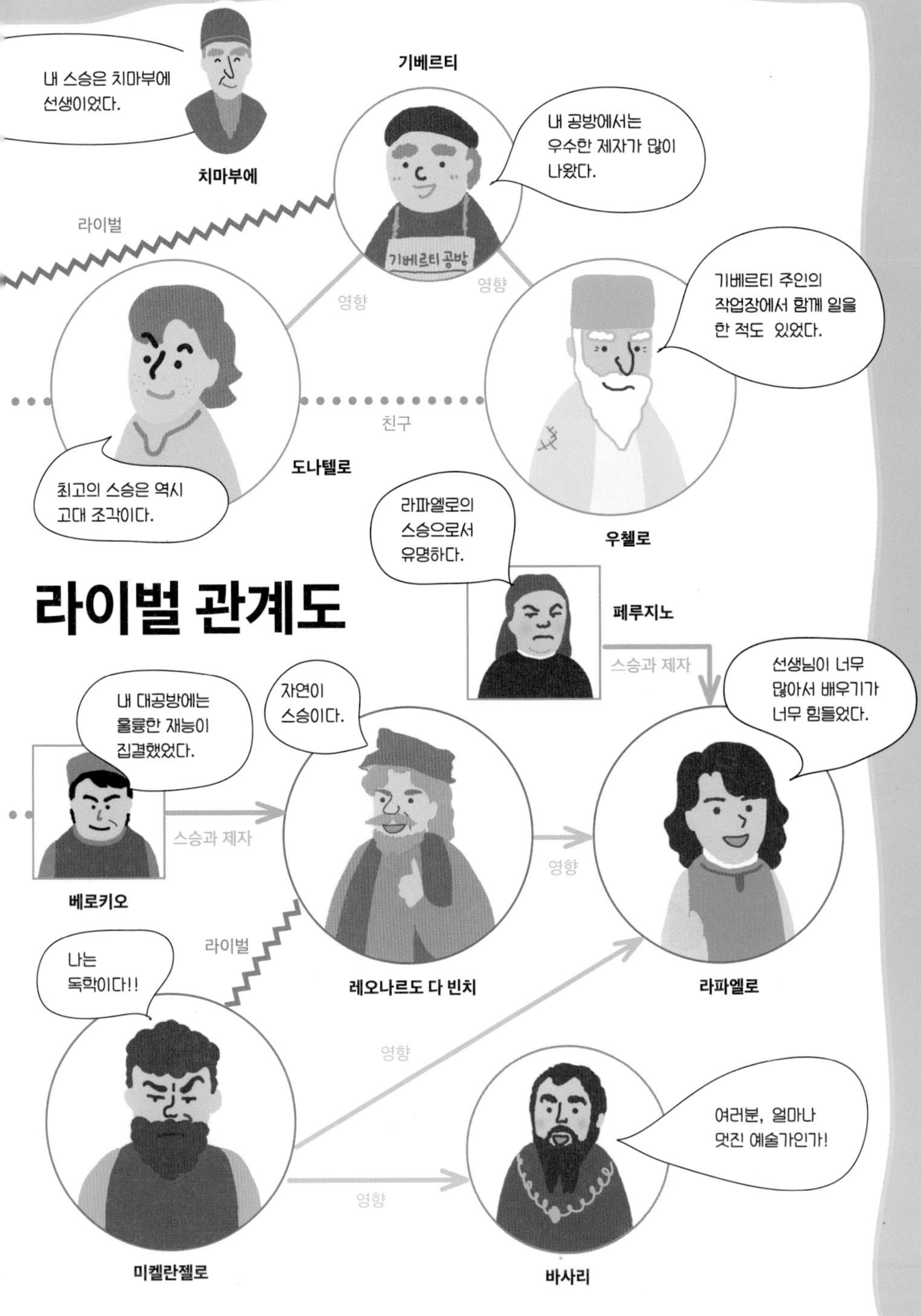

내 스승은 치마부에 선생이었다.
치마부에
기베르티
내 공방에서는 우수한 제자가 많이 나왔다.
기베르티 공방
라이벌
영향
영향
기베르티 주인의 작업장에서 함께 일을 한 적도 있었다.
친구
도나텔로
최고의 스승은 역시 고대 조각이다.
우첼로
라파엘로의 스승으로서 유명하다.
페루지노
스승과 제자
선생님이 너무 많아서 배우기가 너무 힘들었다.
내 대공방에는 훌륭한 재능이 집결했었다.
자연이 스승이다.
스승과 제자
베로키오
영향
라이벌
나는 독학이다!!
레오나르도 다 빈치
라파엘로
영향
영향
여러분, 얼마나 멋진 예술가인가!
미켈란젤로
바사리

르네상스란

15세기 피렌체에서 르네상스 미술이라는 꽃이 피었다.

'르네상스'를 한마디로 설명하는 것은 매우 어렵다. 굳이 말하자면, 14세기부터 16세기까지의 사회 분위기를 완전히 바꾸는 '새로운 바람'이 불기 시작한 시대를 부르는 이름이라 할 수 있을 것이다. 르네상스라 불리는 이 시기에는 예술과 철학뿐 아니라 민중들의 삶에 대한 사고방식도 크게 바뀌었다. 천국에 가기만을 바라며 살아온 염세주의를 벗어나, 현세를 긍정하고 인간의 존재를 다시 바라보고자 하는 사상의 전환이 일어난 것이다.

르네상스의 무대가 된 피렌체의 민중들에게 15세기 초는 고난의 시대였다. 주기적으로 위협하는 흑사병과 영토 확장을 노리는 밀라노군에 의해 큰 고통을 겪고 있었다. 르네상스는 그런 가혹한 상황 속에서 시작되었다. 시대의 어두운 분위기를 쇄신하려는 목적으로 1401년 세례당에서 행해진 '북문 콩쿠르(세례당의 출입문인 북문을 누가 조각할지 가리는 대회)'는 르네상스의 개막을 알리는 상징적인 사건이었다. 또한 적극적인 해외무역 등으로 힘을 기른 상인들이 저택을 짓고 예배당을 장식하는 등 활발한 시민후원 활동도 전개되었다.

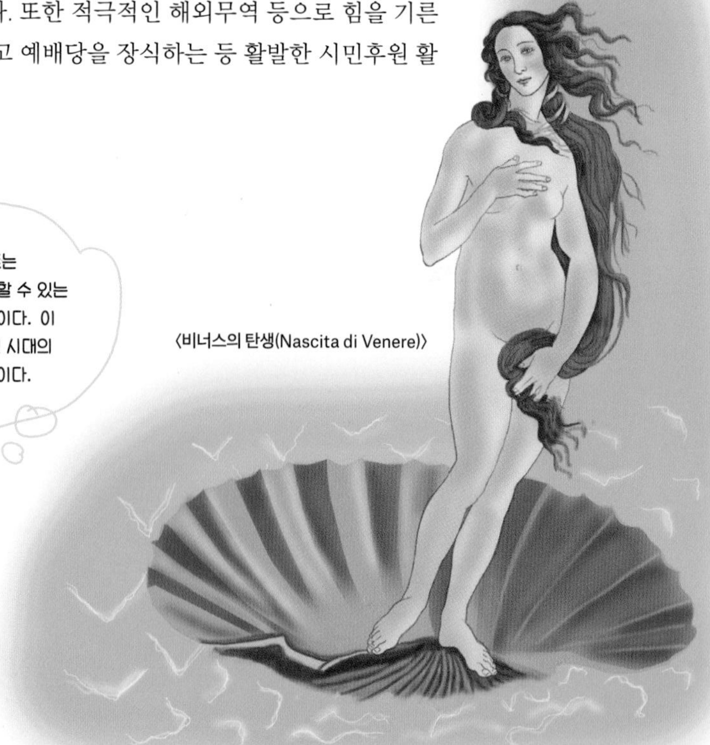

〈비너스의 탄생(Nascita di Venere)〉

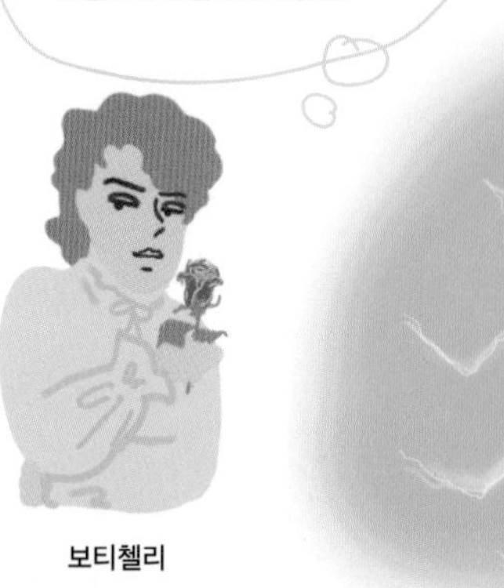
내가 그린 이 일러스트는
르네상스의 얼굴이라 할 수 있는
대표적인 명화의 일부이다. 이
책은 이 그림이 그려진 시대의
예술가에 대한 이야기이다.

보티첼리

르네상스가 일어난 사회적 배경

이전까지 중세를 지배한 사회 분위기

흑사병 · 전쟁 · 기근… 이 세상은 생지옥

염세주의

교회에는 절대 복종

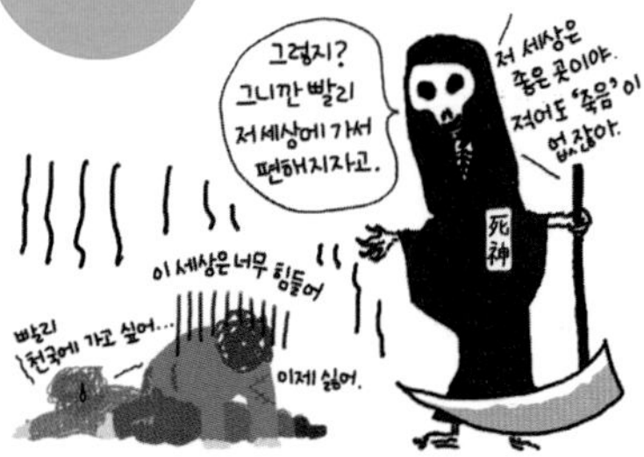

그렇지? 그니깐 빨리 저세상에 가서 편해지자고.
저 세상은 좋은 곳이야. 적어도 '죽음'이 없잖아.
死神
이 세상은 너무 힘들어
빨리 천국에 가고 싶어…
이제 싫어.

돈 버는 건 죄악이야!

나쁜 짓 하면 지옥 간다.

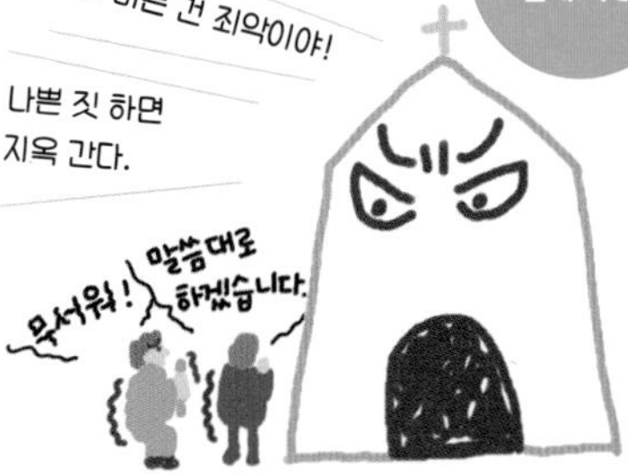

무서워요!
말씀대로 하겠습니다.

크리스트교의 하느님만이 유일한 절대적 존재

그런 어두운 것만 말하지 말고 힘을 내자!

경제 활동의 활성화

인문주의 현세긍정주의

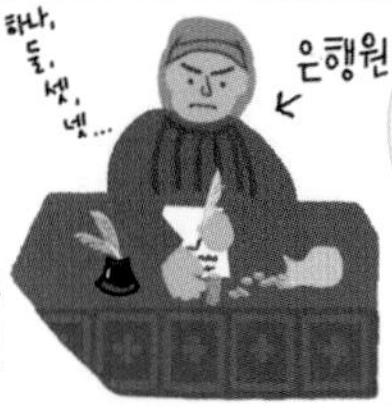

하나, 둘, 셋, 넷…
은행원

꽤 많이 벌었네. 돈 버는 건 죄악인데….

은행업과 모직물 무역 등 활발한 상업 활동을 전개

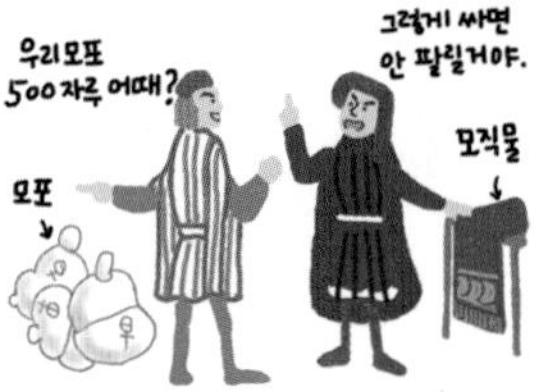

우리모포 500자루 어때?
그렇게 싸면 안 팔릴거야.
모포
모직물

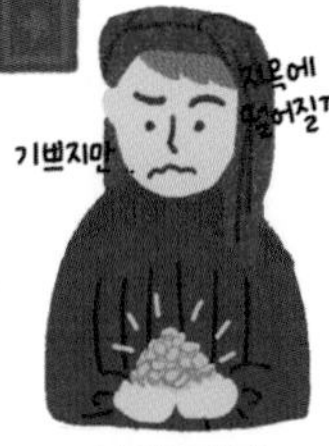

기쁘지만
지옥에 떨어질까?

돈이 모인다.

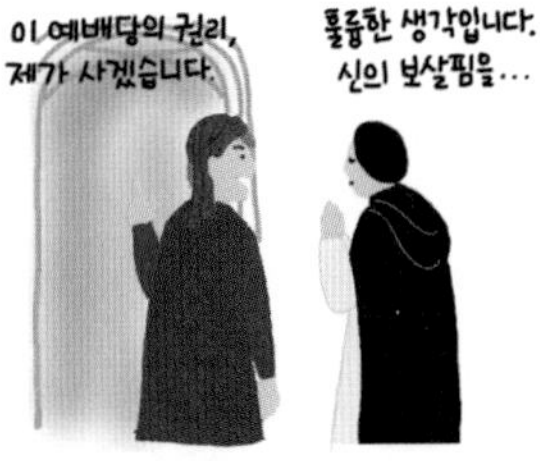

이 예배당의 권리, 제가 사겠습니다.
훌륭한 생각입니다. 신의 보살핌을…

번 돈을 교회에 기부한다.

새로운 사회 분위기 속에서 예술 활동이 활발해진다

경기 활성화를 위한 콩쿠르다!

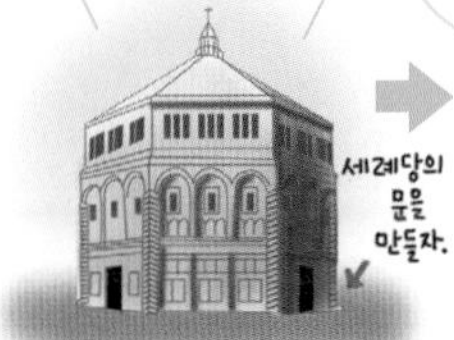

세례당의 문을 만들자.

마을의 상징에 적합한 멋진 것으로 부탁해요!

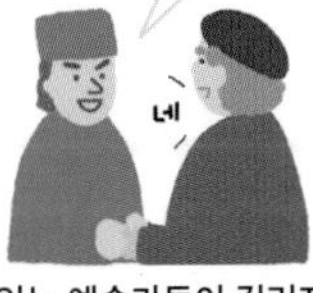

네

실력 있는 예술가들이 길러지다.

전통에 매이지 않고, 자연스럽고 아름다운 작품을 선호하는 시민후원자들이 등장하였다.

시민후원의 등장

성모는 착해 보이는 미인이 좋겠어. 내 초상화하고 집의 문장도 어딘가에 들어가겠지?

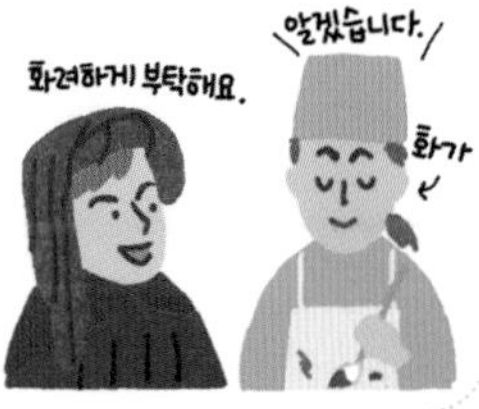

화려하게 부탁해요.
알겠습니다.
화가

르네상스를 지탱한 사상 '인문주의'

그리스로마의 철학·문학·수학·기하학 등의 학예를 연구하는 활발한 인문학 연구는 르네상스 시대의 기초를 지탱하였다. 염세주의에서 현세긍정주의로의 전환이라는 사상의 큰 변화를 가져온 인문주의자들은 자신들이 시대 변화의 접점에 있으며, 영광의 고대 그리스로마의 학예가 부흥하는 순간에 서 있다고 생각했다. 그리하여 근대에 들어와 '부흥'이라는 개념으로 이 시대를 르네상스라 부르게 되었다.
이러한 흐름을 타고 미술 분야에서는 고대 조각을 모방하기 시작했다. 또한 교회가 금지해온 해부학의 도입을 통해 정확한 인체의 구성을 이해하여 예술작품을 제작하기 시작했다. 그것은 고대 이래 잊혀온 리얼리즘 탐구의 연장선이자 고대를 뛰어넘는 출발점이기도 했다.

인문주의란

신에게 속박된 세계관에서 인간을 해방시키고, 그리스로마의 학문과 예술을 배워 자유로운 인간성의 회복을 목적으로 하는 사상이다. 이는 시인 페트라르카에 의해 창시되었다고 전해진다. 또한 코시모 메디치가 창설하고, 손자인 로렌초가 물려받은 '플라톤아카데미'의 인문주의자들이 '오직 신만이 아닌 인간이라는 것'에 대하여 활발하게 논의하였다고 한다.

르네상스(프랑스어) = 재생 · 부활 · 부흥 = 고대 그리스로마의 학예 부흥

부활

현세를 긍정한다.
인체미=나체
자연미=신화

신 중심의 세계관에서는 엄격히 금지되어 왔다.

모두 고대의 예술에 집중

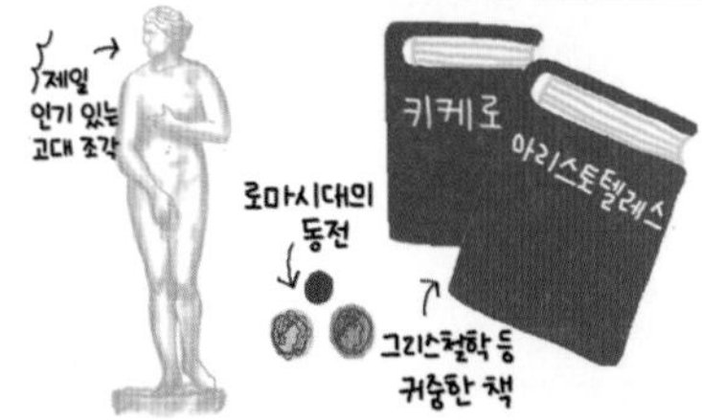

인문주의는 고대 그리스로마를 모든 학예의 본보기로 삼았기 때문에, 풍족한 사람들 사이에서 오래된 물건을 모으는 고미술품 수집이 유행했다.

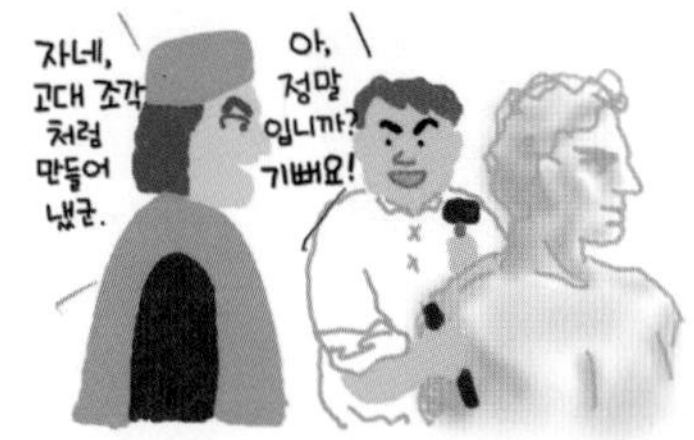

당시의 조각가에게는 그리스로마 시대의 작품처럼 만드는 능력이 요구되었다.

바사리의 르네상스 미술 전개도

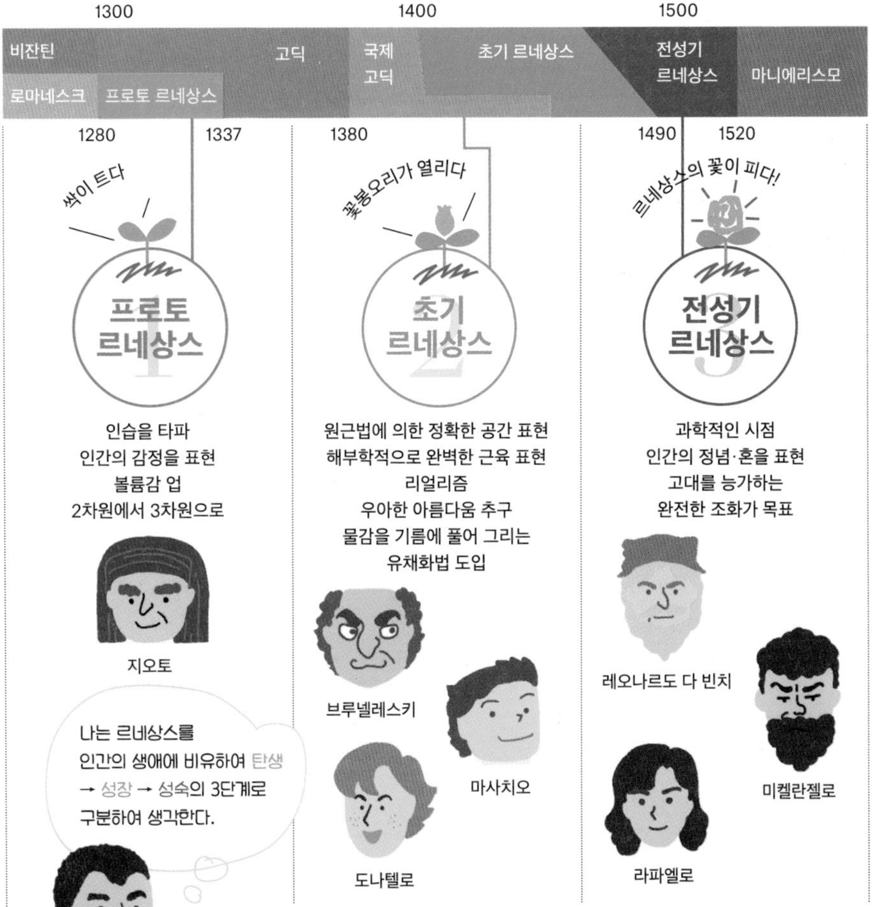

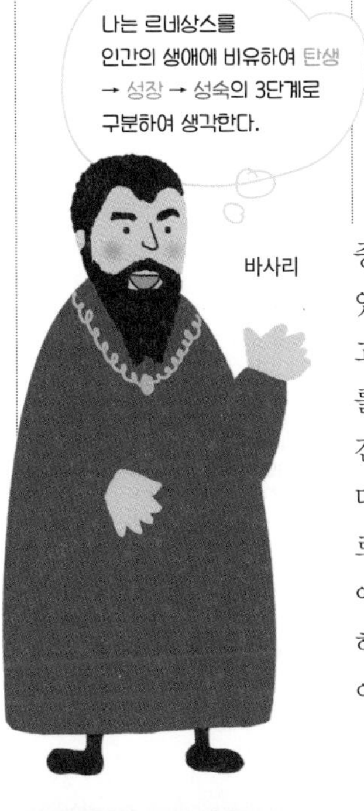

중세의 이탈리아 미술은 오랜 기간 비잔틴 양식을 계승하고 있었으나, 13세기 말에 지오토가 등장하여 인습을 타파하고 이탈리아 고딕 회화를 확립하였다. 이러한 지오토의 시대를 바사리는 프로토 르네상스라고 정의하였으며, 약 100년간 '지오테스키'라 불리는 지오토풍 회화의 시대가 지속되었다. 그 후 마사치오의 등장으로 르네상스의 제2단계인 초기 르네상스 시대가 열렸다. 15세기의 피렌체는 재능이 넘치는 예술가가 혜성처럼 등장했으며, 레오나르도 다 빈치가 등장하는 전성기 르네상스에 이르기까지 문화의 최고 근거지를 이룩했다.

그전까지의 비잔틴 미술이란

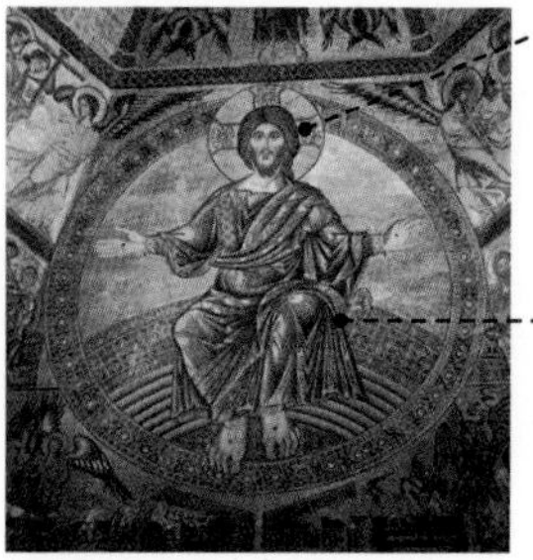

■ 하느님과 권위 있는 인물이 중심이었다. 성실한 포즈로 당당한 자세를 취하고 있다.

■ 옷의 주름을 선명하게 그리는 것이 비잔틴 양식의 최대의 특징이다.

모자이크 13세기, 산 지오바니 세례당, 피렌체

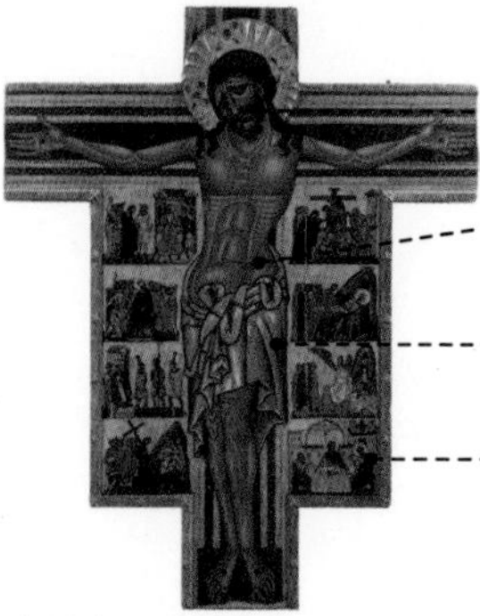

■ 고통으로 녹아내리는 듯한 표정

■ 복부가 신기하게 구분되어 있다.

■ 주름이 검은 선으로 그려져 있다.

■ 그리스도의 생애가 세세하게 그려져 있다.

십자가상 434의 스승
〈십자가책형도와 수난의 여덟 가지 이야기〉, 1240년경, 우피치 미술관, 피렌체

하느님의 위엄을 표현하는 것이 제일의 목적

싹이 트다

프로토(전기) 르네상스
13세기 말~14세기 전반

획기적

하느님도 같은 인간으로서 자연스럽게 표현하는 시도가 시작되었다!

지오토는 이전의 그리기 방식을 깨고 성인의 이야기를 친근하고 드라마틱하게 그렸다.

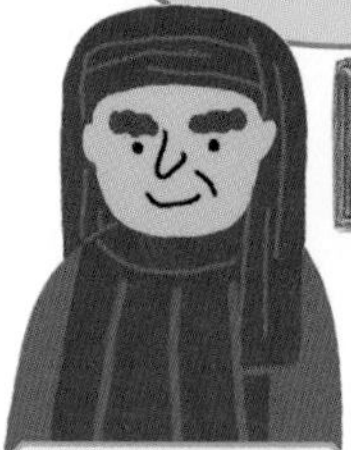

지오토 등장

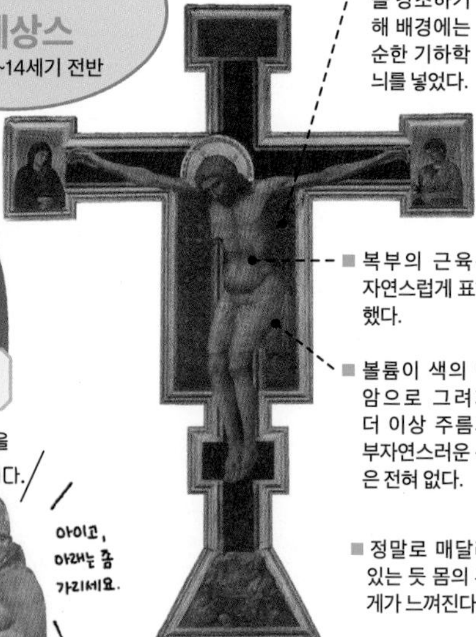

■ 그리스도의 몸을 강조하기 위해 배경에는 단순한 기하학 무늬를 넣었다.

■ 복부의 근육은 자연스럽게 표현했다.

■ 볼륨이 색의 명암으로 그려져 더 이상 주름의 부자연스러운 선은 전혀 없다.

■ 정말로 매달려 있는 듯 몸의 무게가 느껴진다.

〈책형(십자가형)상〉, 1290~1300년경, 산타 마리아 노벨라 교회, 피렌체

구경꾼들은 당시의 사람들

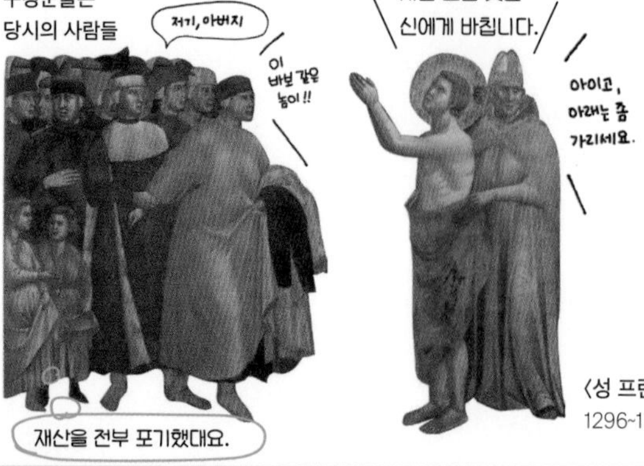

저기, 아버지
이 바보 같은 놈이!!
저는 모든 것을 신에게 바칩니다.
아이고, 아래는 좀 가리세요.
재산을 전부 포기했대요.

〈성 프란체스코전(傳) 재산의 포기(부분)〉, 1296~1300년경, 성 프란체스코 교회, 아시시

꽃봉오리가 열리다

초기 르네상스

15세기 전반

무대는 피렌체

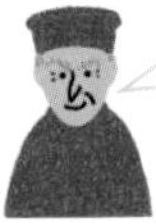
메디치 가문이 많이 후원했지. (코시모 데 메디치, 통칭 노(老) 코시모)

고대 그리스로마에서 배운 합리적인 깊이감이 표현된 공간에, 개성과 양감을 가진 인간상을 철저한 사실주의로 표현했다. 북유럽(현재의 벨기에 부근)에서 전해진 유채화법도 도입되었다.

초기 르네상스의 빅3

회화 마사치오

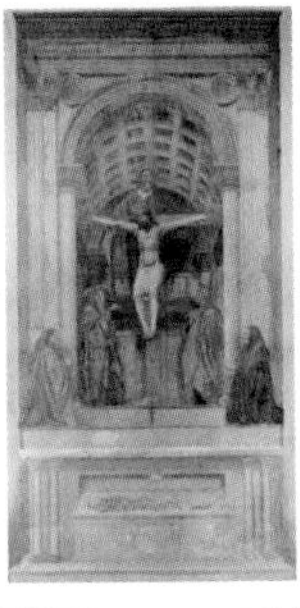

〈삼위일체〉, 1426~1428년경, 산타 마리아 노벨라 교회

건축 브루넬레스키

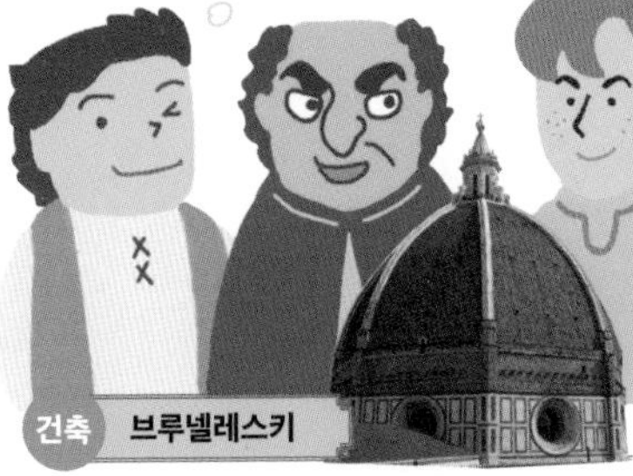
우리들 이후 건축·회화·조각은 지식인의 일에서 지적인 '예술'의 일이 되었지.

〈쿠폴라〉, 1436년 완성, 두오모

도나텔로 조각

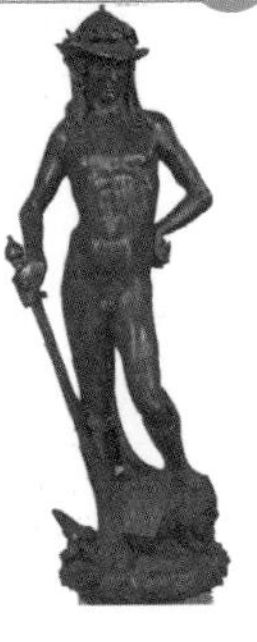

〈다비드〉, 1435~1442년경, 바르젤로 국립박물관

우아미의 추구

프라 안젤리코

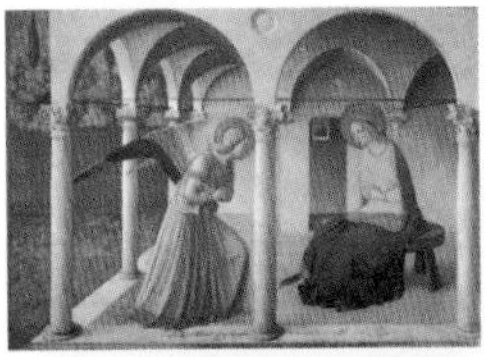

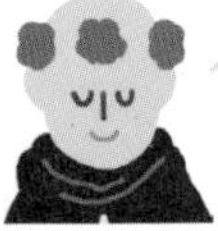
맑고 아름답게…

〈수태고지〉, 15세기 전반, 산 마르코 미술관

필리포 리피

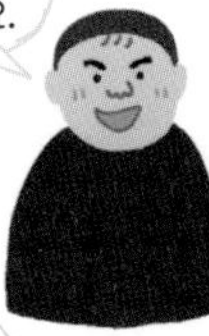
아름다운 여성상은 저희에게 맡기시지요.

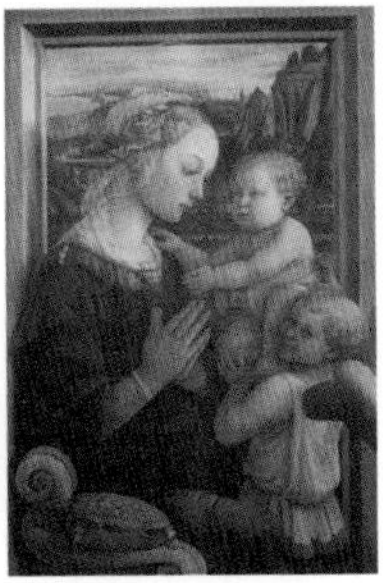

〈성모자와 두 천사〉, 1465년경, 우피치 미술관

우첼로

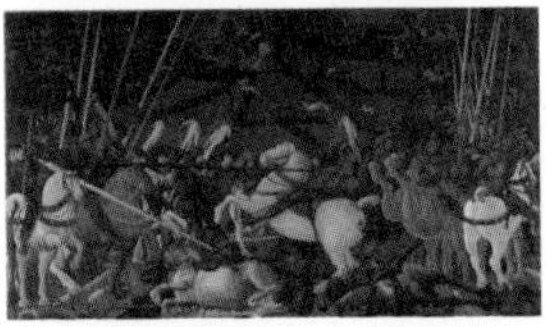

〈산 로마노의 전투〉, 1435~1460년, 우피치 미술관

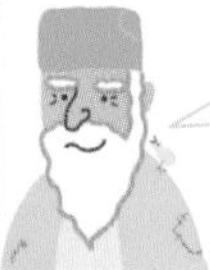
나도 나름대로 원근법을 연구했다네.

보티첼리

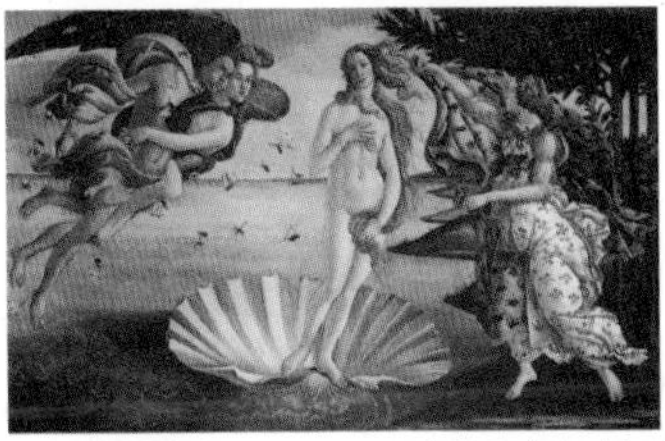

〈비너스의 탄생〉, 1485~1490년경, 우피치 미술관

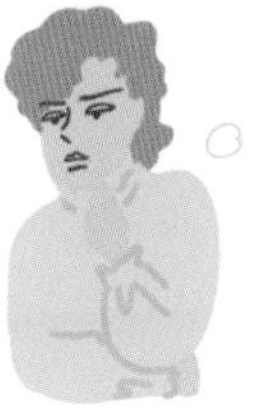

르네상스의 대표적 작품

피렌체의 실질적인 지배자였던 '위대한 로렌초'가 옹호한 인문주의 덕분에 회화의 테마로 신화도 나체도 OK. 하지만 종교화의 주문도 여전히 많았지.

이 페이지의 작품은 모두 피렌체이다.

르네상스의 꽃이 피다!

전성기 르네상스

1490~1520년

초기 르네상스의 다양한 시도를 완성하였으며, 더욱 깊은 정신성과 완전한 조화를 이룬 경이적인 작품을 탄생시켜 고대를 능가한 위대한 3인 거장의 시대이다.

미술의 중심지가 피렌체에서 로마 및 타 도시로...

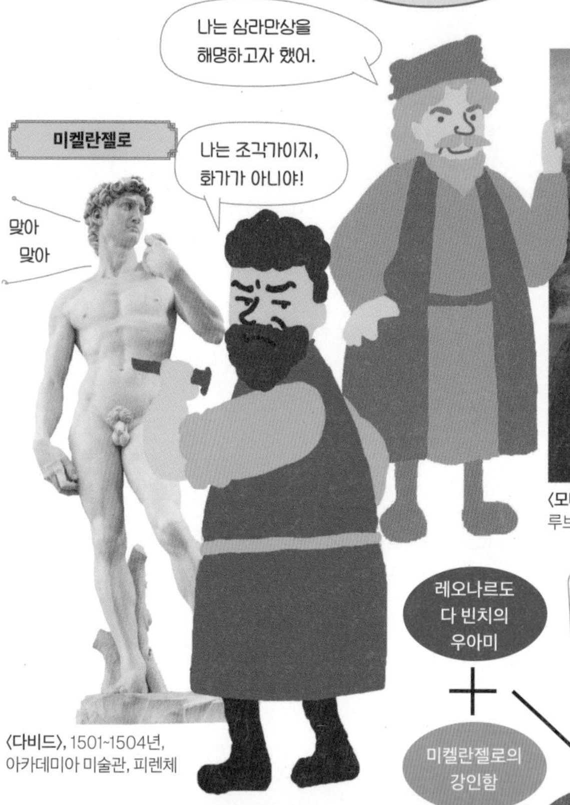
나는 삼라만상을 해명하고자 했어.
미켈란젤로
나는 조각가이지, 화가가 아니야!
맞아 맞아

〈다비드〉, 1501~1504년, 아카데미아 미술관, 피렌체

레오나르도 다 빈치

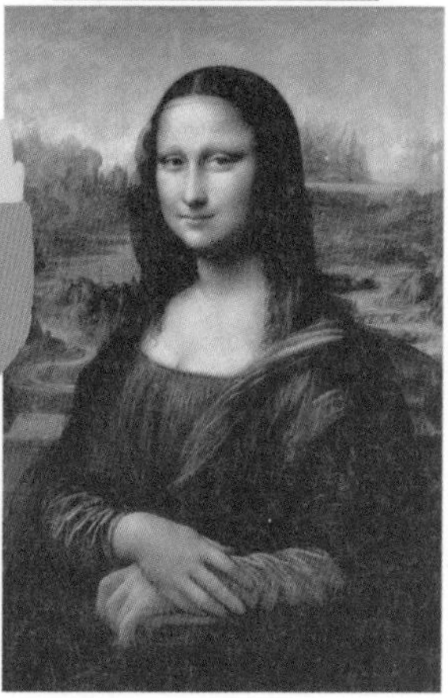

〈모나리자〉, 1503~1506년경, 루브르 미술관, 파리

레오나르도 다 빈치의 우아미

+

미켈란젤로의 강인함

→ 라파엘로의 고전주의적 우아미

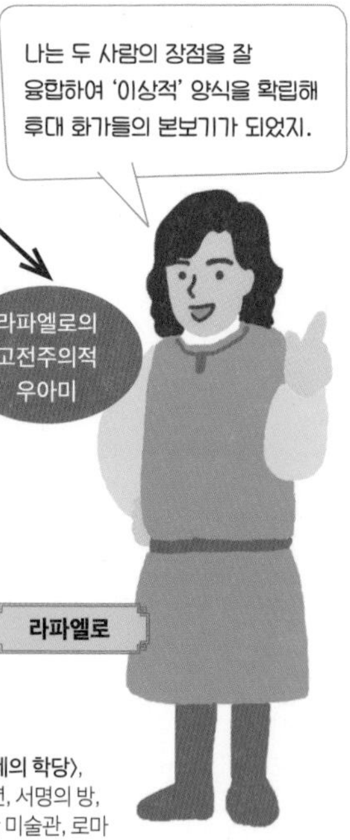
나는 두 사람의 장점을 잘 융합하여 '이상적' 양식을 확립해 후대 화가들의 본보기가 되었지.
라파엘로

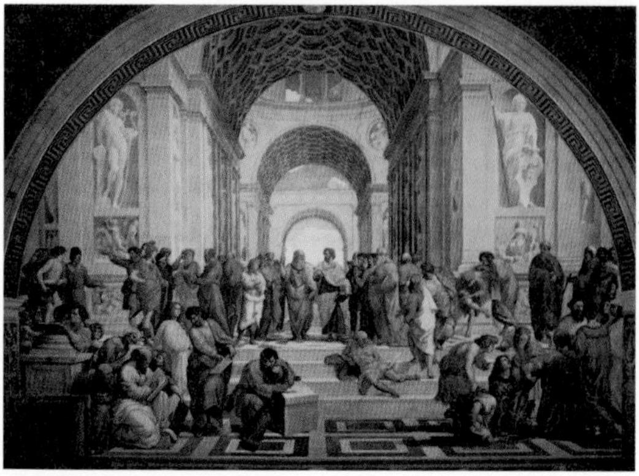

〈아테네의 학당〉, 1510년, 서명의 방, 바티칸 미술관, 로마

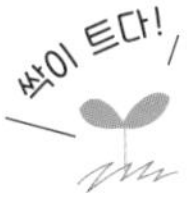

프로토 르네상스

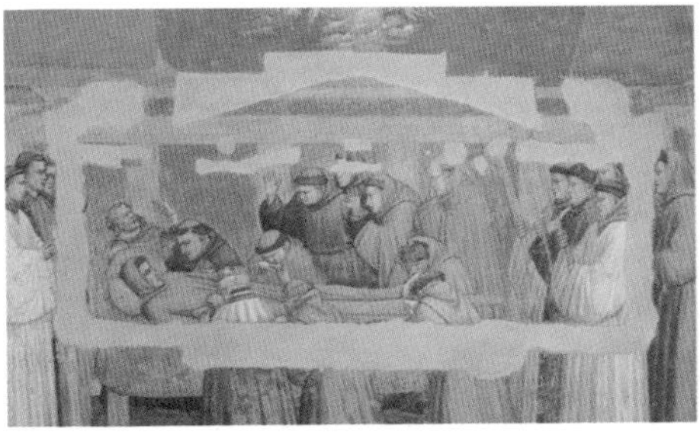

지오토

지오토

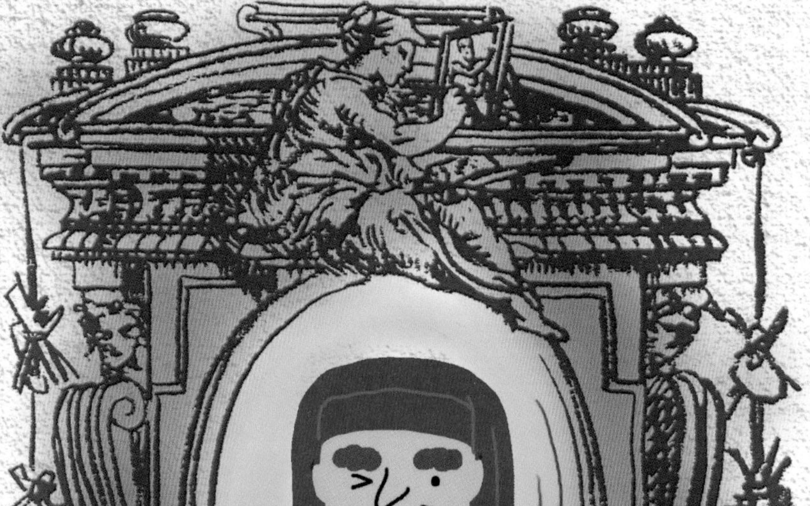

새로운 시대(르네상스)의 문을 연 화가

지오토

Giotto

(1266~1337)

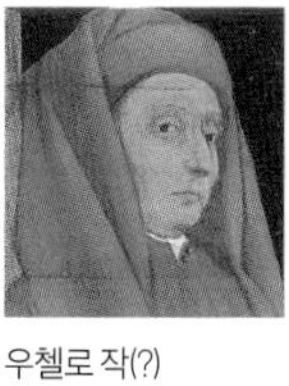

우첼로 작(?)

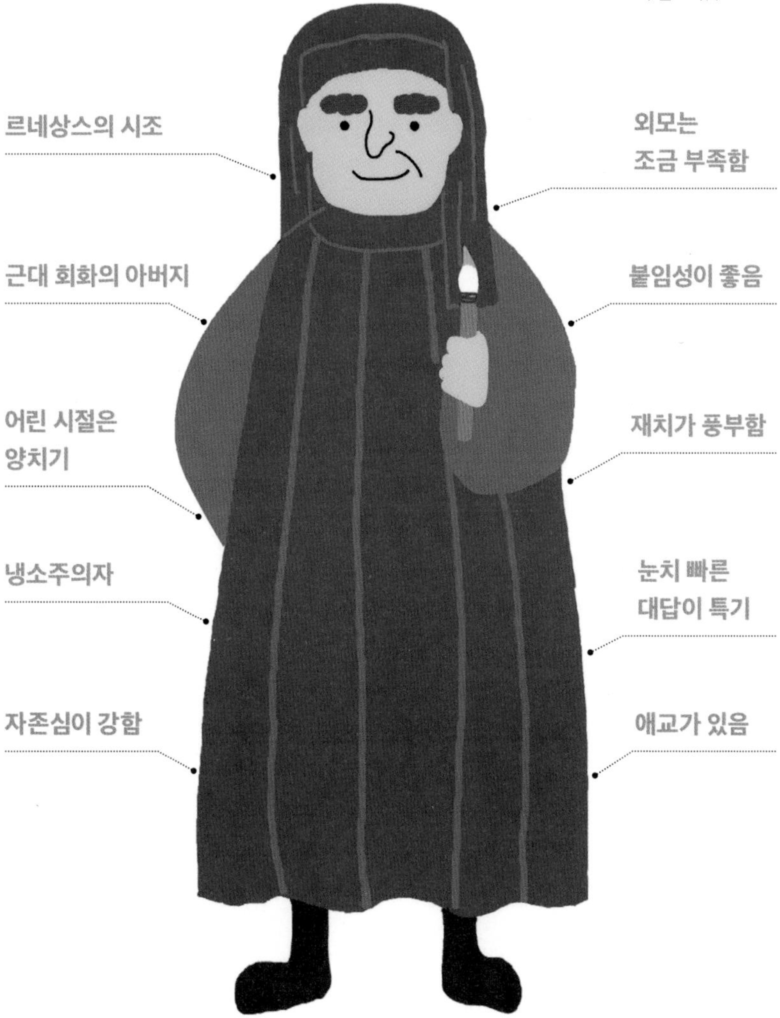

직함

·화가 ·건축가

지오토의 회화 혁명

위엄 있는 표현 **지오토 이전**

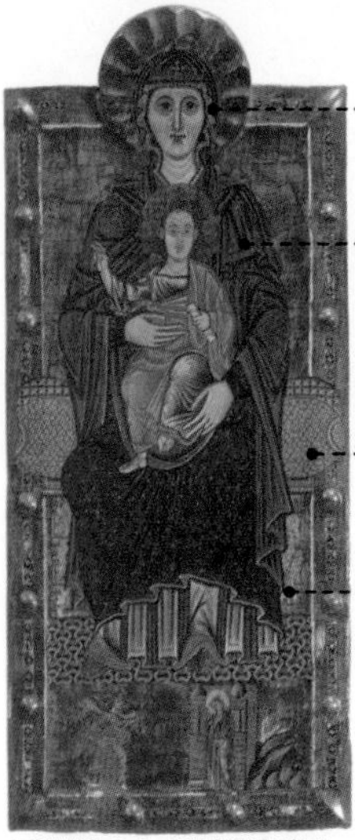

정직한 포즈
왼쪽 주름을 검은 선으로 그린 것이 비잔틴 양식의 최대 특징이다.
평면적 대좌
뚜렷하고 평면적인 윤곽선

그레베의 스승, 〈카살레의 성모〉, 13세기 전반, 우피치 미술관, 피렌체

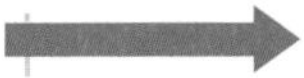

이렇게 되었다!

인간적인 표현 **지오토 등장**

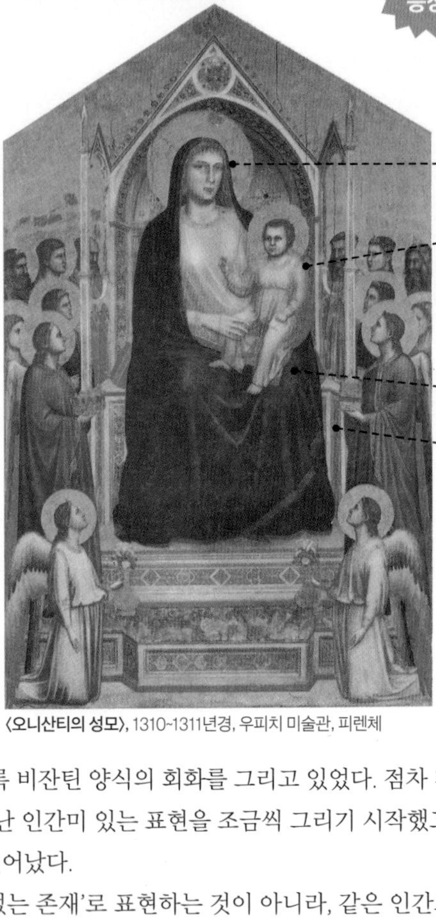

친절한 어머니
큼직한 가운
묵직한 볼륨
입체적 대좌

〈오니산티의 성모〉, 1310~1311년경, 우피치 미술관, 피렌체

획기적

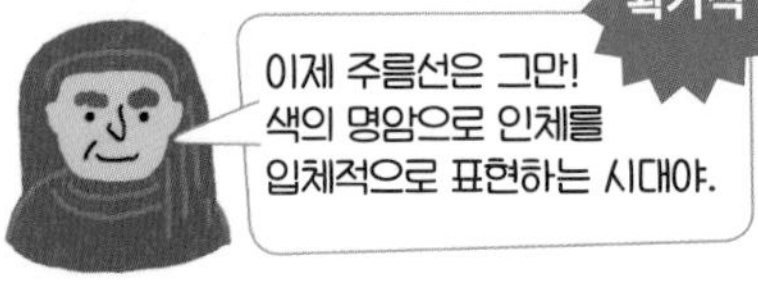

이제 주름선은 그만! 색의 명암으로 인체를 입체적으로 표현하는 시대야.

13세기 중엽까지 이탈리아에서는 오래도록 비잔틴 양식의 회화를 그리고 있었다. 점차 피렌체에서 치마부에가 기존 양식에서 벗어난 인간미 있는 표현을 조금씩 그리기 시작했고, 마침내 제자 지오토에 의해 회화 혁명이 일어났다.

그것은 그리스도나 성인들을 '다가갈 수 없는 존재'로 표현하는 것이 아니라, 같은 인간으로 이해하려는 사상의 대전환에서 비롯된 것이었다. 인간의 감정을 표정과 몸짓으로 알기 쉽게 표현하였고, 주변 사람들의 모습도 당시의 풍속을 반영하여 그려 넣었다. 무엇보다 가장 큰 혁명은 회화의 세계를 '2차원에서 3차원으로 입체화한 것'이라고 할 수 있다. 이것은 긴 시간 동안 잊혀온 고대 그리스로마 예술이 지닌 발상의 부활이기도 했다. 때문에 일반적으로 지오토의 시대부터 르네상스가 시작되었다고 말한다. 지오토는 성서의 이야기나 성인의 생애를 알기 쉽게 표현한 프레스코화를 교회의 벽면 가득 그려 넣었다.

혁명적

지오토는
눈에 보이는 그대로의 세계를 그렸다!

- 동작과 표정에 감정을 넣어 인간적으로 표현
- 이야기를 드라마틱하게 표현
- 인체에 볼륨을 넣어 3차원으로 표현
- 건축물에도 깊이감을 표현

감정의 표현

전신으로 표현

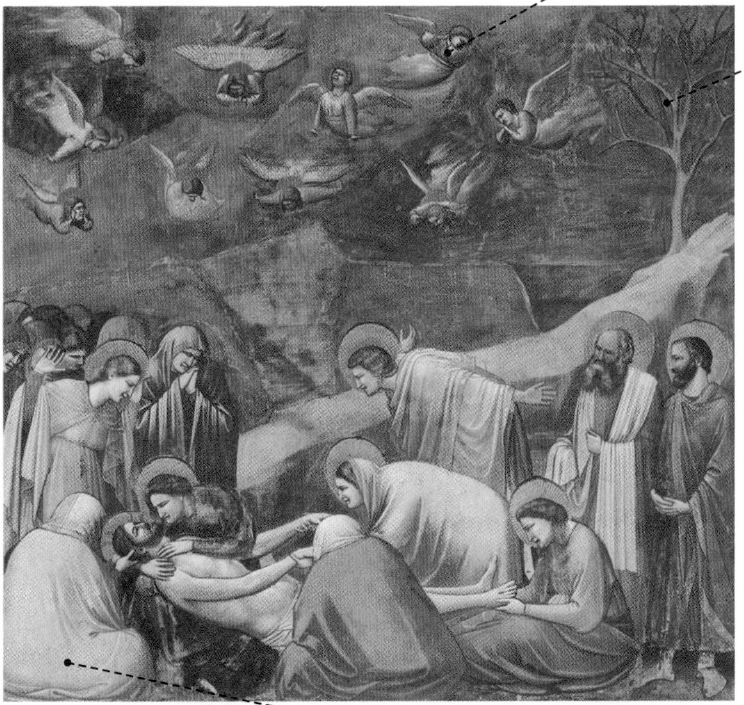
울며 슬퍼하는 천사들
나무도 메말라 울고 있는 것 같은 표현
볼륨감 있는 등도 슬픔에 쌓여 있다.

〈그리스도전: 그리스도의 죽음을 슬퍼함〉,
1304~1305년경, 스크로베니 예배당, 파도바

이렇게 되었다!

지오토 이전

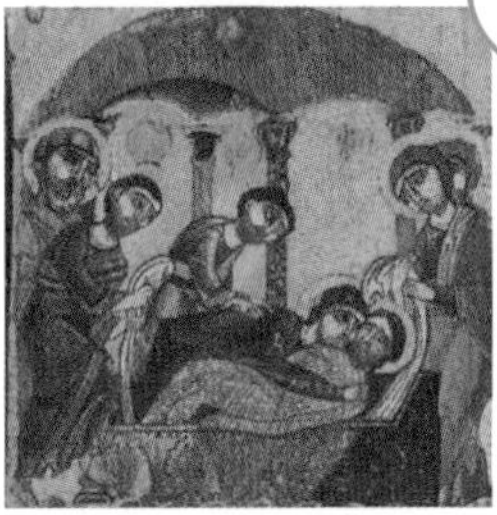

피렌체의 화가
〈그리스도의 죽음을 슬퍼함(책형상의 일부분)〉,
12세기 후반, 우피치 미술관, 피렌체

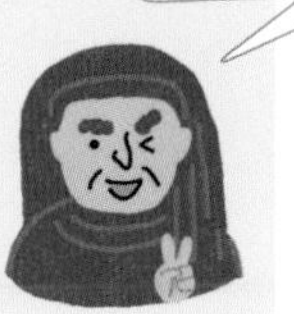
나는 이 기법의 달인이었기 때문에 지금까지도 내 프레스코화의 보존 상태가 아주 좋아.

? 프레스코화란

초벌로 색칠한 벽에 우선 시노피아라는 밑그림을 그려 그 위에 회반죽을 덧칠하여 촉촉한 상태에서 그림을 그리는 기법이다. '프레스코'란 회반죽을 발라 촉촉한 상태, '신선하다'란 뜻의 이탈리아어이다.

●●● 지오토의 회화 혁명

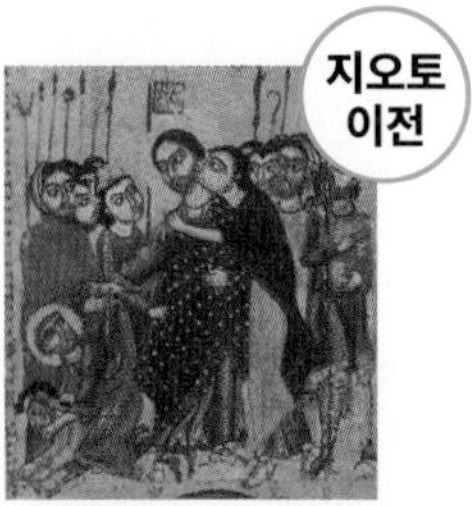
지오토
이전

피렌체의 화가
〈유다의 입맞춤(책형상의 일부분)〉,
12세기 후반, 우피치 미술관, 피렌체

이렇게 되었다!

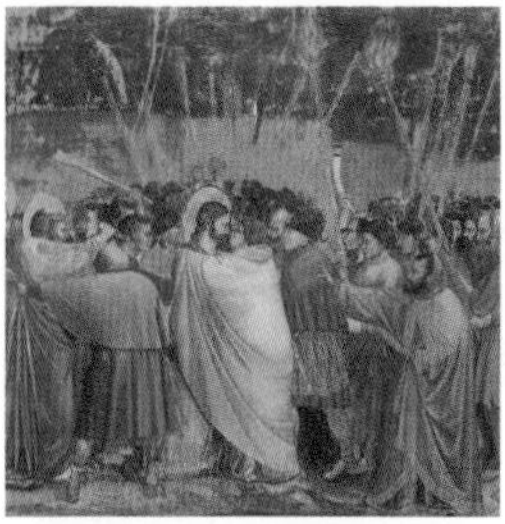

〈그리스도전: 유다의 입맞춤〉,
1304~1305년경, 스크로베니 예배당,
파도바

드라마틱하게

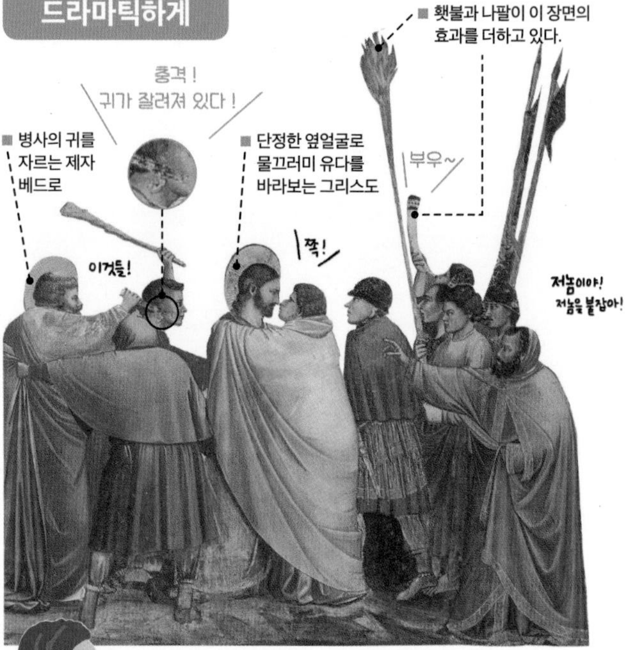
충격!
귀가 잘려져 있다!
병사의 귀를
자르는 제자
베드로
단정한 옆얼굴로
물끄러미 유다를
바라보는 그리스도
횃불과 나팔이 이 장면의
효과를 더하고 있다.
부우~
이것들!
쪽!
저놈이야!
저놈을 붙잡아!

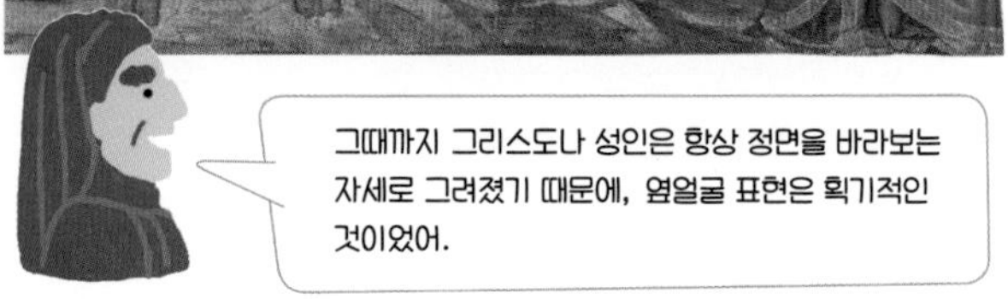
그때까지 그리스도나 성인은 항상 정면을 바라보는
자세로 그려졌기 때문에, 옆얼굴 표현은 획기적인
것이었어.

깊이의 표현

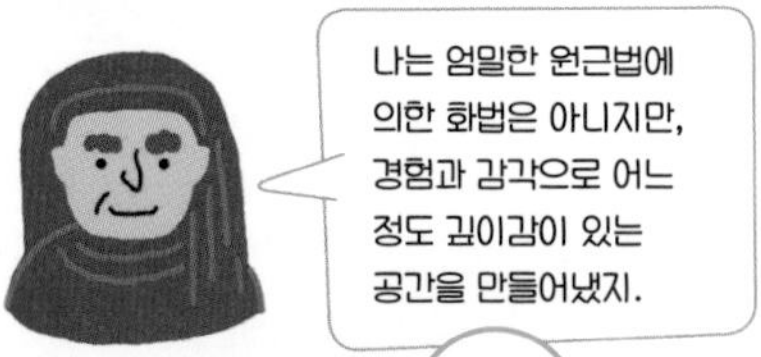
나는 엄밀한 원근법에
의한 화법은 아니지만,
경험과 감각으로 어느
정도 깊이감이 있는
공간을 만들어냈지.

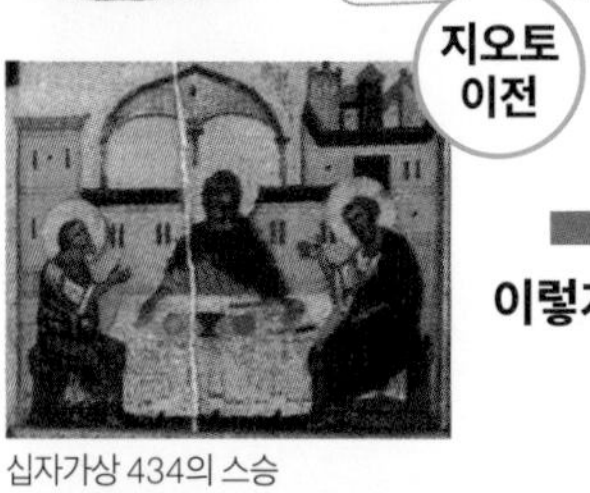
지오토
이전

십자가상 434의 스승
〈십자가책형상과 수난의 여덟 가지 이야기(부분)〉,
1240년경, 우피치 미술관, 피렌체

이렇게 되었다!

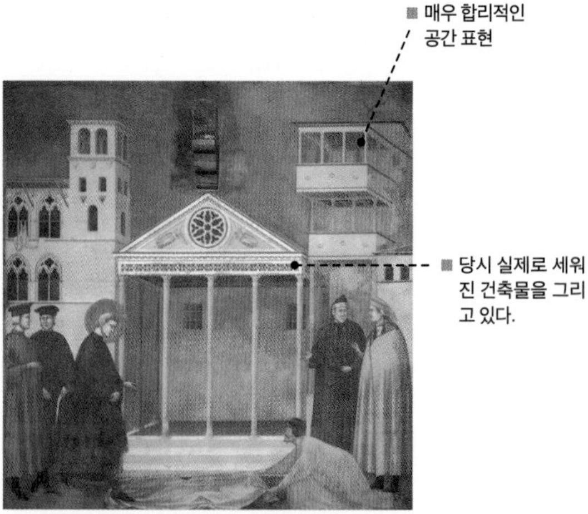
매우 합리적인
공간 표현
당시 실제로 세워
진 건축물을 그리
고 있다.

〈성 프란체스코전: 순박한 남자의 숭배〉,
1296~1300년경, 성 프란체스코 교회, 아시시

양치기 소년에서 불멸의 대화가로

지오토 이야기

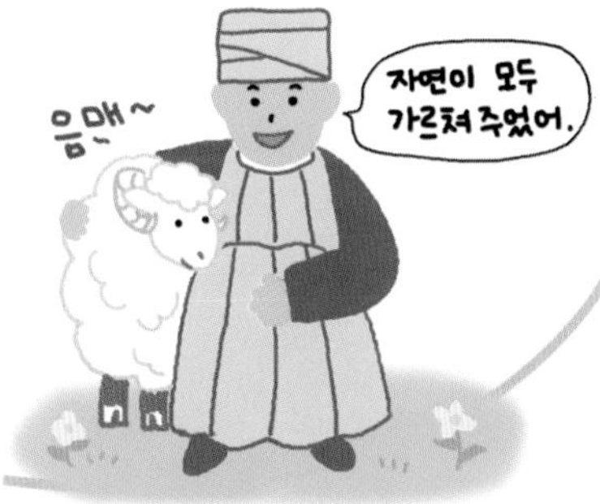
음매~
자연이 모두
가르쳐 주었어.

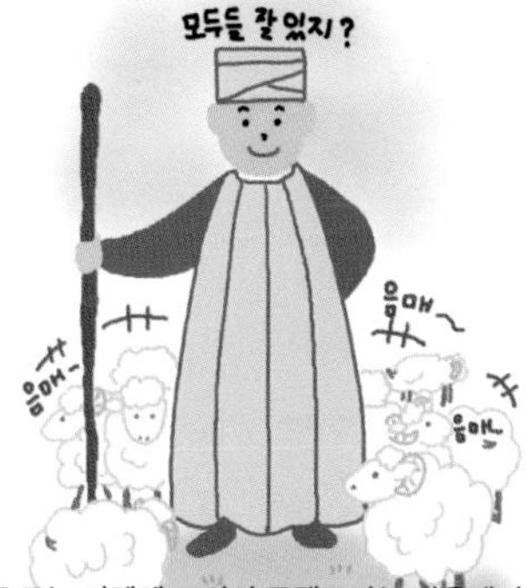
모두들 잘 있지?
음매~
음매~
음매~

1 지오토는 피렌체 교외의 무젤로라는 마을에서 태어났다. 아버지가 농부였기 때문에 소년 시절의 지오토는 자주 양을 지키고 있었다.

2 지오토는 늘 작고 평평한 돌 위에 양의 그림을 그리곤 했다.

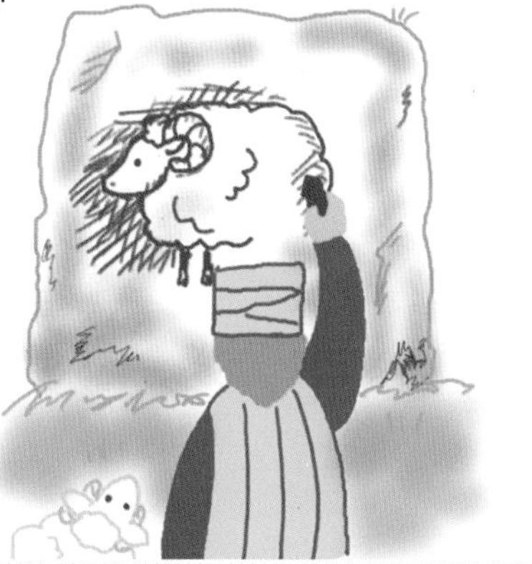

3 어느 날 유명한 화가인 치마부에가 그곳을 지나가게 되었다.

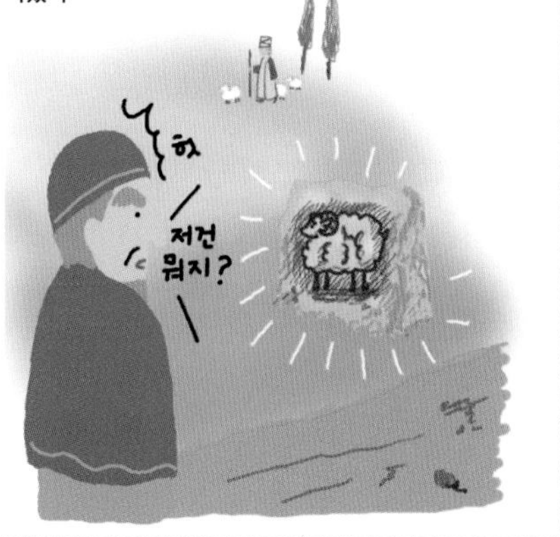
헛
저건
뭐지?

4 꼭 실제 양처럼 그림을 그리는 소년을 보고 놀란 치마부에가 지오토에게 말했다.

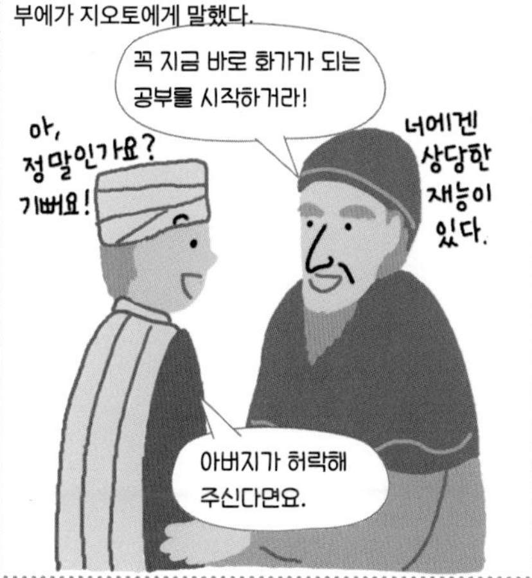
꼭 지금 바로 화가가 되는
공부를 시작하거라!
너에겐
상당한
재능이
있다.
아,
정말인가요?
기뻐요!
아버지가 허락해
주신다면요.

5 치마부에는 곧 지오토의 아버지를 만나 그의 공방에 제자로 들어오도록 열심히 설득했다.

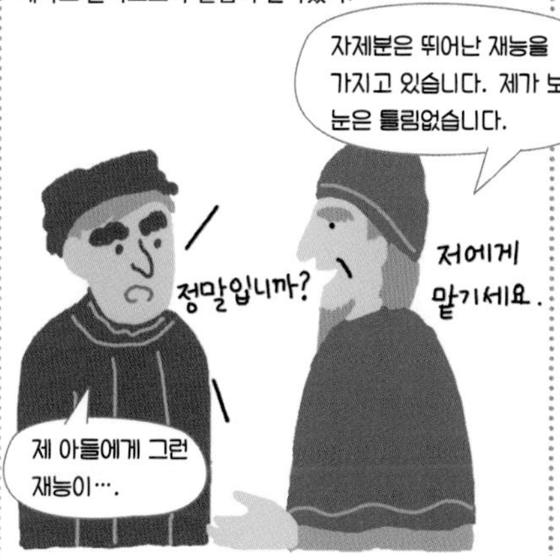
자제분은 뛰어난 재능을
가지고 있습니다. 제가 보는
눈은 틀림없습니다.
정말입니까?
저에게
맡기세요.
제 아들에게 그런
재능이….

6 아버지는 기뻐하며 지오토를 보냈다. 지오토는 치마부에와 함께 피렌체라는 미지의 세계로 떠났다.

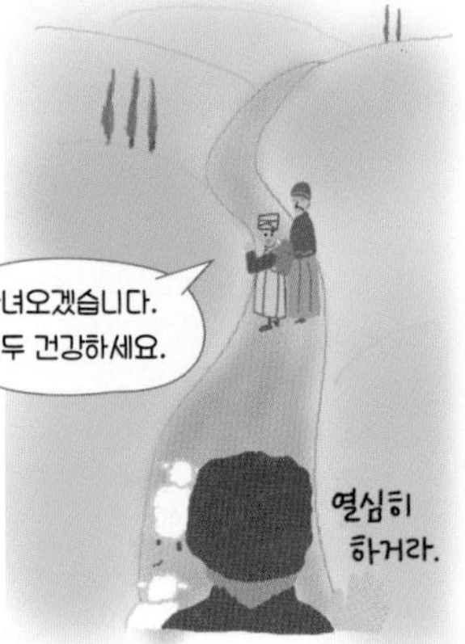
다녀오겠습니다.
모두 건강하세요.
열심히 하거라.

7 공방에 제자로 들어간 지오토는 금세 두각을 드러내 순식간에 스승을 뛰어넘게 되었다.

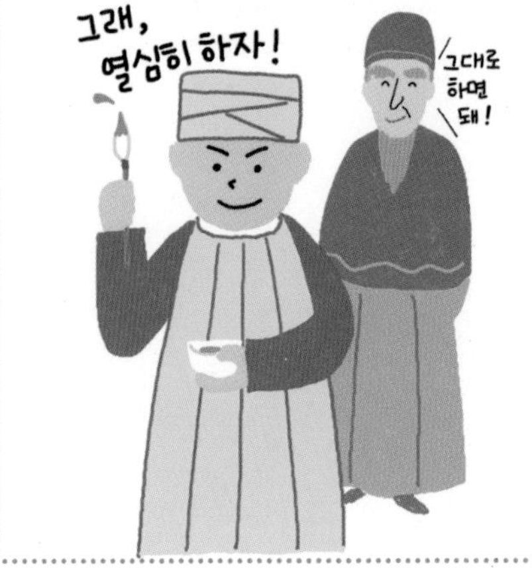
그래, 열심히 하자!
그대로 하면 돼!

파리 에피소드

1 어느 날 스승 치마부에가 외출하였다.

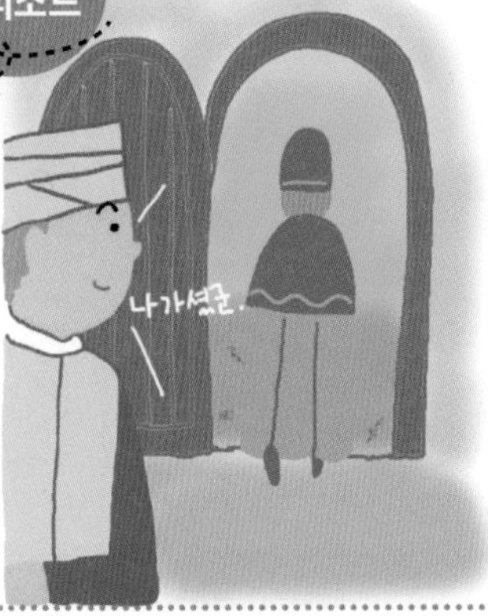
나가셨군.

2 장난꾸러기였던 지오토는 한 인물 그림의 코 위에 파리를 그려 넣었다.

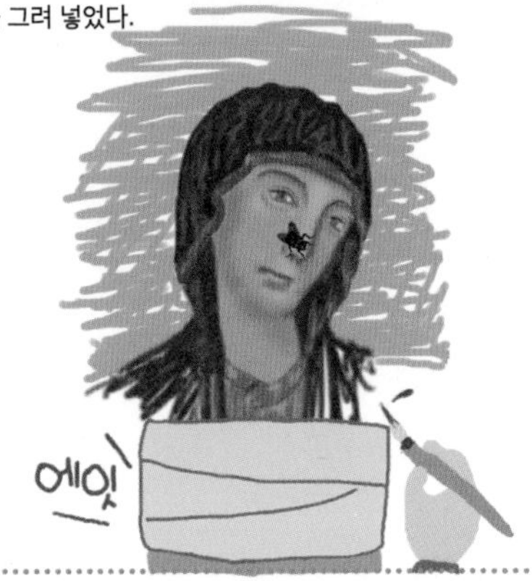
에잇

3 돌아와 일을 하려던 치마부에는 파리를 손으로 몇 번씩 쫓아내려고 했다.

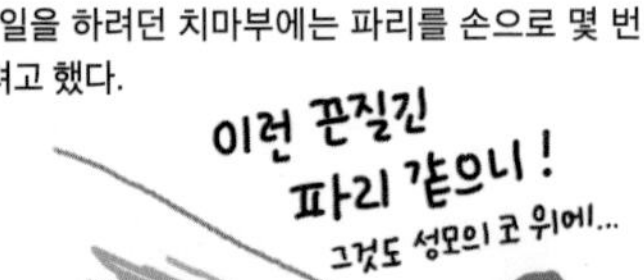
이런 끈질긴 파리 같으니!
그것도 성모의 코 위에...
얼른! 저리 가!

4 하지만 아무리 내쫓아도 파리는 도망가지 않았고, 그제야 그림인 걸 알아차렸다.

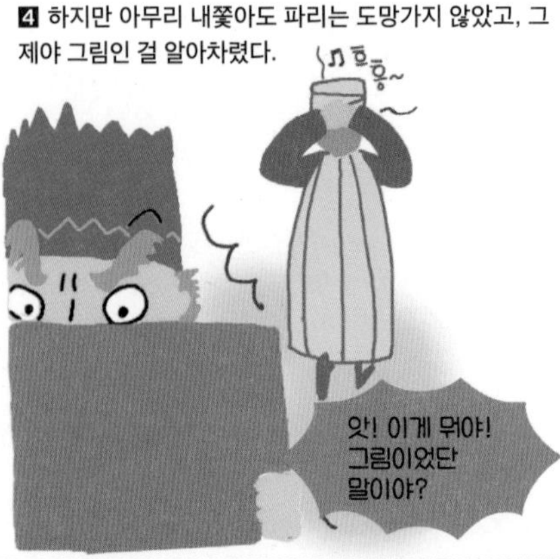
흥흥~
앗! 이게 뭐야! 그림이었단 말이야?

지오토의 톤도(tondo, 원형 회화)

1 당시 교황 보니파키우스 8세는 지오토의 높은 평판의 진위를 확인하고 그보다 뛰어난 화가를 찾아내기 위해 심부름꾼을 토스카나 지방에 보냈다.

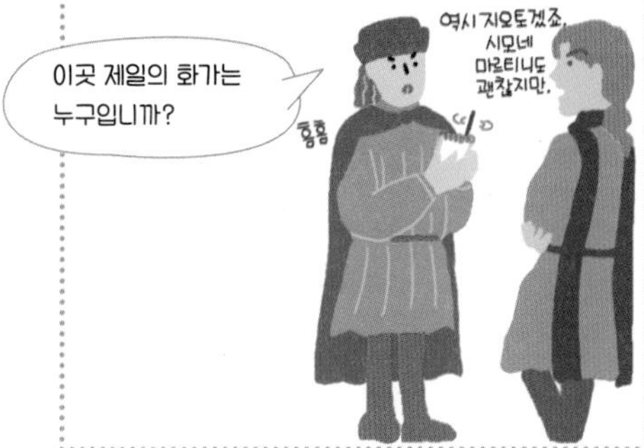
이곳 제일의 화가는 누구입니까?
역시 지오토겠죠. 시모네 마르티니도 괜찮지만.
흠흠

2 시에나 마을에서 많은 화가를 만나 데생을 모은 사제는 지오토에게도 무언가 그려 달라고 부탁했다.

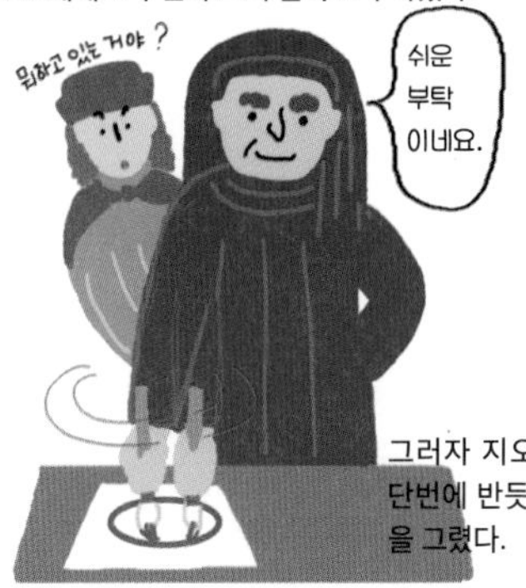
뭘하고 있는 거야?
쉬운 부탁이네요.

그러자 지오토는 단번에 반듯한 원을 그렸다.

3 다른 데생도 받을 수 있냐고 부탁하는 심부름꾼에게 지오토는,

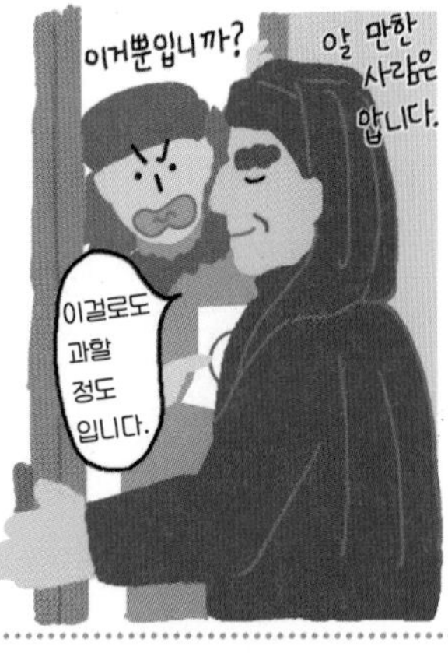
이거뿐입니까?
알 만한 사람은 압니다.
이걸로도 과할 정도입니다.

라고 말했다.

4 자신을 놀리는 것이라 생각했지만, 심부름꾼은 교황에게 다른 데생과 함께 지오토의 원을 보냈다.

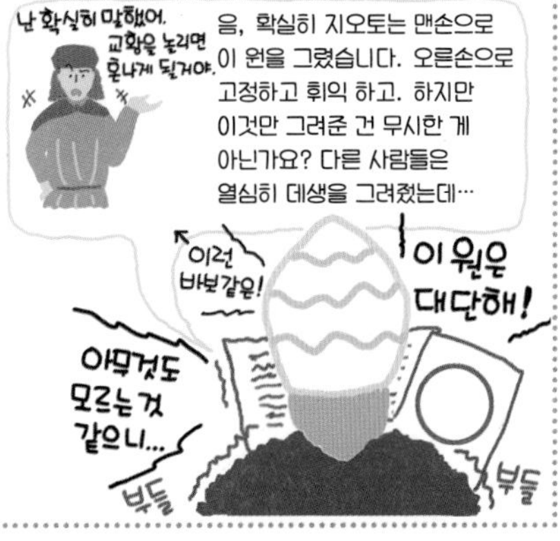
난 확실히 말했어. 교황을 놀리면 혼나게 될거야.
음, 확실히 지오토는 맨손으로 이 원을 그렸습니다. 오른손으로 고정하고 휘익 하고. 하지만 이것만 그려준 건 무시한 게 아닌가요? 다른 사람들은 열심히 데생을 그려줬는데…
이런 바보같은!
이 원은 대단해!
아무것도 모르는 것 같으니...
부들
부들

5 미술에 조예가 깊었던 교황은 그 원을 보고 바로 지오토의 뛰어난 재능과 높은 기술을 이해했다.

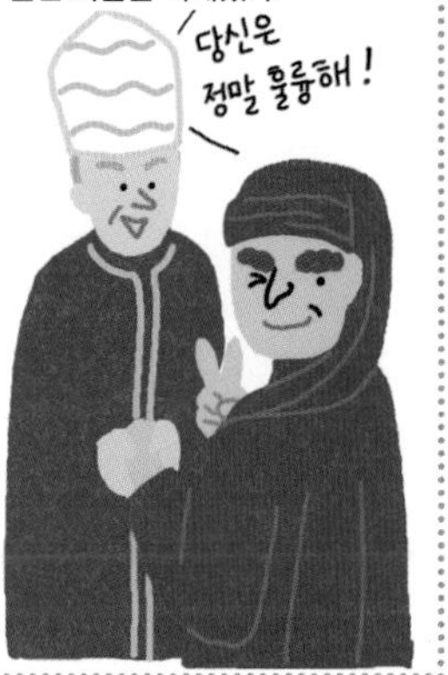
당신은 정말 훌륭해!

그리고 지오토에게 다양한 일을 의뢰하고 많은 보수를 주었다.

새로운 속담이 탄생했다.

"Tu sei più **tondo** che l'O di Giotto."

"당신은 지오토의 원보다 동그랗다."

=당신은 둔하다.

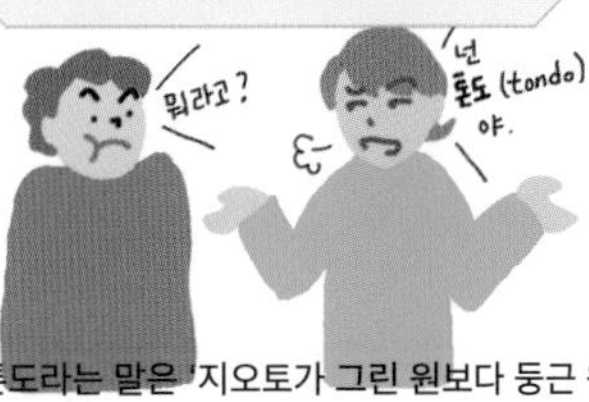
뭐라고?
넌 톤도(tondo)야.

그 후로 톤도라는 말은 '지오토가 그린 원보다 둥근 원은 존재하지 않는다는 사실을 모름=어리석고 순진함, 단순'이라는 의미도 갖게 되었다.

지오토의 자취

지오토의 시대에는 피렌체, 로마, 나폴리, 파도바, 아시시 등이 모두 독립된 나라였다.그 가운데 화가로서 높은 명성을 얻은 지오토는 국경을 넘어 여기저기 영주와 교회,유복한 상인들로부터 많은 일을 의뢰받았다. 즉, 세계를 무대로 활약했다고 해도 과언이 아니었다. 말년에는 건축 분야에도 진출하여 그 유명한 〈지오토의 종루〉를 설계했다.

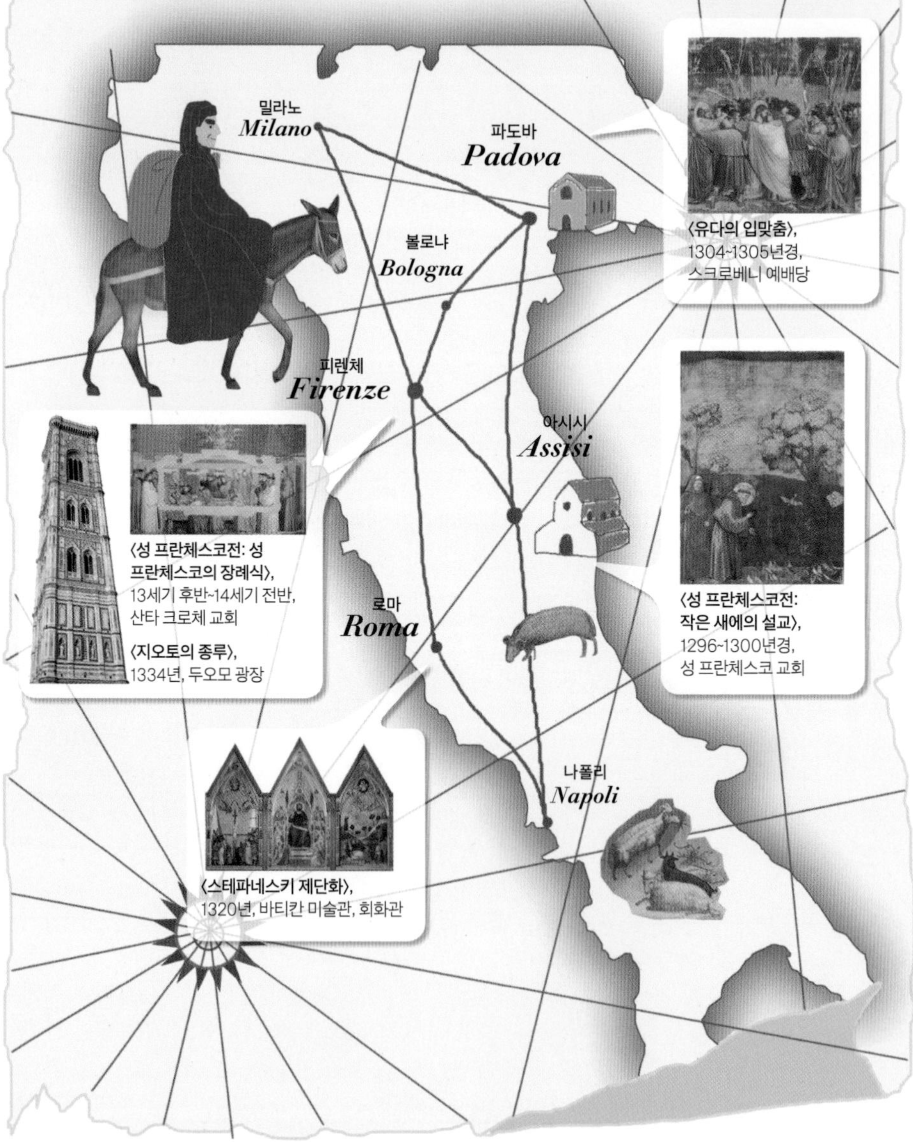

꽃봉오리가 열리다

초기 르네상스

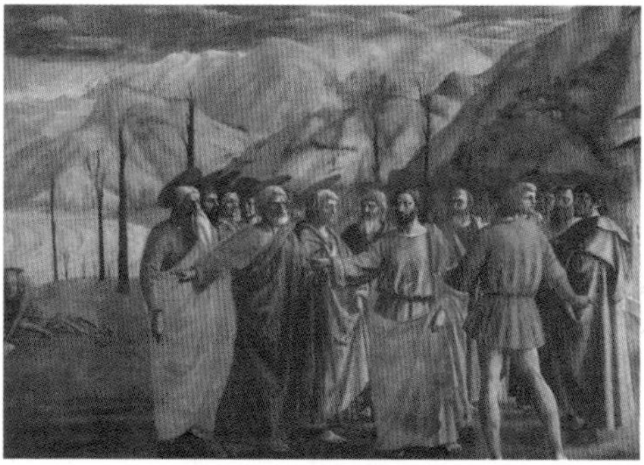

필리포 브루넬레스키

도나텔로

마사치오

파올로 우첼로

프라 안젤리코

필리포 리피

보티첼리

필리포 브루넬레스키

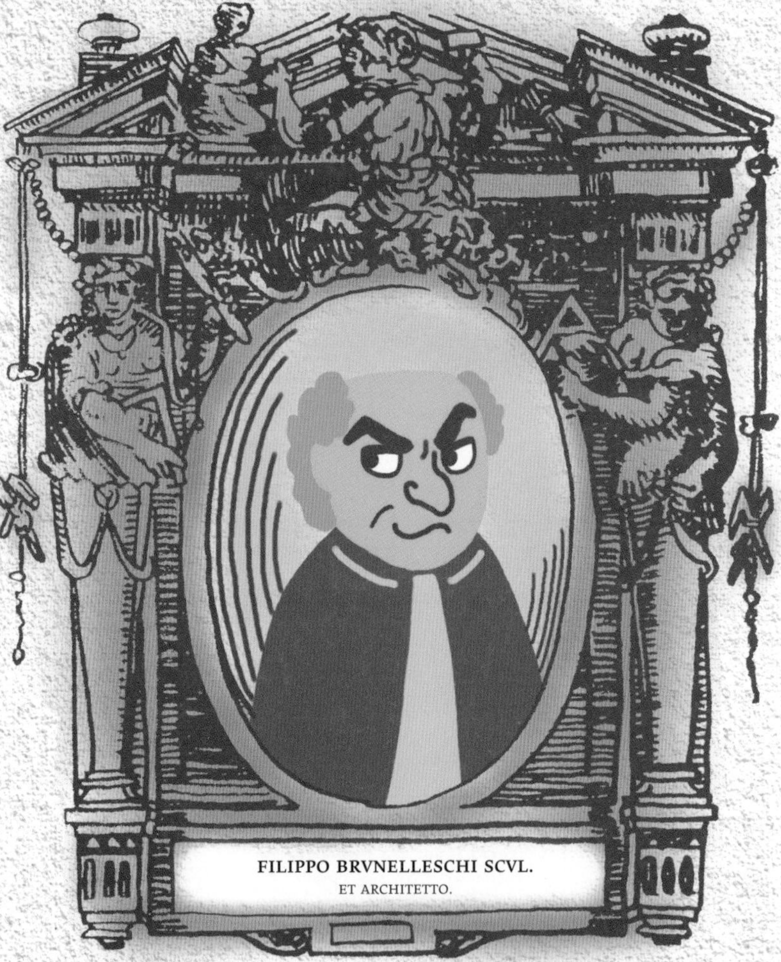

대성당에 전례 없는 대형 쿠폴라(돔 천장)를

만든 천재 건축가

필리포 브루넬레스키
Filippo Brunelleschi
(1377~1446)

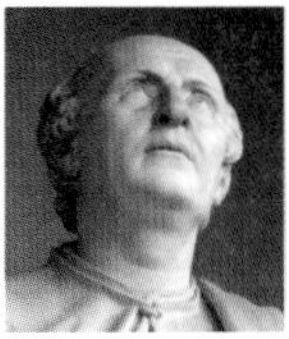
루이지 퐁파로니 작

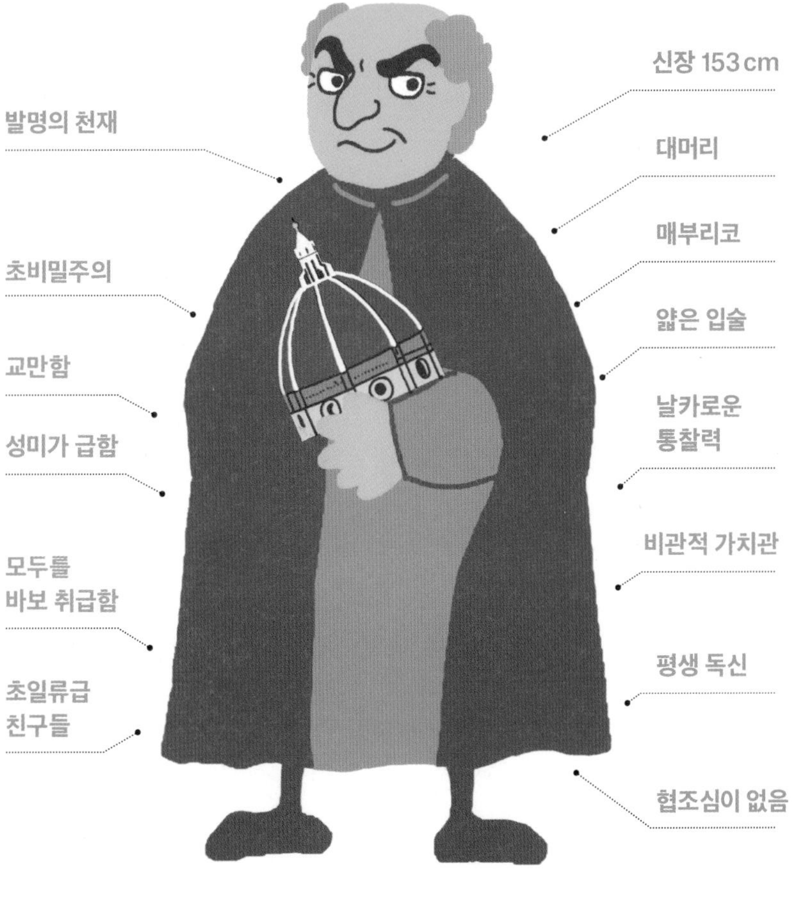

직함

- 건축가
- 산술가
- 조선가
- 조각가
- 기하학자
- 수력학자
- 화가
- 군사기사
- 무대미술가

● ● ● 브루넬레스키의 걸작 건축 ● ● ●

산타 마리아 델 피오레(대성당 쿠폴라와 정탑 부분)

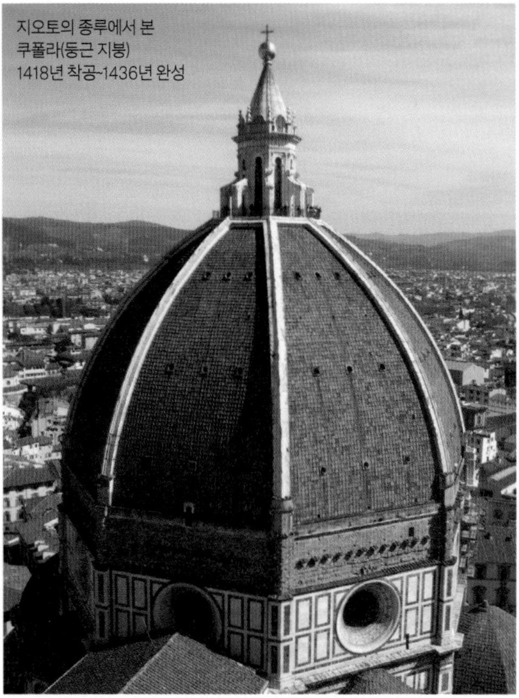

지오토의 종루에서 본
쿠폴라(둥근 지붕)
1418년 착공~1436년 완성

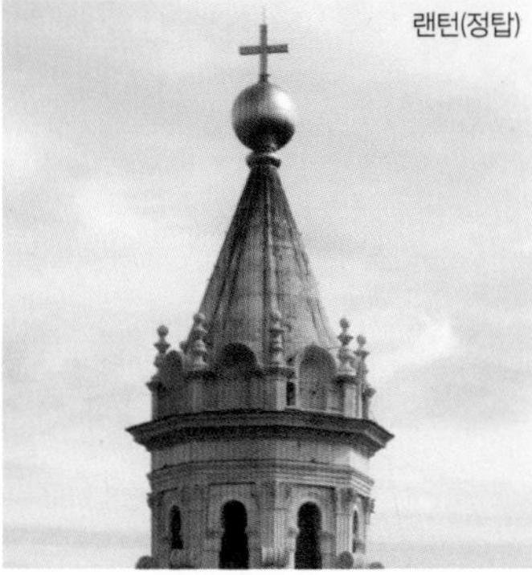

랜턴(정탑)

지상에서 정상까지 107m(빌딩 30층 상당)

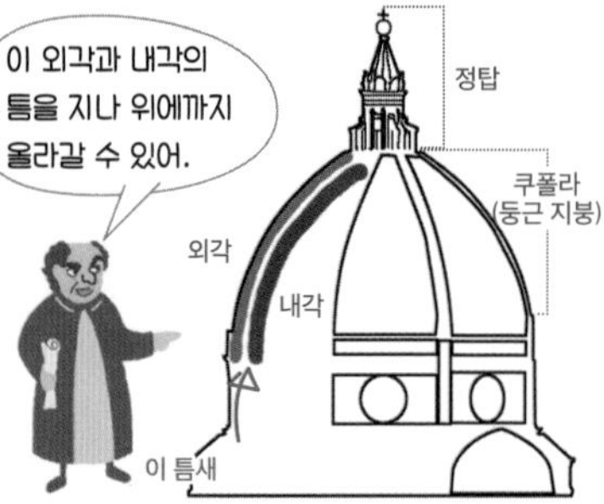

이 외각과 내각의
틈을 지나 위에까지
올라갈 수 있어.
정탑
쿠폴라
(둥근 지붕)
외각
내각
이 틈새

브루넬레스키는 1377년 피렌체에서 공증인의 아들로 태어났다. 아버지는 아들이 공증인의 일을 이어가기를 원했지만, 브루넬레스키는 기계 만지는 일을 매우 좋아하여 금세공사 공방에 제자로 들어가 옥석 가공부터 톱니바퀴의 구조까지 다양한 것들을 배웠다. 그리고 스물한 살 때 산 조반니 세례당의 북문 콩쿠르에서 기베르티에게 패배하며 로마로 떠났다. 브루넬레스키는 그곳에서 고대 유적을 통해 대형 쿠폴라 건설의 힌트를 찾아냈다. 피렌체에 돌아온 그는 천재적인 발명의 끼를 발휘하여, 마침내 피렌체의 대성당(두오모)에 세계 최대의 석조 돔 지붕(쿠폴라)을 완성했다.

브루넬레스키는 획기적인 발상과 발명의 천재일 뿐 아니라 완벽주의자였다. 그는 벽돌 굽는 곳을 직접 찾아가 불 조절 및 흙과 석회의 비율을 직접 확인하였고, 벽돌 한 장 한 장을 검사하여 사용했다. 또한 직공들의 안전에 신경을 써 작업 효율을 높이고자, 오르는 계단과 내려가는 전용 계단을 설치하는 등 다양한 연구를 진행했다. 현재 우리들도 돔 만들기에 사용된 계단을 통해 두오모의 정상에 오를 수 있다.

둥근 지붕 정상까지의 계단·통로

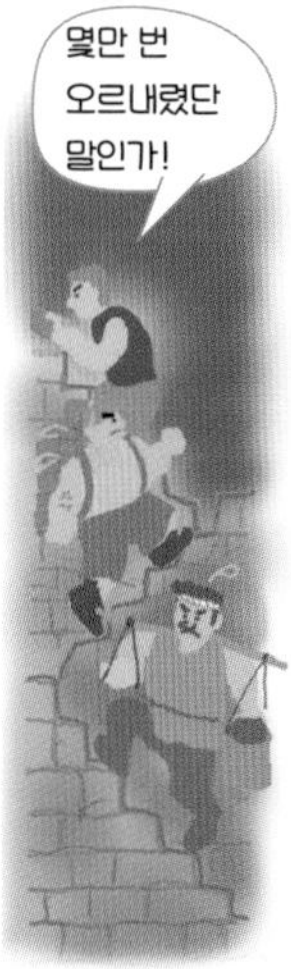
몇만 번
오르내렸단
말인가!

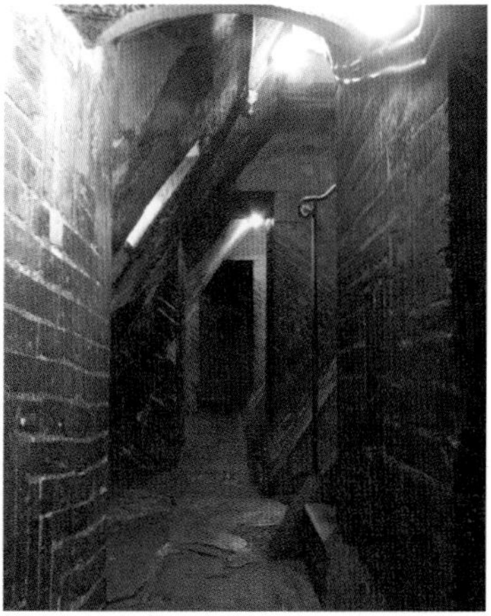
외각과 내각의 통로

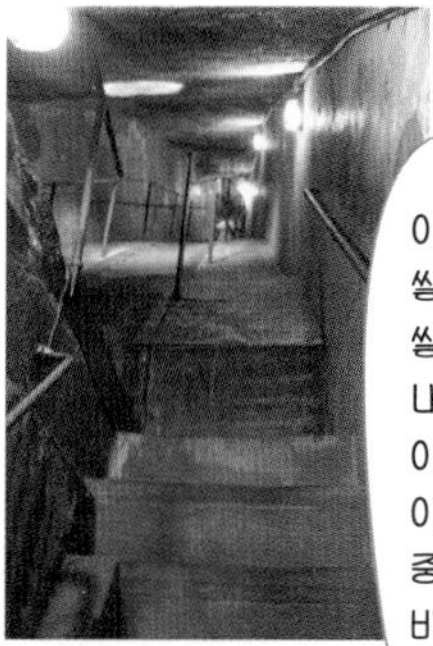
최후의 급경사 계단

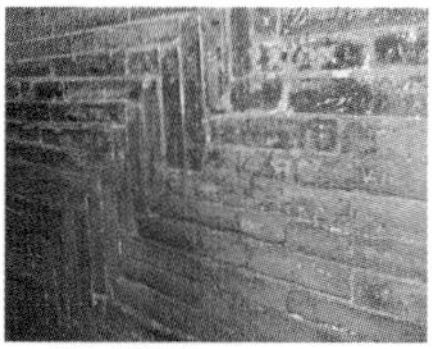
오늬무늬 쌓기

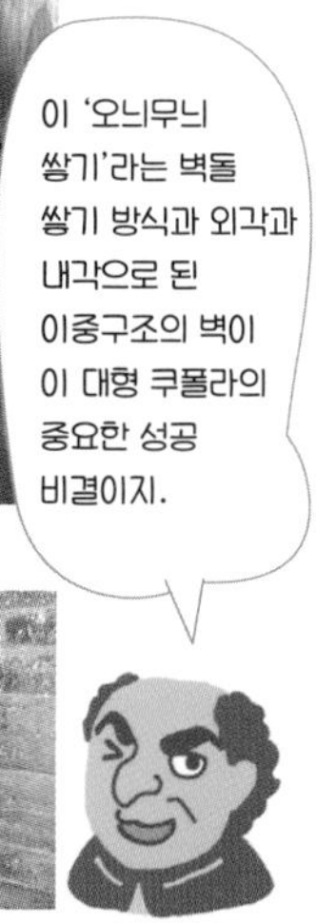
이 '오늬무늬
쌓기'라는 벽돌
쌓기 방식과 외각과
내각으로 된
이중구조의 벽이
이 대형 쿠폴라의
중요한 성공
비결이지.

정상의 풍경

정탑에서 내려다본 풍경

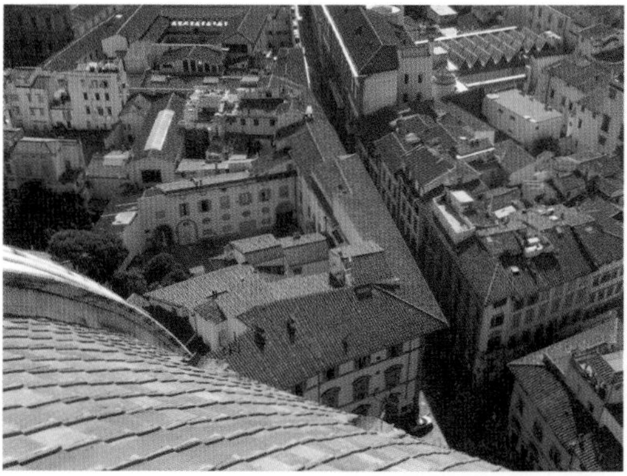

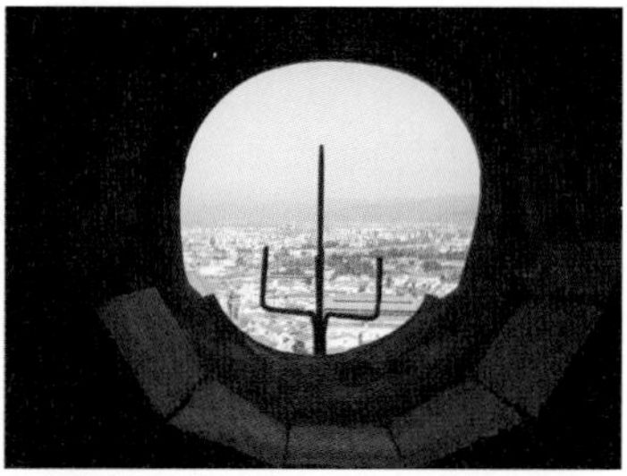
정상 직전의 공기구멍에서 바라보는 경관

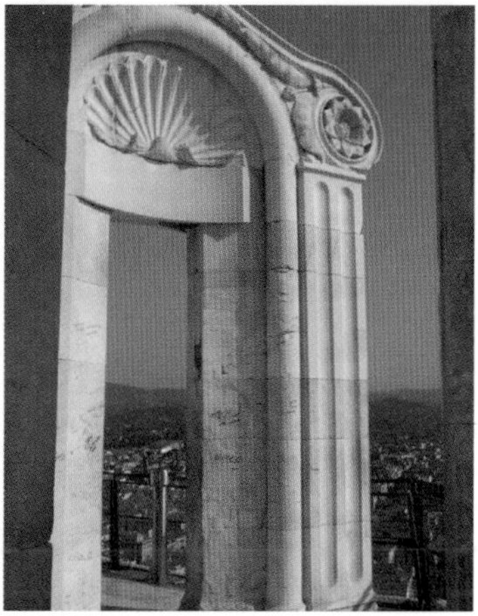
정탑 부분

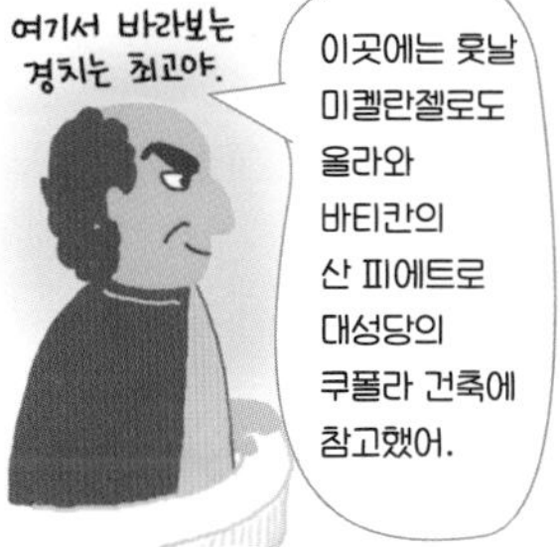
여기서 바라보는
경치는 최고야.
이곳에는 훗날
미켈란젤로도
올라와
바티칸의
산 피에트로
대성당의
쿠폴라 건축에
참고했어.

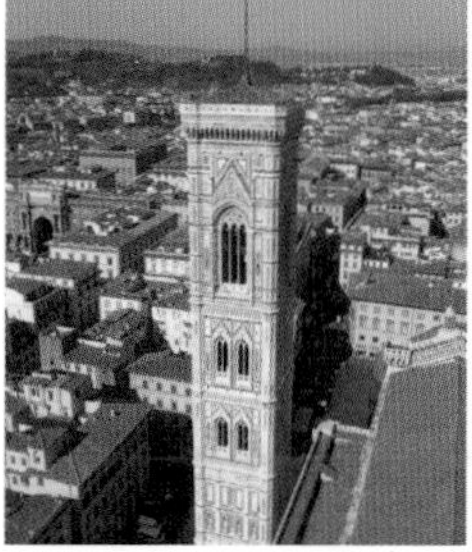
정탑에서 바라보는 지오토의 종루

피렌체로 보는 브루넬레스키

- 산타 마리아 델 피오레 대성당(쿠폴라)
- 두오모 부속미술관
- 바르젤로 국립박물관
- 산타 크로체 교회[파치가 예배당]
- 산 로렌초 교회(성당부분, 구성구실)
- 산토 스피리토 교회
- 고아양육원
- 산타 마리아 노벨라 교회
- 로톤다
- 구엘파관

● 산 로렌초 교회(구성구실)

작은 쿠폴라의 성도(星圖)가 인상적인 아름다움을 주는 메디치가의 묘소이다. 계산된 공간이지만 편안함이 느껴진다. 친구 도나텔로가 만든 조소 장식과의 조화를 볼 수 있다.

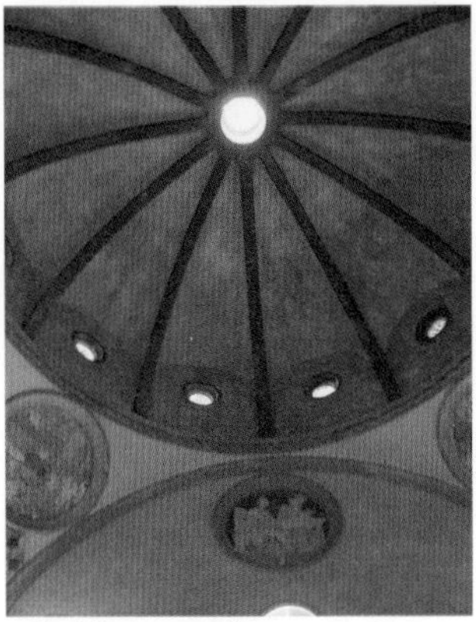

구성구실(1419~1428년)

● 산토 스피리토 교회

브루넬레스키의 비례의 법칙을 토대로 배치된 다리가 걷는 사람에게 리듬감을 준다. 주제단에 가까워질수록 점차 빛을 느끼도록 설계되어 있다.

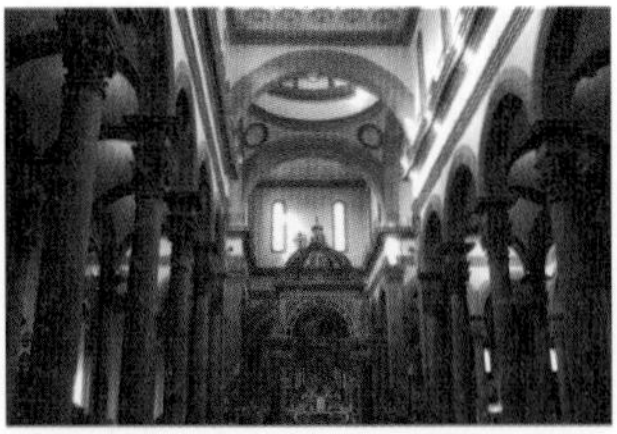

내각 설계(1434년경 프로젝트 개시)

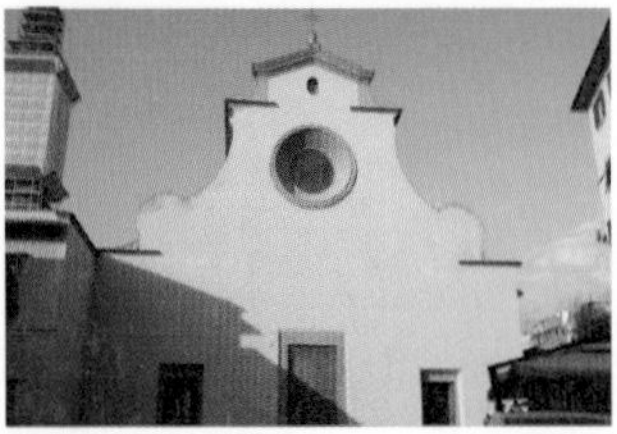

파사드(정면)는 미완성

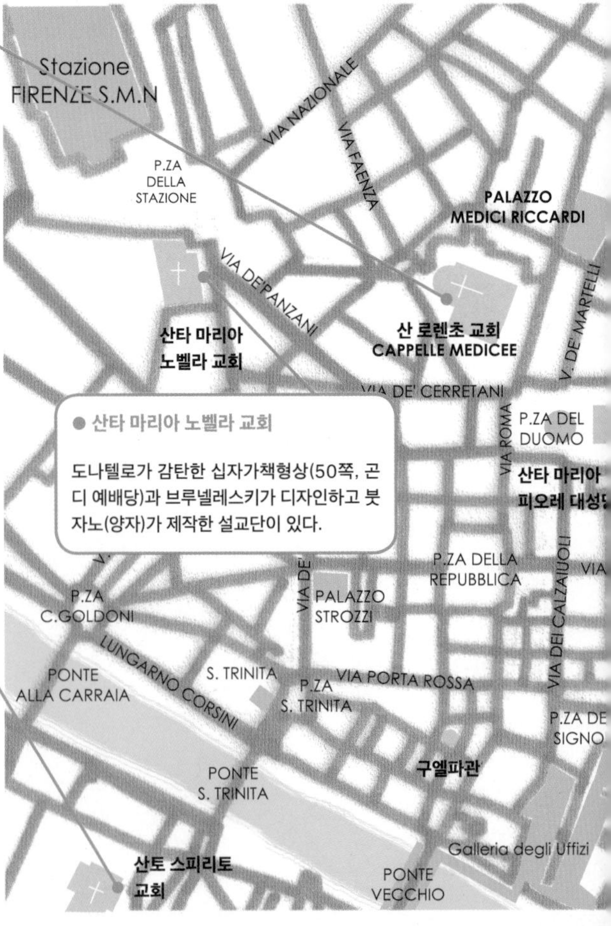

● 산타 마리아 노벨라 교회

도나텔로가 감탄한 십자가책형상(50쪽, 곤디 예배당)과 브루넬레스키가 디자인하고 붓자노(양자)가 제작한 설교단이 있다.

브루넬레스키는 쿠폴라 건축과 병행하여 다수의 중요한 건축 사업에 참가해 현재의 피렌체 거리의 원형을 만들어냈다.

하얀 회반죽벽과 피에트라 세레나라 불리는 회색 석재를 이용한 다리, 아치로 구성된 르네상스 양식은 그가 확립한 것들이다. 고대 건축에서 배운 미의 비례를 토대로 하는 리듬감 있고 심플한 공간은, 장식에 파묻힐 듯한 교회 건축 가운데 한층 산뜻하고 개성적인 맛을 지니고 있다.

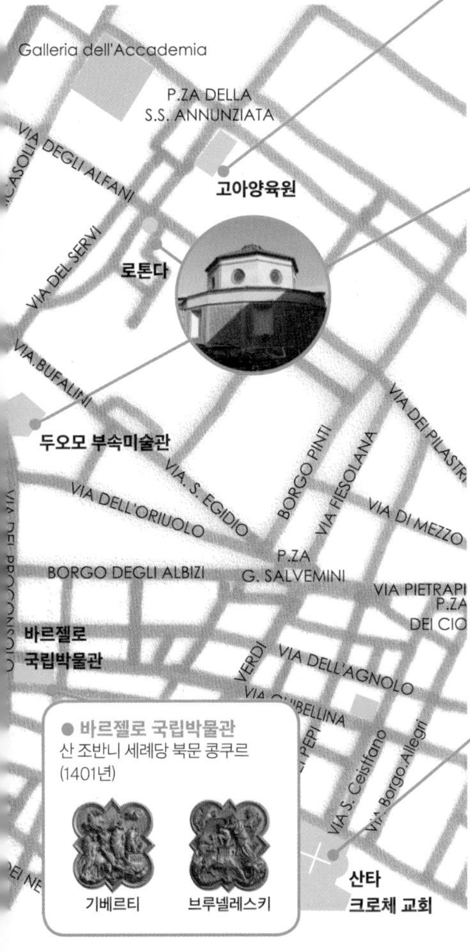

● 고아양육원(오스페달레 델리 인노첸티)

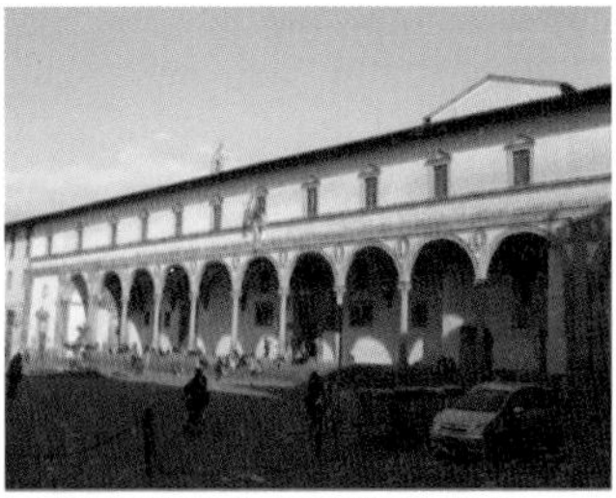
고아양육원의 정면(1419년경 건축 개시)

브루넬레스키가 설계한 초기 르네상스의 대표적 건축물이다. 로마네스크풍의 아치 위에 채색 테라코타 장식이 리듬감을 더해 아름답다. 이후 세워지는 건축물도 이 아치형 회로를 답습하여 광장 전체가 아치의 연속으로 통일감 있는 공간이 되었다.

● 두오모 부속미술관

여기서는 대성당의 건축에 사용된 15세기 이전의 도구나 브루넬레스키의 데스 마스크 및 정탑의 모형 등을 볼 수 있다.

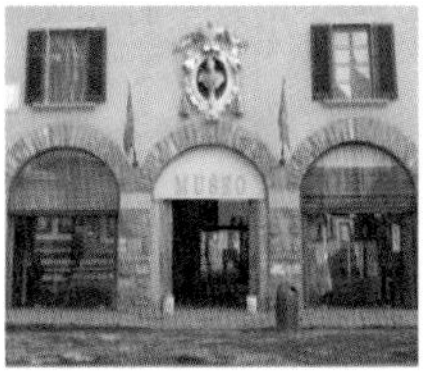

● 산타 크로체 교회[파치가 예배당]

브루넬레스키의 심플하고 합리적인 아름다움의 이념이 함축되어 있다. 내부는 흰색과 회색의 기하학적 배색이 아름답다. 건물도 브루넬레스키의 작품이다.

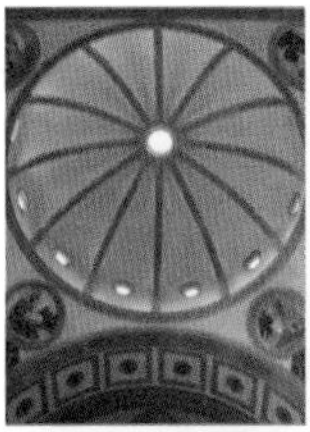
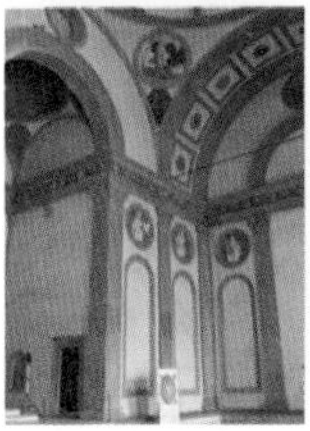
파치가 예배당 내부

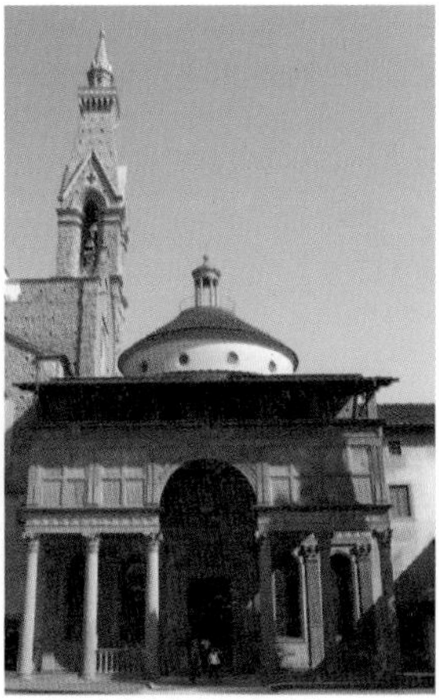
파치가 예배당 정면(1429년경)

브루넬레스키의

두오모 건설 분투기

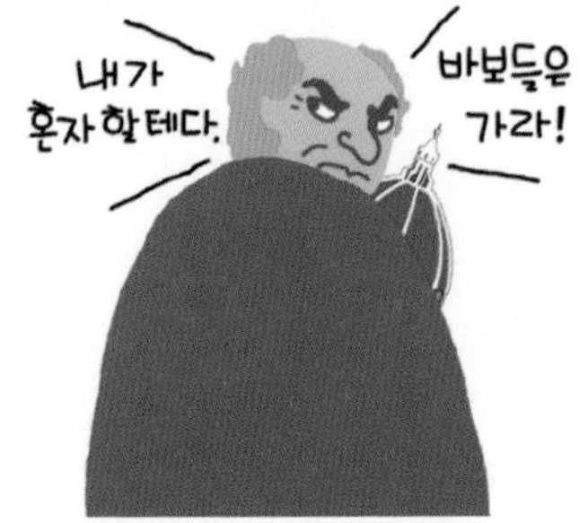
내가
혼자 할테다.
바보들은
가라!

산 조반니 세례당 북문 콩쿠르

1 흑사병과 밀라노군의 위협에 시달리던 1401년, 이후 '르네상스의 개막'이라 불리게 될 콩쿠르가 개최되었다.

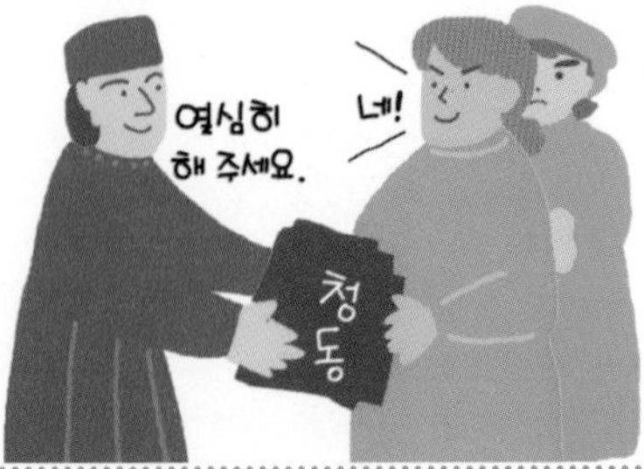
열심히
해 주세요.
네!
청동

2 이 콩쿠르는 평생의 라이벌이 될 브루넬레스키와 기베르티의 최초의 대결이었다.

24세 브루넬레스키

아버지는 유능한 공증인으로 마을의 명사였다.

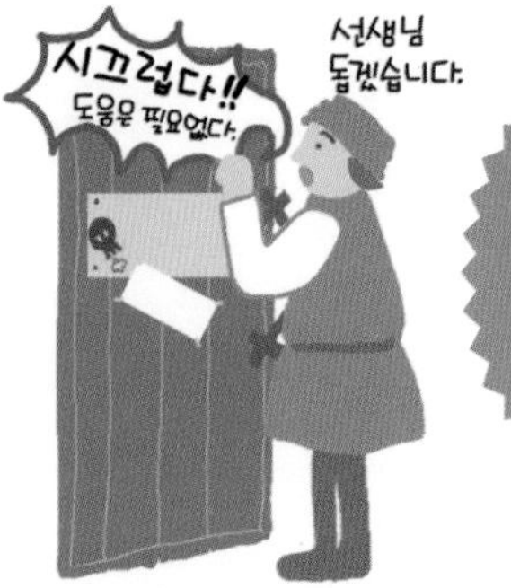
시끄럽다!!
도움은 필요없다.
선생님
돕겠습니다.

완전 비밀주의로, 아이디어를 빼앗기는 것을 극도로 싫어했다.

대조적인 성격

23세 기베르티

부친은 알려져 있지 않고, 조부는 금세공사였다.

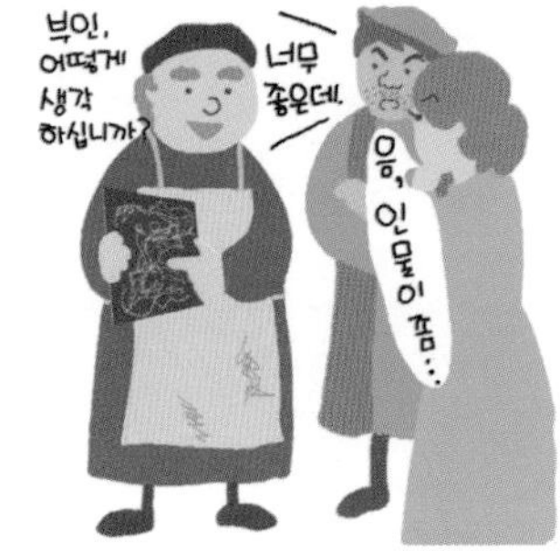
부인,
어떻게
생각
하십니까?
너무
좋은데.
음, 인물이 흠…

심사위원뿐 아니라 일반인들의 의견도 반영하여 제작했다.

3 최종 경쟁에 남은 두 사람의 작품은 순위를 매길 수 없을 정도로 박빙의 경쟁이었다. 도저히 심사위원만으로는 승자를 결정할 수 없어, 일반 시민들에게도 의견을 물었는데 결국 의견은 정확히 반으로 갈라졌다.

브루넬레스키 작

극적

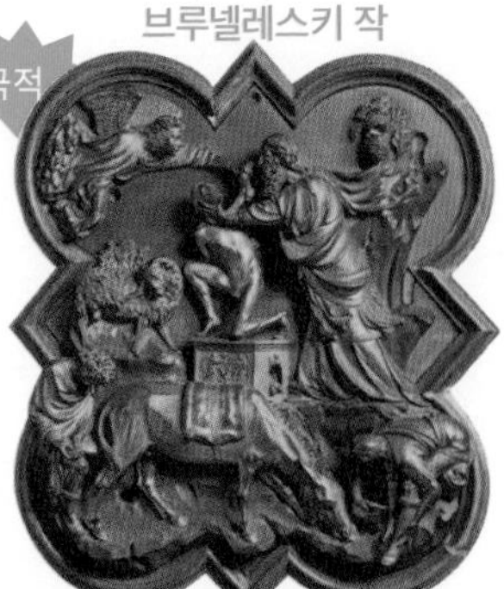

기베르티 작

우아함

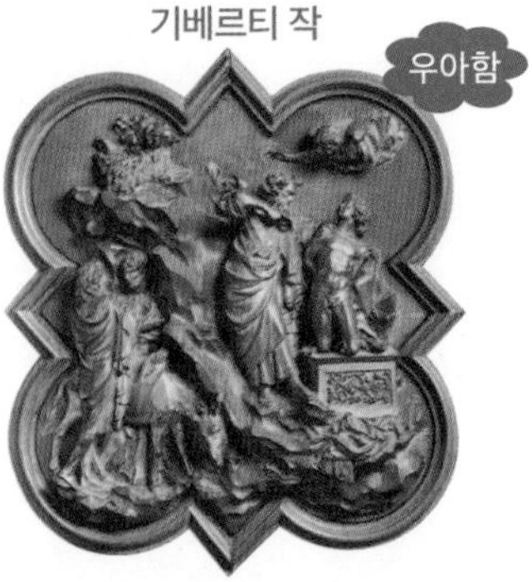

4 심사가 옥신각신한 모습을 본 브루넬레스키는 도나텔로에게 상담했다.

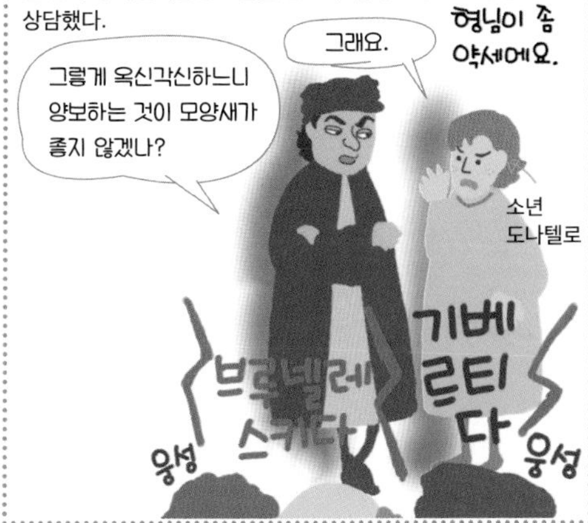
형님이 좀 약세에요.
그래요.
그렇게 옥신각신하느니 양보하는 것이 모양새가 좋지 않겠나?
소년 도나텔로
브루넬레스키다
기베르티다
웅성
웅성

5 어떻게 해서도 결정할 수 없었던 심사위원회는 두 사람을 공동 우승으로 하고, 공동 제작을 요구했지만,

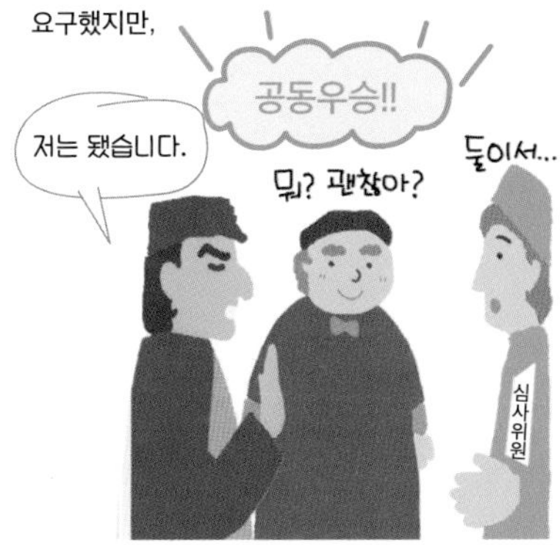
공동우승!!
저는 됐습니다.
뭐? 괜찮아?
둘이서…
심사위원

브루넬레스키는 거절하고 기베르티에게 양보했다.

6 승자가 된 기베르티는 제2문비(북문)와 이후 제3문비(이후에 미켈란젤로로부터 〈천국의 문〉이라 불리게 된다)에 총 48년이라는 세월을 바쳤다.

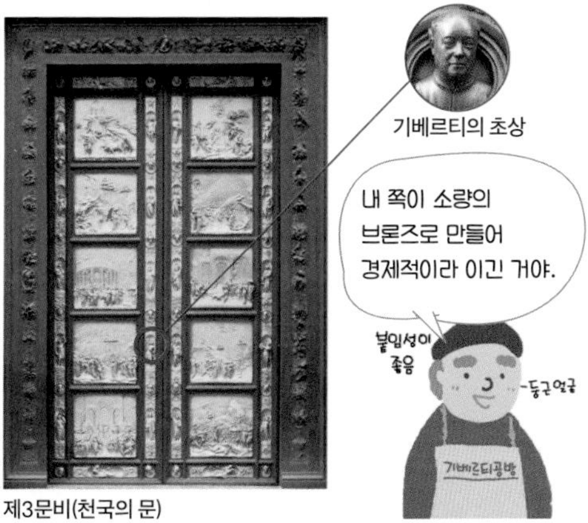
기베르티의 초상
내 쪽이 소량의 브론즈로 만들어 경제적이라 이긴 거야.
붙임성이 좋음
둥근 얼굴
기베르티공방

제3문비(천국의 문)

브루넬레스키와 도나텔로는 로마로 떠난다.

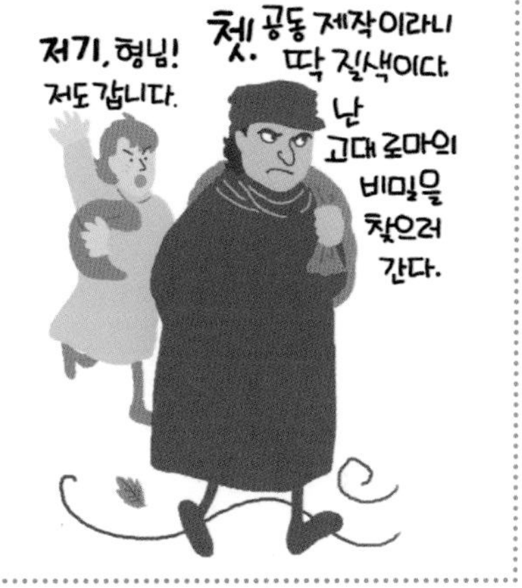
저기, 형님! 저도 갑니다.
쳇, 공동 제작이라니 딱 질색이다.
난 고대 로마의 비밀을 찾으러 간다.

8 그곳에서 거의 10년 이상 사람들에게 사랑받으며 고대의 건축물을 연구하여 잊혀진 여러 지식과 기술을 재발견했다.

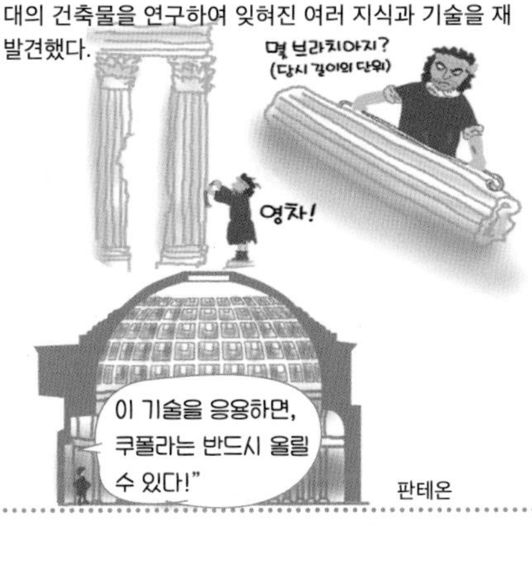
몇 브라치아지?
(당시 길이의 단위)
영차!
이 기술을 응용하면, 쿠폴라는 반드시 올릴 수 있다!"

판테온

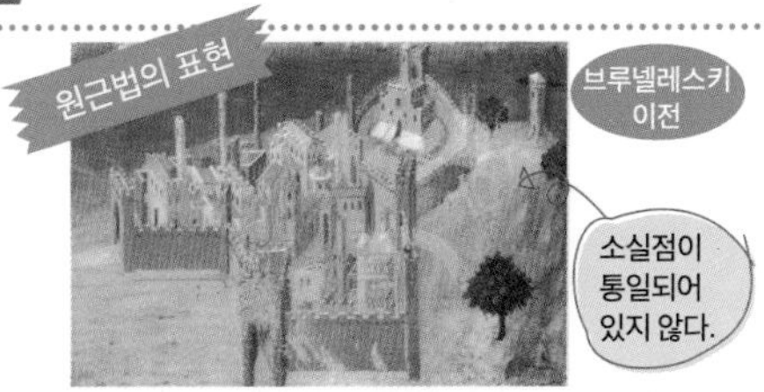
원근법의 표현
브루넬레스키 이전
소실점이 통일되어 있지 않다.

암브로지오 로렌체티(?), **〈해변의 도시〉**, 14세기 전반, 피나코테카, 시에나

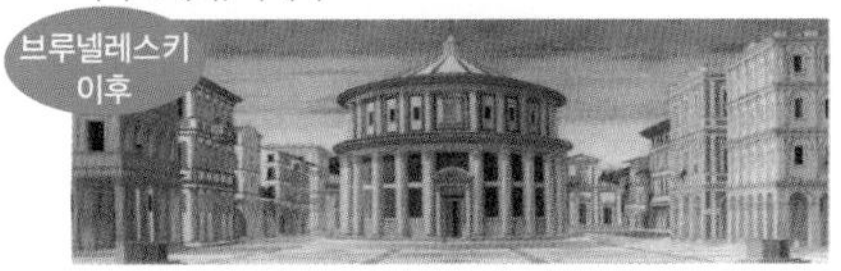
브루넬레스키 이후

피에로 델라 프란체스카(?), **〈이상도시(부분)〉**, 1470~16세기 초(?), 마르케주 미술관, 우르비노

쿠폴라 모형 콩쿠르

1418년에 다시 대규모 콩쿠르가 고지되었다. 과제는 '두오모 쿠폴라의 설계 및 공법'으로 문제의 관건은 어떤 가설지주를 이용하여 건설 중인 쿠폴라를 지지하는가에 달려 있었다.

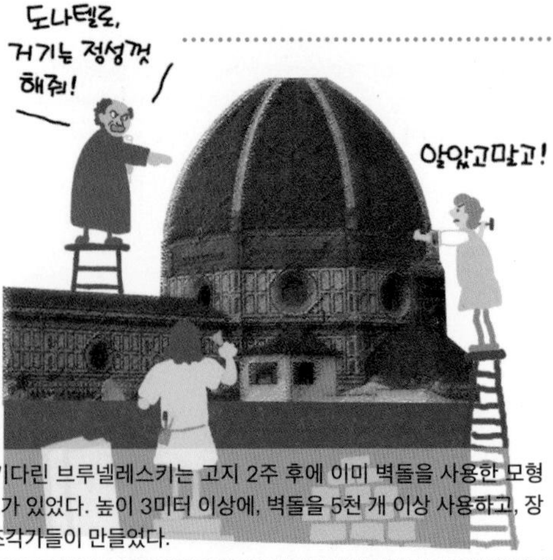

도나텔로, 거기는 정성껏 해줘!
알았고말고!

1 이때를 기다린 브루넬레스키는 고지 2주 후에 이미 벽돌을 사용한 모형 제작에 들어가 있었다. 높이 3미터 이상에, 벽돌을 5천 개 이상 사용하고, 장식은 일류 조각가들이 만들었다.

2 하지만 심사는 난항을 겪었다. 결국 최후까지 남은 사람은 또다시 브루넬레스키와 기베르티였다.

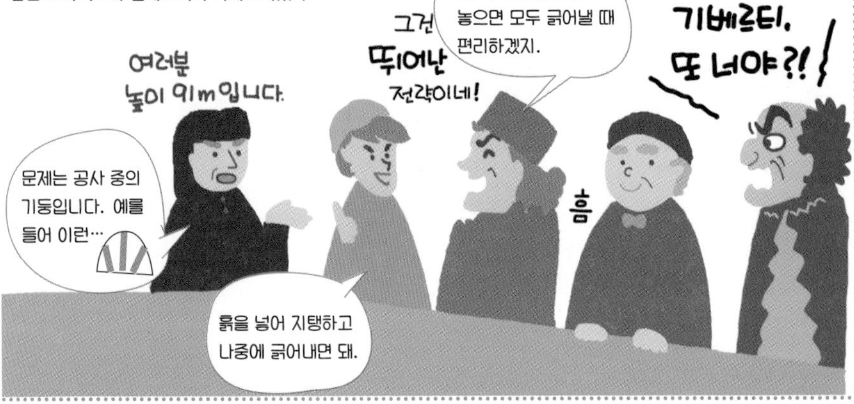

여러분 높이 91m입니다.
문제는 공사 중의 기둥입니다. 예를 들어 이런…
흙을 넣어 지탱하고 나중에 긁어내면 돼.
그건 뛰어난 전략이네!
흙 속에 동전을 섞어 놓으면 모두 긁어낼 때 편리하겠지.
흠
기베르티, 또 너야?!

3 브루넬레스키는 가설지주 없이 쿠폴라를 건설할 수 있다고 주장했지만, 아무도 믿어 주지 않았다.

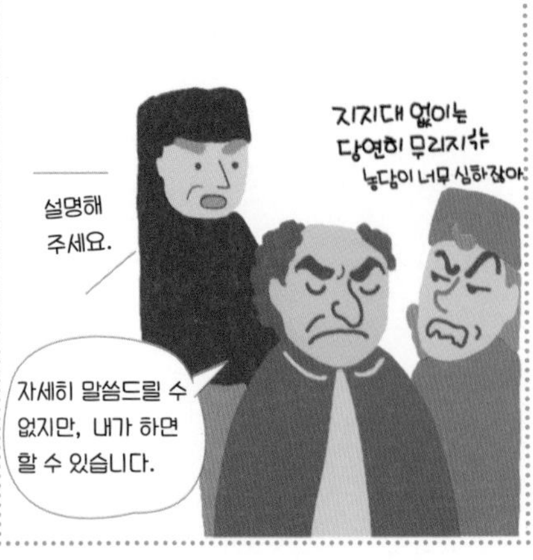

설명해 주세요.
자세히 말씀드릴 수 없지만, 내가 하면 할 수 있습니다.
지지대 없이는 당연히 무리지 농담이 너무 심하잖아.

4 너무 무모한 제안을 이해할 수 없었던 심사위원들은 브루넬레스키를 미치광이 취급하며 그를 회의장 밖으로 내쫓기까지 했다.

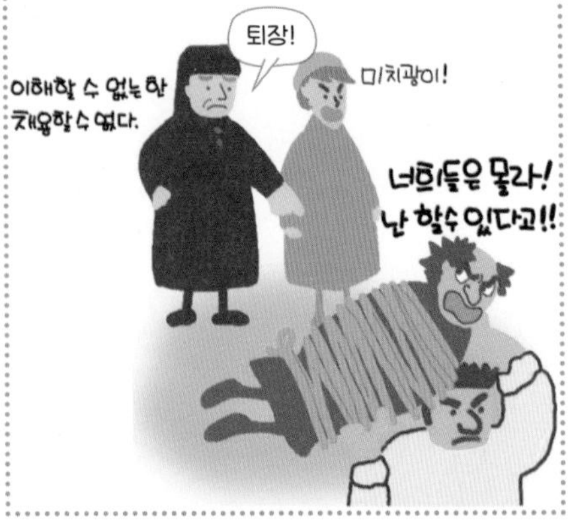

퇴장!
미치광이!
이해할 수 없는 안 채용할 수 없다.
너희들은 몰라! 난 할수 있다고!!

5 옥신각신한 끝에 결국 승자를 가리지 못하고 브루넬레스키와 기베르티 그리고 현장감독역의 단토니오가 삼인체제로 공사를 시작하게 되었다.

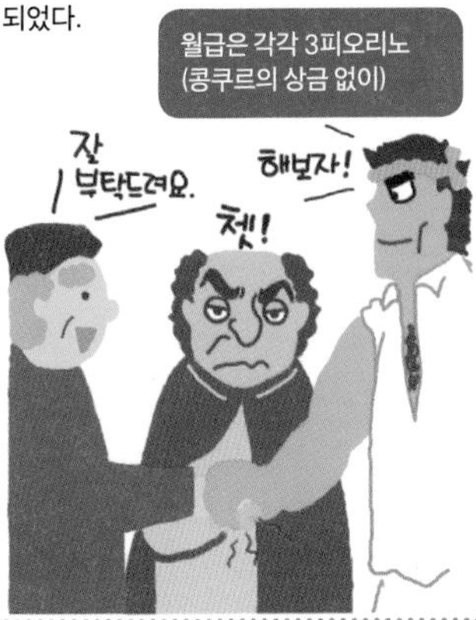
월급은 각각 3피오리노
(콩쿠르의 상금 없이)
잘 부탁드려요.
해보자!
쳇!

6 1420년 8월 4일 아침 9시경, 역사적 건축물의 건축 개막을 기념한 현장의 '아침 연회'가 열렸다.

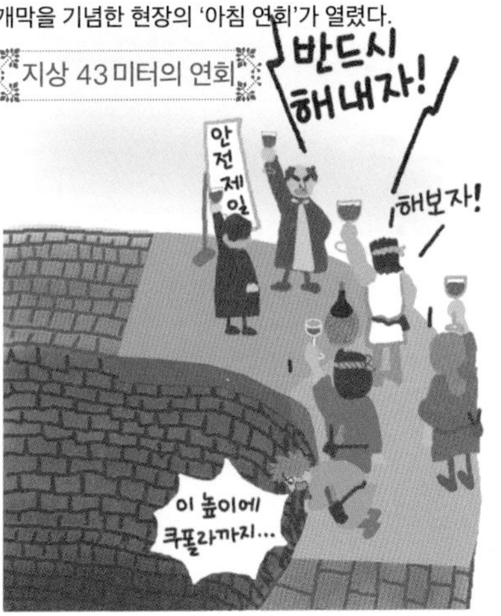
지상 43미터의 연회
반드시 해내자!
안전제일
해보자!
이 높이에 쿠폴라까지…

브루넬레스키의 발명·공부의 이모저모

획기적

이 전대미문의 대형 프로젝트는 종래의 기계로는 통용될 수 없었다. 그리하여 브루넬레스키는 속속 획기적인 기계를 발명해냈다.

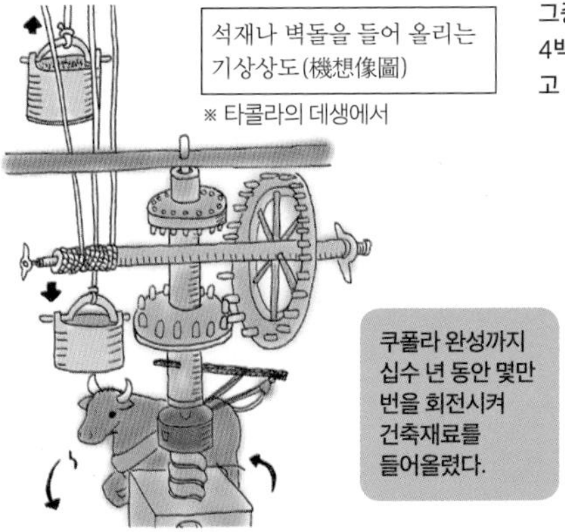
쿠폴라 완성까지
십수 년 동안 몇만
번을 회전시켜
건축재료를
들어올렸다.

석재나 벽돌을 들어 올리는 기상상도(機想像圖)

※ 타콜라의 데생에서

그중에서도 소재 선택에 주목하여 4백만 개의 벽돌을 모두 체크했다고 전해진다.

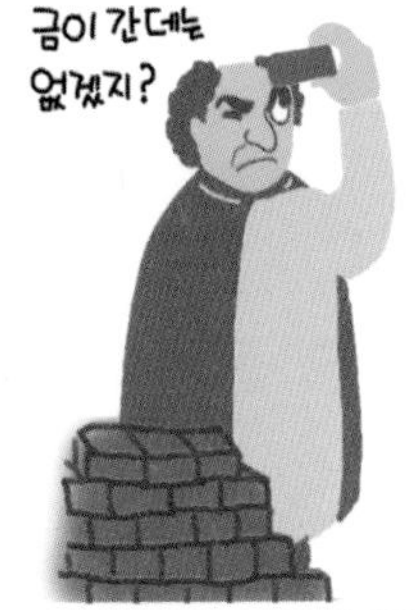
금이 간 데는
없겠지?

'오늬 쌓기'를 채용하고, 벽돌 쌓는 방식을 공부하여 결국 지지대 없이 쿠폴라를 세웠다.

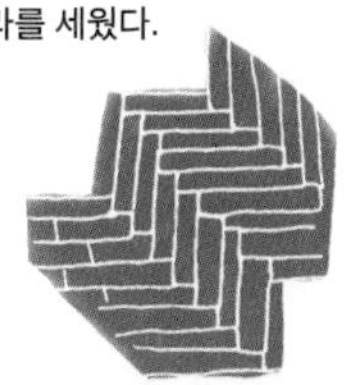

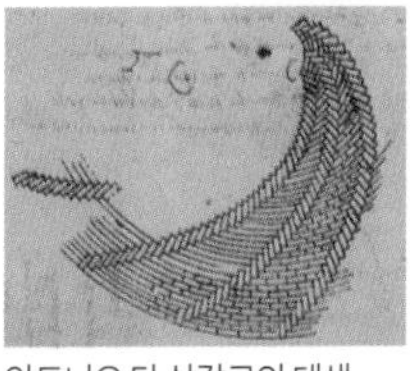

안토니오 다 상갈로의 데생

철의 법칙

어기면 벌금

- 출근하면 시각을 기입할 것.
- 와인은 물 2/3로 희석시킬 것.
- 구명밧줄을 착용할 것.
- 점심을 먹으러 돌아가지 않을 것.
- 작업통으로 비둘기를 잡지 않을 것.
- 올리는 기계로 도구를 올리지 않을 것.

위험한 작업을 하는 석공들의 안전도 배려했다(덕분에 이런 난공사에도 불구하고 사망자는 1명뿐이었다고 전해진다).

점심을 위해 오르락내리락하는 시간을 절약하기 위해 건설현장에 식당을 개설했다.

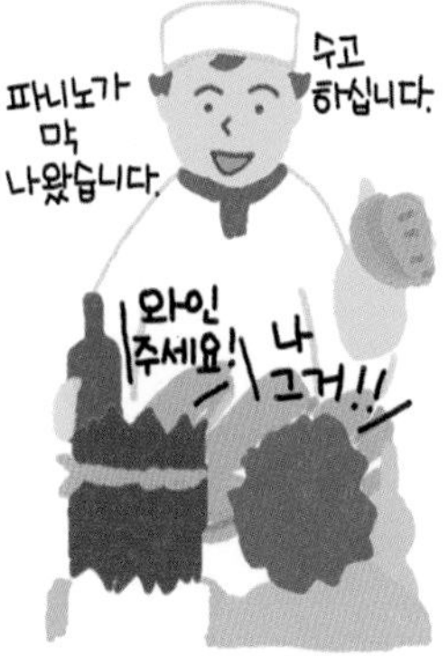
파니노가 막 나왔습니다.
수고하십니다.
와인 주세요!
나 그거!!

숙명의 라이벌

브루넬레스키 VS 기베르티

1 브루넬레스키는 같은 급여를 받으면서도 아주 무능한 기베르티를 내쫓기 위해 한 가지 작전에 돌입했다.

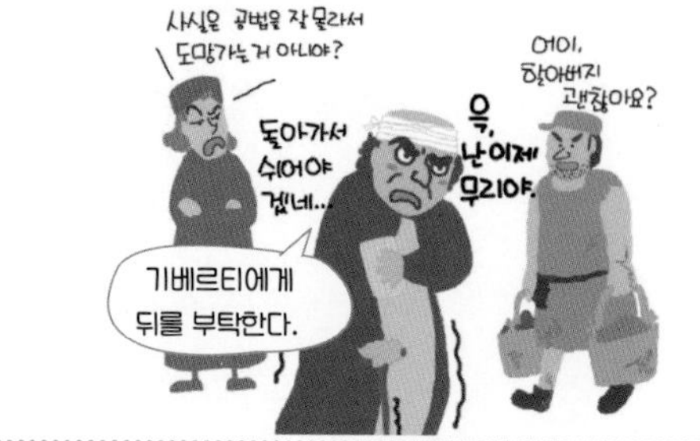

사실은 공법을 잘 몰라서 도망가는 거 아니야?
돌아가서 쉬어야 겠네…
윽, 난 이제 무리야.
어이, 할아버지 괜찮아요?
기베르티에게 뒤를 부탁한다.

2 브루넬레스키가 급한 병에 걸렸다고 말하고 돌아갔기 때문에, 현장은 기베르티에게 모두 맡겨졌다.

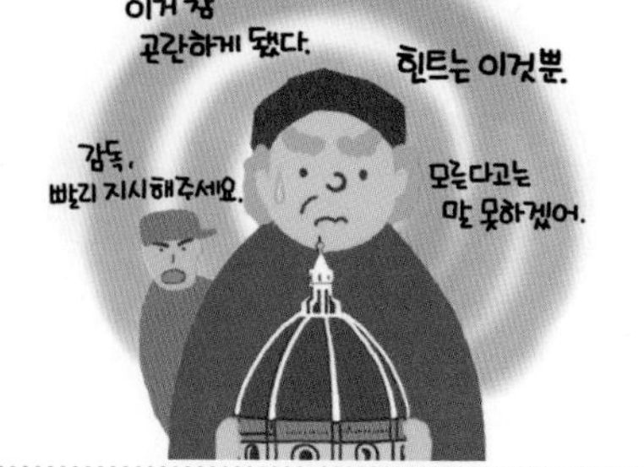

이거 참 곤란하게 됐다.
힌트는 이것뿐.
감독, 빨리 지시해주세요.
모른다고는 말 못하겠어.

3 상당히 어려운 부분의 공사였기 때문에 기베르티는 그저 어림짐작으로 지시할 수밖에 없었다.

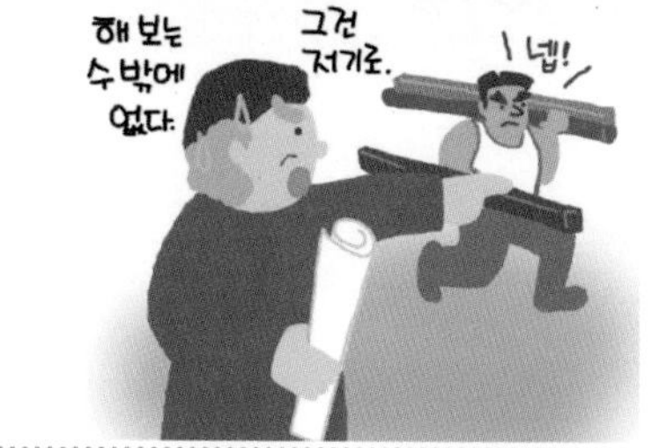

해 보는 수밖에 없다.
그건 저기로.
넵!

4 겨우겨우 3개의 들보를 설치했을 무렵, 경이로운 회복력을 보인 브루넬레스키가 쿠폴라 위에 올라서서는

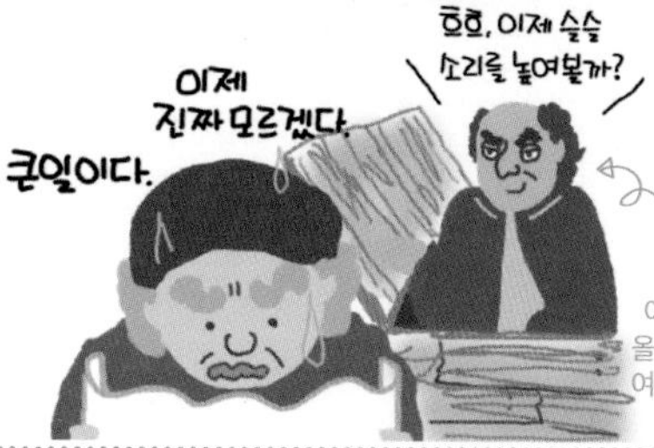

흐흐, 이제 슬슬 소리를 높여볼까?
이제 진짜 모르겠다.
큰일이다.

아픈 와중에 올라오면서도 여유만만

5 기베르티가 한 일을 검사하고는 재작업을 명령했다.

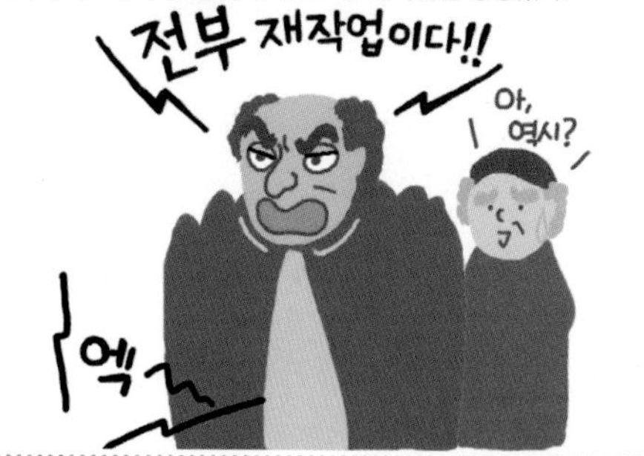

전부 재작업이다!!
아, 역시?
엑

6 무능함이 탄로난 기베르티는 급여가 삭감되고, 머지않아 잘리게 되었다.

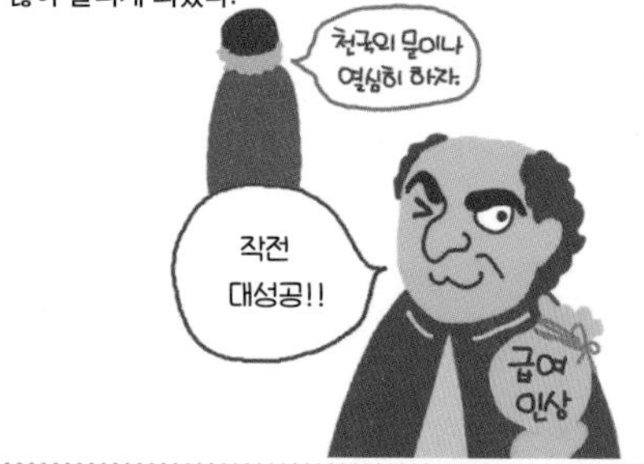

천국의 문이나 열심히 하자.
작전 대성공!!
급여 인상

끝없는 전쟁

〈1〉 산 조반니 세례당 북문 콩쿠르

승자 기베르티

내 쪽이 청동을 얇게 만들어 선택되었다. (기베르티)

양보한 것이다. (브루넬레스키)

〈2〉 대성당 쿠폴라 모형 콩쿠르

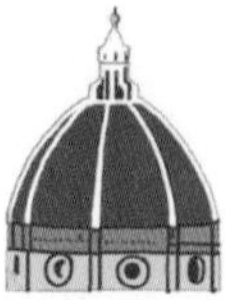

승자 브루넬레스키

이건 결과적으로 완전히 졌다. (기베르티)

당연한 결과다. (브루넬레스키)

〈3〉 대성당 정탑 모형 콩쿠르

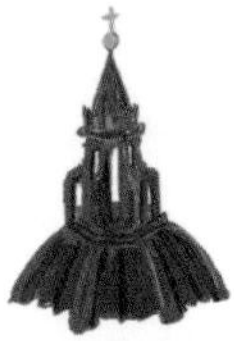

승자 브루넬레스키

이번에는 이길 수 있을 줄 알고… (기베르티)

생각도 하지 마라! 넌 세례당의 문을 만들면 되잖아! (브루넬레스키)

1426~1434

천재 브루넬레스키에게도
좌절과 고난의 날들
이 있었다.

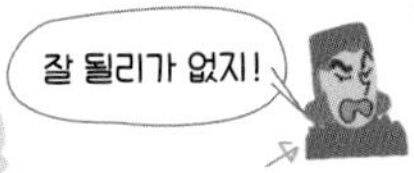
잘 될리가 없지!
언제나 반(反)브루넬레스키

바달론(바다의 괴물)의 침몰

세계 최초 특허 취득

브루넬레스키는 두오모의 외벽을 전부 대리석으로 장식하기 위한 막대한 양의 대리석을 피렌체로 운반해야 했다. 그는 대량의 대리석을 한 번에 운반할 수 있는 수륙 모두에 사용 가능한 '바달론'이라는 거대한 배를 고안해냈다. 하지만….

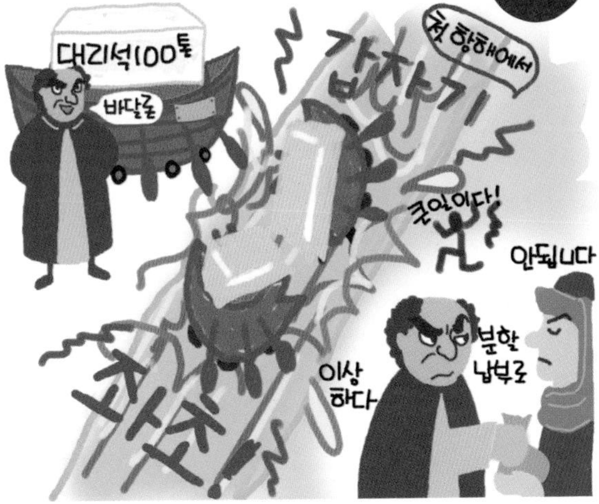
대리석100톤
바달론
첫 항해에서
갑자기
좌초!
큰일이다!
안됩니다
분할 납부로
이상하다

브루넬레스키는 잃어버린 대리석과 바달론의 건축비를 변상해야 했다. 총 1,000피오리노로 10년치 급여에 해당하는 금액이었다.

파업

이러쿵저러쿵 시끄러운 브루넬레스키에게 반감을 가진 석공들은 급여 인상을 요구하며 파업에 돌입했다.

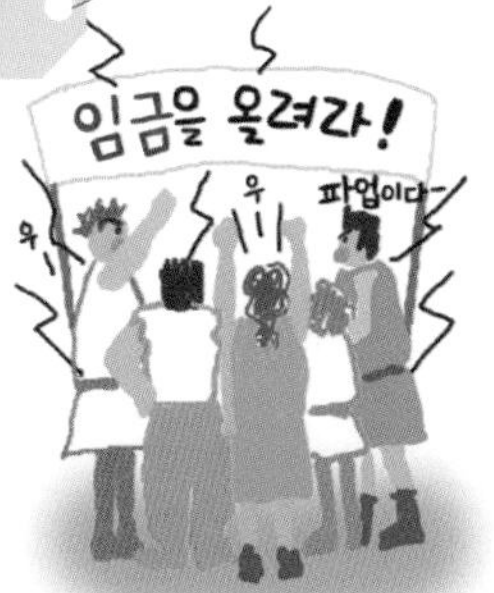
임금을 올려라!
우
우
파업이다~

그러자 브루넬레스키는 그들을 전부 해고하고 새로운 석공을 고용해버렸다. 해고당한 석공들은 당황하며 일을 돌려 달라고 애원하여, 이전보다 싼 급여로 다시 고용되었다.

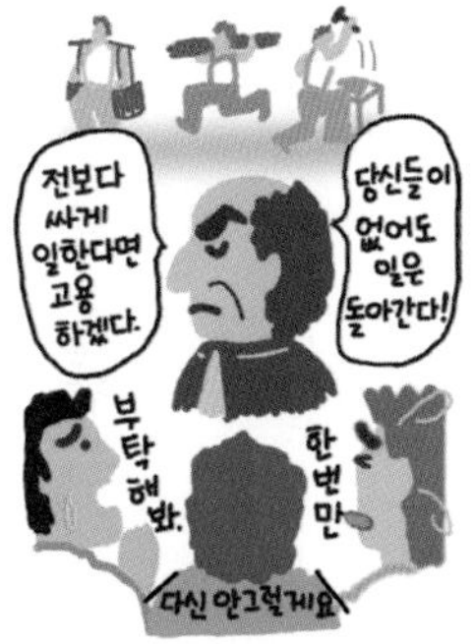
전보다 싸게 일한다면 고용하겠다.
당신들이 없어도 일은 돌아간다!
부탁해봐.
한번만
다신 안그럴게요

체포 & 투옥

1434년 8월, 브루넬레스키는 석공조합의 회비 미지급 용의로 체포·투옥되었다.

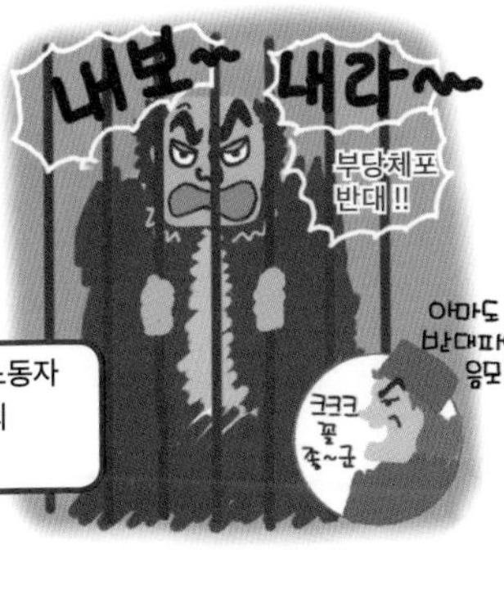
내보~ 내라~
부당체포 반대!!
아마도 반대파의 음모
크크크 꼴 좋~군

용의
겨우 12소르도, 노동자 1일분 임금 상당의 회비를 미지급

다행히 조영국(건물을 짓는 관청) 위원들의 도움으로 2주 만에 해방되었다.

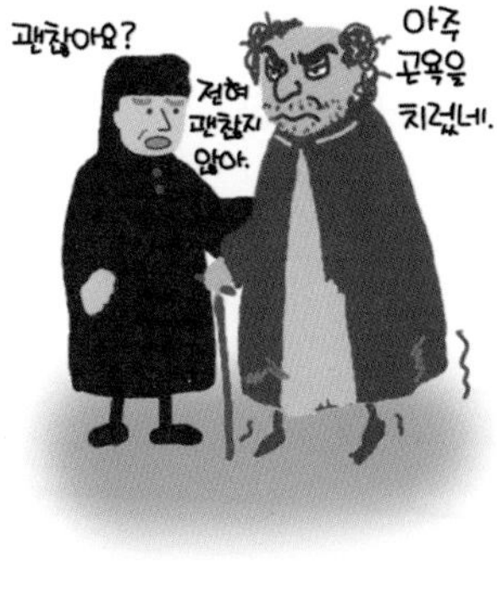
괜찮아요?
전혀 괜찮지 않아.
아주 곤욕을 치렀네.

돔의 봉헌

1 많은 역경을 넘어 착공 16년이 지난 1436년에 드디어 쿠폴라가 완성되었다. 그리고 교황 에우게니우스 4세가 대성당 헌당식을 진행하였고, 5개월 후에 돔이 봉헌되었다.

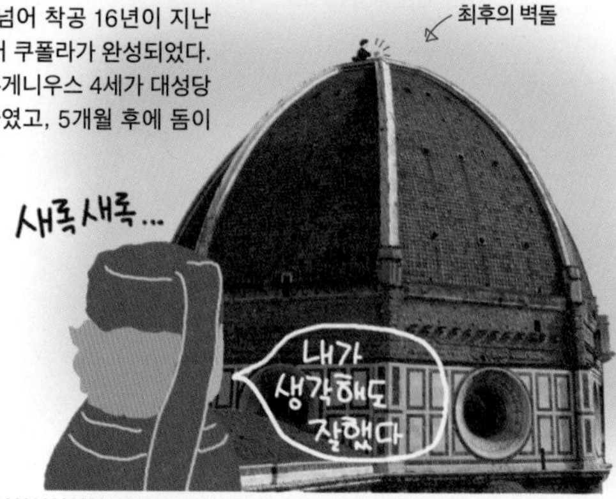
최후의 벽돌
새록새록...
내가 생각해도 잘했다

피에솔레 주교에 의해 돔의 맨 꼭대기에 최후의 벽돌이 설치되었다. 브루넬레스키는 마침내 지금까지 아무도 해내지 못한 대사업을 해내어 피렌체인의 오랜 꿈을 이루었다.

최후의 결전

정탑 모형 콩쿠르

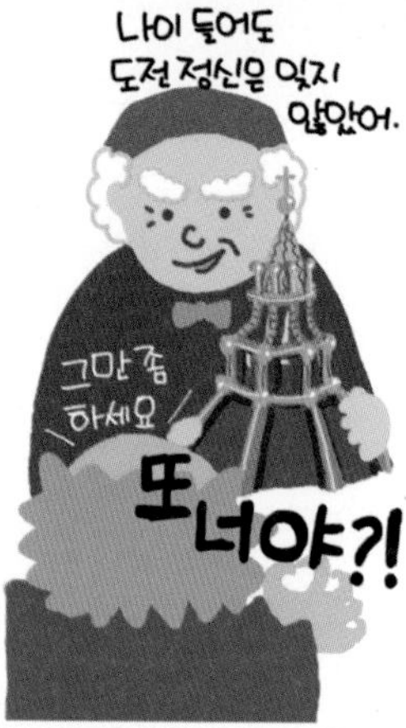
나이 들어도 도전 정신은 잊지 않았어.
그만 좀 하세요
또 너야?!

2 하지만 실제로는 최후의 난관이 남아 있었다. 쿠폴라의 중심이라 할 수 있는 정탑 설치였다. 다시 콩쿠르를 열어 모형을 공모하였고, 또다시 기베르티도 참가했다.

3 승리는 또다시 브루넬레스키에게 돌아갔다. 그리고 이것이 두 사람의 긴 전쟁의 최후가 되었다.

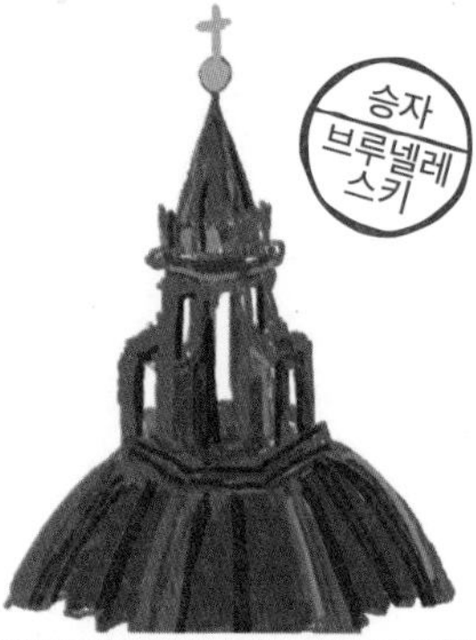
승자 브루넬레스키

4 힘들게 무사히 쌓아 올린 쿠폴라에 이런 무거운 물건을 놓아도 괜찮나 하고 걱정하는 사람들에게,

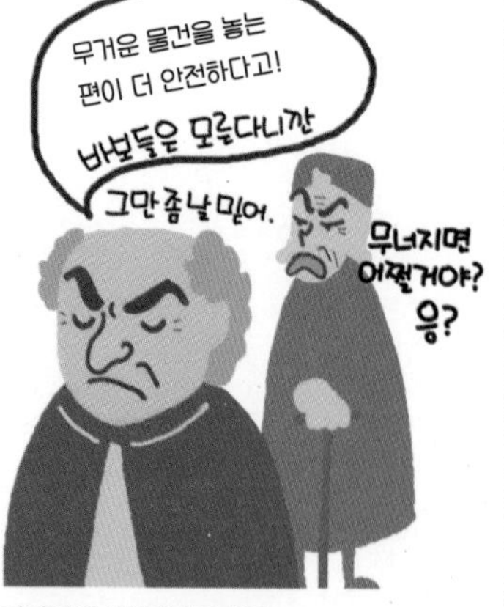
무거운 물건을 놓는 편이 더 안전하다고! 바보들은 모른다니깐
그만 좀 날 믿어.
무너지면 어쩔거야? 응?

라고 웃어넘기며 안심시켰다고 한다.

5 브루넬레스키는 최후의 완성을 보지 못하고 세상을 떠났지만, 이 정탑 양식은 오래도록 본보기가 되었다.

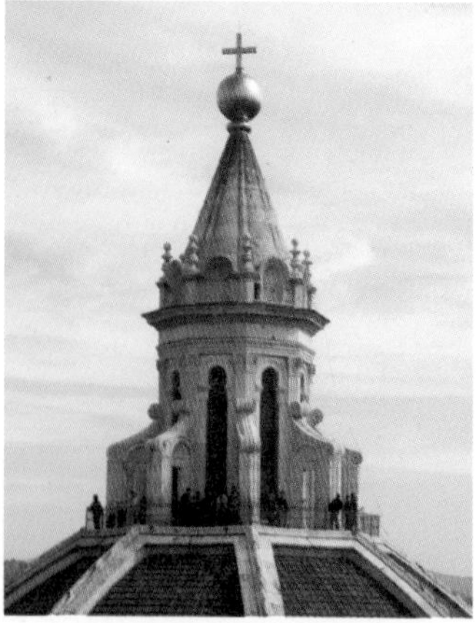

1446년 4월 15일, 브루넬레스키는 향년 69세로 세상을 떠났다. 대성당에 많은 사람들이 모여 장엄한 분위기에서 장례식이 치러졌다.

그리고 그는 그가 생애를 걸고 작업했던 대성당의 지하에 지금도 조용히 잠들어 있다.

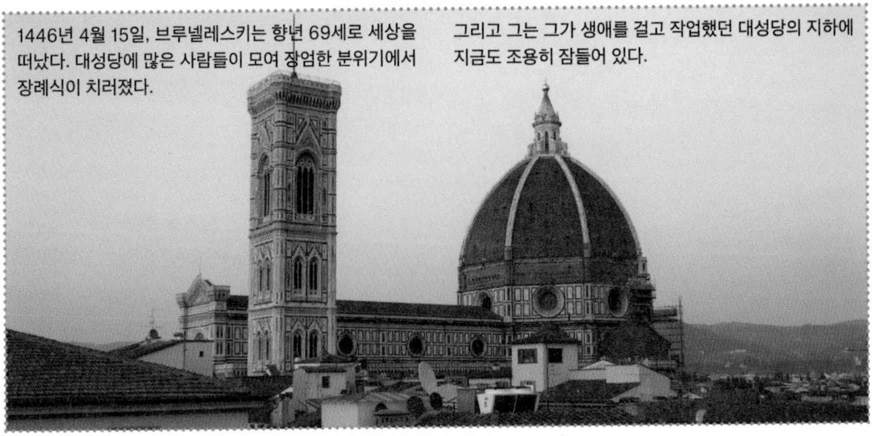

그 후의 기베르티

어떤 사람이 전에 브루넬레스키에게 기베르티에 대해 질문한 적이 있었다.

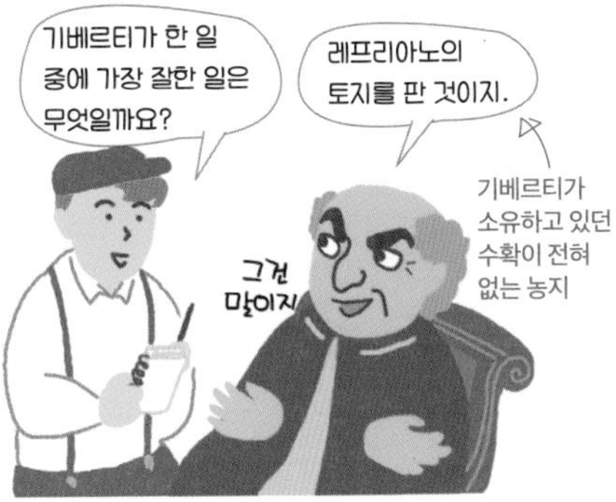
기베르티가 한 일 중에 가장 잘한 일은 무엇일까요?
레프리아노의 토지를 판 것이지.
그건 말이지
기베르티가 소유하고 있던 수확이 전혀 없는 농지

그런 식으로 놀림을 당하던 기베르티였지만 브루넬레스키가 죽고 1년 후 〈천국의 문〉을 완성시키고, 1455년 향년 67세로 세상을 떠났다.

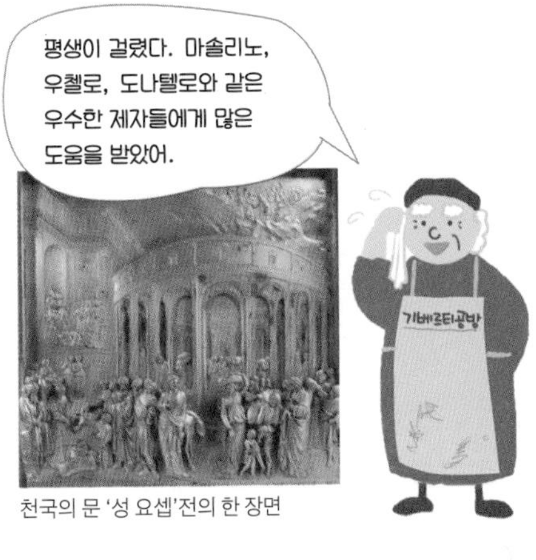
평생이 걸렸다. 마솔리노, 우첼로, 도나텔로와 같은 우수한 제자들에게 많은 도움을 받았어.
기베르티공방

천국의 문 '성 요셉'전의 한 장면

브루넬레스키의 위업은 누구도 할 수 없었던 대형 쿠폴라를 성공시킨 것뿐만이 아니라, 종래 직공의 일이었던 건축을 지식과 센스를 필요로 하는 지적 직업으로 끌어올린 것에 있었다. 그리고 고대 건축미의 비율을 응용하여 오늘날 피렌체 거리 풍경의 기초를 만들어냈다.

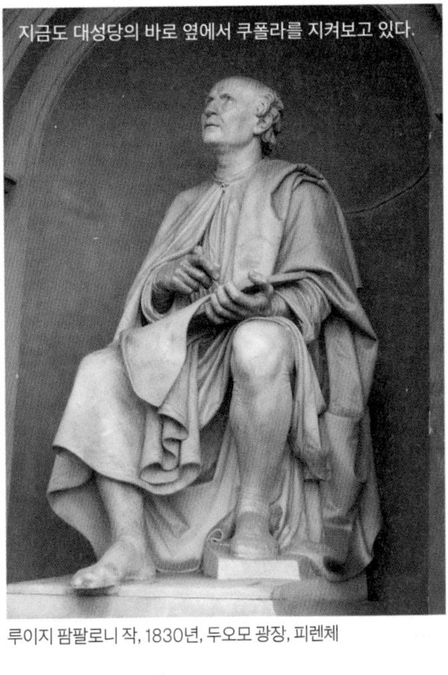
지금도 대성당의 바로 옆에서 쿠폴라를 지켜보고 있다.

루이지 팜팔로니 작, 1830년, 두오모 광장, 피렌체

도나텔로

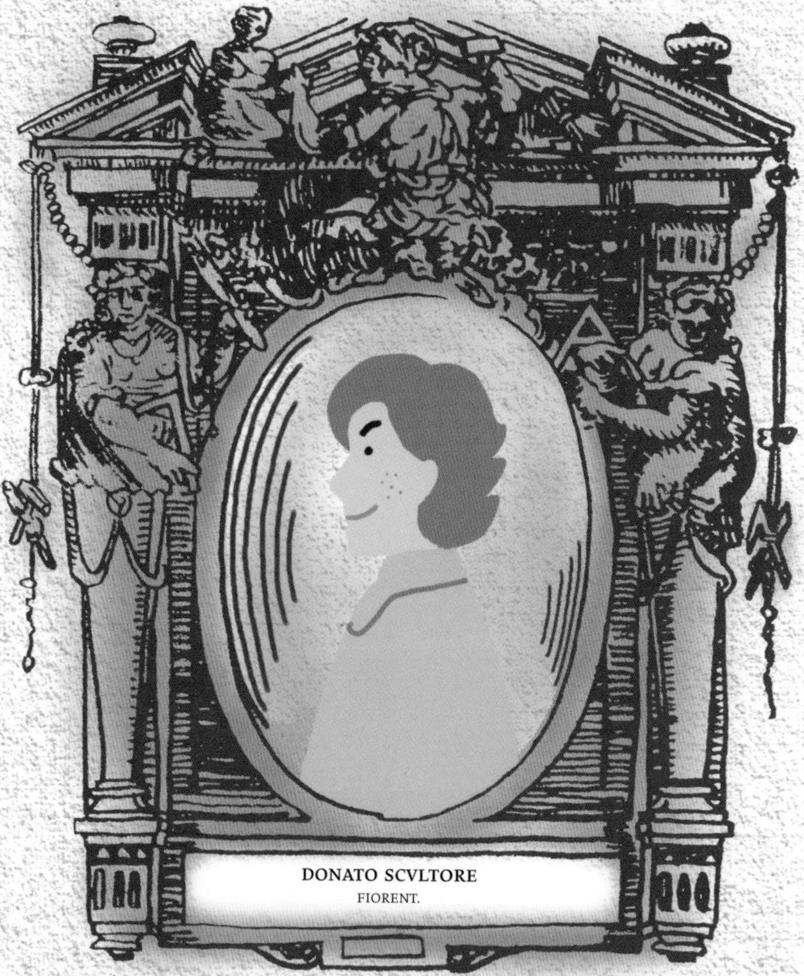

리얼한 인간상에 근접한 조각의 혁신자

도나텔로

Donatello

(1386~1466)

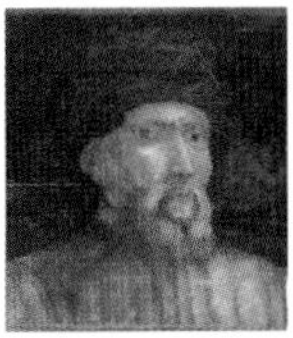

우첼로 작(?)

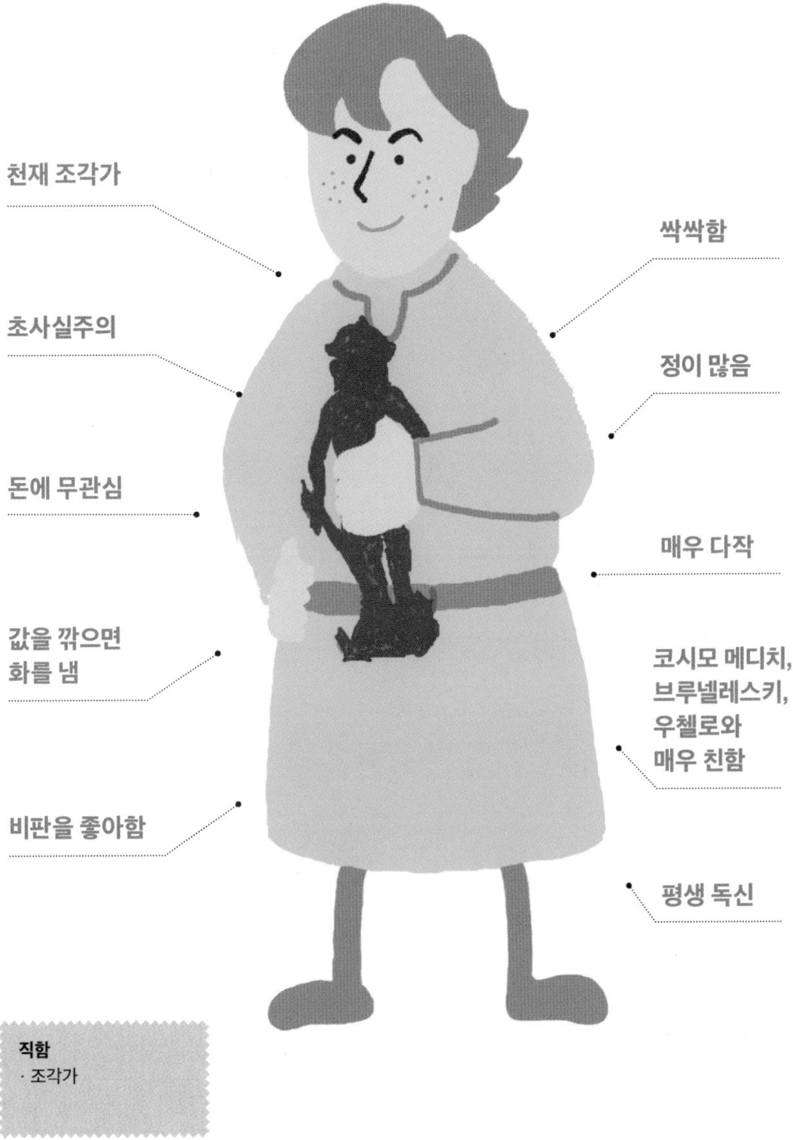

직함

· 조각가

도나텔로의 걸작 조각

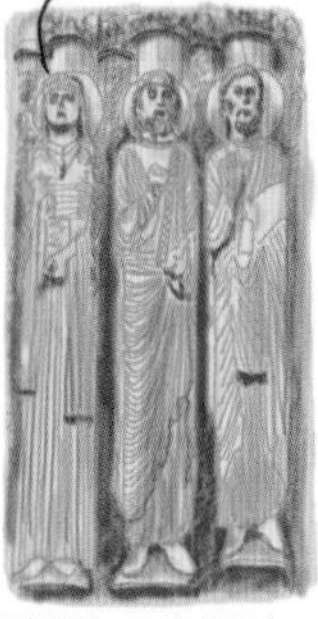

우리 이런 식으로
장식의 일부였던거야?

〈인상주〉, 12세기 중엽,
노트르담 대성당, 샤르트르

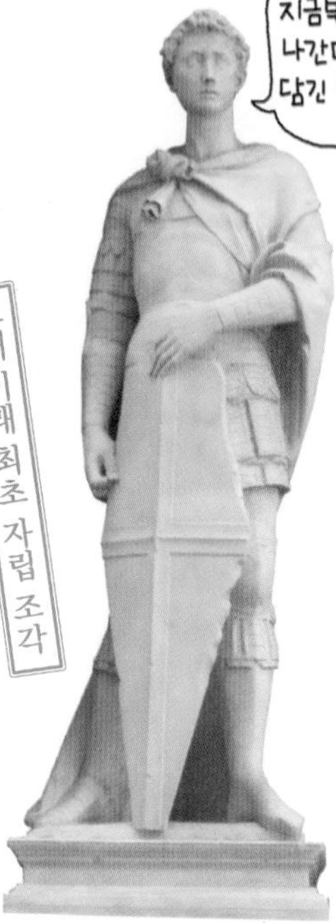

지금부터 전쟁에 나간다. 의지가 담긴 눈을 보면 알겠지?
고대 이래 최초 자립 조각

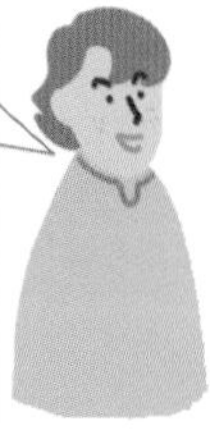

그는 스스로 균형을 잡고 서 있어. 이런 표현은 고대 이래 없던 표현이야.

〈성 게오르기우스〉, 1416년경,
바르젤로 국립박물관, 피렌체

도나텔로의 혁신

인체를 해부학적으로 정확히 파악했기 때문에 각각의 부위가 움직이는 근육이 되었다. 그리고 배 부분은 입체적인 형태로 이차원적으로 표현되었다.

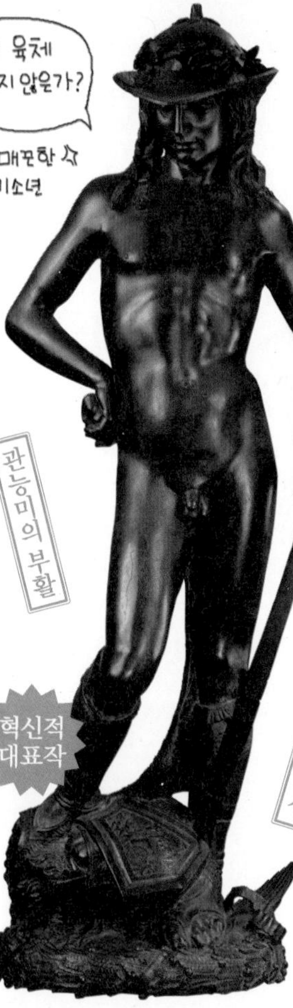

내 육체 아름답지 않은가?
매끈매끈한 미소년
관능미의 부활
고대 이래 최초 나체상
혁신적 대표작

〈다비드〉, 1435~1442년경,
바르젤로 국립박물관, 피렌체

도나텔로는 초기 르네상스 조각의 혁신자이다. 브루넬레스키와 함께 로마에서 고대 조각의 연구를 계속하며, 오랜 기간 '건축 장식의 일부분'이었던 조각을 건축물에서 독립시켜 '자립하는' 예술로 부활시켰다. 도나텔로는 약 80년의 생애를 통해 대리석상, 청동상, 목조, 부조 조각, 문장 제작까지 다양한 종류의 일을 수없이 진행했다. 그리고 고대의 기술을 습득한 것을 넘어 오랫동안 묶여 있던 조각의 굴레를 벗어나 이상화되지 않은 진정한 인간의 모습을 추구하는 르네상스 양식을 확립했다.

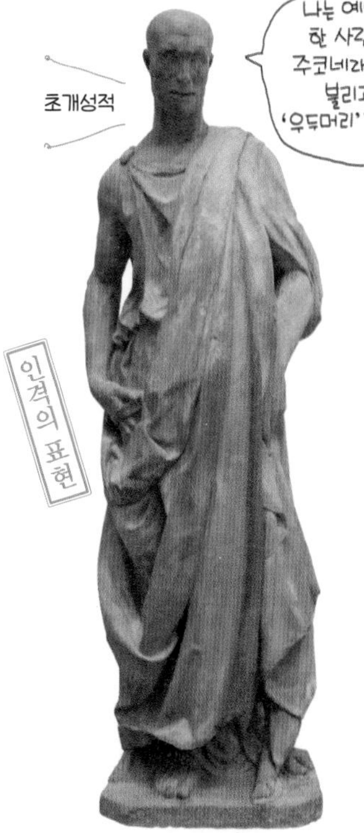
초개성적
나는 예언자 중 한 사람으로 주코네라는 별명으로 불리고 있다. '우두머리'라는 의미지.
인격의 표현

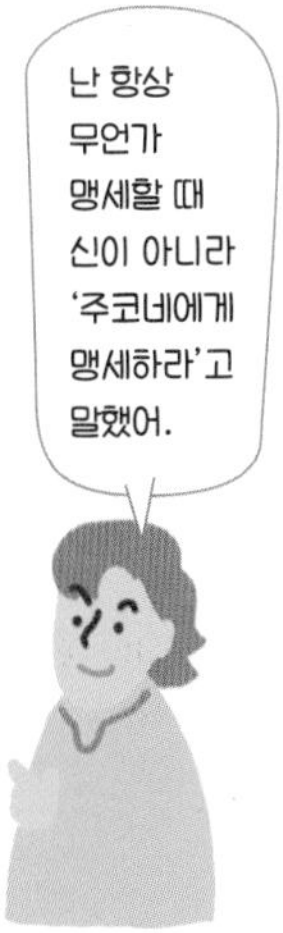
난 항상 무언가 맹세할 때 신이 아니라 '주코네에게 맹세하라'고 말했어.

〈예언자 하박국(통칭 주코네)〉, 1413~1425년, 두오모 부속미술관, 피렌체

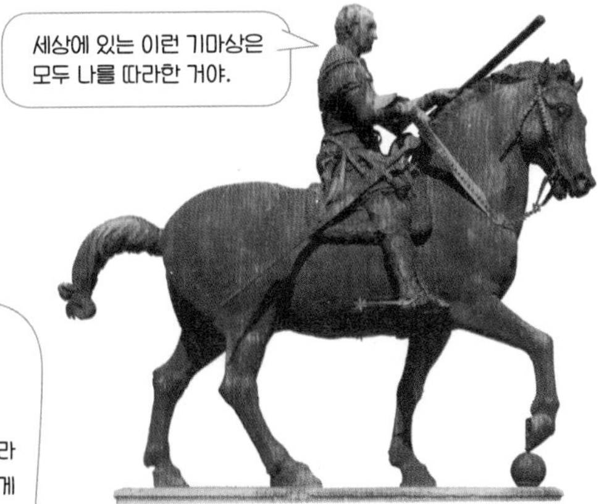
세상에 있는 이런 기마상은 모두 나를 따라한 거야.

〈가타멜라타 기마상〉, 1443~1453년경, 산탄토니오 대성당 앞 광장, 파도바

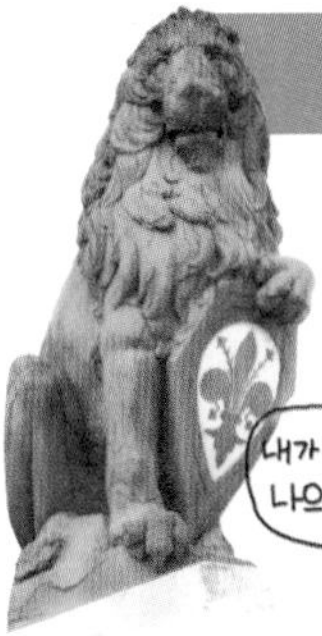

피렌체 공화국의 상징 '마르조코'

바르젤로 국립박물관, 피렌체

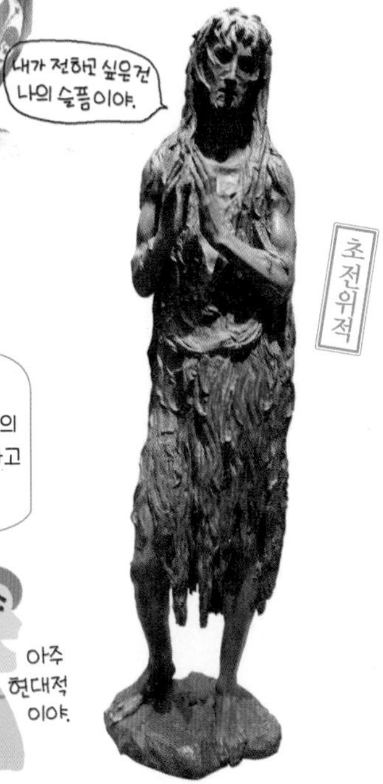
내가 전하고 싶은건 나의 슬픔이야.
초전위적

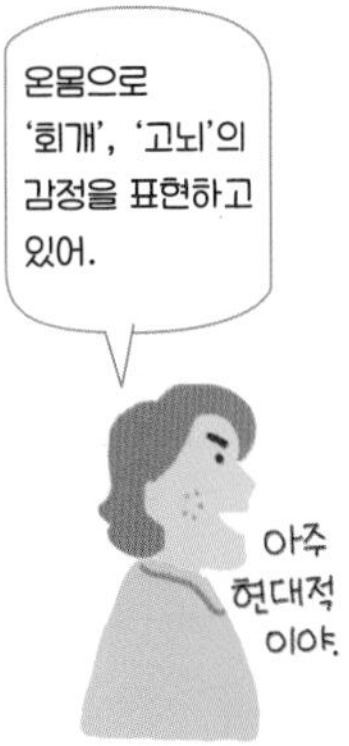
온몸으로 '회개', '고뇌'의 감정을 표현하고 있어.
아주 현대적 이야.

〈막달라 마리아〉, 1455년경, 두오모 부속미술관, 피렌체

고딕기의 조각은 엄격한 표정, 움직임을 제한한 자세, 위엄이 넘쳐 다가가기 힘든 성인의 자세를 표현해 왔다. 그러나 도나텔로의 철저한 리얼리즘의 추구로 조각은 각각의 인격과 감정을 갖게 되고, 움직이는 근육을 지닌 '리얼한 인간상'으로 표현되었다.

도나텔로는 기베르티에게 유연함을, 브루넬레스키에게 원근법의 이론을 배워 부조 등에 응용했다. 그리하여 긴 활동 기간 중 고전을 더욱 존중하면서도 말년에는 〈막달라 마리아〉와 같은 초현실주의의 선구라고 할 수 있는 작품을 만들어냈다.

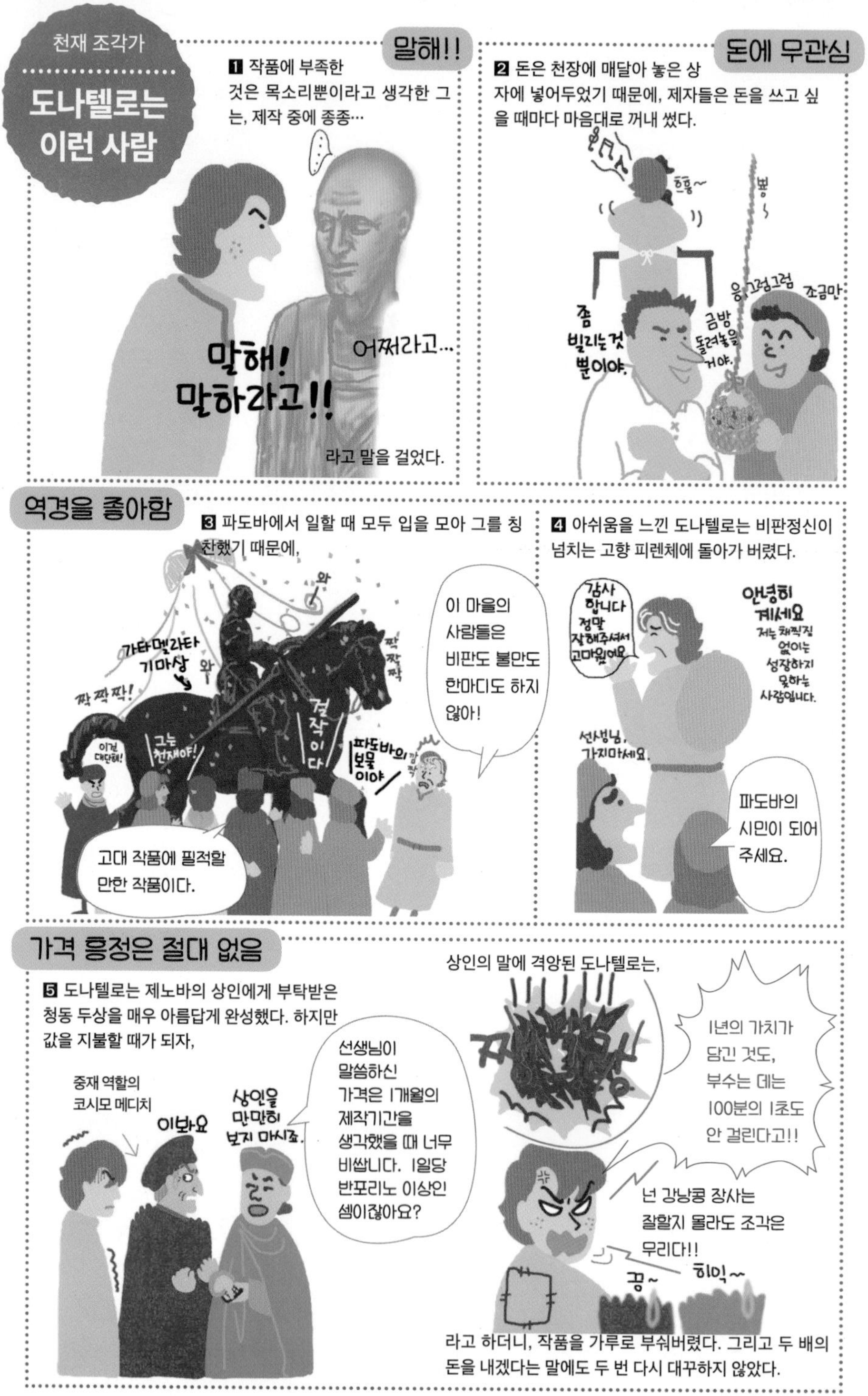

천재 조각가
도나텔로는 이런 사람
말해!!
1 작품에 부족한 것은 목소리뿐이라고 생각한 그는, 제작 중에 종종…
말해! 말하라고!!
어쩌라고…
라고 말을 걸었다.
돈에 무관심
2 돈은 천장에 매달아 놓은 상자에 넣어두었기 때문에, 제자들은 돈을 쓰고 싶을 때마다 마음대로 꺼내 썼다.
흐흥~
뿅~
좀 빌리는 것뿐이야.
금방 돌려놓을 거야.
응, 그럼그럼
조금만
역경을 좋아함
3 파도바에서 일할 때 모두 입을 모아 그를 칭찬했기 때문에,
와
가타멜라타 기마상
와
짝 짝 짝!
짝 짝 짝
이건 대단해!
그는 천재야!
걸작이다
파도바의 보물이야
고대 작품에 필적할 만한 작품이다.
이 마을의 사람들은 비판도 불만도 한마디도 하지 않아!
4 아쉬움을 느낀 도나텔로는 비판정신이 넘치는 고향 피렌체에 돌아가 버렸다.
감사합니다 정말 잘해주셔서 고마웠어요
안녕히 계세요
저는 채찍질 없이는 성장하지 못하는 사람입니다.
선생님, 가지마세요.
파도바의 시민이 되어 주세요.
가격 흥정은 절대 없음
5 도나텔로는 제노바의 상인에게 부탁받은 청동 두상을 매우 아름답게 완성했다. 하지만 값을 지불할 때가 되자,
중재 역할의 코시모 메디치
이봐요
상인을 만만히 보지 마시죠.
선생님이 말씀하신 가격은 1개월의 제작기간을 생각했을 때 너무 비쌉니다. 1일당 반포리노 이상인 셈이잖아요?
상인의 말에 격앙된 도나텔로는,
1년의 가치가 담긴 것도, 부수는 데는 100분의 1초도 안 걸린다고!!
넌 강낭콩 장사는 잘할지 몰라도 조각은 무리다!!
쿵~
히익~
라고 하더니, 작품을 가루로 부숴버렸다. 그리고 두 배의 돈을 내겠다는 말에도 두 번 다시 대꾸하지 않았다.

무지한 고객을 상대하는 방법

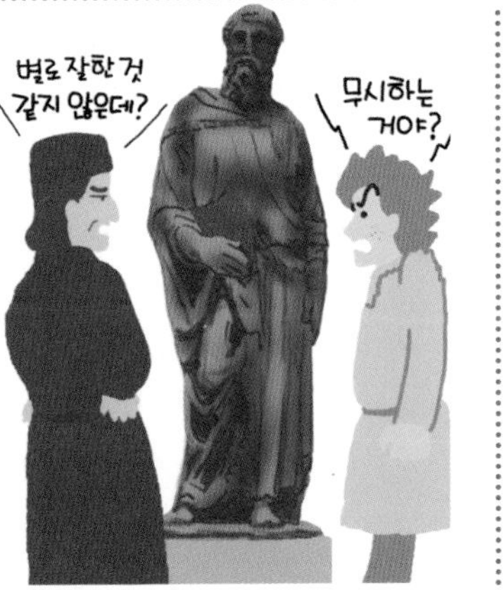
별로 잘한 것 같지 않은데?
무시하는 거야?

1 도나텔로는 오르산 미켈레 교회에 설치하기 위한 성 마르코상을 훌륭하게 만들어냈지만, 의뢰인은 그 작품성을 이해하지 못하고 설치를 거부했다.

2 그러자 도나텔로는,

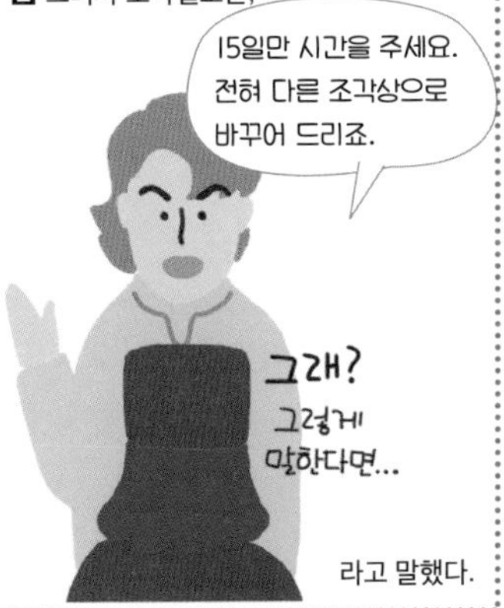
15일만 시간을 주세요. 전혀 다른 조각상으로 바꾸어 드리죠.
그래? 그렇게 말한다면...

라고 말했다.

3 그리고는 덮개를 덮어둔 채로 그대로 방치했다.

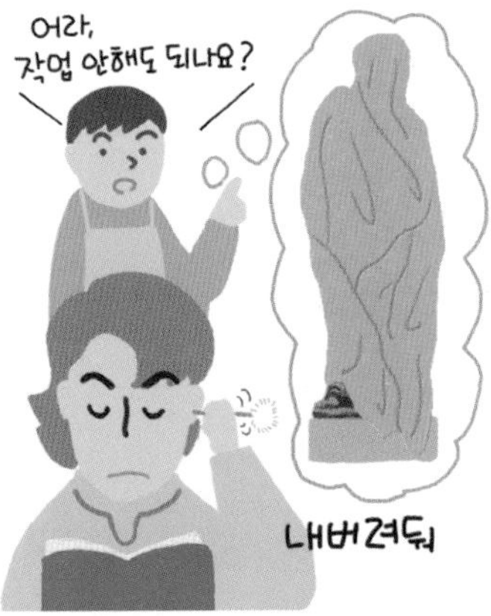
어라, 작업 안해도 되나요?
내버려둬

4 15일 후 아무것도 바뀌지 않은 조각상을 다시 의뢰인에게 보여주자, 이번에는 감탄하며 말했다고 한다.

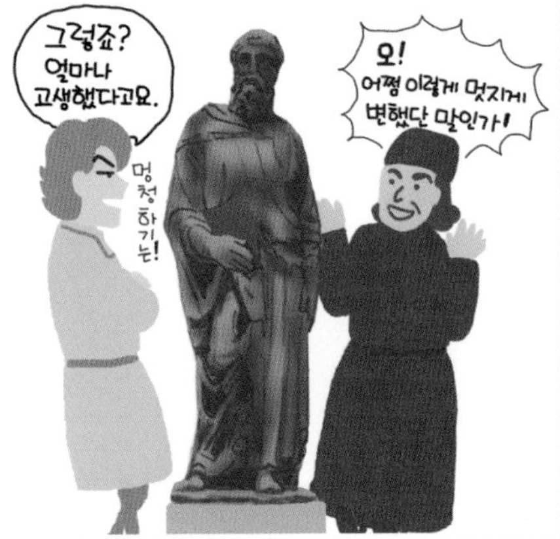
그렇죠? 얼마나 고생했다고요.
멍청하기는!
오! 어쩜 이렇게 멋지게 변했단 말인가!

사제 대결!

5 1434년 4월 14일, 두오모의 스테인드글라스 디자인콩쿠르가 열려 도나텔로와 기베르티가 참가했다.

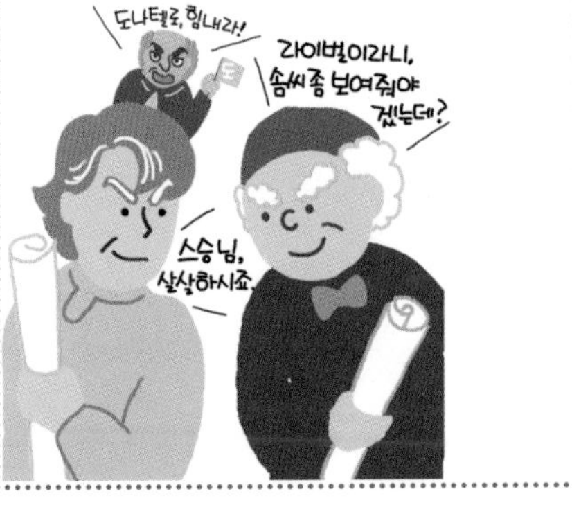
도나텔로, 힘내라!
라이벌이라니, 솜씨좀 보여줘야 겠는데?
스승님, 살살하시죠.

6 승리는 옛 제자인 도나텔로에게 돌아갔다.

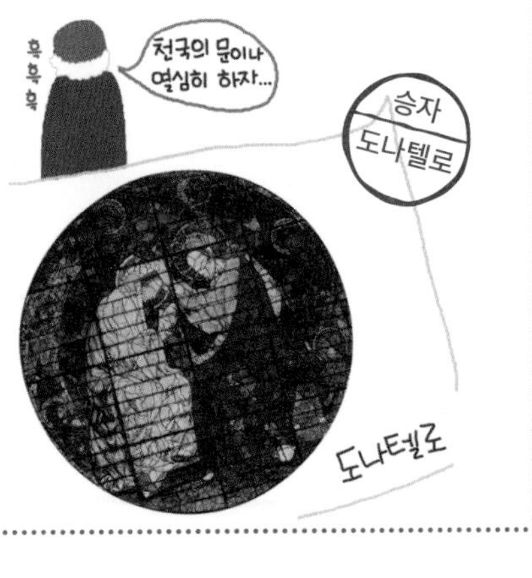
흑흑흑
천국의 문이나 열심히 하자...
승자 도나텔로
도나텔로

친구 대결 도나텔로 vs 브루넬레스키

1 도나텔로는 고심 끝에 회심의 작품인 목제십자가형상을 만들어 절친한 친구인 브루넬레스키에게 보여주었다.

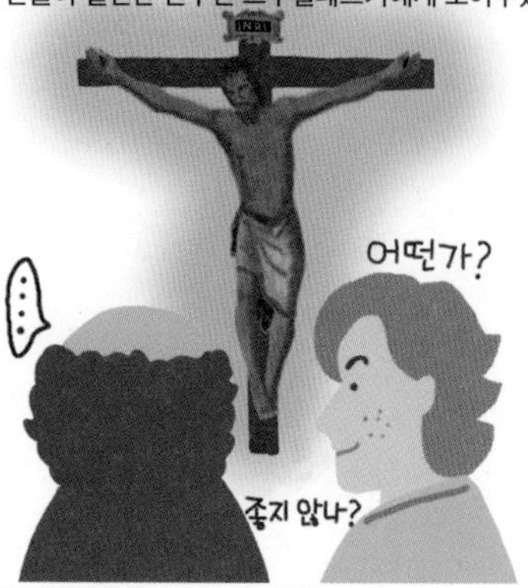
…
어떤가?
좋지 않나?

2 솔직한 브루넬레스키는,

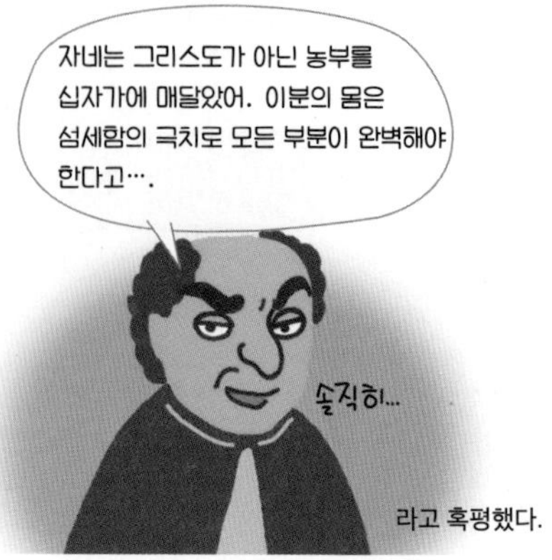
자네는 그리스도가 아닌 농부를 십자가에 매달았어. 이분의 몸은 섬세함의 극치로 모든 부분이 완벽해야 한다고….
솔직히…

라고 혹평했다.

3 칭찬받을 거라 기대했다가 혹평을 당한 도나텔로는,

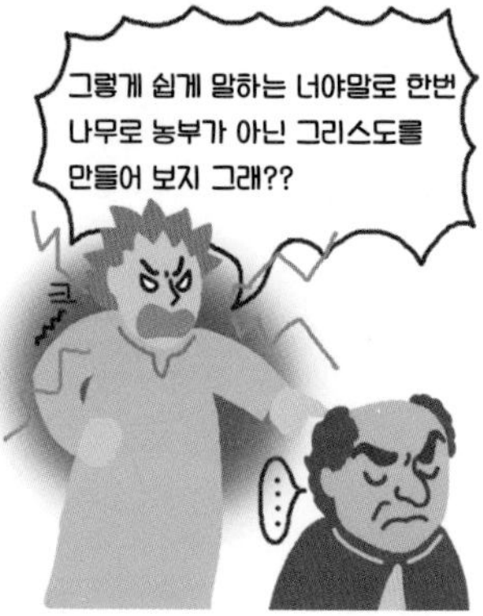
그렇게 쉽게 말하는 너야말로 한번 나무로 농부가 아닌 그리스도를 만들어 보지 그래??
크
…

그 말을 들은 브루넬레스키는 말없이 집에 돌아와 틀어박혀 제작을 시작했다.

4 몇 개월 후, 브루넬레스키는 도나텔로를 점심식사에 초대했다. 구시장에서 물건을 사서 도나텔로에게 건네며,

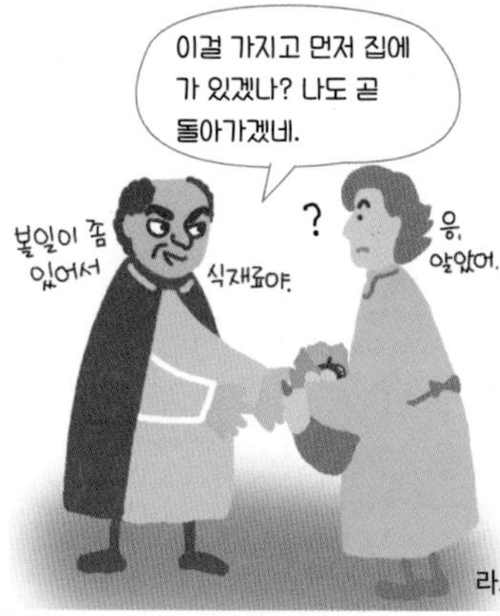
이걸 가지고 먼저 집에 가 있겠나? 나도 곧 돌아가겠네.
볼일이 좀 있어서
식재료야.
?
응, 알았어.

라고 말했다.

5 먼저 집에 도착한 도나텔로는 완벽하게 완성된 브루넬레스키의 십자가상을 발견하고는 경악을 금치 못했다.

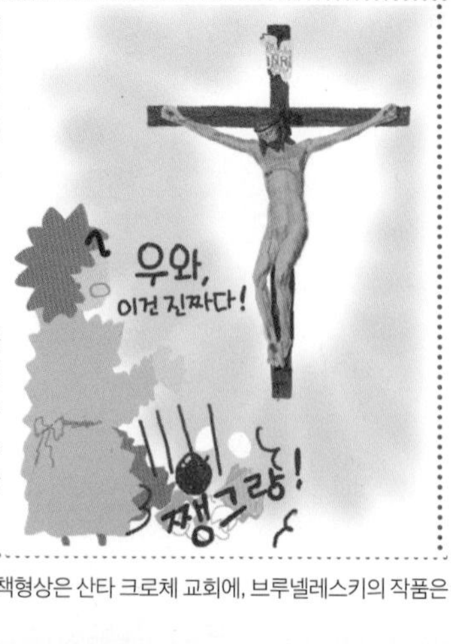
우와, 이건 진짜다!
쨍그랑!

이는 승패의 문제가 아니었다. 도나텔로는 철저한 리얼리즘을 추구한 것이고, 브루넬레스키는 이상미를 추구한 결과였다.

6 그리고 돌아온 브루넬레스키에게 말했다.

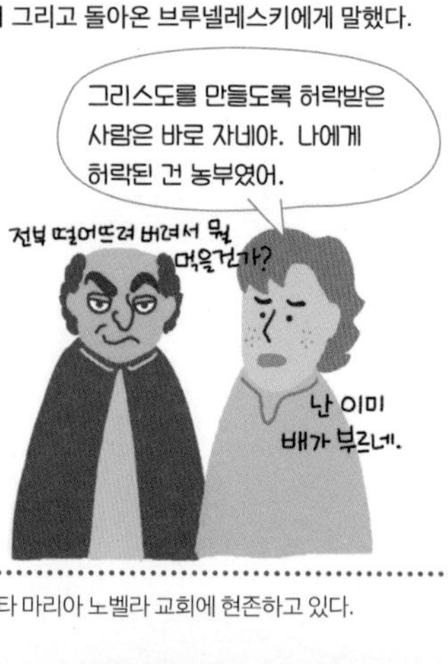
그리스도를 만들도록 허락받은 사람은 바로 자네야. 나에게 허락된 건 농부였어.
전부 떨어뜨려 버려서 뭘 먹을건가?
난 이미 배가 부르네.

※ 위에서 말한 도나텔로의 책형상은 산타 크로체 교회에, 브루넬레스키의 작품은 산타 마리아 노벨라 교회에 현존하고 있다.

두터운 우정

도나텔로 & 코시모 메디치

1 후원자이자 절친한 친구였던 코시모 메디치는 임종 때, 아들 피에로에게 늙은 도나텔로를 부탁하는 유언을 남겼다.

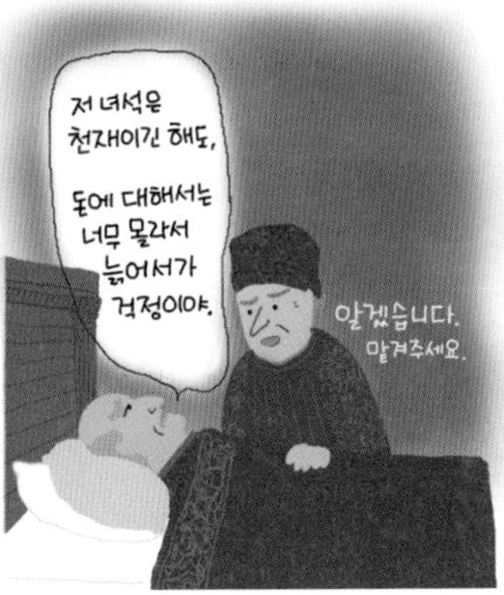
저 녀석은
천재이긴 해도,
돈에 대해서는
너무 몰라서
늙어서가
걱정이야.
알겠습니다.
맡겨주세요.

2 피에로는 부친의 유지를 받들어 도나텔로에게 카파졸로의 농원을 주었다.

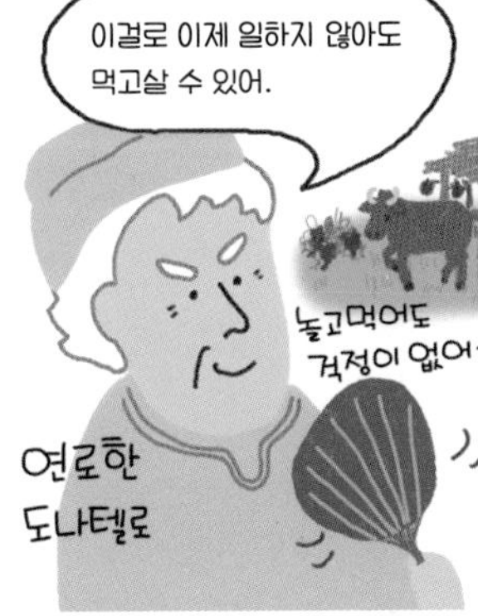
이걸로 이제 일하지 않아도
먹고살 수 있어.
놀고먹어도
걱정이 없어~
연로한
도나텔로

3 그런데 도나텔로는 1년도 지나지 않아 피에로에게 농원을 반환하려 했다. 그 이유는,

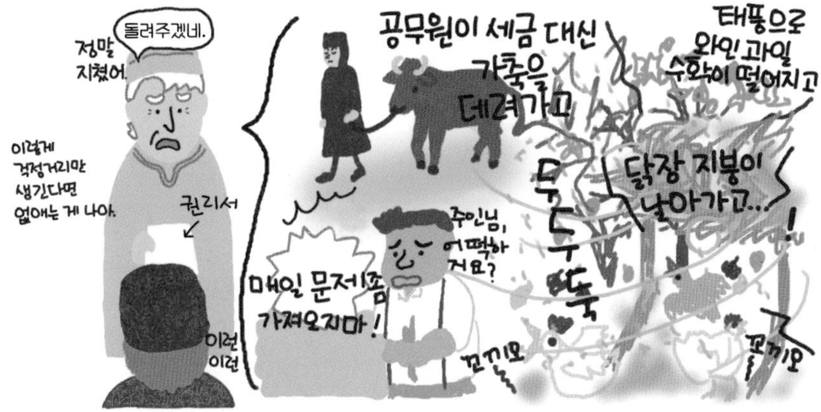
돌려주겠네.
정말
지쳤어.
이렇게
걱정거리만
생긴다면
없애는 게 나아.
권리서
이런
이런
공무원이 세금 대신
가축을
데려가고
태풍으로
와인 과일
수확이 떨어지고
닭장 지붕이
날아가고...
두두둑
주인님,
어떡하
지요?
매일 문제 좀
가져오지 마!
꼬끼오
꼬끼오

4 피에로는 농원을 받아 수익과 동일한 금액을 은행에 넣어 매주 인출할 수 있도록 배려했다.

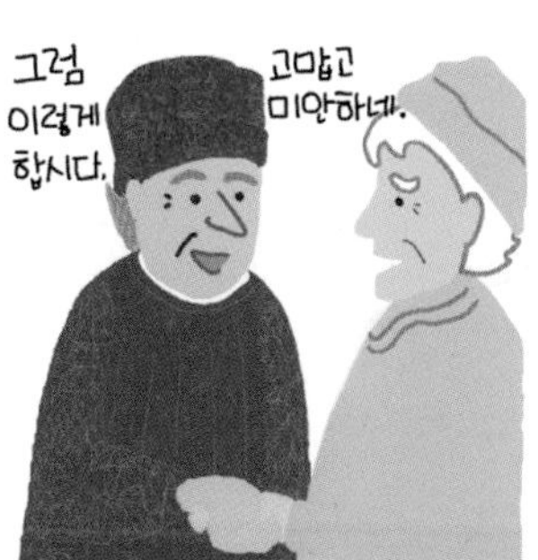
그럼
이렇게
합시다.
고맙고
미안하네.

5 1466년 12월 도나텔로는 세상을 떠났다. 그리고 코시모의 유언대로 코시모의 무덤 가까이에 묻혔다.

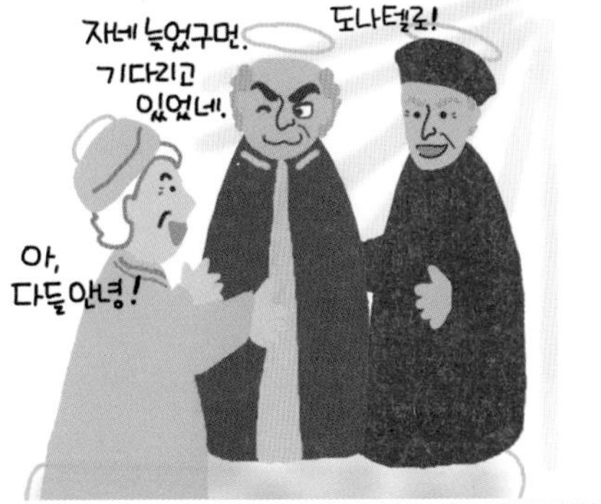
자네 늦었구먼.
기다리고
있었네.
도나텔로!
아,
다들 안녕!

마사치오

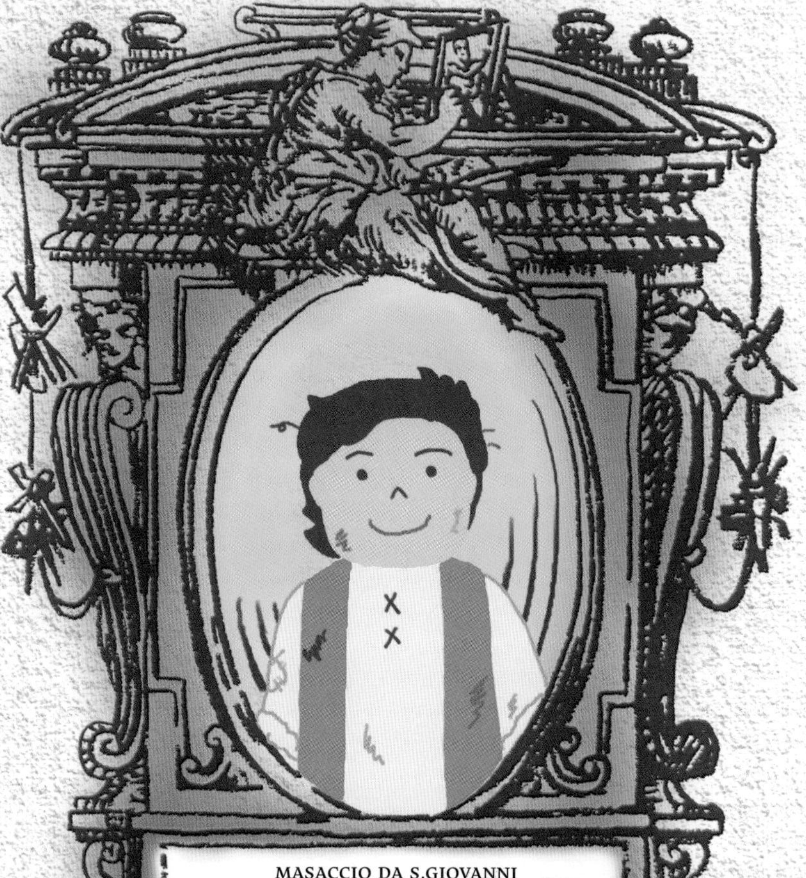

회화의 세계를 완전히 바꿔놓은 요절한 천재

마사치오

Masaccio

(1401~1428)

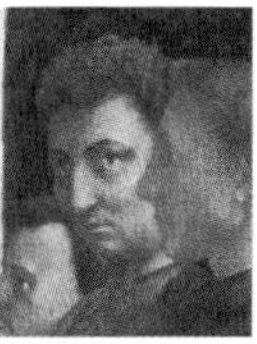

자화상(?)

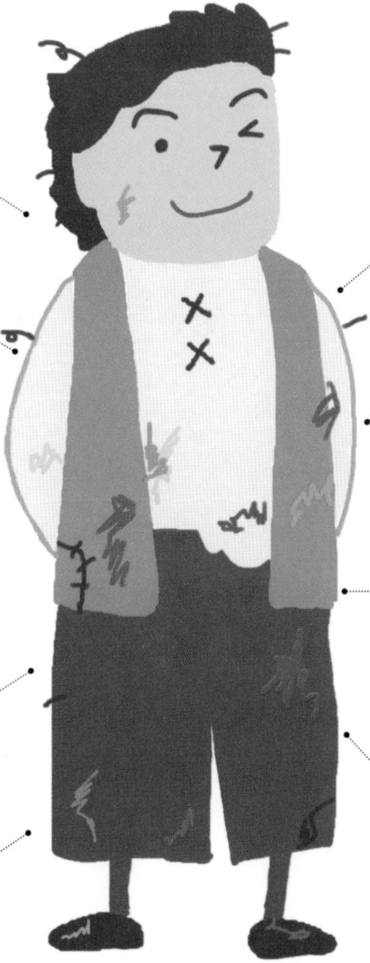

직함
· 화가

초기 르네상스 개막지
브란카치 예배당 이야기

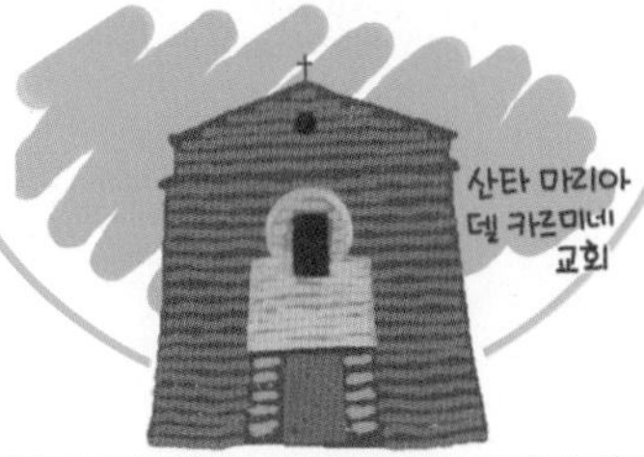

산타 마리아
델 카르미네
교회

1 1424년경 마사치오와 마솔리노는 브란카치 가문에게 산타 마리아 델 카르미네 교회에 있는 일가족 예배당의 벽화 장식(프레스코화)을 의뢰받았다.

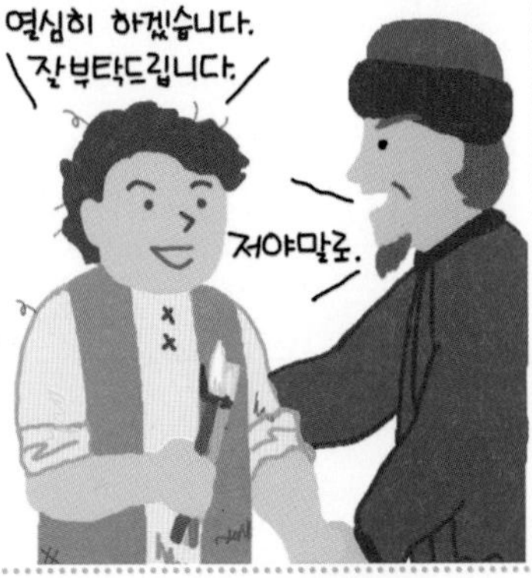

열심히 하겠습니다.
잘부탁드립니다.
저야말로.

2 마솔리노는 국제고딕 양식의 우아하고 이국적인 화풍이 특징인 화가였다.

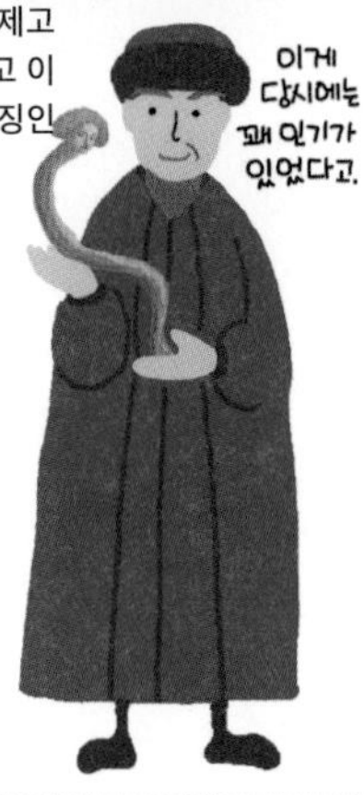

이게
당시에는
꽤 인기가
있었다고.

3 두 사람 사이에 나이 차는 있었지만, 스승과 제자 관계가 아닌 대등한 협력 관계로 통일된 공간을 만들어 나갔다.

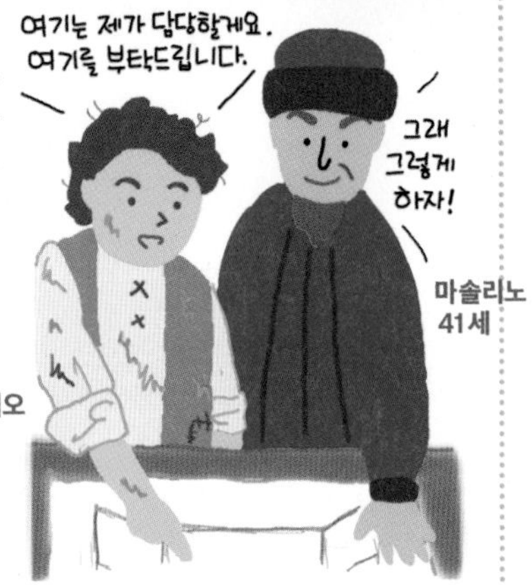

여기는 제가 담당할게요.
여기를 부탁드립니다.
그래
그렇게
하자!
마솔리노
41세
마사치오
22세

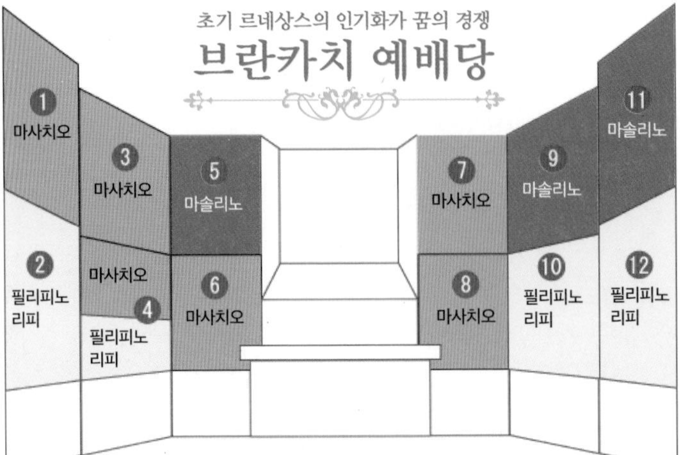

초기 르네상스의 인기화가 꿈의 경쟁
브란카치 예배당
1 마사치오
2 필리피노 리피
3 마사치오
마사치오
4 필리피노 리피
5 마솔리노
6 마사치오
7 마사치오
8 마사치오
9 마솔리노
10 필리피노 리피
11 마솔리노
12 필리피노 리피

그 결과 왼쪽 그림과 같이 배분되어 두 사람이 완성하지 못한 부분은 필리피노 리피가 완성했다.

그 후로 이 예배당은 회화를 배우는 사람들에게 학교 같은 곳이 되었고, 젊은 시절의 미켈란젤로도 이곳에 다니며 모사를 배웠다고 한다.

마사치오는 마초의 육체추구파

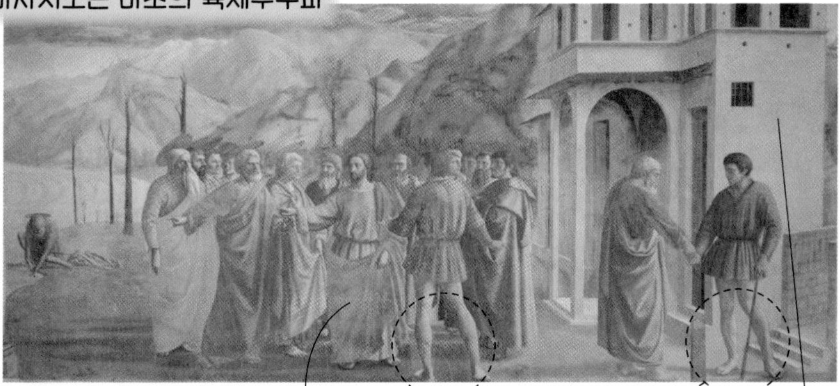
당당한 인물상
정확한 원근법에 기반한 건축물

❸ 〈세금을 바치는 예수〉, 1427년

마사치오의 혁신

해부학적으로도 정확한 육체 묘사
원근법에 기반한 정확한 깊이의 공간
고전주의적 이상형 인물상
(당당하며 사실적인 인물)

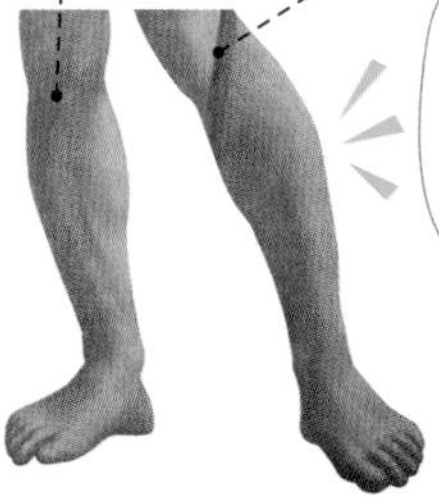
이전엔 발끝으로 서 있는 것 같았어.

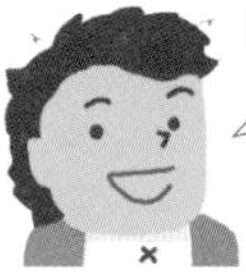
나는 우선 움직일 수 있는 근육을 가진 육체를, 그리고 그 위에 옷을 입혔어. 또 감정과 몸짓의 관계에도 착안했지.

이 얼마나 멋진 종아리인가! 지면에 발이 무게감 있게 놓여 있다.

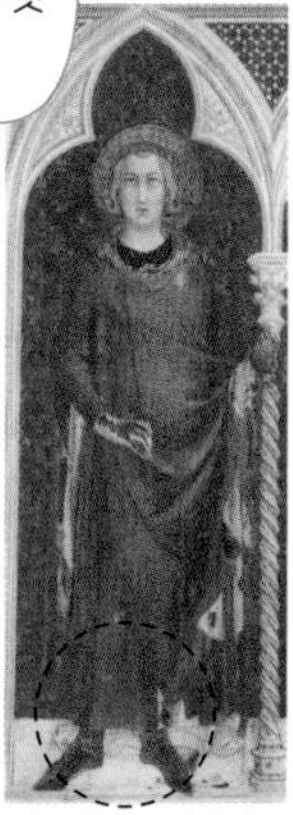

시모네 마르티니 작, **〈프랑스 왕 루이 9세〉**, 14세기 전반, 성 프란체스코 교회, 아시시

이러한 마초 근육 표현은 처음 !!

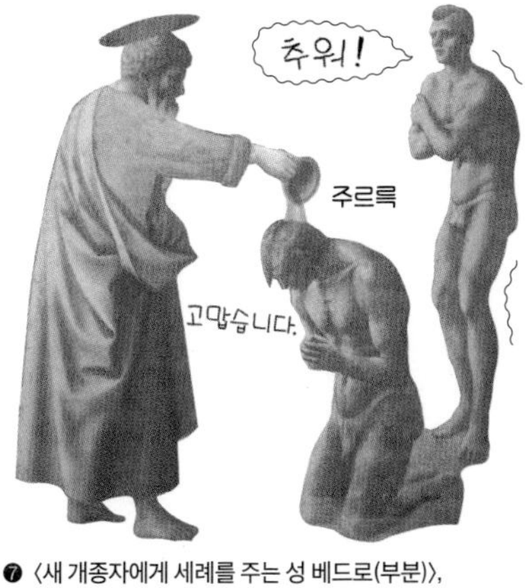
추워!
주르륵
고맙습니다.

❼ 〈새 개종자에게 세례를 주는 성 베드로(부분)〉, 1424~1427년경

슬픔을 전신으로 표현

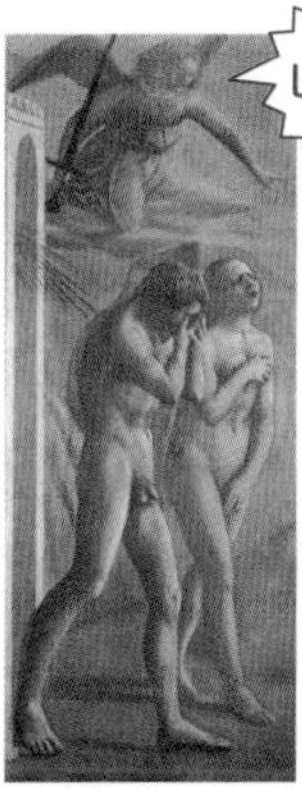
나가라!

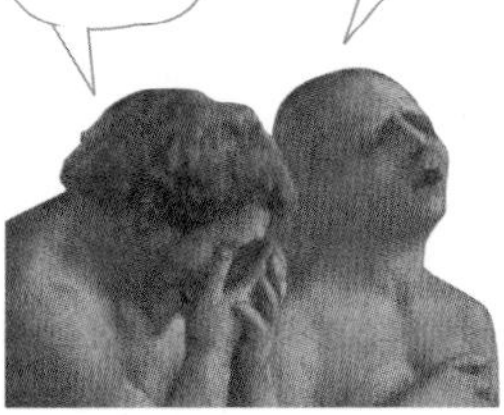
무슨 짓을 한 건가…
엉엉

❶ 〈낙원추방〉, 1424~1425년

마솔리노는 우아한 이야기 서술파

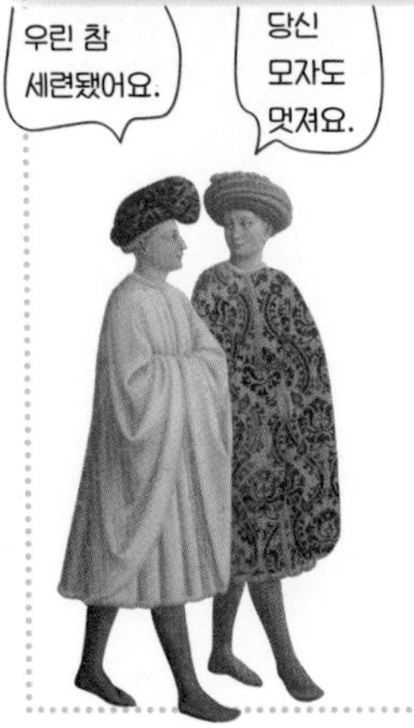

우린 참 세련됐어요.
당신 모자도 멋져요.

마솔리노는 국제고딕 양식의 전통적인 표현을 계승했다. 우아한 아름다움으로 기품 있는 인물, 섬세한 배경 묘사로 한 장면을 풍부하게 이야기하고 있다.

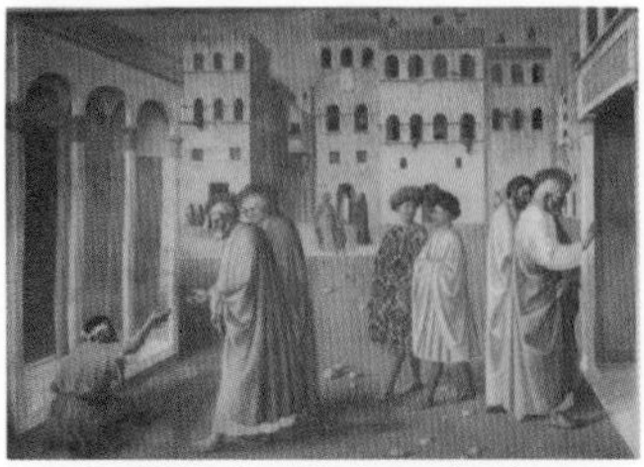

❾ 〈절름발이를 치유하는 베드로와 요한, 그리고 다비다의 부활〉, 1424~1425년

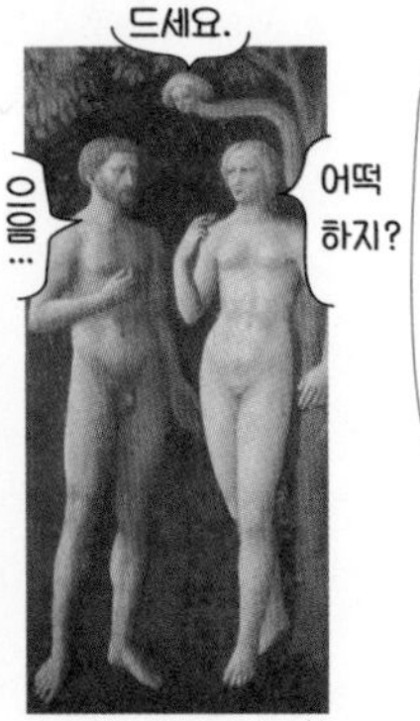

드세요.
이음…
어떡 하지?

⓫ 〈아담과 이브의 유혹〉, 1424~1425년

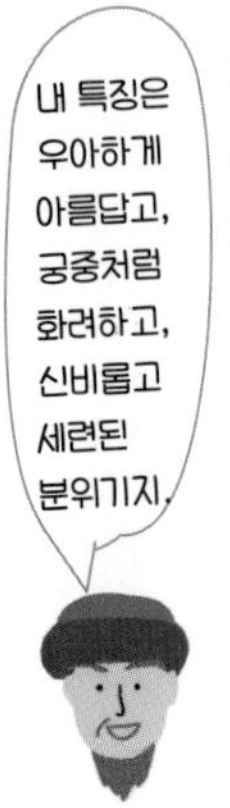

내 특징은 우아하게 아름답고, 궁중처럼 화려하고, 신비롭고 세련된 분위기지.

마사치오 혁명 '투시원근법'을 이용하여 그려진 최초의 회화!!

필리피노 리피

브란카치 예배당을 멋지게 완성한 것은 마사치오와 마솔리노의 일을 보고 자란 필리포 리피의 아들 필리피노 리피였다. 필리피노는 두 사람의 화풍을 잘 연구하여 완전한 조화를 이루어냈다.

산타 마리아 델 카르미네 교회는 18세기에 심한 화재로 불타버렸지만, 브란카치 예배당은 기적적으로 남아 지금도 세 사람의 위업을 확인할 수 있다.

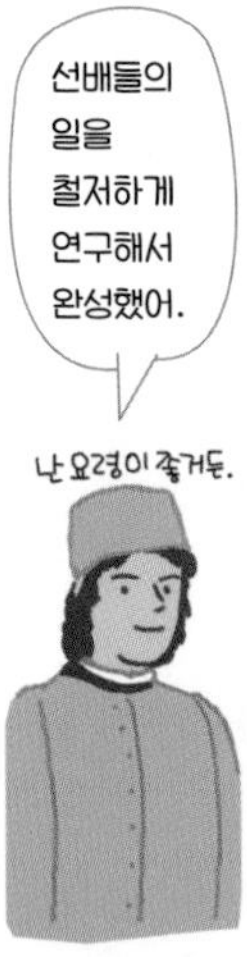

선배들의 일을 철저하게 연구해서 완성했어.
난 요령이 좋거든.

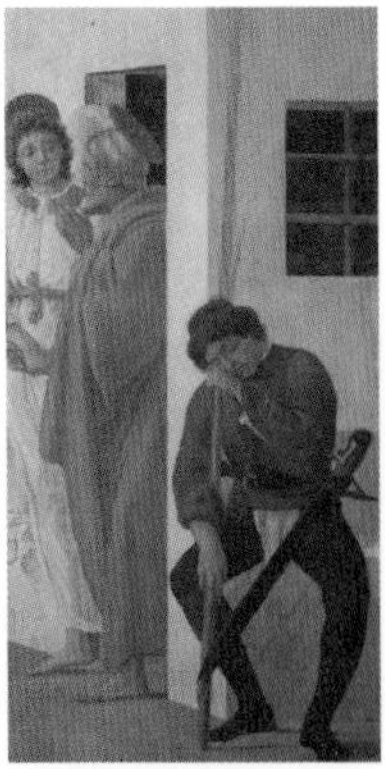

⓬ 〈천사의 도움으로 감옥에서 풀려나는 성 베드로〉, 1482~1485년

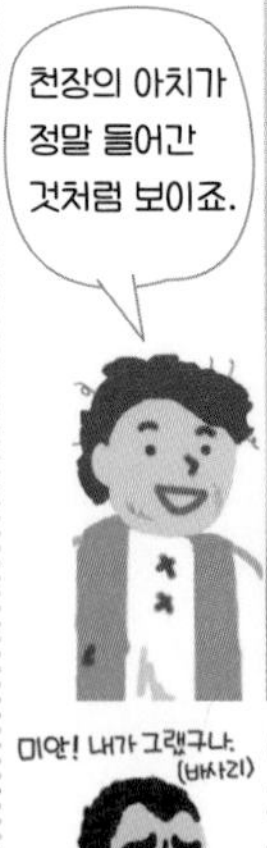

천장의 아치가 정말 들어간 것처럼 보이죠.

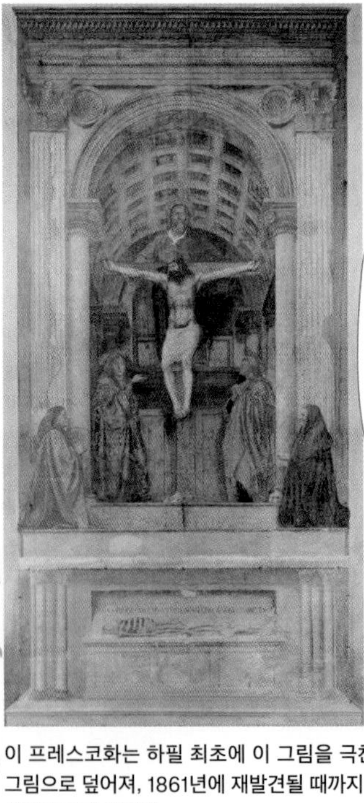

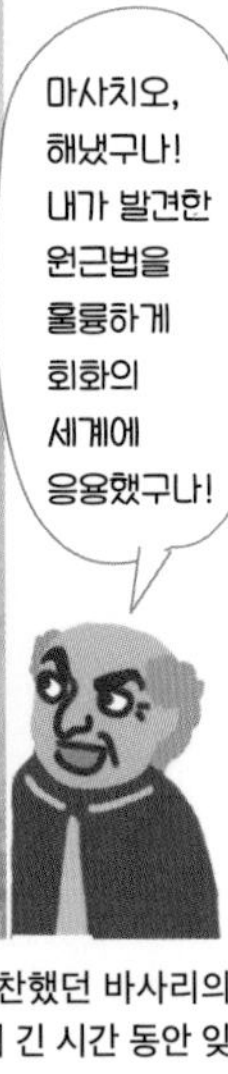

마사치오, 해냈구나! 내가 발견한 원근법을 훌륭하게 회화의 세계에 응용했구나!

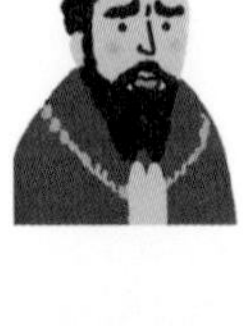

미안! 내가 그랬구나. (바사리)

이 프레스코화는 하필 최초에 이 그림을 극찬했던 바사리의 그림으로 덮어져, 1861년에 재발견될 때까지 긴 시간 동안 잊혀진 존재가 되었다.

마사치오, 〈삼위일체〉, 1426~1428년경, 산타 마리아 노벨라 교회, 피렌체

천재 화가 마사치오는 이런 사람

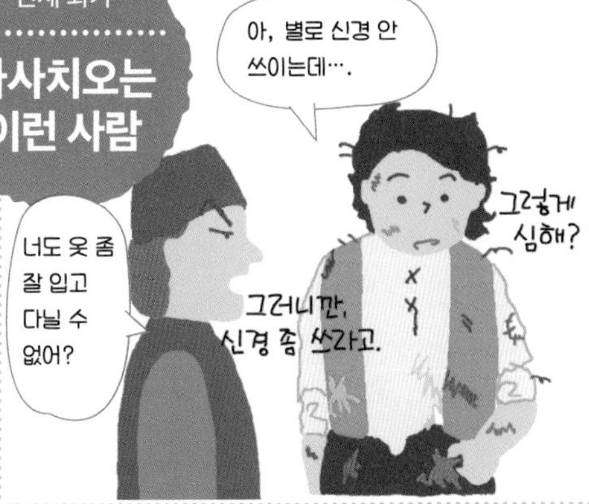
아, 별로 신경 안 쓰이는데….
그렇게 심해?
너도 옷 좀 잘 입고 다닐 수 없어?
그러니깐, 신경 좀 쓰라고.

더러운 토마소 = 마사치오

마사치오의 본명은 토마소였는데, 항상 더러운 옷차림을 하고 다녀서 토마소의 별칭인 '마사치오' 라고 불리고 있었다.

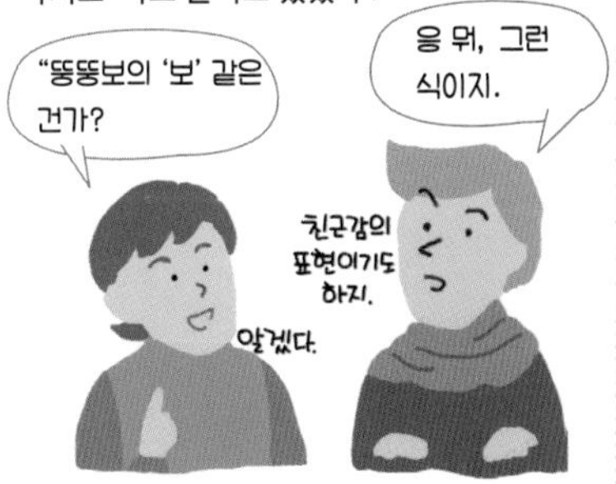
"뚱뚱보의 '보' 같은 건가?
응 뭐, 그런 식이지.
친근감의 표현이기도 하지.
알겠다.

금전에도 전혀 무관심

돈에도 전혀 관심이 없어서 빌려준 돈도 자신이 곤란해지기 전엔 받으려고 하지 않았다.

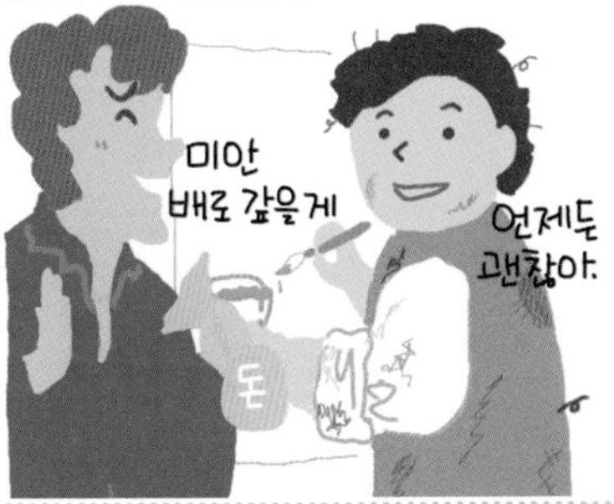
미안 배로 갚을게
언제든 괜찮아.
돈

붙임성이 매우 좋음

항상 사람들에게 기쁨을 주고자 하는 선천적으로 선한 사람이었다.

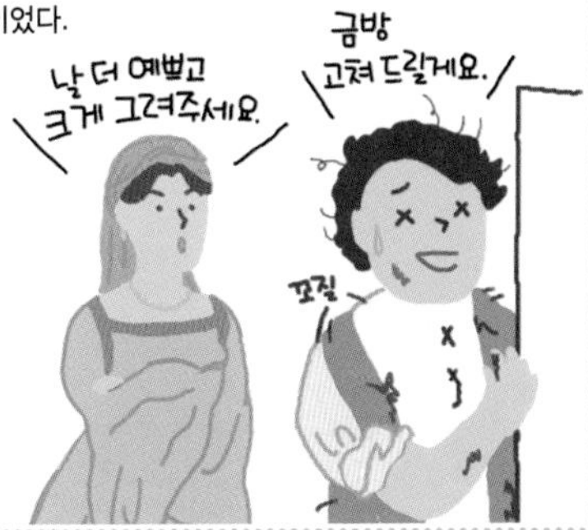
날 더 예쁘고 크게 그려주세요.
금방 고쳐 드릴게요.
꼬질

그런 선량한 성격의 마사치오는 브루넬레스키나 도나텔로 같은 다른 분야의 천재를 친구로 두고 있었다.

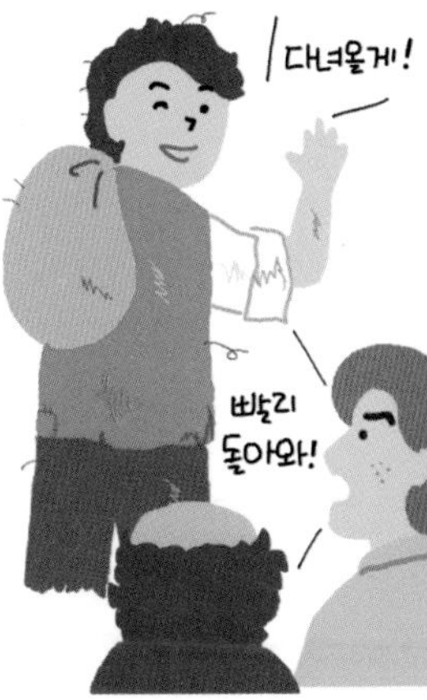
다녀올게!
빨리 돌아와!

하지만 마사치오는 일을 하러 떠난 로마에서 갑자기 죽음을 맞았다. 그 죽음은 너무나 갑작스러워서 독살이 의심될 정도였다.

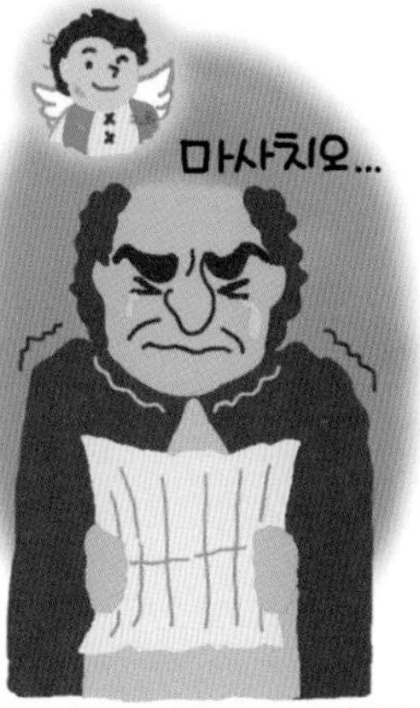
마사치오...

부고를 들은 브루넬레스키는 마사치오를 잃은 것은 우리에게 너무나 큰 손실이라고 중얼거렸다.

파올로 우첼로

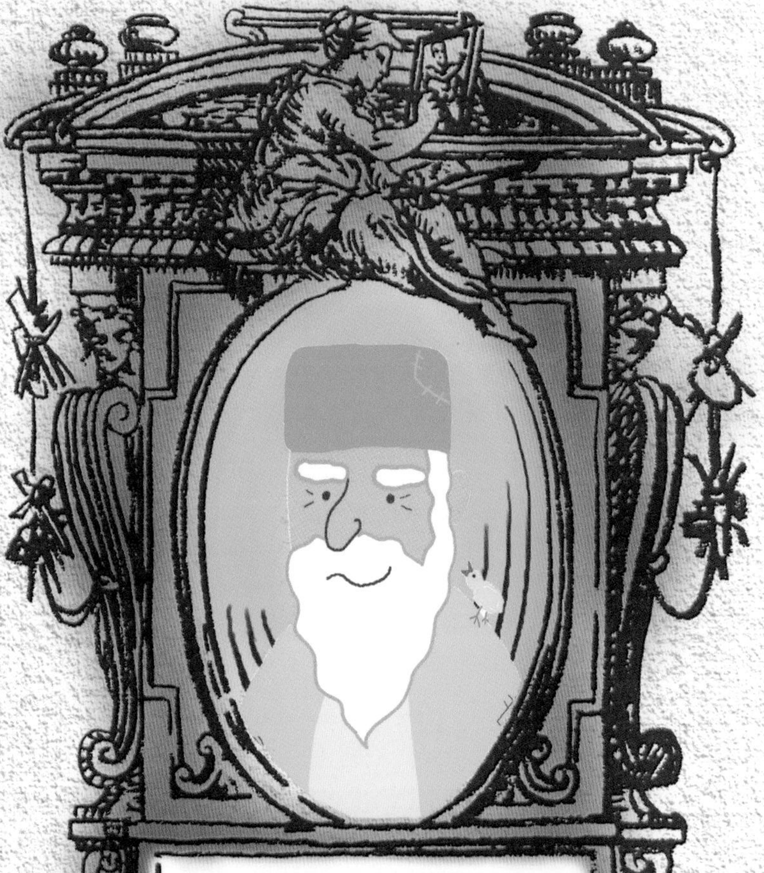

원근법을 유난히도 사랑했던 별난 화가

파올로 우첼로

Paolo Uccello

(1397~1475)

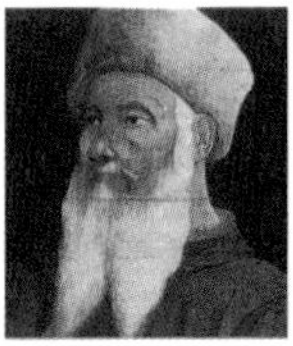

자화상(?)

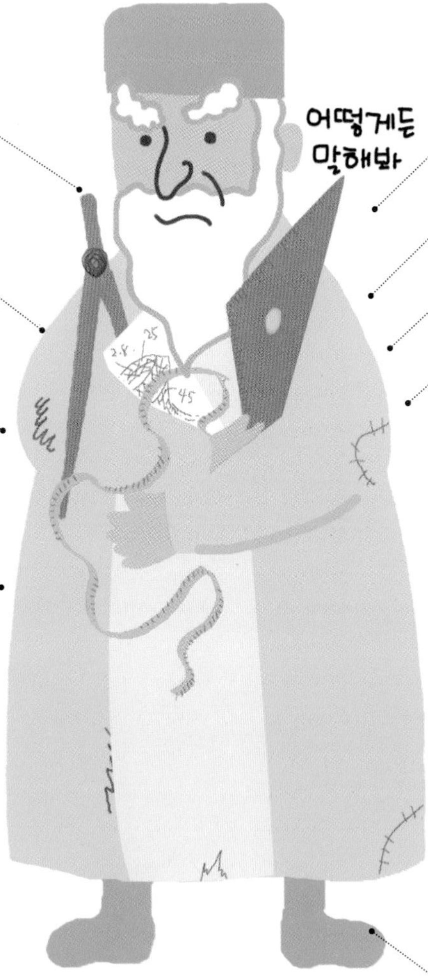

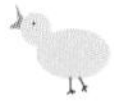

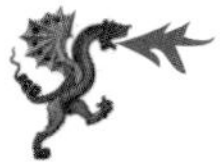

직함
· 화가

우첼로의 걸작 명화

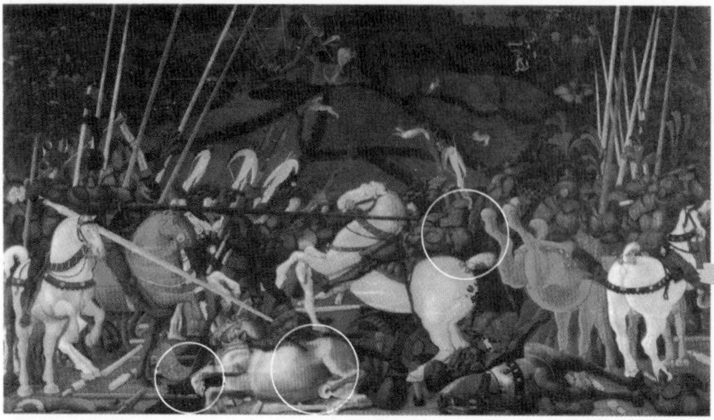

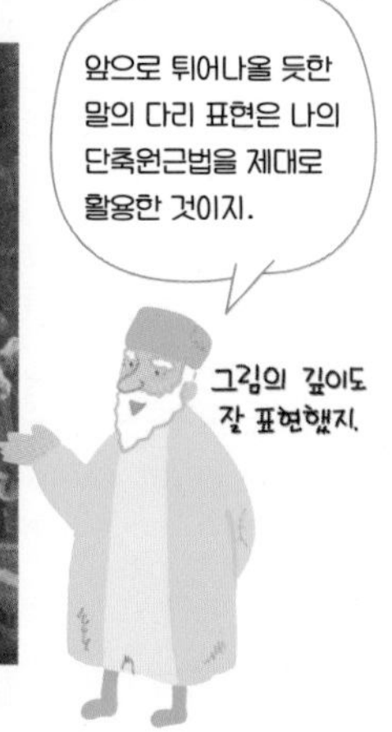

앞으로 튀어나올 듯한 말의 다리 표현은 나의 단축원근법을 제대로 활용한 것이지.
그림의 깊이도 잘 표현했지.

〈산 로마노의 전투〉, 1435~1460년경, 우피치 미술관, 피렌체

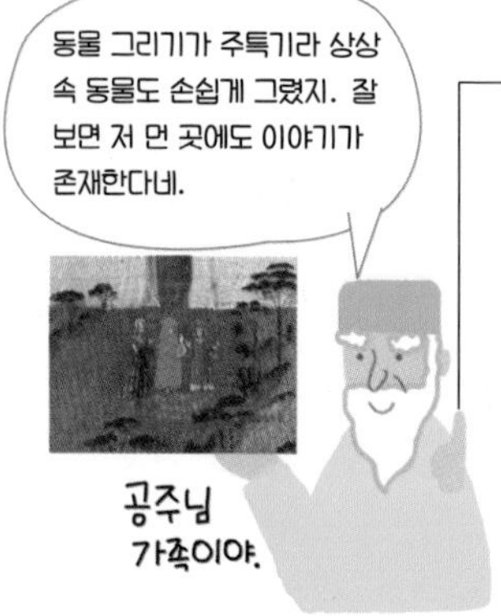

동물 그리기가 주특기라 상상 속 동물도 손쉽게 그렸지. 잘 보면 저 먼 곳에도 이야기가 존재한다네.
공주님 가족이야.

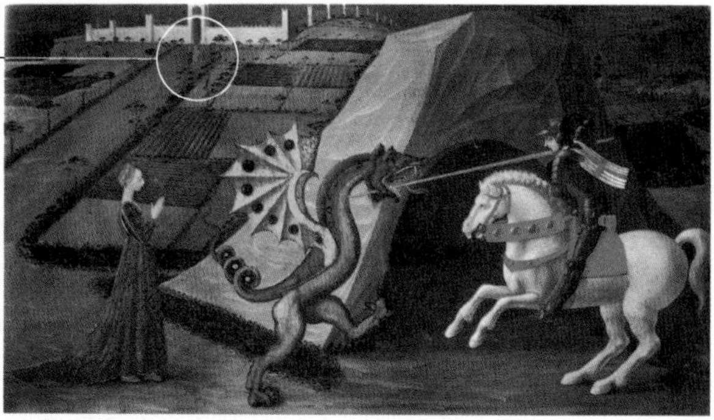

〈성 게오르기우스와 용〉, 1456년경, 자크마르 앙드레 미술관, 파리

파올로 우첼로는 자신이 연구한 원근법을 구사하여 독특하고 환상적인 세계를 그려낸 개성 넘치는 화가였다. 그에게 중요한 것은 자연을 눈에 보이는 대로 표현하는 것보다 그의 이론에 의해 설정된 공간 속에 인간과 동물을 그려 넣어 그만의 이야기를 만들어내는 것이었다.

우첼로는 약 열 살 때부터 기베르티의 공방에서 수업을 받았고, 베네치아에서 모자이크 관련 일을 했다. 그 후 피렌체에 돌아와 두오모의 프레스코화와 산타 마리아 노벨라 교회의 녹색 회랑과 같은 걸작을 남겼다.

원근법 연구에 몰두한 것에 비해서는 깊이의 표현이 정확하지 않다는 둥, 색감이 이상하다는 둥, 그래서 말년이 불우했다는 둥의 여러 이야기가 전해오지만 우첼로의 신비한 판타지 세계는 현대의 우리들을 매료시키기에 충분하다.

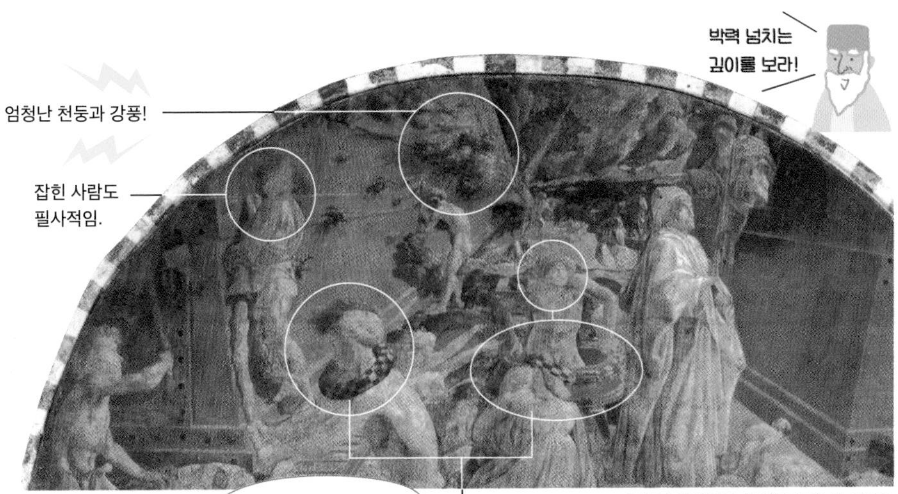
박력 넘치는
깊이를 보라!
엄청난 천둥과 강풍!
잡힌 사람도
필사적임.

〈대홍수와 범람한 물 위를 떠다니는 방주〉,
15세기 중엽, 산타 마리아 노벨라 교회, 녹색 회랑, 피렌체

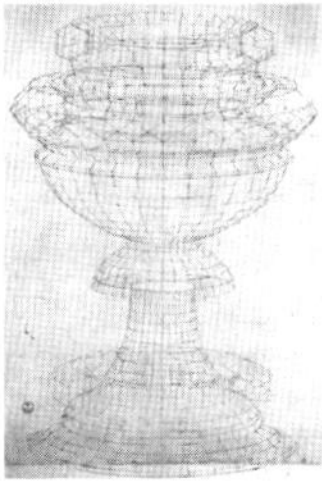

〈항아리 습작〉, 우피치
미술관, 피렌체

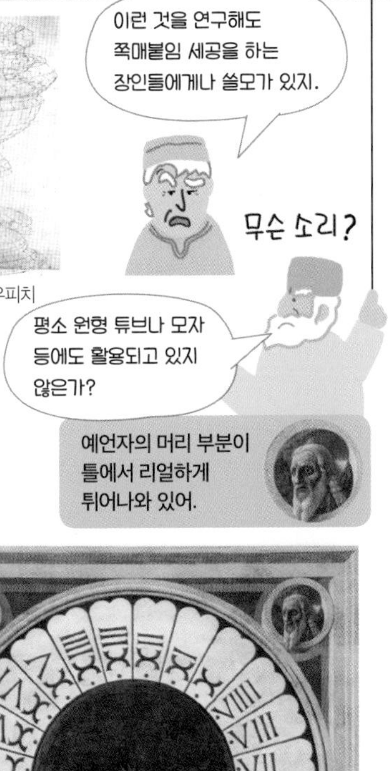
이런 것을 연구해도
쪽매붙임 세공을 하는
장인들에게나 쓸모가 있지.
무슨 소리?
평소 원형 튜브나 모자
등에도 활용되고 있지
않은가?
예언자의 머리 부분이
틀에서 리얼하게
튀어나와 있어.

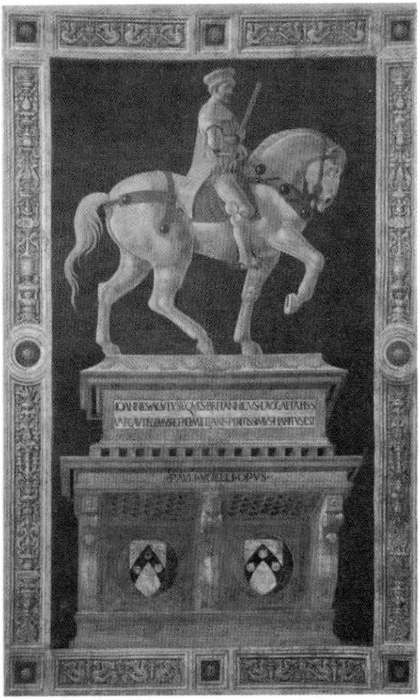

〈존 호크우드의 기마상〉, 1436년, 두오모, 피렌체

이 기마상의 대좌 부분도, 상부의 기사와 말 부분의 소실점이 일부러 다르게 설정되어 있다. 대좌는 아래에서 올려다보는 시선으로 그려져 있고, 기마상 부분은 좀 더 멀리서 전체를 바라보는 시선으로 그려져 있다.

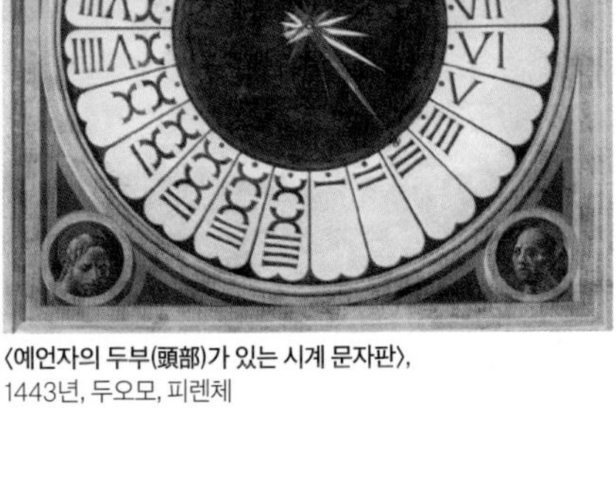

〈예언자의 두부(頭部)가 있는 시계 문자판〉,
1443년, 두오모, 피렌체

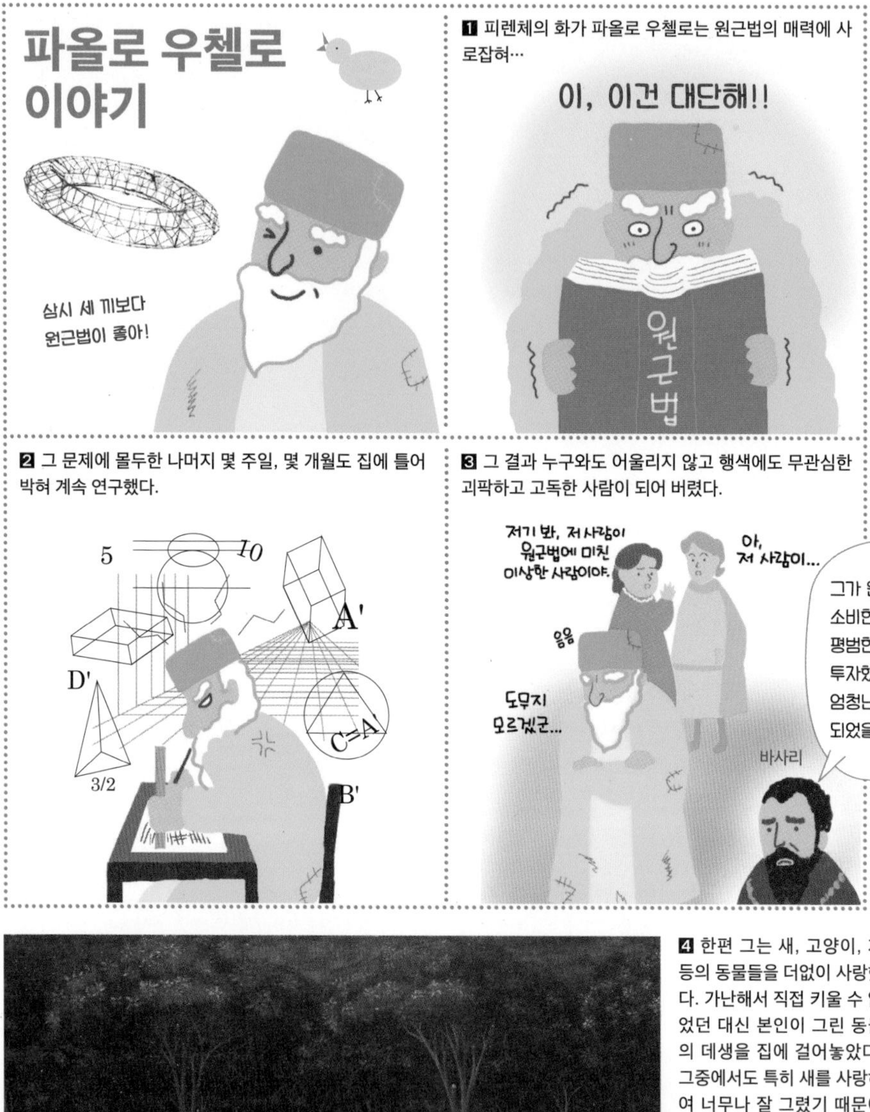

파올로 우첼로 이야기
삼시 세 끼보다 원근법이 좋아!
1 피렌체의 화가 파올로 우첼로는 원근법의 매력에 사로잡혀…
이, 이건 대단해!!
원근법
2 그 문제에 몰두한 나머지 몇 주일, 몇 개월도 집에 틀어박혀 계속 연구했다.
5
10
A'
D'
C=A'
3/2
B'
3 그 결과 누구와도 어울리지 않고 행색에도 무관심한 괴팍하고 고독한 사람이 되어 버렸다.
저기 봐, 저 사람이 원근법에 미친 이상한 사람이야.
아, 저 사람이…
음음
도무지 모르겠군…
그가 원근법에 소비한 시간을 평범한 데생에 투자했다면 엄청난 화가가 되었을지도….
바사리

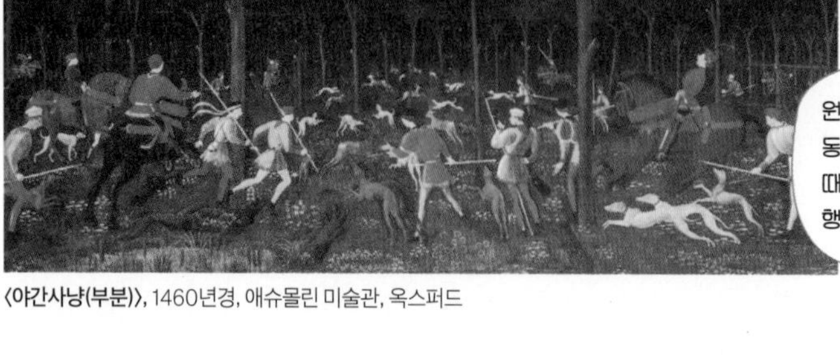

〈야간사냥(부분)〉, 1460년경, 애슈몰린 미술관, 옥스퍼드

4 한편 그는 새, 고양이, 개 등의 동물들을 더없이 사랑했다. 가난해서 직접 키울 수 없었던 대신 본인이 그린 동물의 데생을 집에 걸어놓았다. 그중에서도 특히 새를 사랑하여 너무나 잘 그렸기 때문에 '새(우첼로)의 파올로', 즉 파올로 우첼로라고 불렸다.

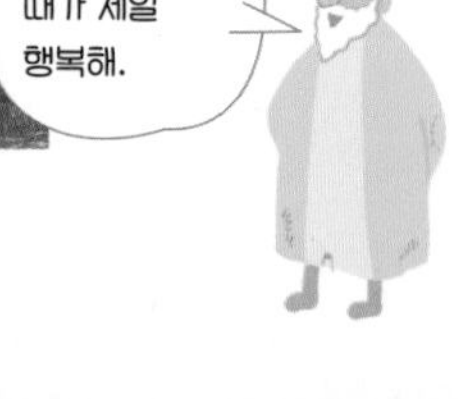

원근법을 넣어 동물을 그릴 때가 제일 행복해.

5 어느 날, 피렌체 교외에 있는 산 미니아토 교회에서 프레스코화를 그리는 일을 받았다.

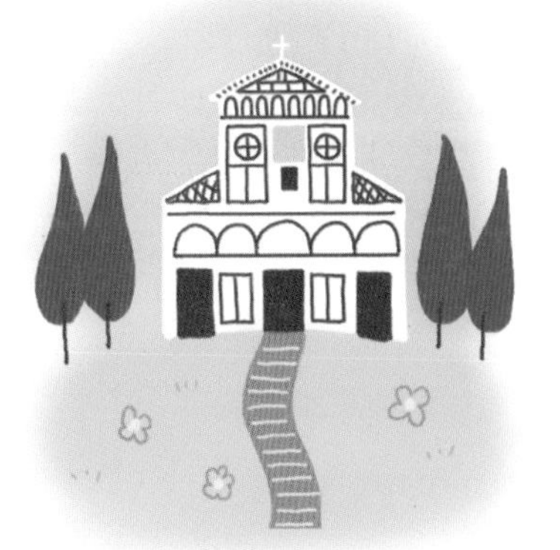

6 매일 식사를 준비해주는 사람이 있는 것은 좋았지만…

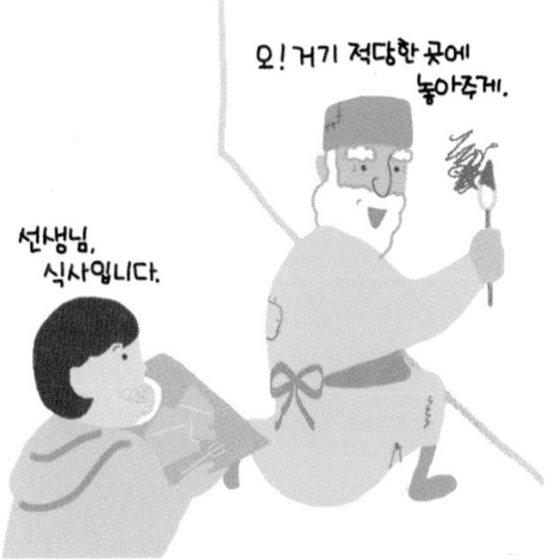
오! 거기 적당한 곳에 놓아주게.
선생님, 식사입니다.

7 메뉴는 늘 치즈 요리였다. 치즈 수프, 치즈, 치즈, 온통 치즈만 나오는 것이었다.

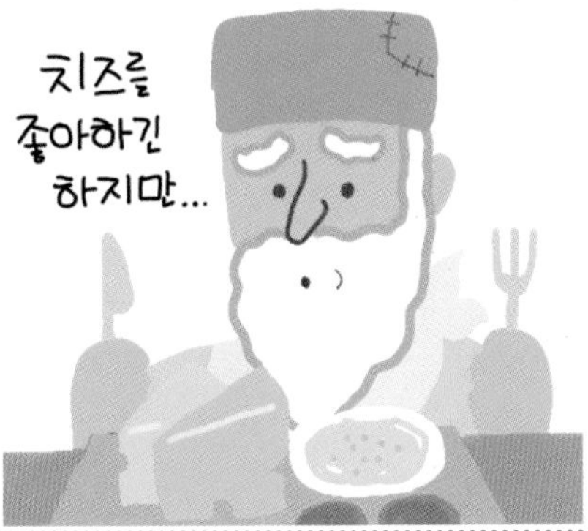
치즈를 좋아하긴 하지만…

8 항상 치즈, 치즈, 치즈…

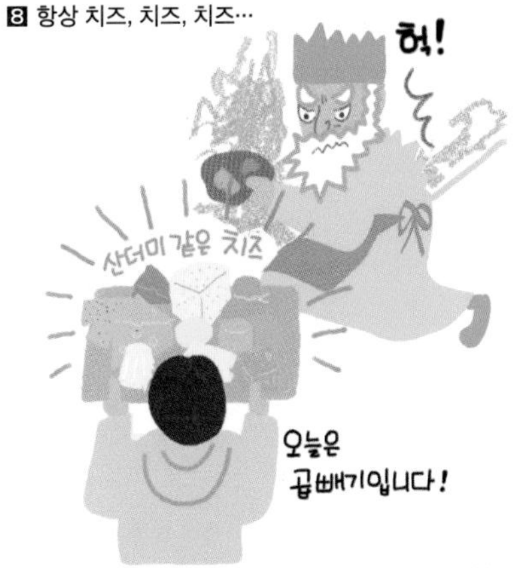
헉!
산더미 같은 치즈
오늘은 곱빼기입니다!

9 우첼로는 진저리를 치며, 일을 내버려 두고 달아나버렸다.

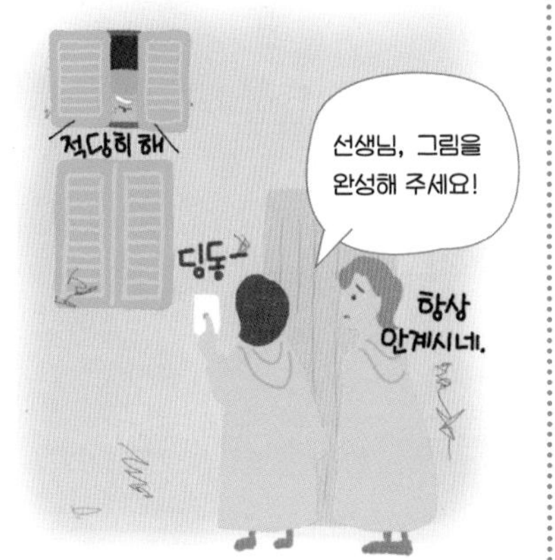
적당히 해
선생님, 그림을 완성해 주세요!
딩동~
항상 안계시네.

10 수도사가 설득하러 와도 집에 없는 척하며 따돌려 버렸다.

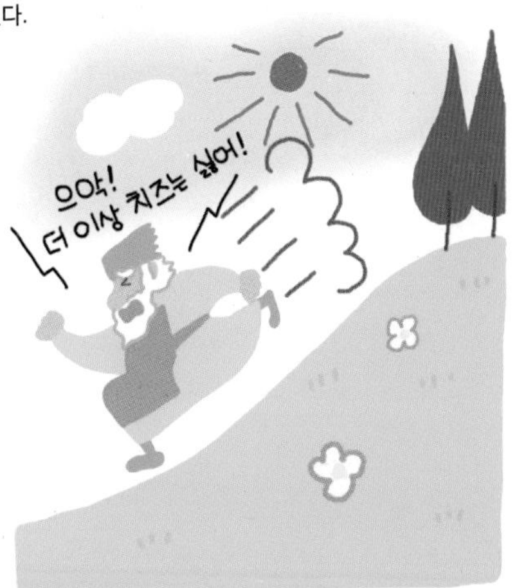
으악! 더 이상 치즈는 싫어!

⓫ 마을에서 그 수도사를 마주칠 때면, 전력 질주로 도망쳤다.

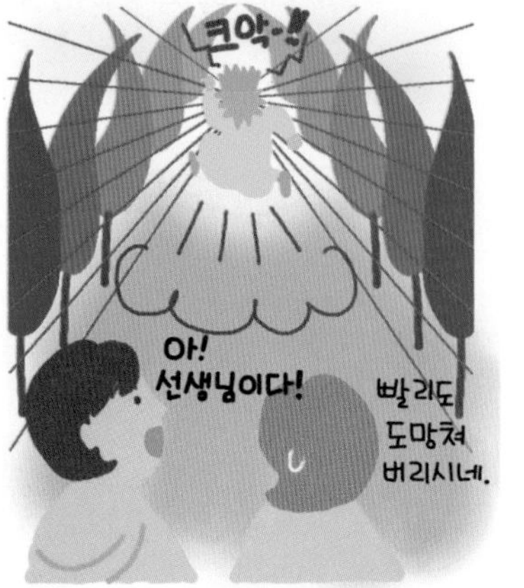
크악-!
아! 선생님이다!
빨리도 도망쳐 버리시네.

⓬ 어느 날, 마침내 수도사들이 우첼로를 쫓아가, 왜 일을 완성해주지 않는지, 왜 수도사를 보면 도망치는지 이유를 물었다.

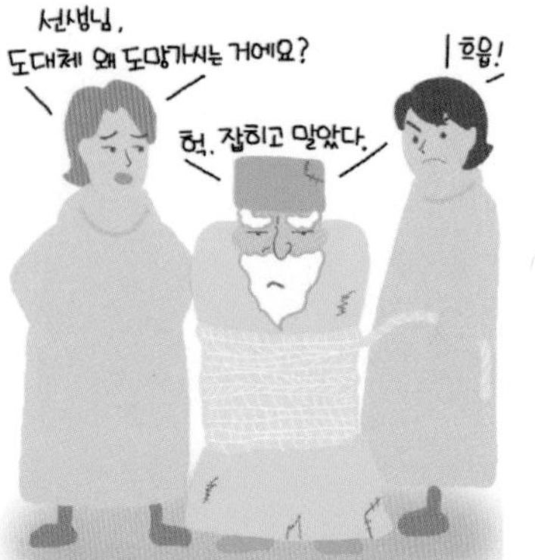
선생님, 도대체 왜 도망가시는 거에요?
흐읍!
헉, 잡히고 말았다.

⓭ 그러자 우첼로는,

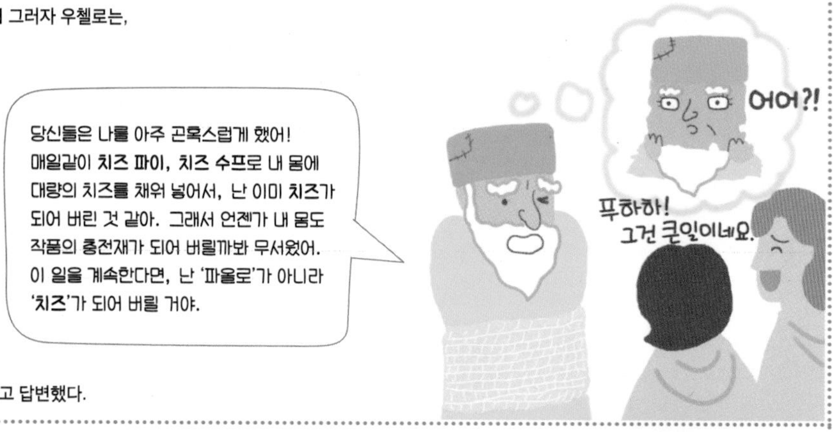
당신들은 나를 아주 곤욕스럽게 했어! 매일같이 치즈 파이, 치즈 수프로 내 몸에 대량의 치즈를 채워 넣어서, 난 이미 치즈가 되어 버린 것 같아. 그래서 언젠가 내 몸도 작품의 충전재가 되어 버릴까봐 무서웠어. 이 일을 계속한다면, 난 '파올로'가 아니라 '치즈'가 되어 버릴 거야.
어어?!
푸하하! 그건 큰일이네요.

라고 답변했다.

⓮ 그 말을 들은 수도원장은 우첼로에게 치즈 요리가 아닌 다른 식사를 내어 주도록 했다.

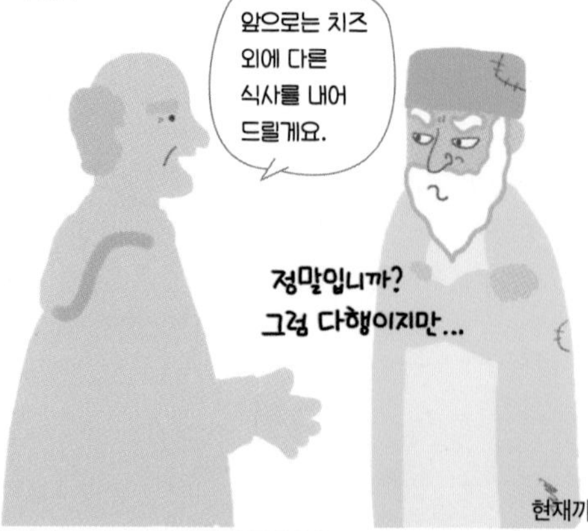
앞으로는 치즈 외에 다른 식사를 내어 드릴게요.
정말입니까? 그럼 다행이지만...

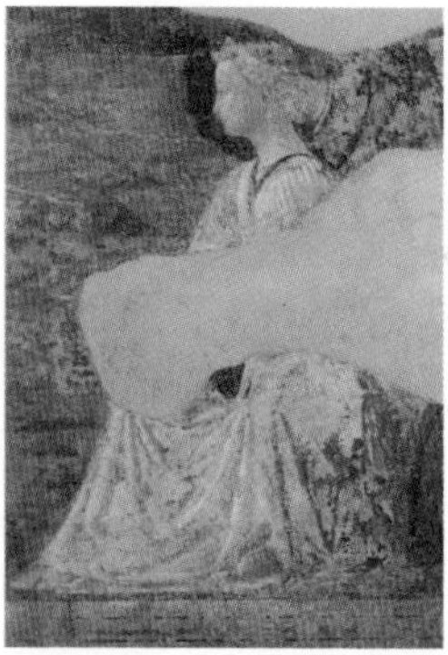

15세기 중엽, 산 미니아토 알 몬테 교회, 피렌체

현재까지도 단편적으로 남아 있는 프레스코화를 볼 수 있다.

⑮ 어느 날 구시장 문에 그림을 그리게 된 우첼로는,

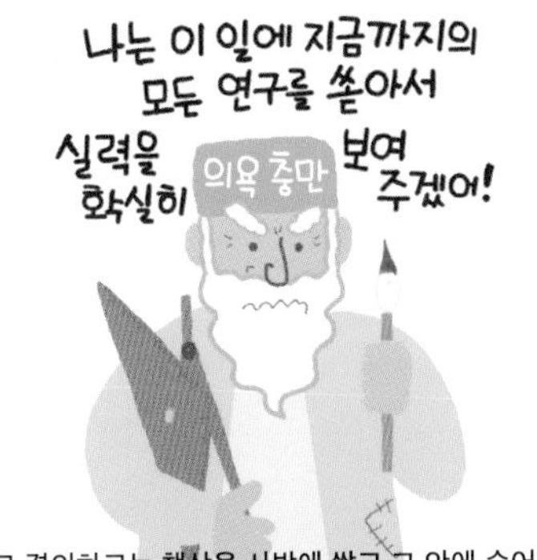
나는 이 일에 지금까지의
모든 연구를 쏟아서
실력을 확실히
보여 주겠어!
의욕 충만

라고 결의하고는 책상을 사방에 쌓고 그 안에 숨어서 작업을 시작했다.

⑯ 그곳에 우첼로의 친구 도나텔로의 목소리가 들려도

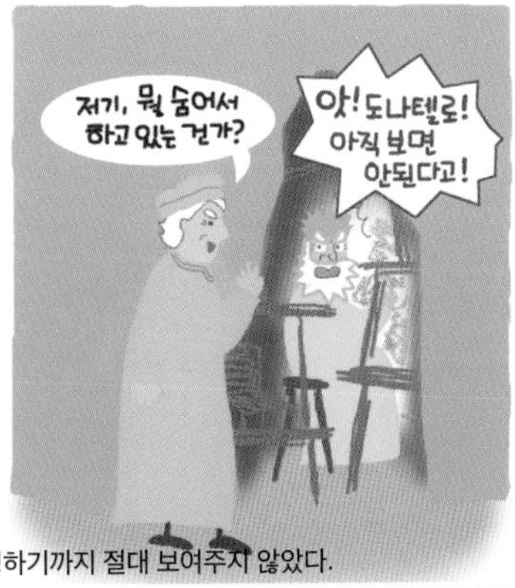
저기, 뭘 숨어서 하고 있는 건가?
앗! 도나텔로! 아직 보면 안된다고!

완성하기까지 절대 보여주지 않았다.

⑰ 며칠 후, 우첼로의 작품이 공개되었다.

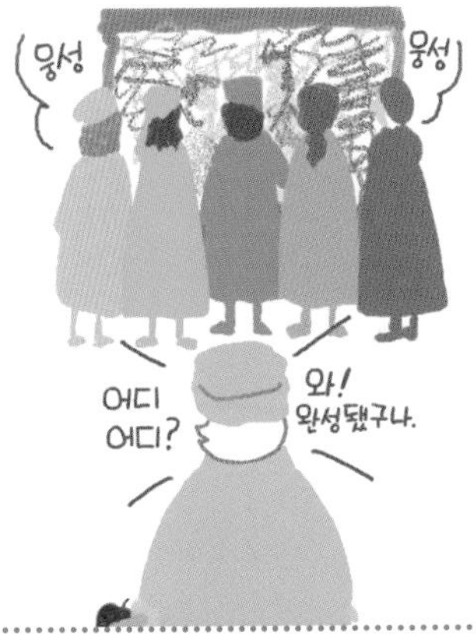
웅성
웅성
어디 어디?
와! 완성됐구나.

⑱ 감상평을 기다리던 우첼로에게 도나텔로는,

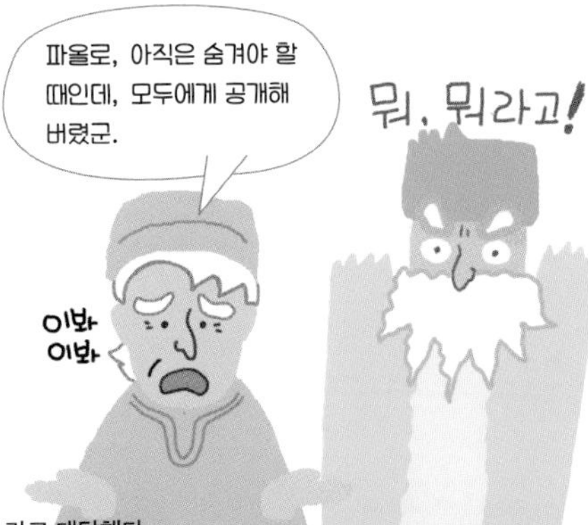
파올로, 아직은 숨겨야 할 때인데, 모두에게 공개해 버렸군.
뭐, 뭐라고!
이봐 이봐

라고 대답했다.

⑲ 칭찬받을 거라 기대했던 우첼로는 심한 비난을 받고 굉장히 의기소침해져서, 점점 더 원근법 연구에만 골몰하게 되었다.

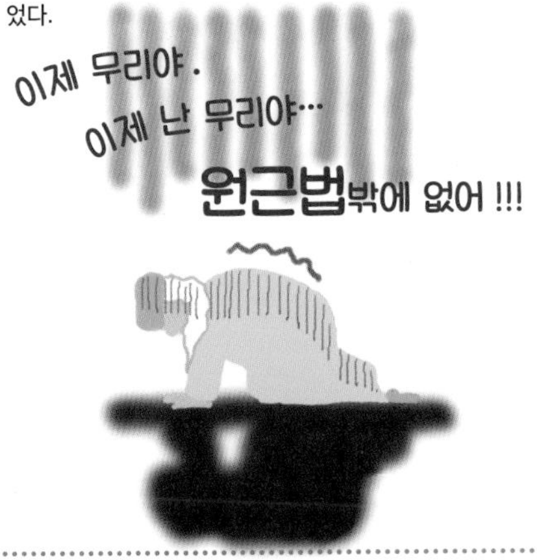
이제 무리야.
이제 난 무리야…
원근법밖에 없어 !!!

⑳ 우첼로는 부인이 '이제 늦었으니 그만 자요'라고 말해도

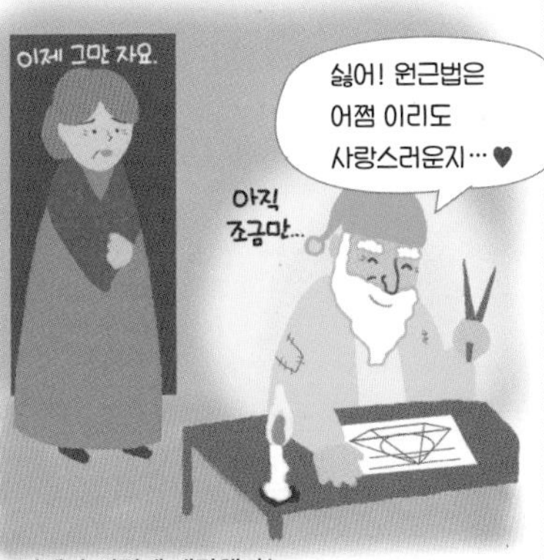
이제 그만 자요.
싫어! 원근법은 어쩜 이리도 사랑스러운지…♥
아직 조금만…

라고 언제나 이렇게 대답했다는….

프라 안젤리코

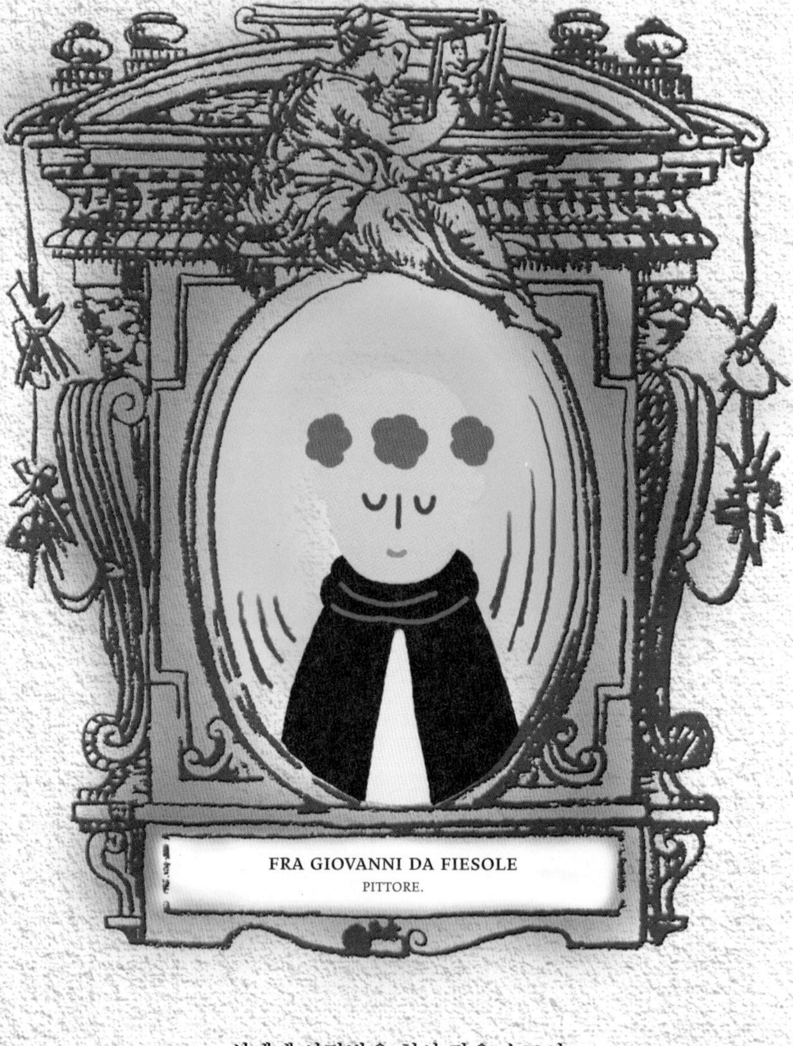

신에게 사랑받은 천사 같은 수도사

프라 안젤리코

Fra Angelico

(1400~1455)

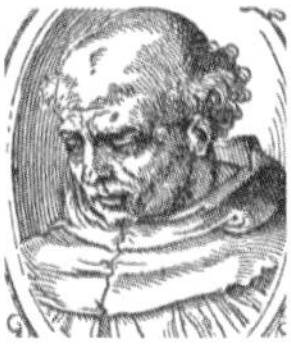

《미술가 열전》에서

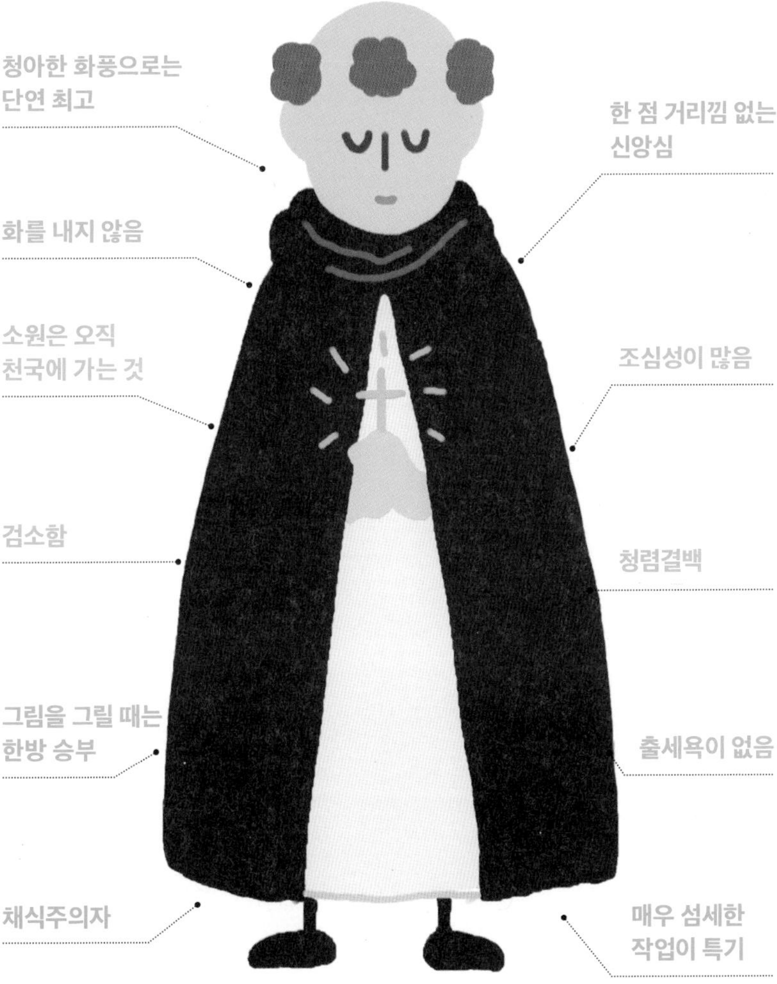

직함
· 화가

※ 1984년에 성인으로 추대되어 베아토 안젤리코라고도 불렸다. '프라'는 수도사를 의미한다.

프라 안젤리코의 걸작 회화

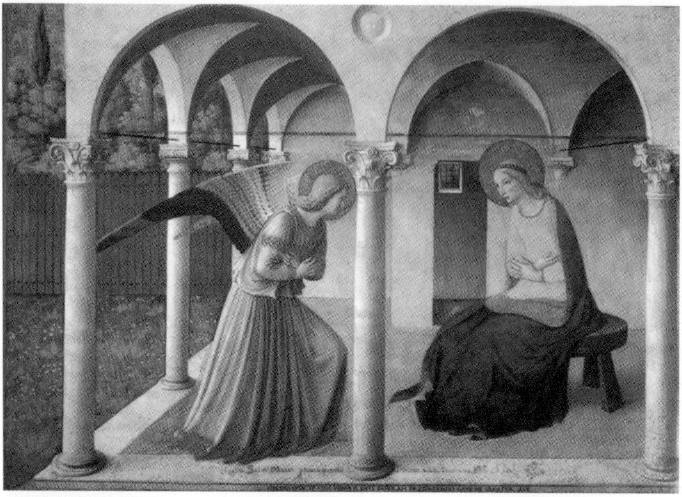

〈수태고지〉(이 페이지 모두 1420~1450년경 제작)

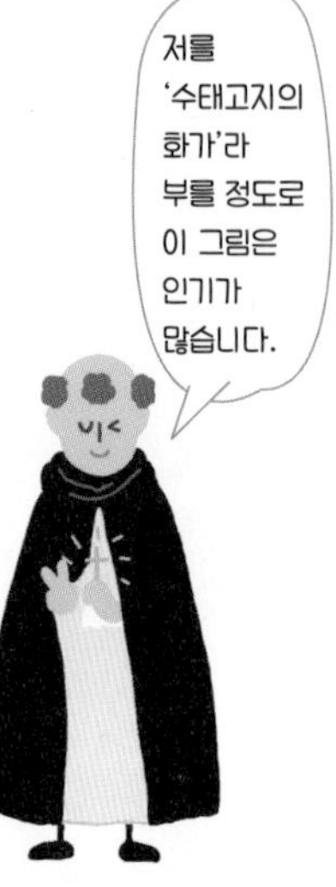
저를 '수태고지의 화가'라 부를 정도로 이 그림은 인기가 많습니다.

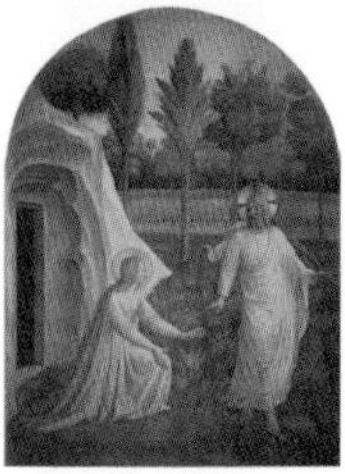

〈나를 만지지 말라〉

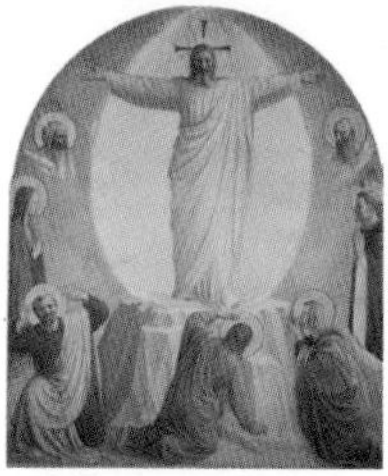

〈그리스도의 변용〉

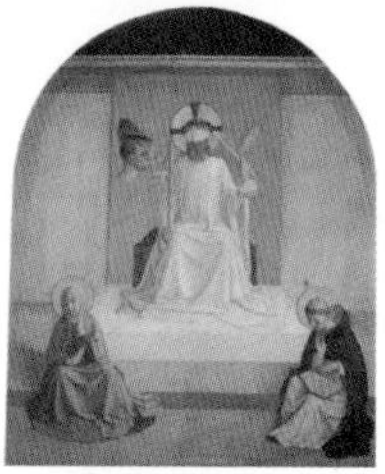

〈그리스도의 조롱〉

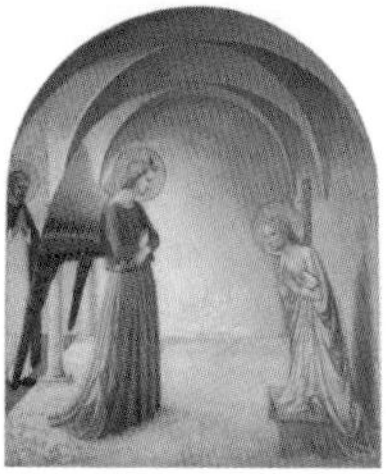

〈수태고지〉

프라 안젤리코는 도미니코 수도회의 수도사로서 일생을 그리스도의 이야기를 청아한 아름다움으로 그리는 데 보냈다. 활동 초기에는 후기 고딕의 흔적을 띤 작품을 그렸는데, 점차 마사치오의 조형성과 원근법을 이용한 공간 처리를 도입했다. 또 도메니코 베네치아노와 피에로 델라 프란체스카의 빛을 이용한 공간 파악과 밝은 색채로 표현한 우아한 아름다움을 더하여 프라 안젤리코만의 독자적이고 오묘한 색채로 빛나는 평온한 화풍을 확립했다.

피렌체의 산 마르코 미술관에서 볼 수 있는 수도사가 기도를 하기 위한 작은 방에 그려져 있는 프레스코화는 건물과 완전히 조화를 이루며 정밀한 공간을 만들어내고 있다. 이런 형태의 프레스코화를 감상할 수 있는 것은 세계에서도 보기 드문 예이다. 프라 안젤리코는 수도사의 입장에서 그림으로 사람들에게 신의 세계를 널리 알리는 것의 효과를 확실히 이해하고 있는 화가였다. 그 독실한 신앙심으로부터 그려진 그림은 다른 화가가 흉내 낼 수 없는 깊은 정신성을 가지고 있다.

※ 전부 피렌체의 산 마르코 미술관

최후의 심판
(15세기 전반)

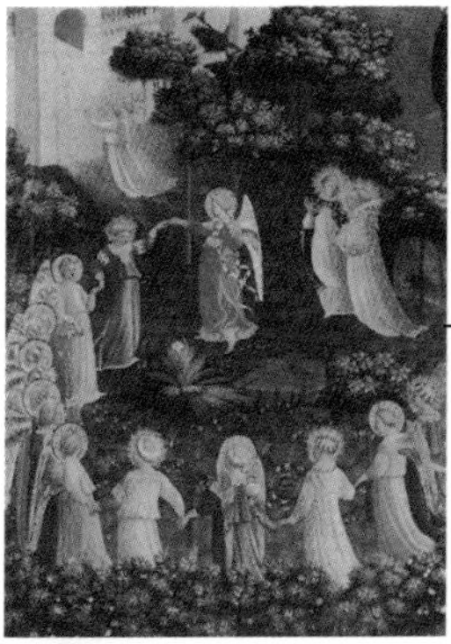

천국 다 같이 원을 만들어 춤을 추는 모습이 즐거워 보인다.

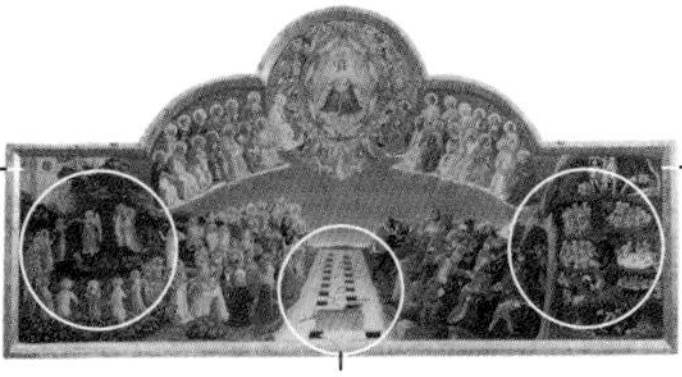

영혼이 무덤에서 힘차게 튀어나온 흔적

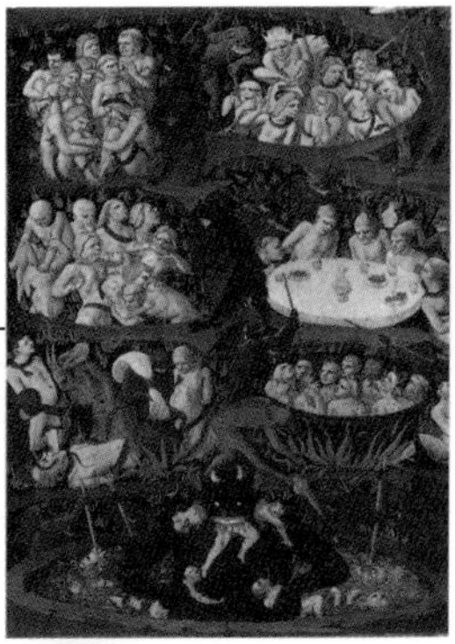

지옥 이쪽은 악마에게 더할 나위 없이 극진한 대접을 받고 있다.

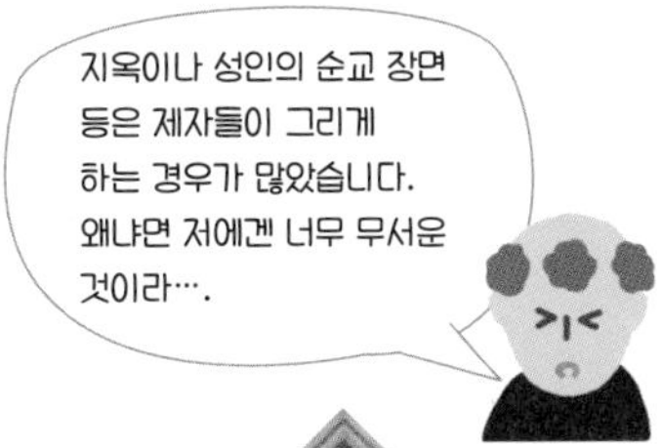
지옥이나 성인의 순교 장면 등은 제자들이 그리게 하는 경우가 많았습니다. 왜냐면 저에겐 너무 무서운 것이라….

제단화의 구조

〈리나이우올리 제단화〉
(1433년)

당시 제단화는 프레델라라 불리는 옷자락 그림과 함께 구성되었다. 작은 공간에 성인의 에피소드를 주제로 그려, 문자를 읽을 수 없는 신자도 그림을 통해 성인의 생애나 성서의 이야기를 알 수 있었다.

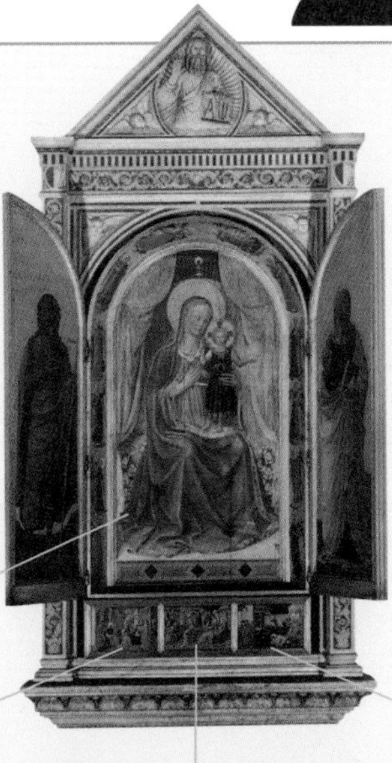

주제단화는 **성모자상**이 가장 인기

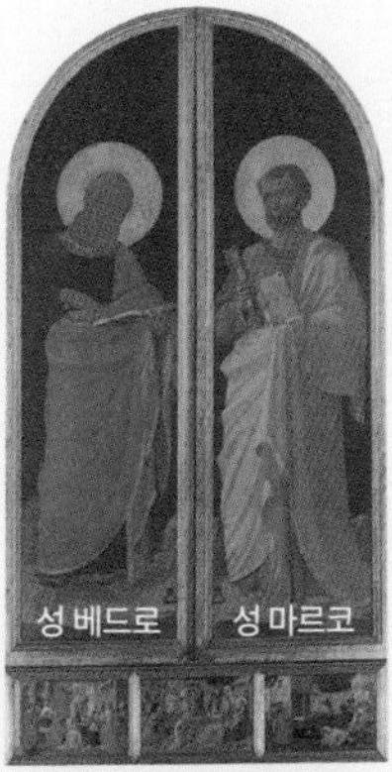
성 베드로
성 마르코

문을 닫으면 성 베드로와 성 마르코가 그려져 있다.

성 베드로의 에피소드

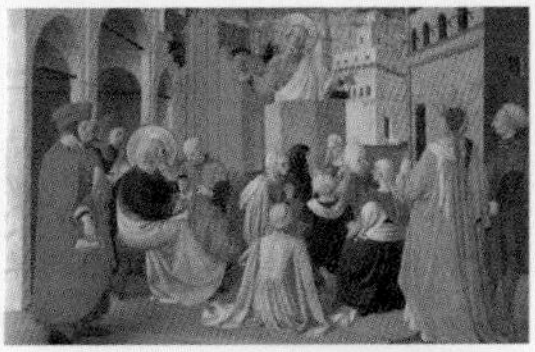

성 마르코 복음서를 설교하는 성 베드로

성모자의 에피소드

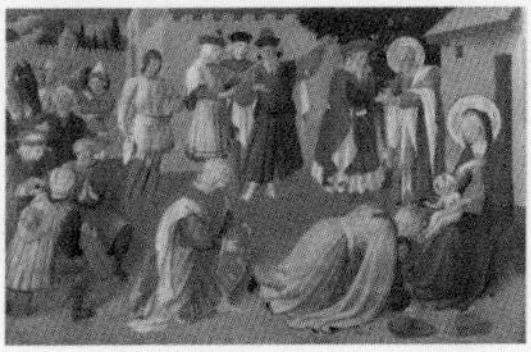

동방 3박사의 예배

성 마르코 에피소드

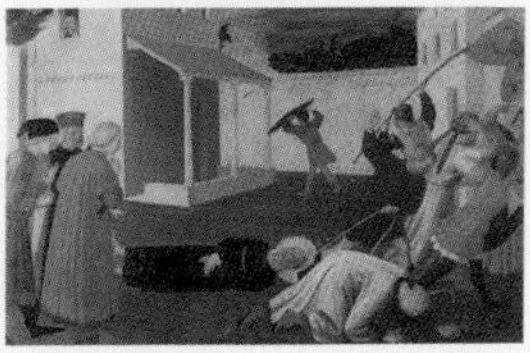

성 마르코의 순교

※ 전부 피렌체의 산 마르코 미술관

천사와 같은 수도사

프라 안젤리코 이야기

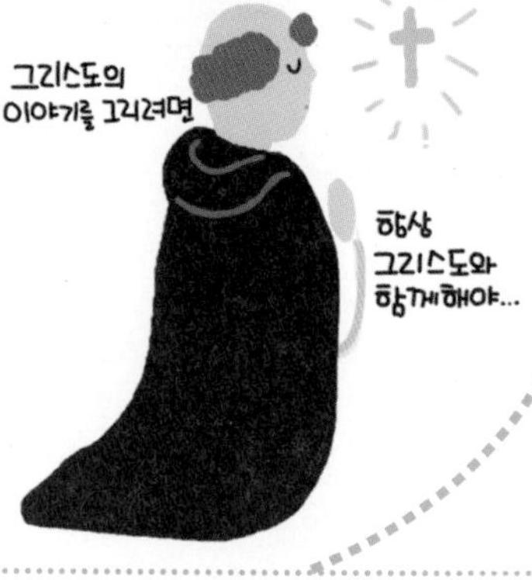
그리스도의 이야기를 그리려면
항상 그리스도와 함께해야…

1 프라 안젤리코는 매우 경건한 사람이었기 때문에 피렌체 교외에 있는 피에솔레의 산 도미니코 수도원에 들어가 수도사 겸 화가로 인생을 시작했다.

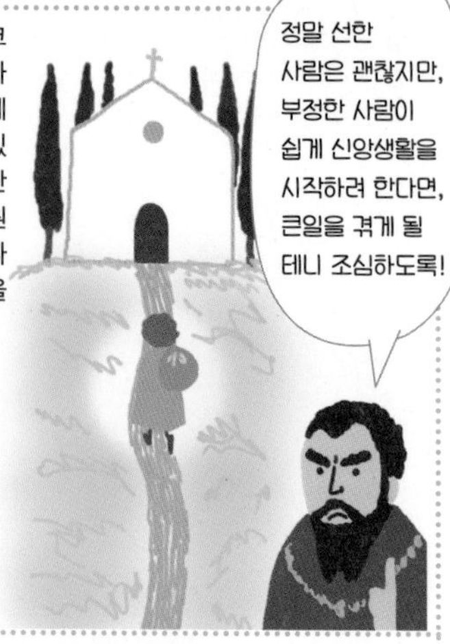
정말 선한 사람은 괜찮지만, 부정한 사람이 쉽게 신앙생활을 시작하려 한다면, 큰일을 겪게 될 테니 조심하도록!

2 프라 안젤리코는 붓을 잡기 전 반드시 신에게 기도를 올렸다.

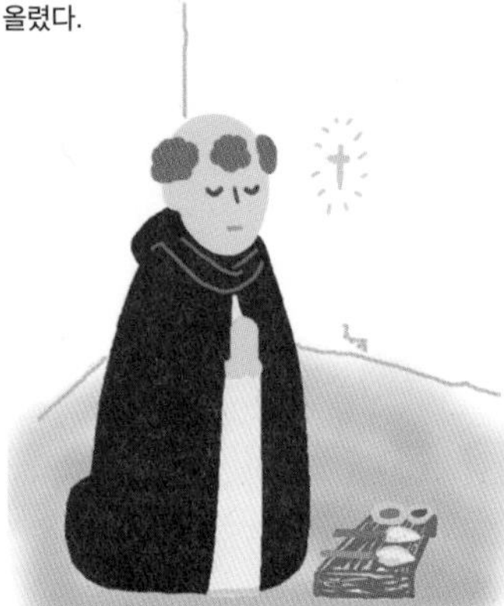

3 〈십자가책형도〉를 그릴 때에는 눈물이 마를 날이 없었다.

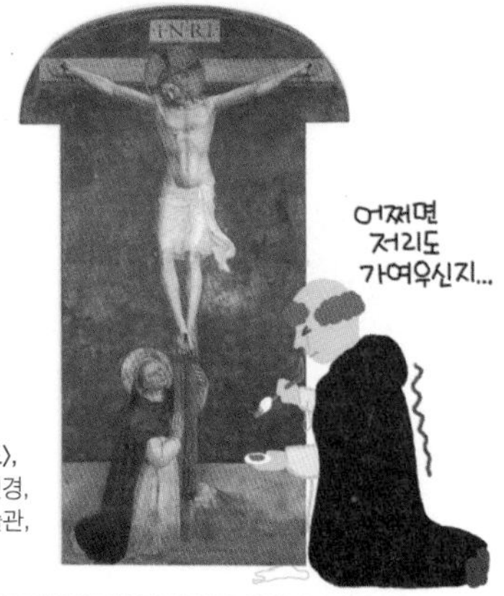
INRI
어쩌면 저리도 가여우신지…

〈십자가책형도〉,
1420~1450년경,
산 마르코 미술관,
피렌체

4 그리고 절대 그림을 수정하지 않았다. 왜냐하면…

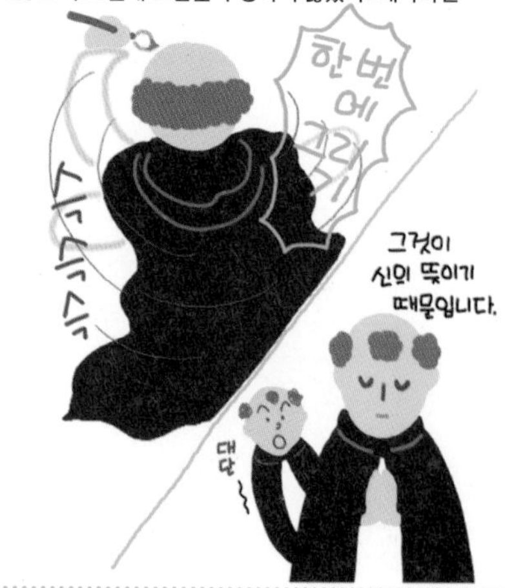
한 번에
슥 슥 슥
그것이 신의 뜻이기 때문입니다.
대단~

5 어떤 일도 성심성의껏 진심을 담아서 했기 때문에 때로는 망치는 일도 있었다.

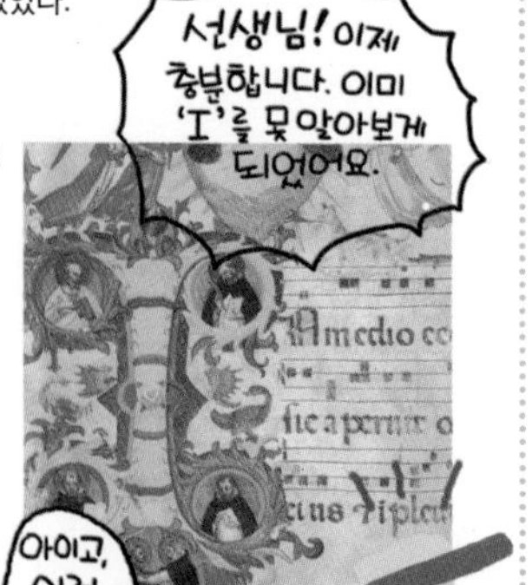
선생님! 이제 충분합니다. 이미 'I'를 못 알아보게 되었어요.
아이고, 이걸 안 되지.

사본의 일부

그 이름대로 '안젤리코=천사와 같은' 인물이었다.

❻ 당시 교황 에우게니우스 4세는 프라 안젤리코야말로 공석이 된 피렌체 대주교의 자리에 적합하다고 생각했다.

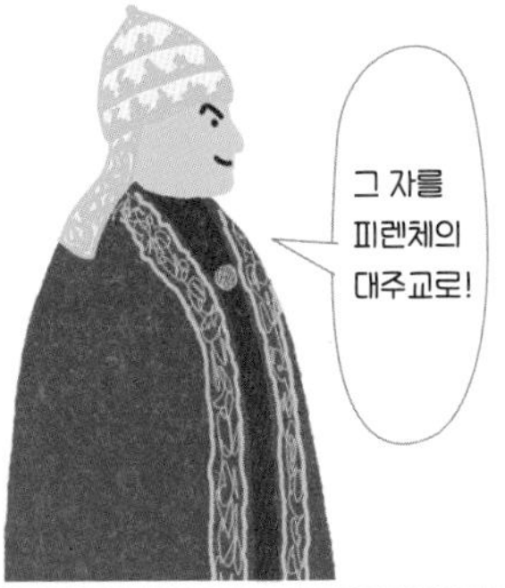
그 자를 피렌체의 대주교로!

❼ 하지만 프라 안젤리코는,

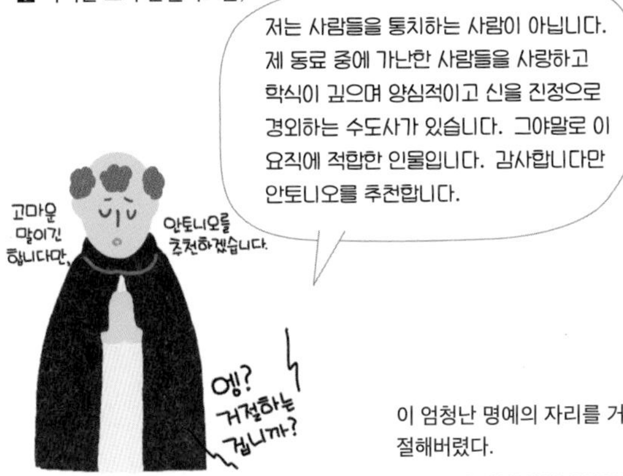
저는 사람들을 통치하는 사람이 아닙니다. 제 동료 중에 가난한 사람들을 사랑하고 학식이 깊으며 양심적이고 신을 진정으로 경외하는 수도사가 있습니다. 그야말로 이 요직에 적합한 인물입니다. 감사합니다만 안토니오를 추천합니다.
고마운 말이긴 합니다만,
안토니오를 추천하겠습니다.
엥? 거절하는 겁니까?

이 엄청난 명예의 자리를 거절해버렸다.

❽ 그의 거절에 교황은 놀랐지만, 정직한 프라 안젤리코의 추천대로 안토니오를 피렌체 대주교로 임명했다.

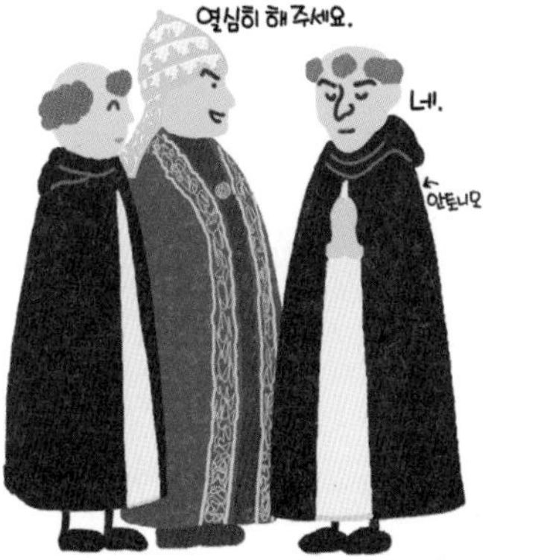
열심히 해주세요.
네.
안토니오

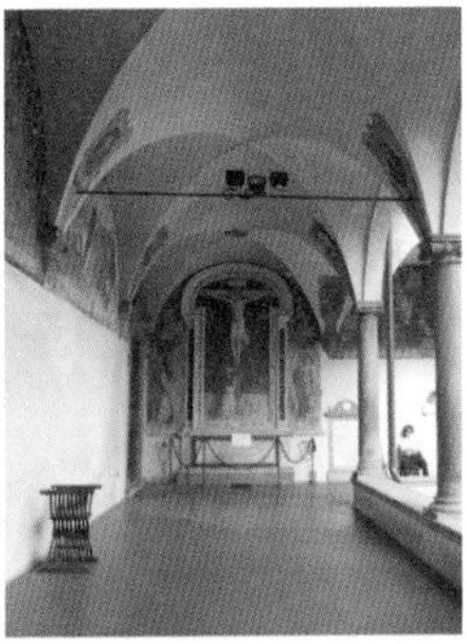

산 마르코 교회의 산탄토니오 회랑은 안토니오의 인생을 그린 프레스코화로 꾸며져 있다.

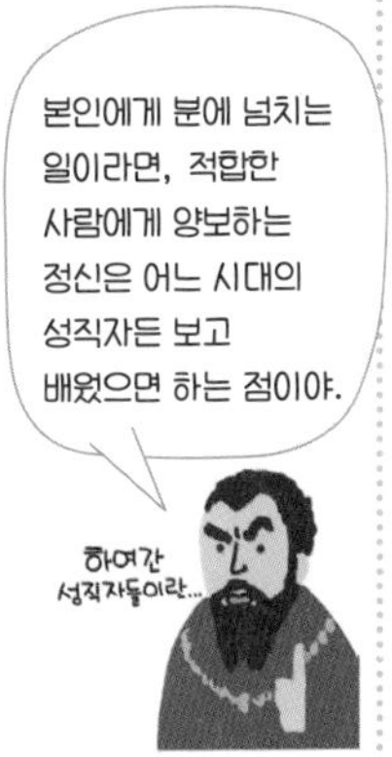
본인에게 분에 넘치는 일이라면, 적합한 사람에게 양보하는 정신은 어느 시대의 성직자든 보고 배웠으면 하는 점이야.
하여간 성직자들이란...

❾ 게다가 니콜라우스 5세로부터 식사 초대를 받았을 때도,

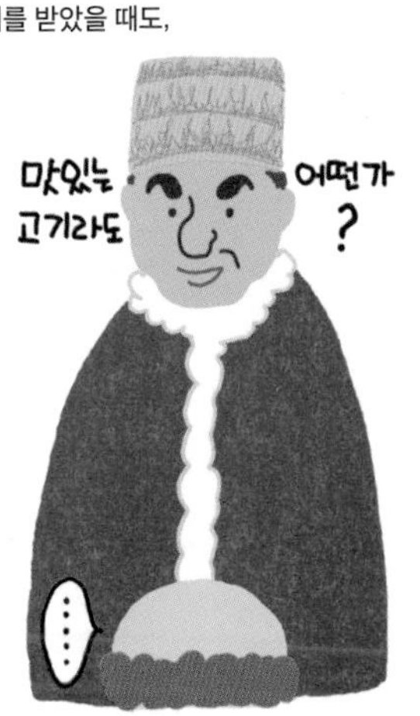
맛있는 고기라도 어떤가?
......

❿ 프라 안젤리코는 또다시 거절했다.

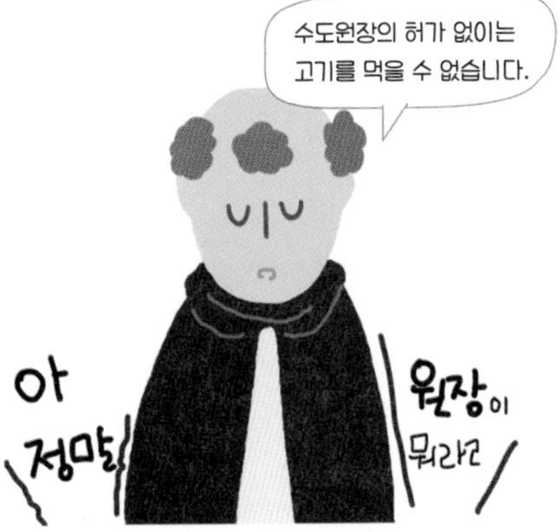
수도원장의 허가 없이는 고기를 먹을 수 없습니다.
아 정말
원장이 뭐라고

상대가 최고 권력자든 누구든 간에, 전혀 흔들림 없는 청렴결백한 인물이었음을 알려 주는 일화이다.

필리포 리피

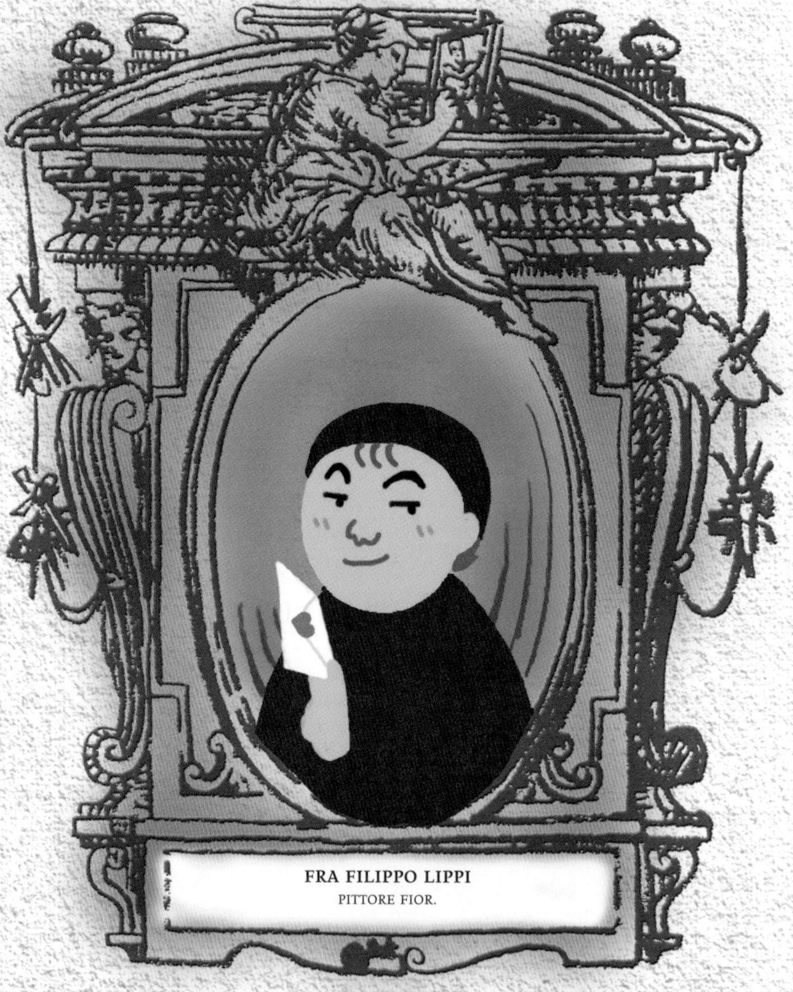

사랑을 위해서라면 신을 두려워하지 않는 전대미문의 수도자

필리포 리피
Filippo Lippi

(1406~1469)

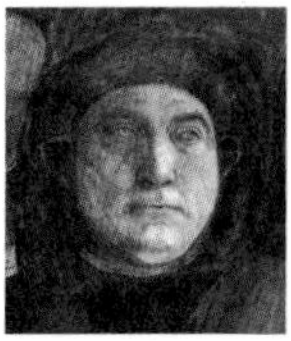

자화상

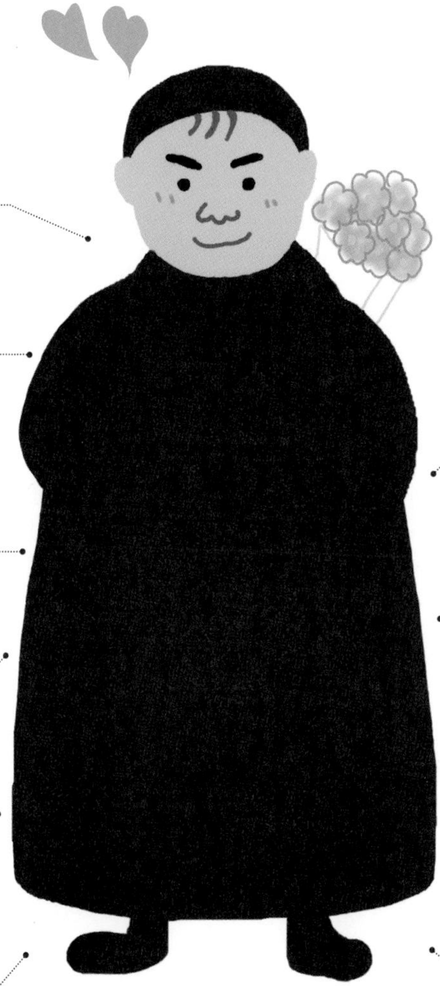

직함
·화가

성모자상의 거장 필리포 리피의

미인화 걸작선

레오나르도 다 빈치의 공기 원근법의 선구라고 할 수 있는 아득히 먼 곳에 펼쳐지는 풍경

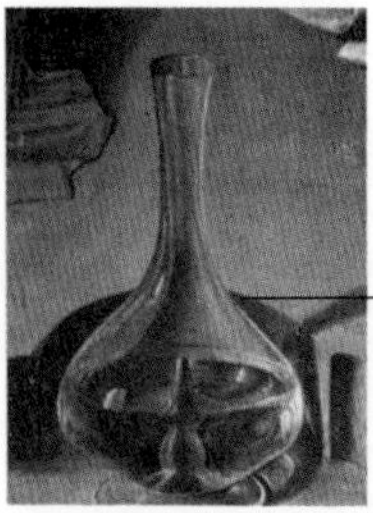

북방의 영향이 현저하게 드러나는 세부

당시 이렇게 리얼한 유리의 표현은 획기적인 것이었다.

〈수태고지(부분)〉, 1440년경, 산 로렌초 교회, 피렌체

비치는 베일을 표현하는 것은 필리포가 가진 최고의 특기

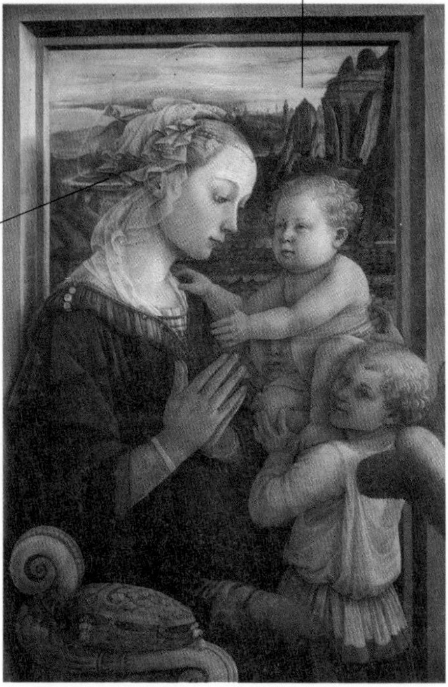

〈성모자와 두 명의 천사〉, 1465년경, 우피치 미술관, 피렌체

일상적인 실내 설정

창문에서 바라보는 풍경

책과 대리석의 질감 묘사

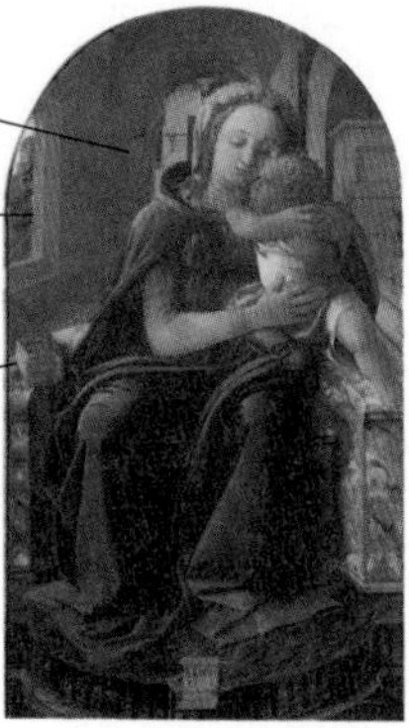

〈타르퀴니아의 성모〉, 1437년, 바르베리니 국립미술관, 로마

필리포 리피는 푸줏간을 운영하던 톰마소의 아들로 1406년경 피렌체에서 태어났다. 어린 시절 부모님이 돌아가시고 할머니 곁에서 자라다가 산타 마리아 델 카르미네 교회에 맡겨져 수도사로 살아가게 된다. 당시 카르미네 교회에서는 마솔리노와 마사치오가 브란카치 예배당의 프레스코화를 제작하고 있었는데, 필리포는 그곳에서 그림의 기초를 배우며 화가로서의 삶을 시작하게 되었다.

필리포는 마사치오의 정확한 데생력, 원근법에 의한 정확한 공간 파악력을 습득한 한편, 인물에 있어서는 골격이 크고 무게감 있는 고전적 이상형이 아닌, 우아하고 아름다운 독자적 표현을 확립했다. 또한 자유분방한 성격에서 비롯된 상상할 수 없는 아름다운 종교화를 많이 만들어냈다.

필리포는 북유럽 회화의 영향을 받아 응용한 토스카나 최초의 화가로도 불린다. 그것은 옥석, 유리, 직물 등의 철저하고 세밀한 묘사, 먼 곳에 펼쳐지는 풍경, 일상적 실내 설정 등에서 찾아볼 수 있다.

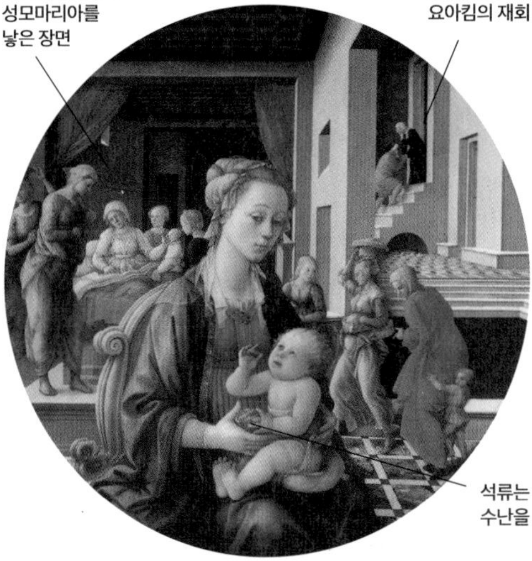
배경은 성안나가
성모마리아를
낳은 장면
성안나와
요아킴의 재회
석류는 그리스도의
수난을 상징

〈성모자와 성안나의 생애〉,
1452년, 팔라티나 미술관,
피렌체

나의 이 아름다운 여성 표현법은 당시 매우 인기가 높아서, 제자인 보티첼리와 아들 필리피노, 라파엘로의 스승 페루지노 등에 의해 계승되었어. 소녀 감성의 로맨틱하고 사랑스러운 인물 표현의 기초를 만들었다고 할 수 있지.

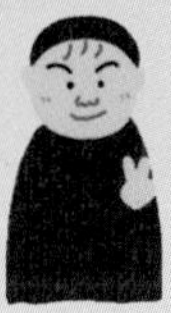

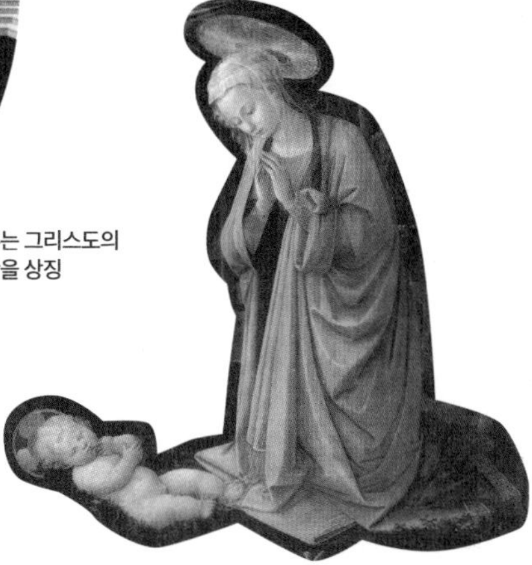

〈숲 속의 어린 그리스도께 예배(부분)〉,
1460년경, 달렘 미술관, 베를린

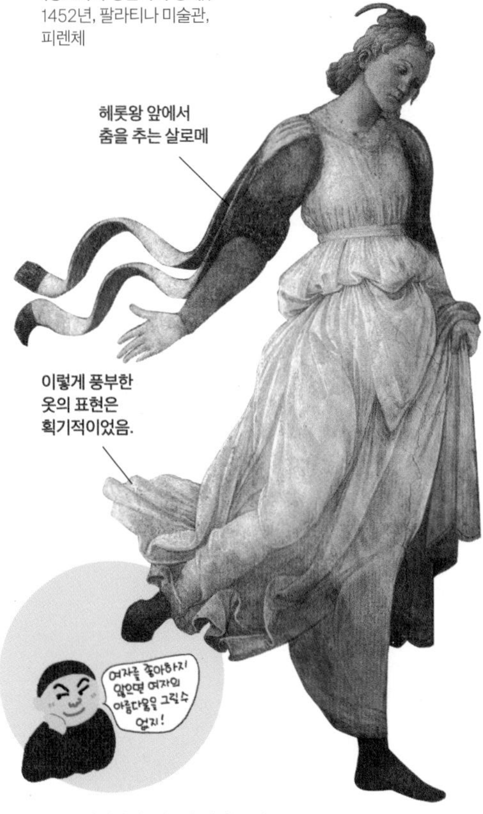
헤롯왕 앞에서
춤을 추는 살로메
이렇게 풍부한
옷의 표현은
획기적이었음.
여자를 좋아하지
않으면 여자의
아름다움을 그릴 수
없지!

〈선지자 요한의 생애: 헤롯의 연회(부분)〉,
1452~1465년, 산토 스테파노 성당, 프라토

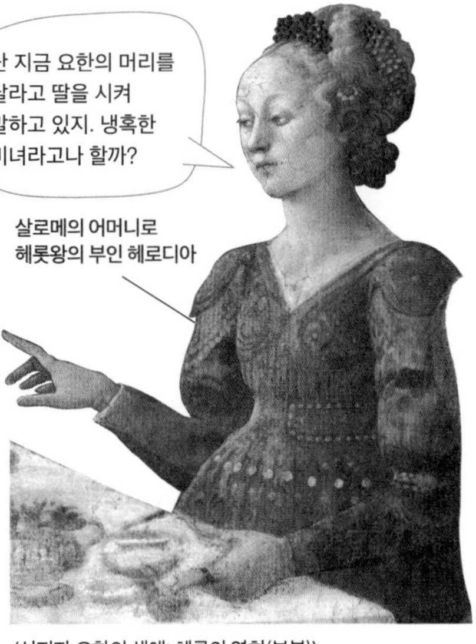
난 지금 요한의 머리를
달라고 딸을 시켜
말하고 있지. 냉혹한
미녀라고나 할까?
살로메의 어머니로
헤롯왕의 부인 헤로디아

〈선지자 요한의 생애: 헤롯의 연회(부분)〉,
1452~1465년, 산토 스테파노 성당, 프라토

스캔들 메이커, 사랑의 전도사

필리포 리피 스토리

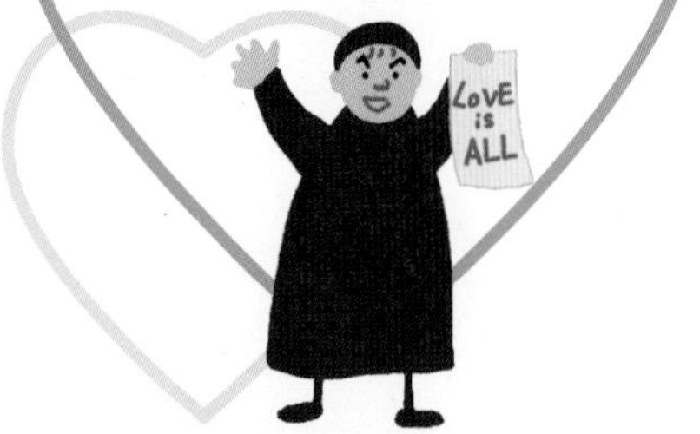
LOVE is ALL

❶ 부모를 일찍 여읜 필리포는 할머니에게서 길러졌다. 하지만 할머니 역시 가난했기 때문에 그는 산타 마리아 델 카르미네 교회에 맡겨져 수도사의 길을 걷게 되었다.

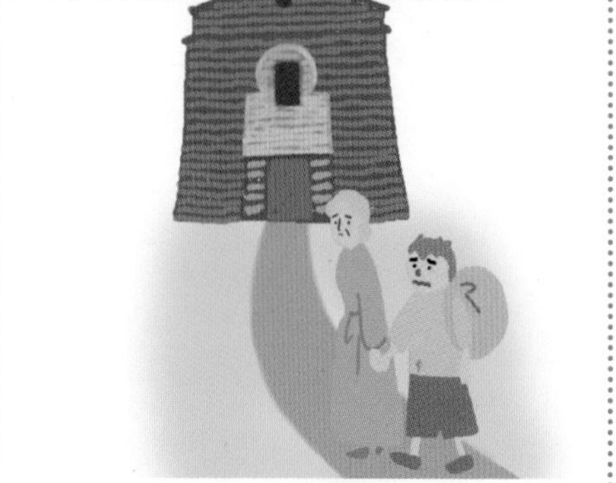

❷ 하지만 필리포는 수도사 공부에는 전혀 흥미를 느끼지 못하고, 자신과 친구의 책에 낙서만 하는 철없는 어린아이였다.

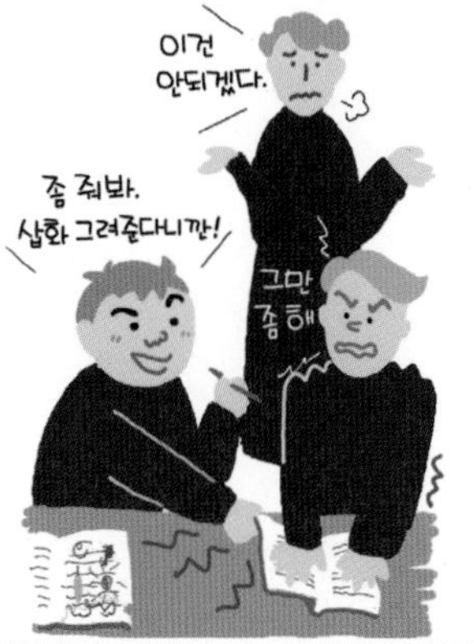
이건 안되겠다.
좀 줘봐. 삽화 그려준다니깐!
그만 좀해

❸ 그런 그가 열아홉 살이 되었을 때, 브란카치 예배당에서 마사치오가 초기 르네상스의 개막을 알리는 일련의 벽화를 제작하는 현장을 보게 되었다.

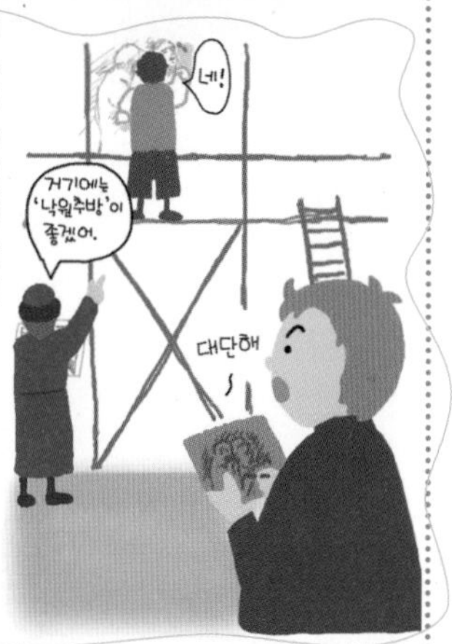
네!
거기에는 '낙원추방'이 좋겠어.
대단해

❹ 그 대단한 벽화에 감동받은 필리포는 공부를 열심히 하여 훌륭한 화가가 되었다. 또한 밝고 친절했던 그는 많은 우수한 제자들을 길러냈다.

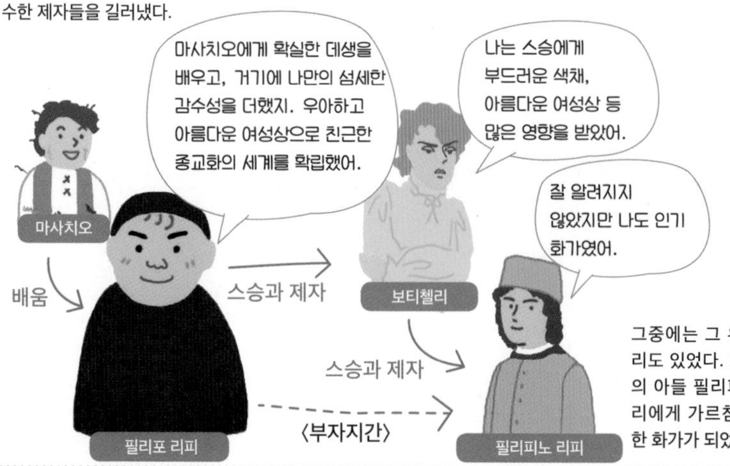
마사치오에게 확실한 데생을 배우고, 거기에 나만의 섬세한 감수성을 더했지. 우아하고 아름다운 여성상으로 친근한 종교화의 세계를 확립했어.
나는 스승에게 부드러운 색채, 아름다운 여성상 등 많은 영향을 받았어.
잘 알려지지 않았지만 나도 인기 화가였어.
마사치오
배움
스승과 제자
보티첼리
스승과 제자
〈부자지간〉
필리포 리피
필리피노 리피

그중에는 그 유명한 보티첼리도 있었다. 그리고 필리포의 아들 필리피노는 보티첼리에게 가르침을 받아 우수한 화가가 되었다.

전대미문의 수도사

필리포 리피의 생애

1 필리포는 여자를 너무나 좋아해서 추문이 많았던 남자였다고 바사리는 말한다. 예를 들면,

필리포는 마음에 드는 여자를 보면 금세 아무것도 할 수 없게 되어…

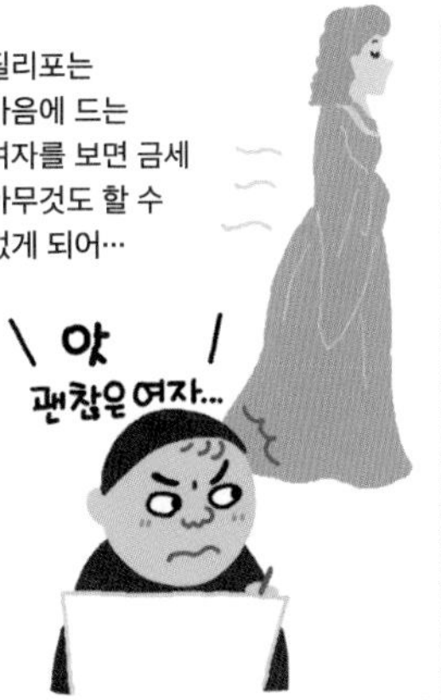
얏
괜찮은여자…

자신이 가진 것을 모두 바쳐서라도 그녀를 가지려 했지만, 그래도 마음대로 되지 않으면…

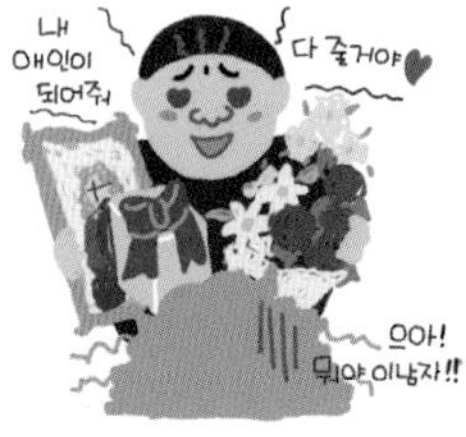
내 애인이 되어줘
다 줄거야♥
으아! 뭐야 이남자!!

그녀의 초상화를 그리는 것으로 사랑의 불씨를 잠재워 보려 했다.

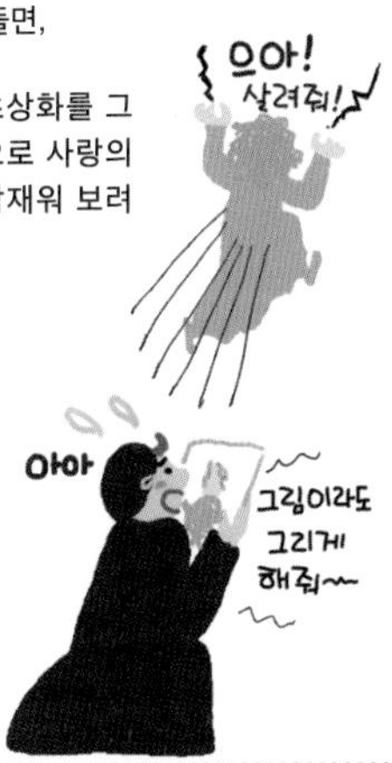
으아! 살려줘!
아아
그림이라도 그리게 해줘~~

2 수도사이면서도 못 말리는 성격의 그였지만, 회화에 대한 재능 하나로 후원자들에게 지지를 받았다.

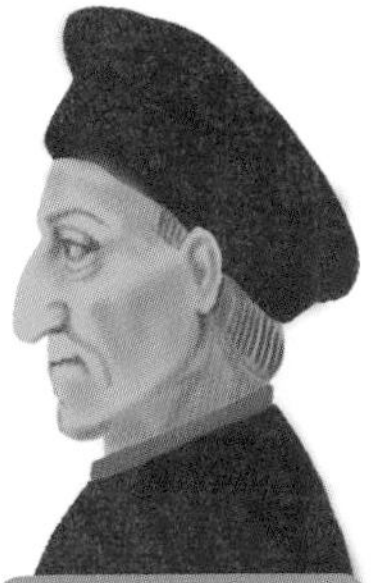

필리포의 대후원자 코시모 메디치

〈조국의 아버지〉로 존경받음. 메디치 가문의 번영의 기초를 쌓은 인물이다.

3 노년의 코시모는 필리포의 재능을 사랑했지만, 여자만 쫓아다니느라 일은 쳐다보지도 않는 그를 보다 못해 작업장에 가둬버렸다.

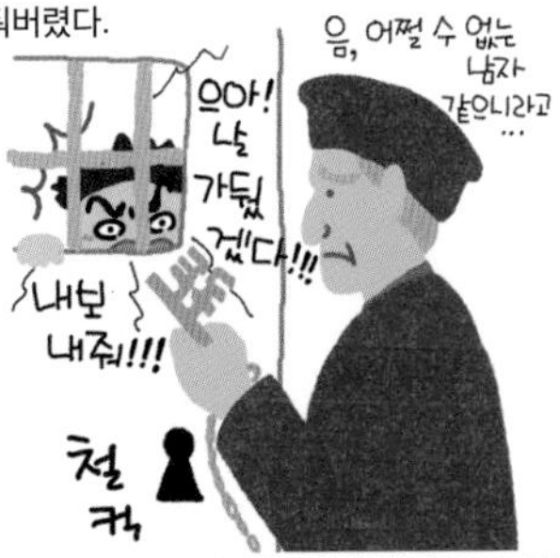
음, 어쩔 수 없는 남자 같으니라고…
으아! 날 가뒀겠다!!!
내보내줘!!!
철컥

4 하지만 이틀씩이나 갇히게 되자, 사랑보다도 짐승처럼 격한 감정에 사로잡혀 결국 시트를 찢어 탈출 로프를 만들어…

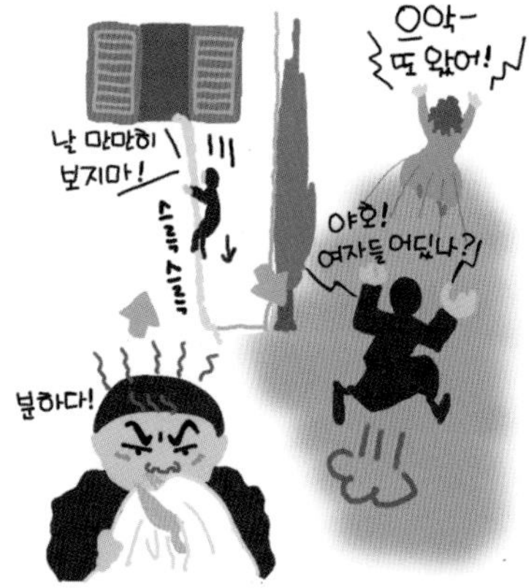
으악- 또 왔어!
날 마만히 보지마!
야호! 여자들 어딨나?!
분하다!

창문으로 도망쳐 나왔다. 그리고 몇 날 며칠을 신나게 방탕함에 빠졌다는….

그 사실을 안 코시모는 '유례없는 재능을 가진 자는 특별하여 수레꾼의 당나귀처럼 다루지 않으면 안 된다'라고 중얼거리며, 다시는 필리포를 속박하지 않았다.

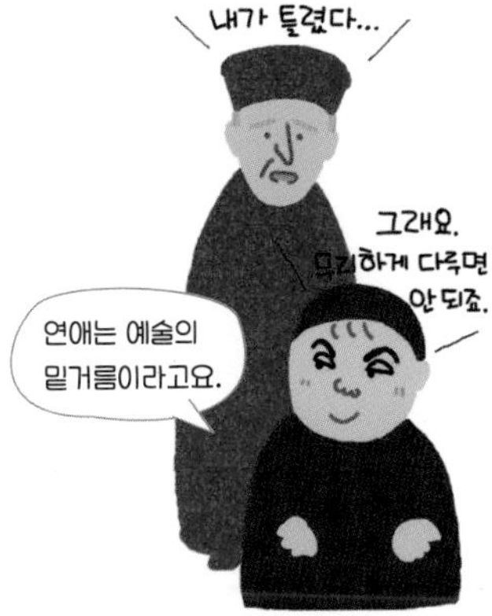
내가 틀렸다…
그래요. 무리하게 다루면 안 되죠.
연애는 예술의 밑거름이라고요.

전대미문의 수도사

필리포 리피의 모험

❶ 어느 날 필리포와 동료들이 마르카 앙코나의 바다에서 놀다가 무어인 해적에게 모두 붙잡혔다. 그리고는 북아프리카에 끌려가 18개월 동안 노예로 살았다.

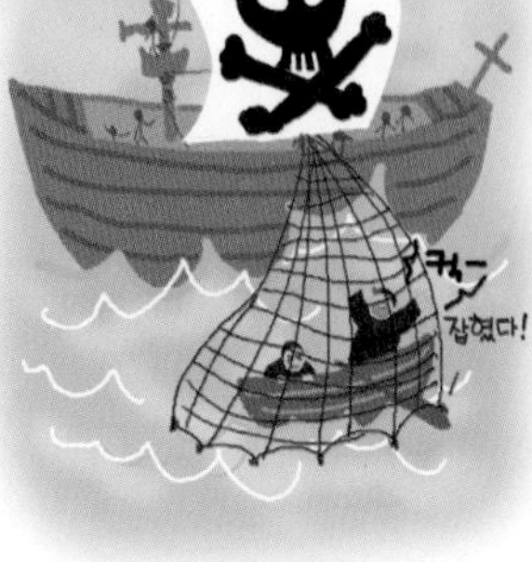

잡혔다!

❷ 이대로 죽을지 모른다고 생각한 필리포는 어떻게든 해보려고…

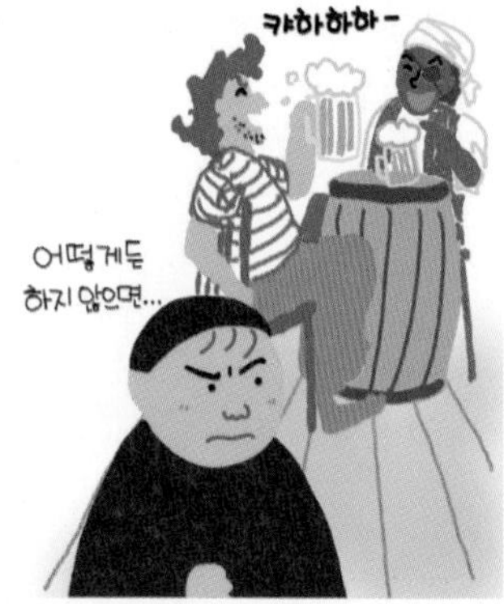

캬하하하~
어떻게든 하지 않으면…

❸ 타고 남은 숯을 잡고 해적 두목의 초상화를 흰 벽에 그리기 시작했다.

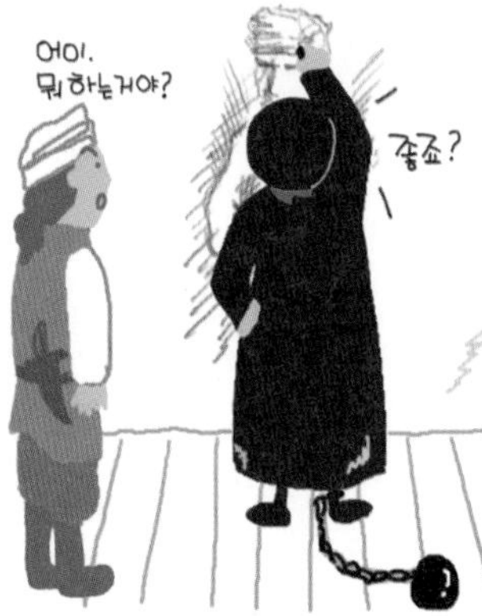

어이. 뭐 하는거야?
좋죠?

❹ 이 지방에서는 이런 데생을 그린 적이 없었기 때문에, 그들의 눈에는 필리포의 그림이 마치 기적과 같아 보였다.

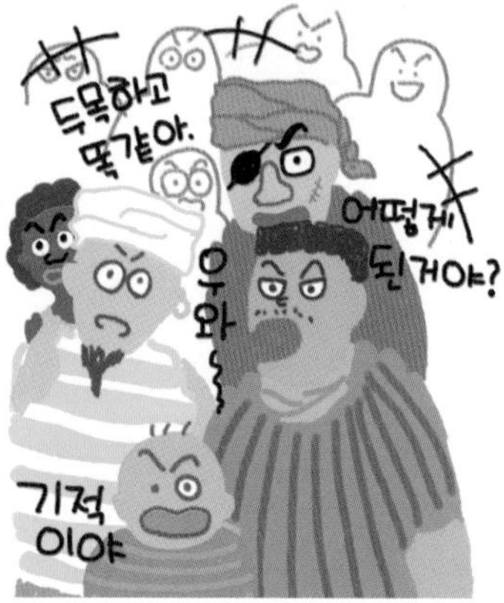

두목하고 똑같아.
우와~
어떻게 된거야?
기적이야

❺ 소문을 들은 두목도 그 재능에 놀라 평소대로라면 고문하여 사형에 처할 것을…

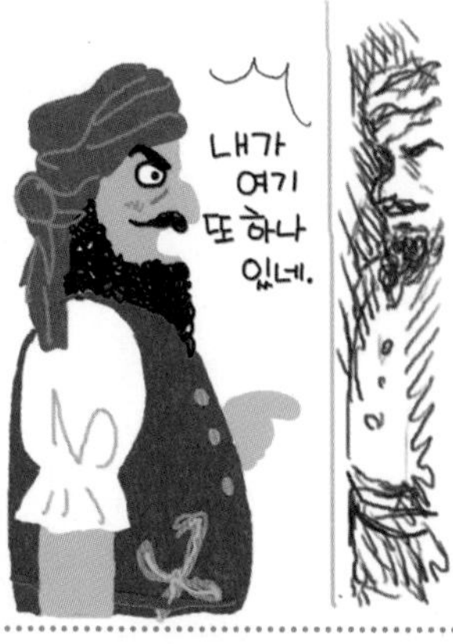

내가 여기 또 하나 있네.

❻ 정중히 대우하고 결국 자유롭게 풀어주었다는….

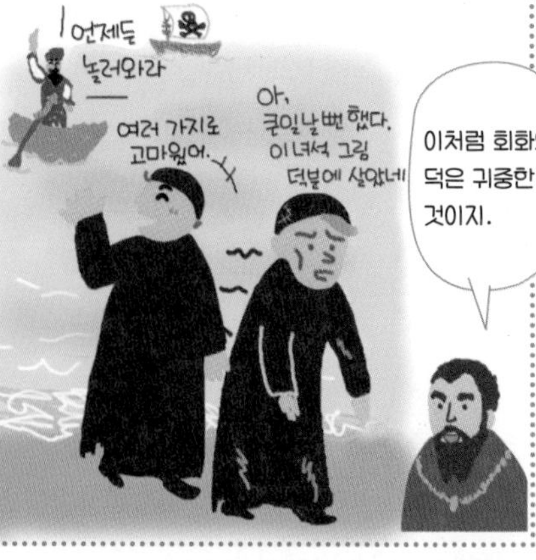

언제든 놀러와라
여러 가지로 고마웠어.
아, 큰일날 뻔했다. 이녀석 그림 덕분에 살았네
이처럼 회화의 덕은 귀중한 것이지.

전대미문의 수도사

필리포 리피의 사랑

1 어느 날 필리포는 이상형의 여성, 수녀 루크레치아를 만났다. 그리고 어떻게든 가까워지려고 그녀를 모델로 성모상을 그리기 시작했다.

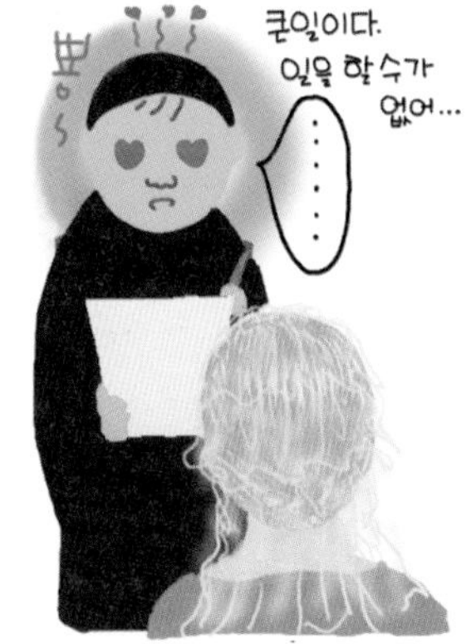
뿅
큰일이다.
일을 할 수가
없어…

그리는 것으로 사랑을 잠재워 보려 했으나, 오히려 더 큰 불꽃이 되어버렸다.

2 결국 그는 수도사와 수녀의 사랑이라는 금기를 깨고 사랑의 도피행각을 벌였다.

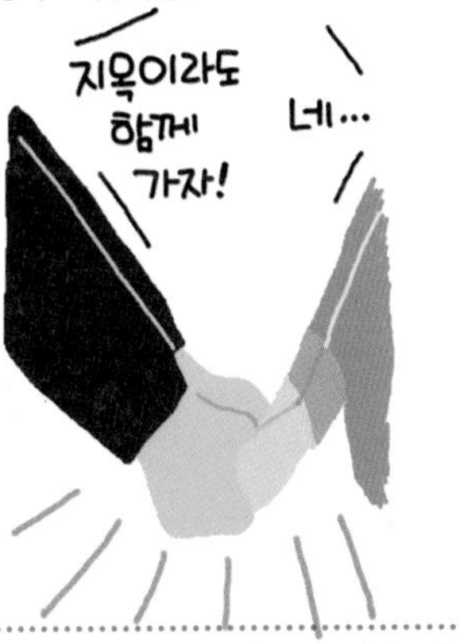
지옥이라도
함께
가자!
네…

3 절대로 허락될 수 없었던 사랑이었으나, 당시 유력자이자 그의 후원자였던 코시모의 도움으로 교회에서의 파문을 면하고 함께 살 수 있게 되었다.

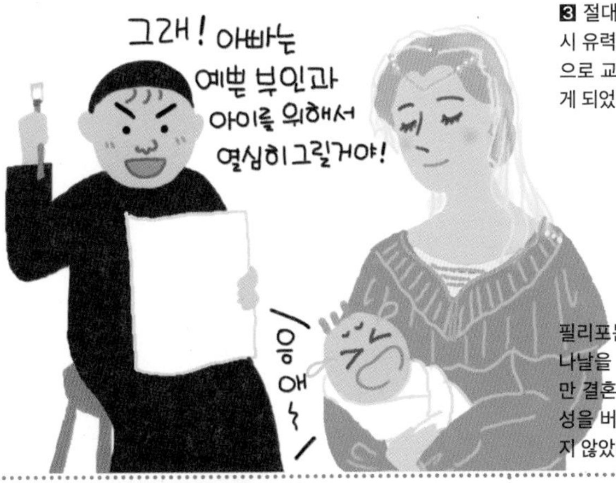
그래! 아빠는
예쁜 부인과
아이를 위해서
열심히 그릴거야!
응애~

필리포는 아들(필리피노)과 딸을 낳고 행복한 나날을 보내며 많은 명화를 탄생시켰다. 하지만 결혼 허락을 받았음에도 놀기 좋아하는 습성을 버리지 못한 그는 끝까지 혼인신고는 하지 않았다는 후문이….

4 그 후 필리포는 스폴레토에서 일하다가 갑자기 사망했다. 너무나 갑작스러운 죽음이었기 때문에, 당시 그가 귀찮게 했던 현지 여자의 가족에게 독살을 당했다는 소문도 돌았다.

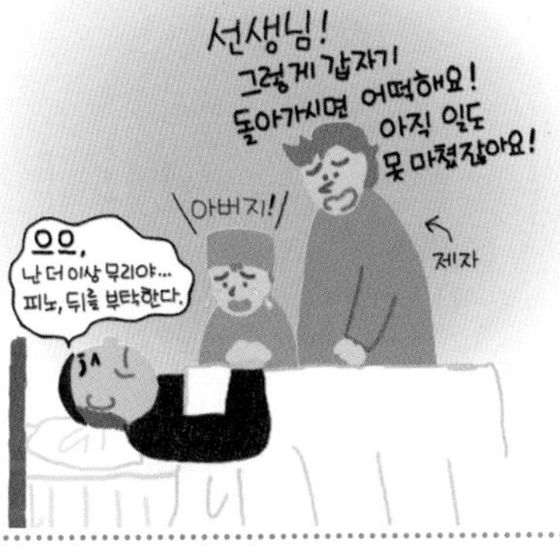
선생님!
그렇게 갑자기
돌아가시면 어떡해요!
아직 일도
못 마쳤잖아요!
아버지!
제자
으으,
난 더 이상 무리야…
피노, 뒤를 부탁한다.

5 아버지는 이러했지만, 아들 필리피노는 훌륭한 화가로 성장하여 어머니를 잘 돌보는 효자로 자라났다.

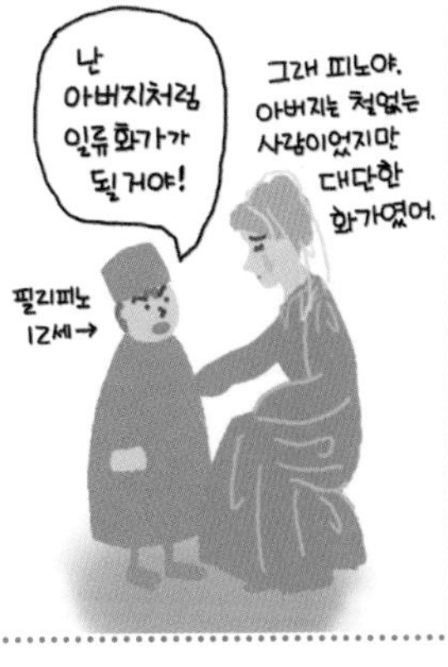
난
아버지처럼
일류 화가가
될거야!
그래 피노야.
아버지는 철없는
사람이었지만
대단한
화가였어.
필리피노
12세→

Scandal **SCRAP**

르네상스 신문

1450年○月○日

필리포 리피 횡령죄로 고소당하다

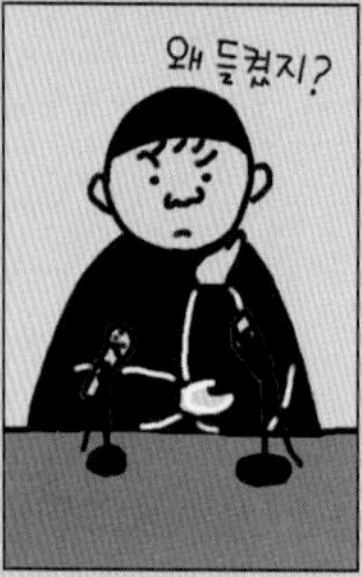

반성의 말을 하는 피고인 리피

이번에야말로 파문 선고? 교회 동향에 주목

영수증 위조 혐의

피렌체의 주교 안토니오 피에로치 씨는 오늘 새벽 카르미네 수도회 수도사 겸 화가 필리포 리피를 영수증 위조 및 금전횡령 혐의로 고소했다. 피고인 리피는 화가 조반니 디 프란체스코 씨에게 지불해야 하는 40피오리노를 지불하지 않고 영수증을 위조하여 결과적으로 안토니오 피에로치 씨의 돈을 횡령한 혐의를 가지고 있다.

본지의 직접 취재에 응한 리피 피고는 '나쁜 짓을 많이 했습니다'라고 말하며 반성하는 모습을 보였다. 이 수도사는 이제까지 금전상의 문제와 주문주와의 계약 위반, 필적 사칭 등 많은 문제를 일으키고 있다.

백주대낮 당당하고 대범한 범행

수도사 필리포 리피 수녀를 유괴

1456년 몇 월 며칠 새벽, 프라토의 산타 마르게리타 수녀원에서 동원 소속의 수녀자매 2명 루크레치아 부티(23)와 스피네타 부티가 유괴되었다.

범인은 이 수녀원이 의뢰한 제단화를 제작하던 수도사이자 화가인 필리포 리피(50).

리피는 언니인 루크레치아를 모델로 '성모화'를 제작했을 때 그녀에게 특별한 감정을 갖게 되어 결국 범행을 저지르게 된 것으로 보인다.

동생이 이 사건에 휘말리게 된 경위에 대해서는 아직 분명하지 않다.

유괴 후 리피는 자매를 프라토의 산 조반니 문 근처의 리피 소유의 주택에 감금하고 그곳에 숨어 있는 상태이다.

관계자에 따르면 자매는 이전부터 리피와 교제가 있어 유괴 당시에도 큰소리가 없었던 것으로 보아 합의하에 이루어진 범행으로도 여겨진다고 밝혔다.

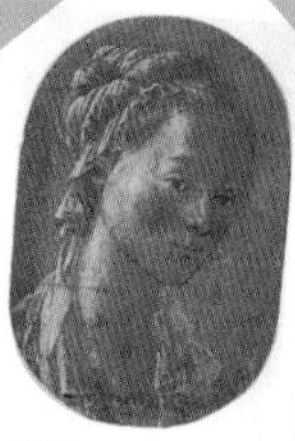

〈여성 두부(頭部)〉, 우피치 미술관, 소묘 · 판화실, 피렌체

사실은 유괴가 아닌 사랑의 도피

며칠 전 보고된 수녀자매 유괴사건은 조사를 통해 합의에 의한 '사랑의 도피'로 밝혀졌다. 수도사와 수녀라는 허락되지 않은 사랑의 도피에 대한 처분은 교회의 판단에 맡겨졌다.

현재 세 사람은 이전에 도피했던 리피 씨 소유의 집에서 동거 중이다.

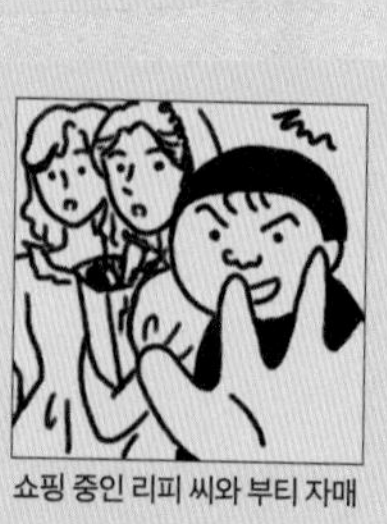

쇼핑 중인 리피 씨와 부티 자매

필리포 리피 사랑의 도피 사건

교회 동거 묵인

이례적인 판단의 배후에는 코시모가 있다?

BOOK

필리포 리피 씨 첫째 아들 필리피노 탄생!!

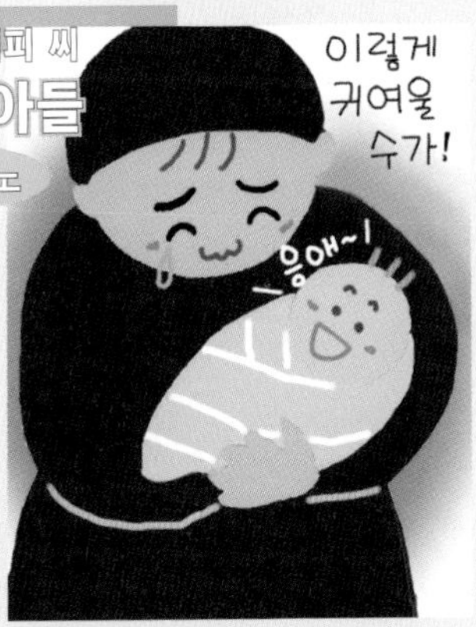

이렇게 귀여울 수가!
응애~!

한껏 아들 바보가 된 리피 씨

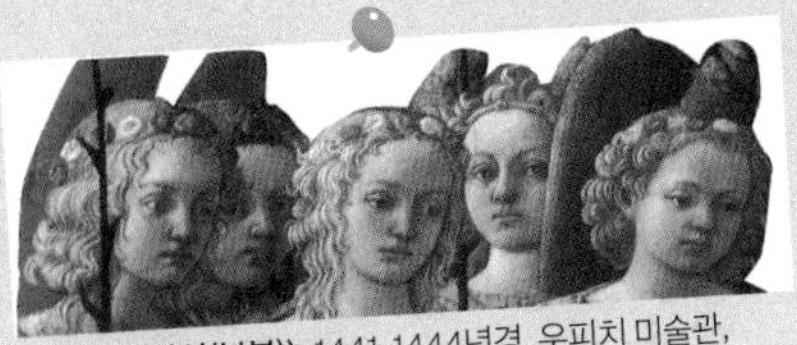

〈성모의 대관식(부분)〉, 1441~1444년경, 우피치 미술관, 피렌체

1457년 필리포 리피 씨의 내연의 부인 루크레치아가 첫째 아들을 출산한 것이 밝혀졌다. 수도사와 수녀 사이에 태어난 아이로 주목받고 있으며, 이름은 아버지 이름에서 인용하여 '작은 필리포=필리피노'라고 지었다. 아들에게 푹 빠진 리피 씨는 '이 아이도 나처럼 대단한 화가가 될 거야!'라며 크게 기뻐했다고 한다.

또한 교회는 두 사람의 결혼을 이례적으로 인정하는 입장이나, 리피 씨는 아직 혼인신고를 하지 않은 것으로 알려졌다.

필리포 리피 씨 급사

출장지 스폴레토에서 독살의 의심도

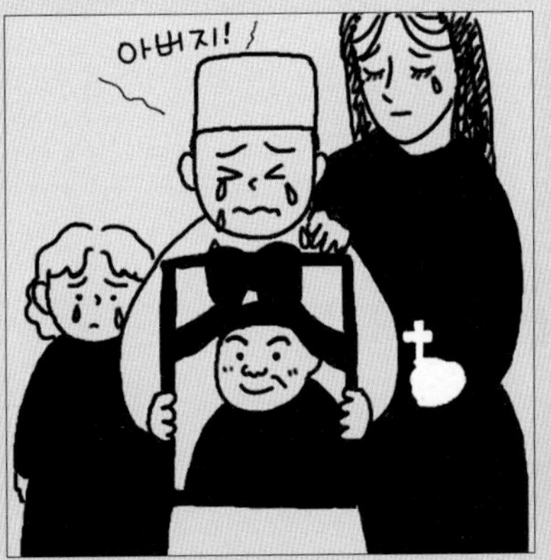

아버지!

영정을 든 필리피노 군과 가족

1469년 10월 며칠, 화가 필리포 리피 씨는 스폴레토 대성당의 벽화 제작을 위해 체류하던 스폴레토에서 사망했다. 향년 63세. 너무 갑작스러운 죽음에, 그가 끈질기게 접근했던 현지 여성의 친척에 의해 독살당했다는 의혹도 제기되고 있다.

동행한 아들 필리피노 군(12)과 그 가족은 그의 친구이자 제자인 프라 디아만테 씨와 함께 피렌체에 돌아왔다. 리피 씨에게는 막 네 살 된 딸 알렉산드라도 있다.

사망 직전까지 작업했던 스폴레트 대성당의 벽화는 공방의 제자들에 의해 진행될 예정이다.

필리포 리피 씨의 묘비 건립

스폴레토에서 급사하여 유골을 피렌체에 가져오지 못한 필리포 리피 씨의 화업을 칭송하는 기념 묘비가 아들 필리피노 리피 씨의 손에 의해 완성되었다.

묘비의 제작비용은 위대한 로렌초가, 묘비의 명문은 인문학자인 플라톤아카데미 멤버인 안젤로 폴리치아노 씨가 썼다.

'여기에, 나 필리포는 회화의 명성과 함께 묻혔다. 나의 뛰어난 기술은 많은 사람들에게 알려져 있다. 나는 예술작품에 혼을 불어넣었다. 작품을 보는 사람들에게 목소리까지 들리도록. 내가 표현한 것은 자연에 필적한다. 이전에는 재로 덮여 있었으나 로렌초 메디치의 손을 통해 나는 대리석 아래에 묻혔다.'

보티첼리

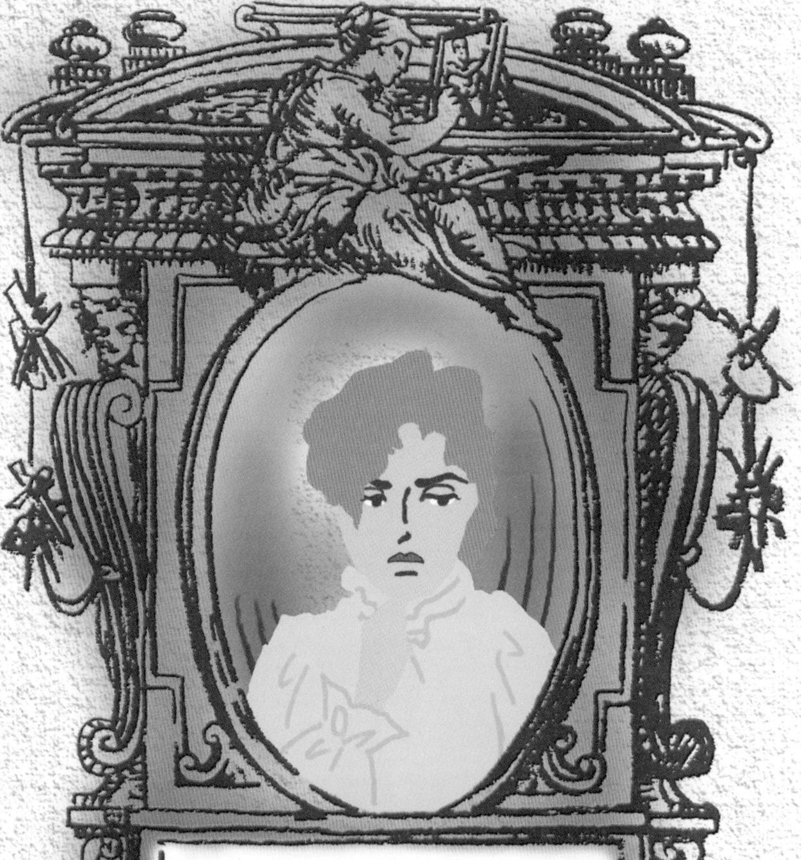

피렌체·르네상스의 대명사적 화가

보티첼리

Botticelli

(1444~1510)

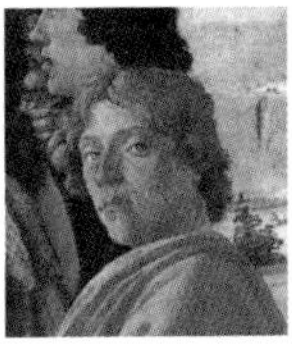

자화상

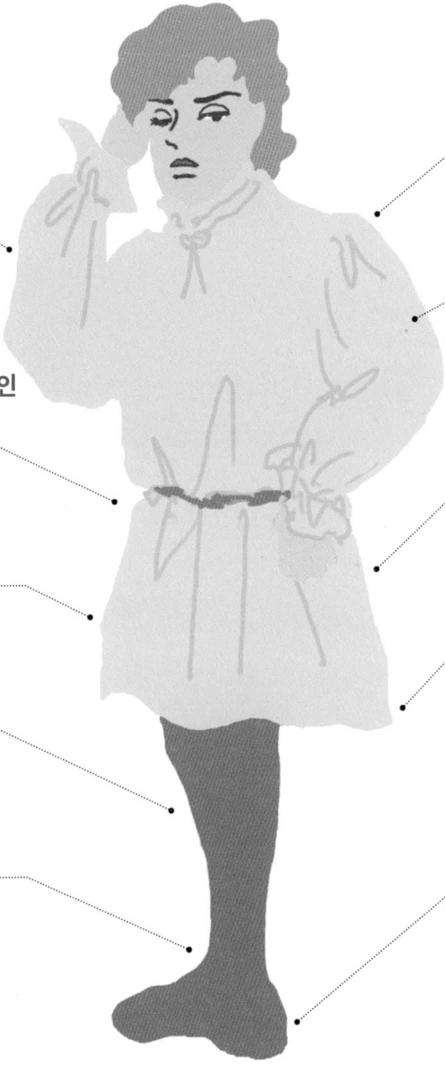

직함
·화가

보티첼리의 걸작 명화

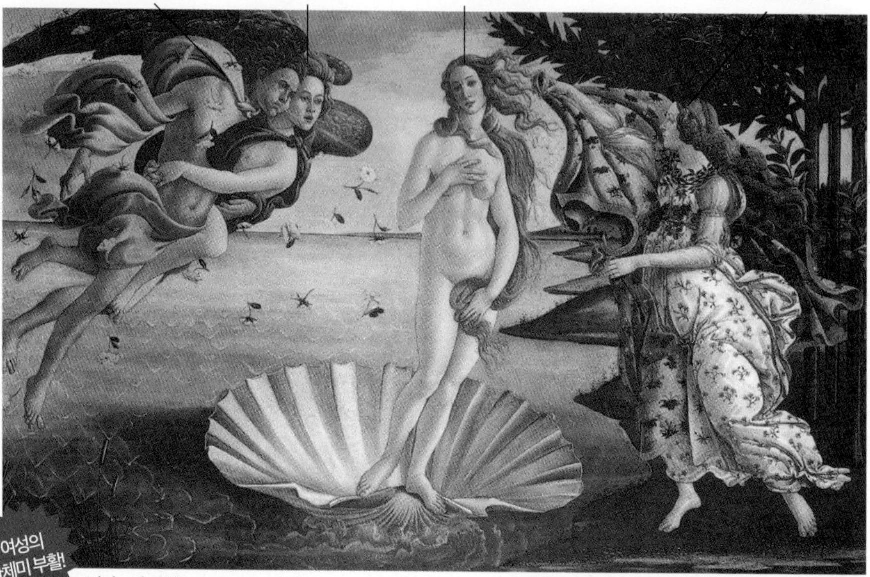

서풍 제피로스가
춘풍(생명)을 불어넣고 있다.
같이 바람을
일으키는 클로리스
막 탄생한 비너스
(미와 사랑의 여신)
비너스에게 망토를
걸어주려는 호라이
여성의
나체미 부활!

〈비너스의 탄생〉, 1485~1490년경, 우피치 미술관, 피렌체

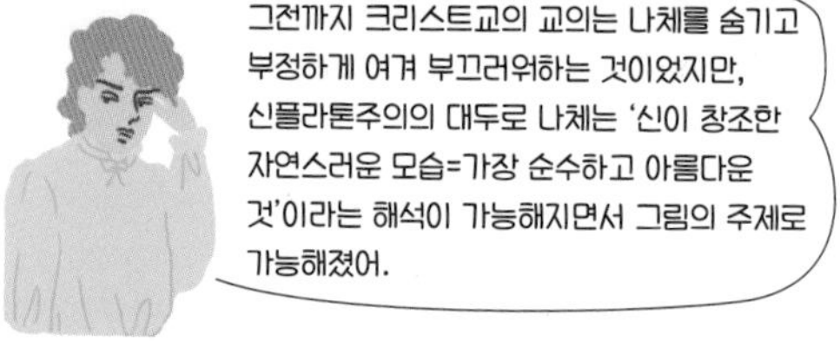

그전까지 크리스트교의 교의는 나체를 숨기고 부정하게 여겨 부끄러워하는 것이었지만, 신플라톤주의의 대두로 나체는 '신이 창조한 자연스러운 모습=가장 순수하고 아름다운 것'이라는 해석이 가능해지면서 그림의 주제로 가능해졌어.

이 시기의 신플라톤주의란?

고대 그리스로마 문화를 재발견하여 크리스트교 교의와 양립하기를 목적으로 하는 철학이다. 위대한 로렌초가 주재한 지적 문화서클 멤버의 인문주의자인 마르실리오 피치노와 피코 델라 미란돌라가 중심이 되어 제창했다.

보티첼리는 작품뿐 아니라 생애에서부터 르네상스를 체현하고 있는 화가라고 불린다. 그는 피렌체가 위대한 로렌초가 집권하던 시기, 최후의 가장 빛나는 순간에 시대의 인기인으로 활약했다. 이 시기에 그린 작품 〈비너스의 탄생〉와 〈봄〉은 지금까지도 '미의 대명사, 미술사의 얼굴'로서 사랑받고 있다.

하지만 시대가 급변하여 위대한 로렌초가 죽고 나자, 피렌체는 수도사 사보나롤라의 지도하에 과격한 청빈사상으로 그때까지의 방탕하고 사치스러운 삶의 방식을 고쳐 허식을 버리고 신에게 속죄하도록 했다. 그것에는 다가오는 전쟁의 신호와 번영의 상징적 존재였던 위대한 로렌초의 죽음에서 비롯된 사람들의 불안이 근저에 깔려 있었다.

미를 만들어내는 거장으로서 한 세기를 풍미한 보티첼리도 이 흐름에 스스로 몸을 던졌다. 사보나롤라의 가르침에 심취한 나머지 자신이 그려온 작품을 '허식의 소각'의 불에 던져버렸다고 한다.

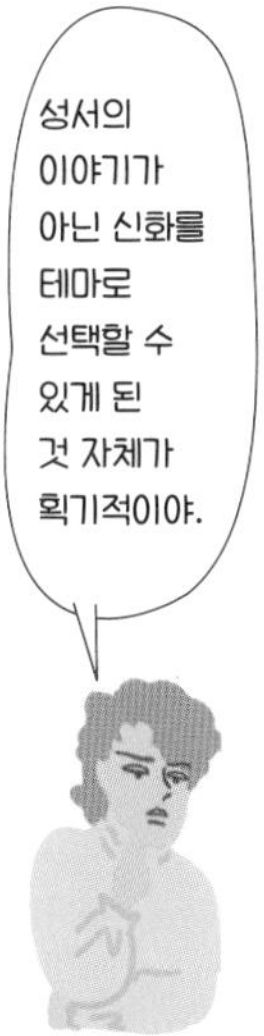

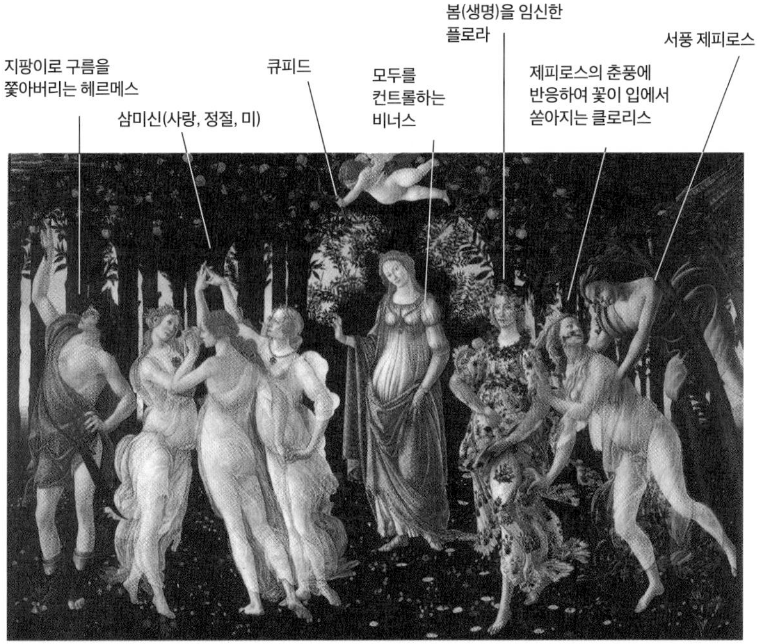

〈봄〉, 1478~1482년경, 우피치 미술관, 피렌체

사보나롤라 영향 이후의 작품

유일하게 보티첼리의 서명과 제작연도가 들어 있는
신비스러운 분위기의 말년 작품

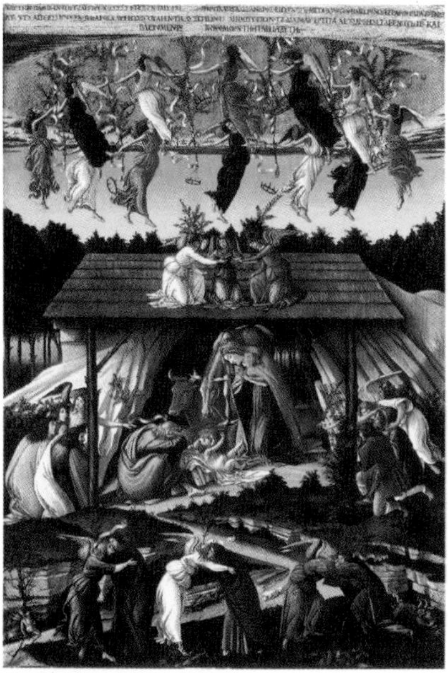

〈신비의 탄생, 그리스도의 탄생〉,
1501년경, 내셔널 갤러리, 런던

지롤라모 사보나롤라(1452~1498)

사보나롤라는 페랄라 출신의 도미니크회 수도사였다. 그는 피렌체에 덮친 불운(프랑스군 샤를 8세의 침공, 위대한 로렌초의 서거)을 예언하여 민중의 압도적인 지지를 받았다.

1491년 산 마르코 수도원의 원장이 된 사보나롤라는 극도의 청빈사상을 주장하며 교회의 타락을 규탄했다. 그리고 두 번에 걸쳐 '허식의 소각'을 단행했다. 이로 인해 귀중한 예술품과 서적을 많이 잃게 되었다.

처음에는 대성당에 사람들이 몰려올 정도로 열광적인 지지를 받았으나, 도덕성을 비난받은 교황 알렉산드로 6세로부터 파문당하고 급속히 지지를 잃어, 최후에는 성성(聖性)을 시험하는 '불의 시련'을 감당하지 못한 것에 격노한 민중에 의해 화형에 처해졌다. 신자로 많은 저명인이 있으며, 보티첼리 외에도 미켈란젤로가 유명하다.

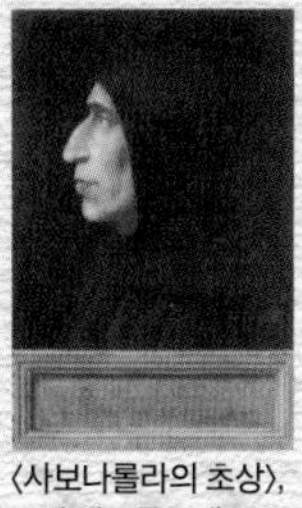

〈사보나롤라의 초상〉,
프라 바르톨로메오, 1498년경

●●● 보티첼리의 미소년도감 ●●●

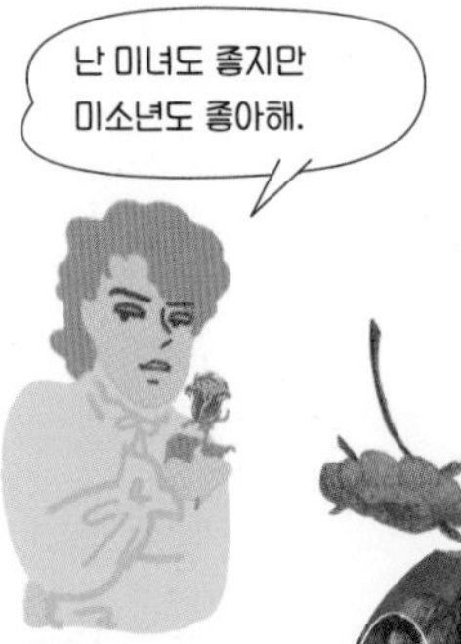
난 미녀도 좋지만
미소년도 좋아해.

〈마니피카토의 성모〉, 1483년경,
우피치 미술관, 피렌체

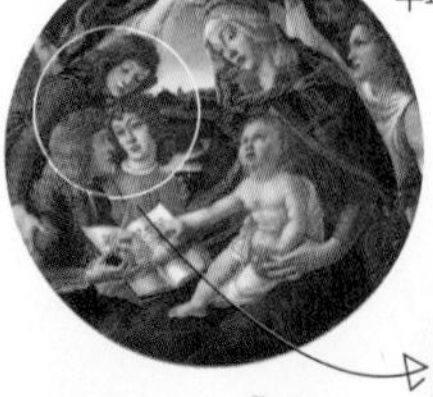

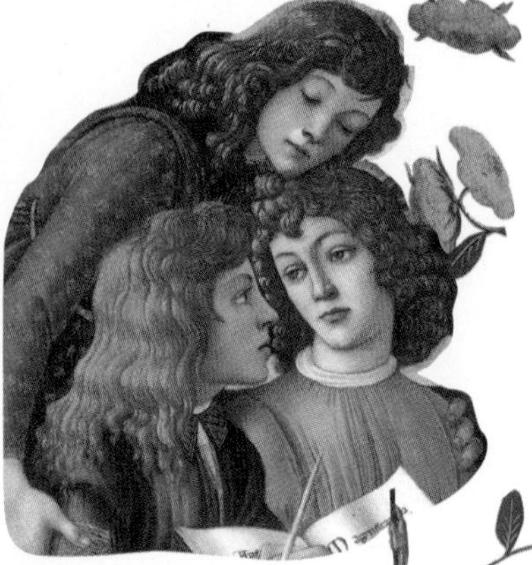

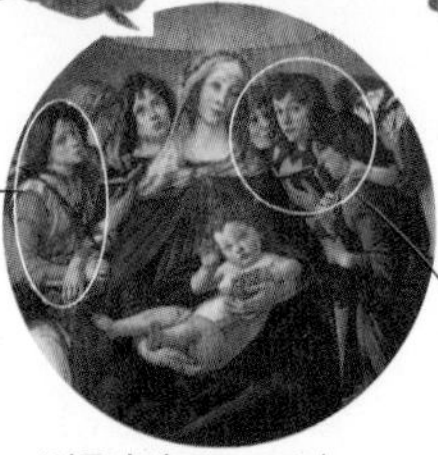

〈석류의 성모〉, 1487년,
우피치 미술관, 피렌체

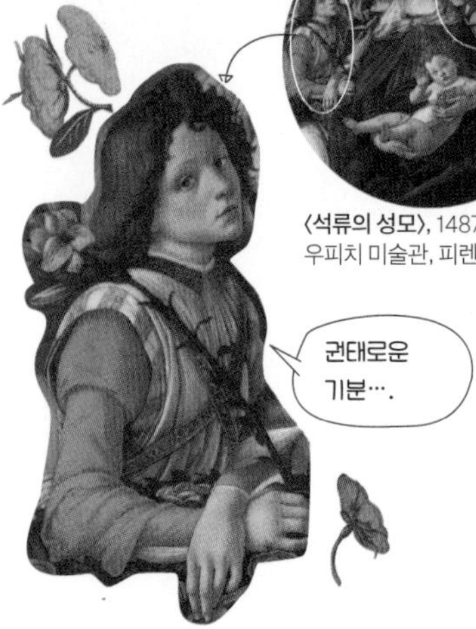
권태로운
기분….

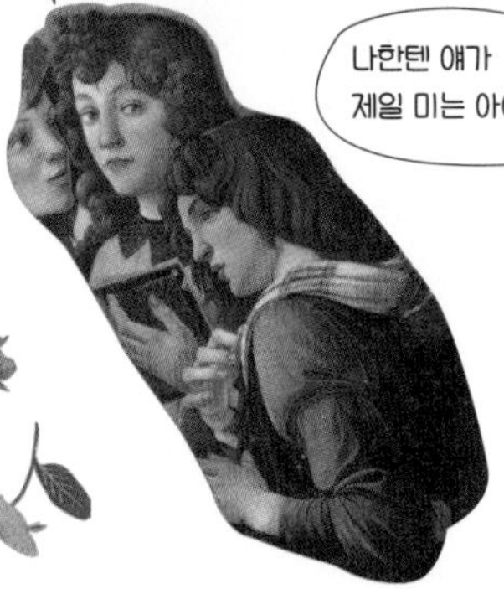

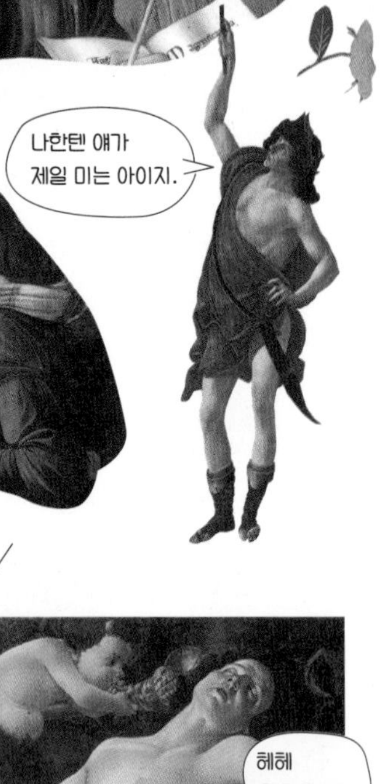
나한텐 얘가
제일 미는 아이지.

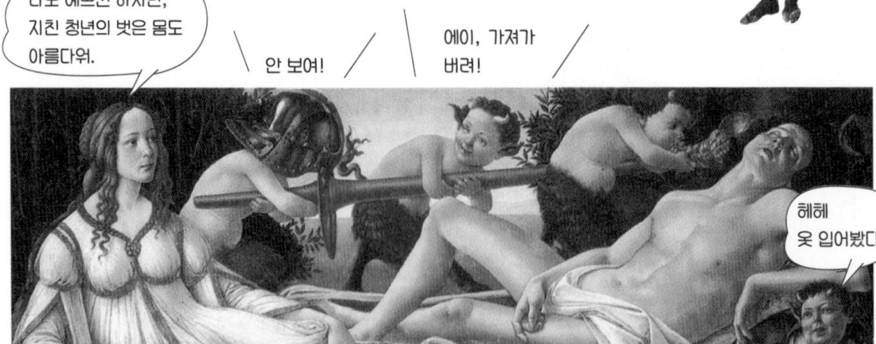
나도 예쁘긴 하지만,
지친 청년의 벗은 몸도
아름다워.
안 보여!
에이, 가져가
버려!
헤헤
옷 입어봤다!

〈비너스와 마르스〉, 1483년경, 내셔널 갤러리, 런던

보티첼리 이야기

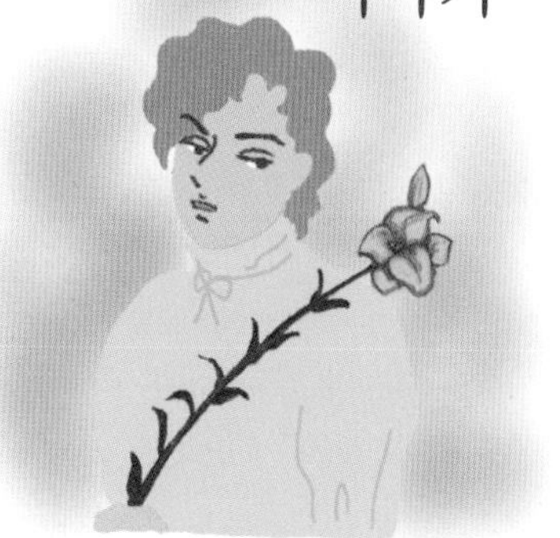

1 보티첼리는 항상 독서를 하며 병약한 소년 시절을 보냈다.

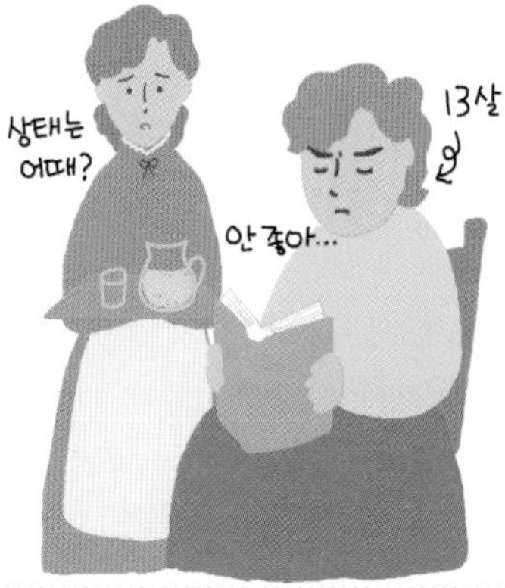

2 공부에 전혀 흥미를 보이지 않았던 소년 보티첼리는 필리포 리피 공방에 제자로 들어갔다.

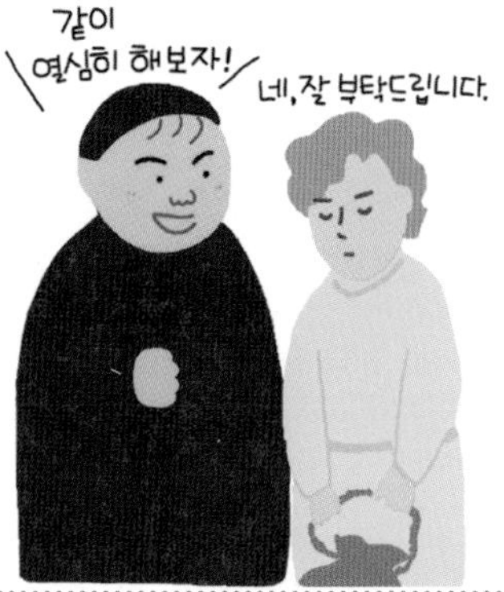

3 그곳에서 두각을 드러낸 보티첼리는 이미 저명한 화가였던 폴라이우올로와 어깨를 나란히 하여 그린 〈포르티투도〉의 의인상으로 일약 명성을 높였다.

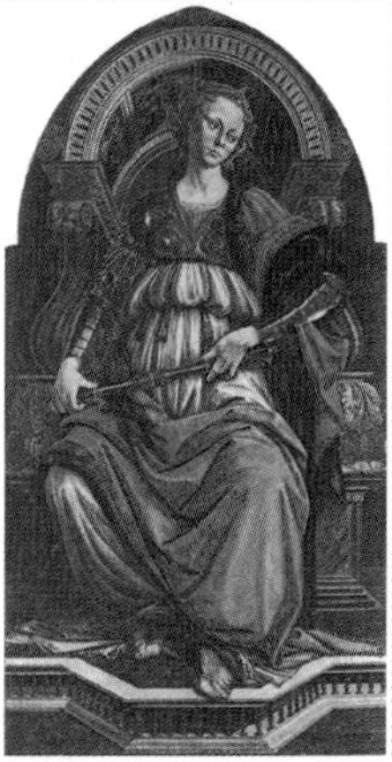

〈포르티투도〉, 1470년, 우피치 미술관, 피렌체

4 주인인 필리포 리피가 갑자기 죽자, 젊은 나이에 공방 주인이 된 보티첼리는 메디치 가문의 후원으로 다수의 명화를 제작해 나갔다.

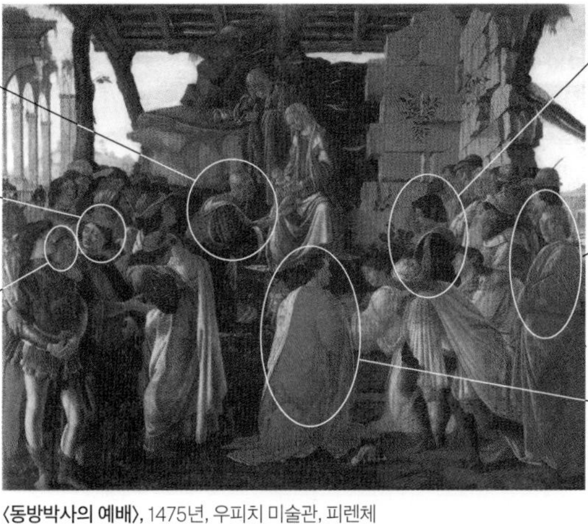

■ 표시는 메디치 가문

〈동방박사의 예배〉, 1475년, 우피치 미술관, 피렌체

1470년대부터 1480년대에 걸쳐 신화를 테마로 한 보티첼리의 대표작이 차례로 탄생했다. 그것은 위대한 로렌초가 주최한 플라톤 아카데미에서 논의된 '신플라톤주의'라는 철학이념을 표현한 것이었다.

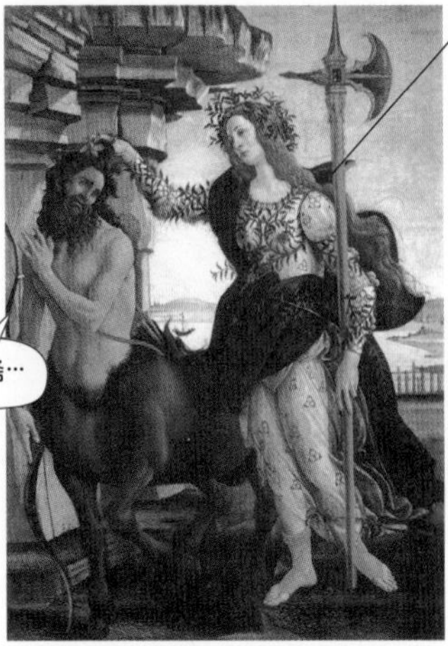

켄타우로스(본능)를 정복한다.
미네르바(이성)
살살 좀…

〈미네르바와 켄타우로스〉, 1482년경, 우피치 미술관, 피렌체

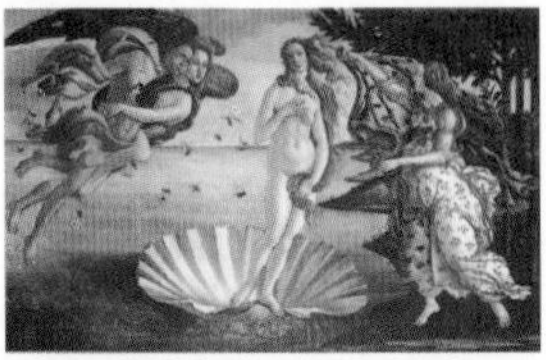

〈비너스의 탄생〉, 1485~1490년경, 우피치 미술관, 피렌체

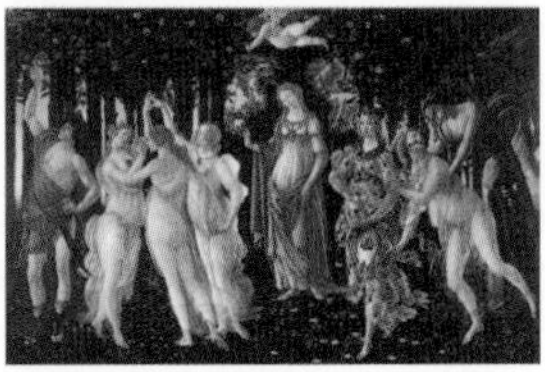

〈봄〉, 1478~1482년경, 우피치 미술관, 피렌체

5 그런데 위대한 로렌초가 죽은(1492년) 후 과격한 청빈사상을 주창한 도미니크회 수도사 사보나롤라가 급속히 민중의 지지를 받았다.

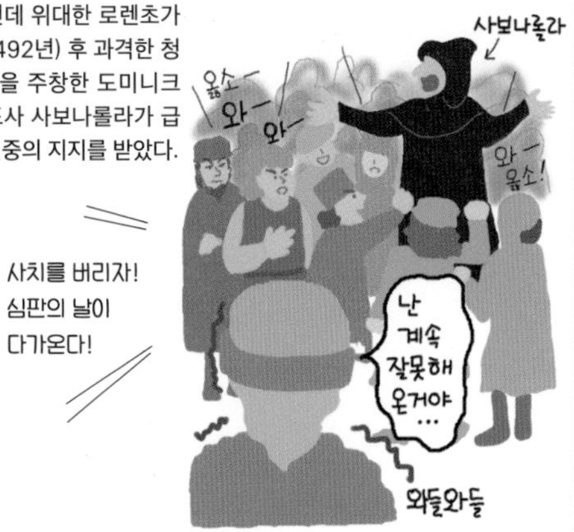

사보나롤라
옳소
와—
와—
와—
옳소!
사치를 버리자!
심판의 날이
다가온다!
난
계속
잘못해
온거야
…
와들와들

6 보티첼리도 사보나롤라의 설교에 영향을 받아 사치품(회화와 서적 등)을 태우는 '허식의 소각' 불에 스스로 작품을 던져 버렸다고 한다.

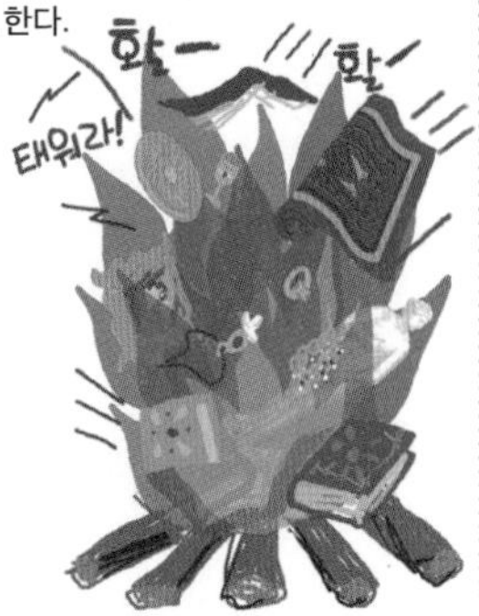

활—
활—
태워라!

7 사보나롤라의 영향 이후, 이전과는 전혀 다른 신비스러운 분위기의 작품을 그리게 되어, 차츰 세상에서 잊혀져 갔다.

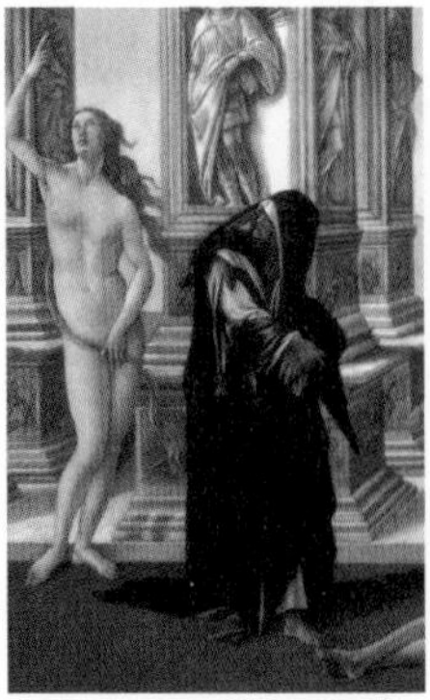

〈아펠레스의 명예훼손(부분)〉, 1490~1495년경, 우피치 미술관

8 최후 말년에는 빈곤에 허덕이며, 두 개의 지팡이에 의존하며 살아가는 불운한 삶을 살다가 66세에 생애를 마감했다.

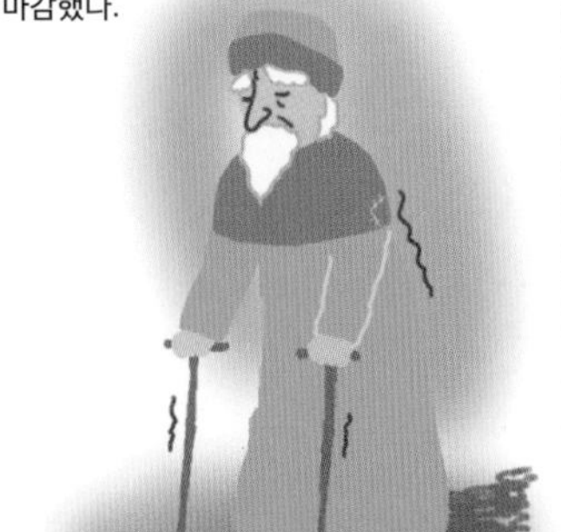

옆집과의 전쟁

보티첼리 vs 옆집 사람

1 어느 날 보티첼리의 옆집에 직물상이 여덟 대의 기계를 끌고 이사를 왔다.

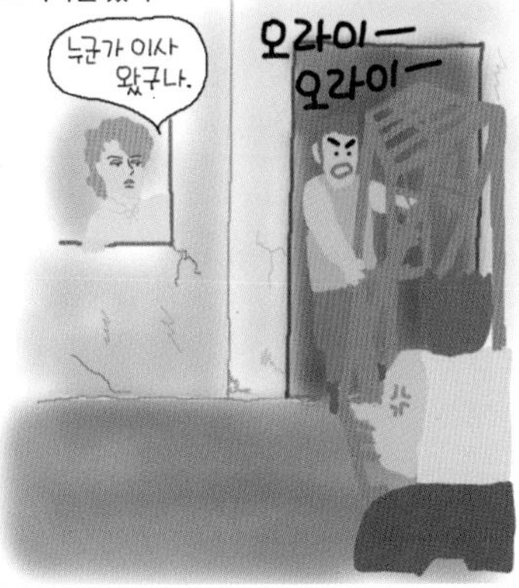
누군가 이사 왔구나.
오라이ー
오라이ー

2 집이 바로 옆에 붙은 데다 낡은 탓에, 옆집에서 방직 일을 시작하면 보티첼리의 집은 대지진이 일어난 것처럼 흔들리기 시작했다.

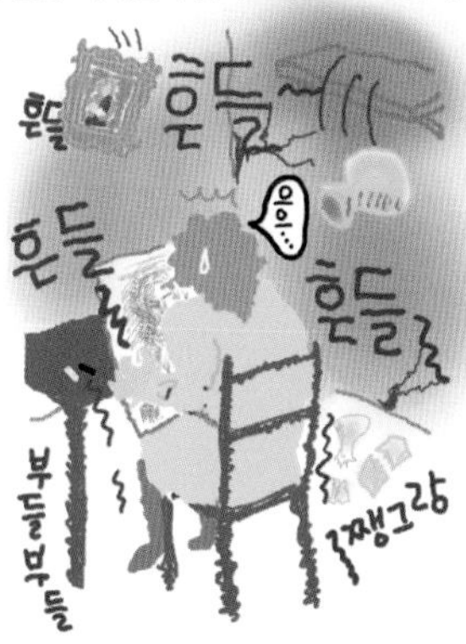
흔들
흔들
의아…
흔들
흔들
부들부들
쨍그랑

3 "그만 좀 해줘!"라고 옆집에 부탁하러 가도,

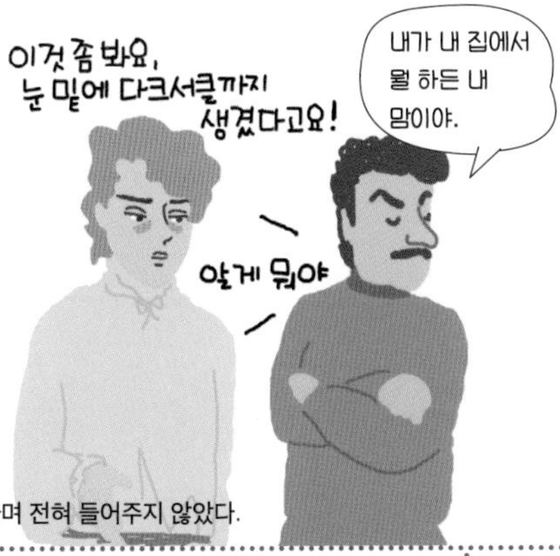
이것 좀 봐요, 눈 밑에 다크서클까지 생겼다고요!
내가 내 집에서 뭘 하든 내 맘이야.
알게 뭐야

라며 전혀 들어주지 않았다.

4 화가 머리끝까지 난 보티첼리는 자기 집 지붕 위에 거대한 바위를 아슬아슬하게 올려놓았다.

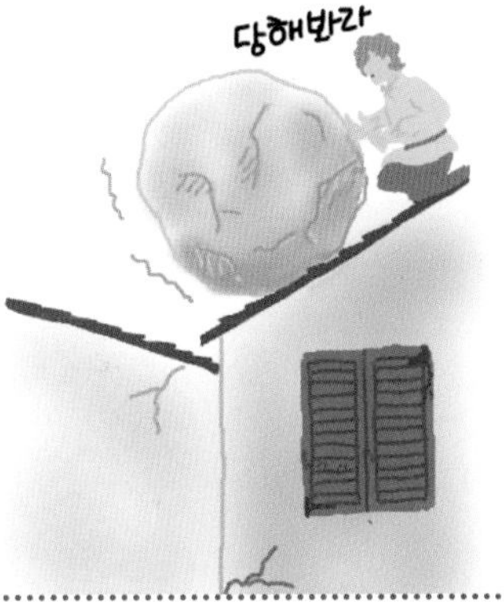
당해봐라

5 이것을 보고 집이 무너질까 당황한 옆집 사람은,

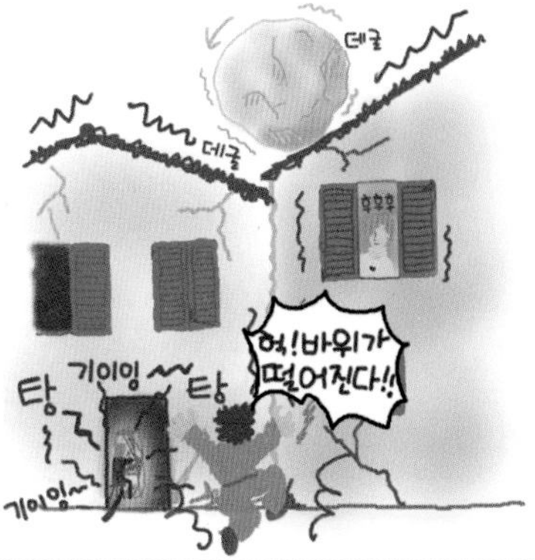
데굴
데굴
후후후
헉! 바위가 떨어진다!!
기이잉~
탕
탕
기이잉~

6 "그만 좀 해줘!"라고 말했지만 보티첼리는 옆집이 했던 똑같은 말로 갚아주었다.

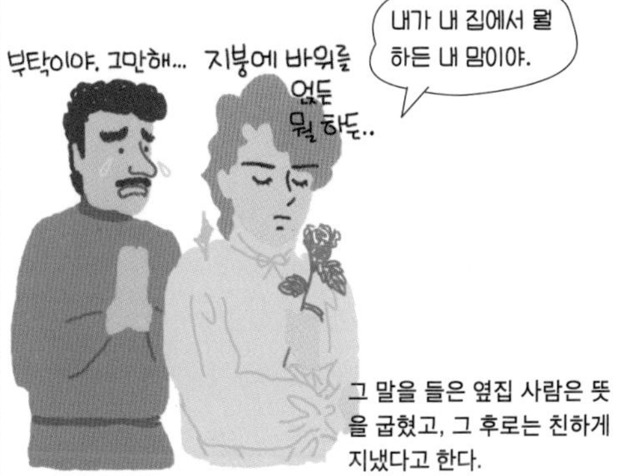
부탁이야. 그만해…
지붕에 바위를 얹든 뭘 하든..
내가 내 집에서 뭘 하든 내 맘이야.

그 말을 들은 옆집 사람은 뜻을 굽혔고, 그 후로는 친하게 지냈다고 한다.

미니 칼럼

초기 르네상스의 수태고지 비교

〈수태고지〉는 매우 인기가 높은 주제로 같은 화가가 여러 번 반복하여 주문을 받아 몇 장씩 그리곤 했다. 대부분의 경우, 좌측에 있는 흰 백합을 든 가브리엘 천사가 우측에 있는 마리아에게 신의 아들을 임신한 사실을 전하는 장면이 그려진다. 중대한 사실을 전하는 천사의 태도, 그 소식을 전해 듣는 마리아의 표정에서 다양한 변형을 볼 수 있다.

필리포 리피

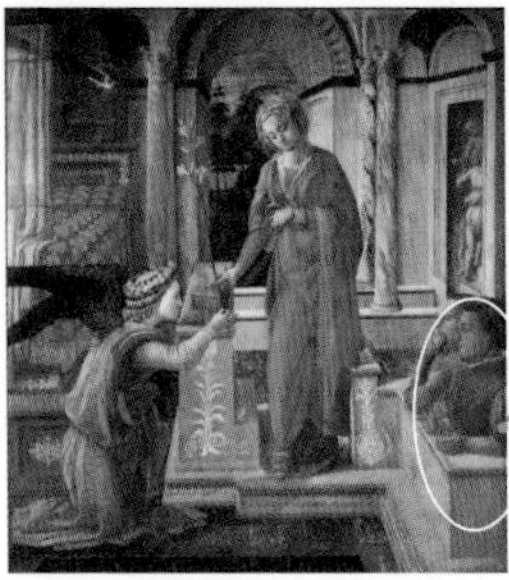

중대한 순간에 걸맞게 예약석에서 역사적 순간을 맞이하는 내용의 그림을 주문했다. 초상화로서는 매우 오래된 부류에 속한다.

1450년대, 바르베리니 미술관, 로마

도나텔로

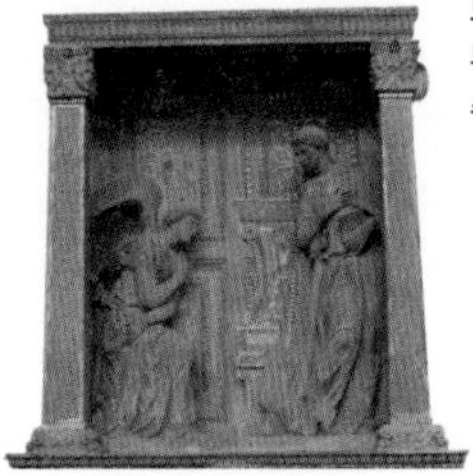

보기 드문 부조 조각의 수태고지

1435년, 산타 크로체 교회, 피렌체

보티첼리

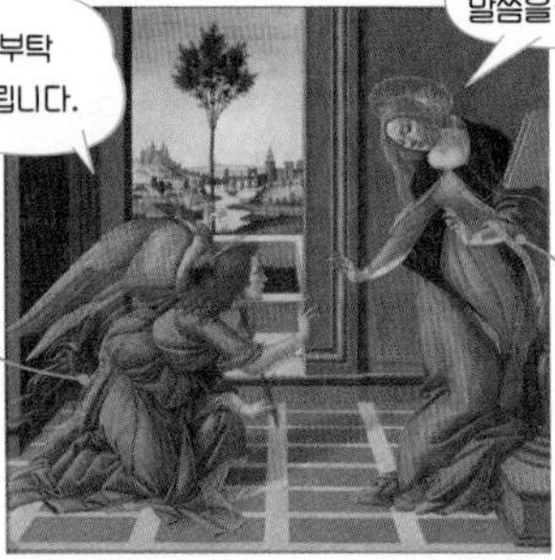

잘 부탁 드립니다.

아니, 무슨 그런 말씀을….

저자세로 고지하는 대천사 가브리엘

놀란 듯한 마리아

1489년, 우피치 미술관, 피렌체

프라 안젤리코

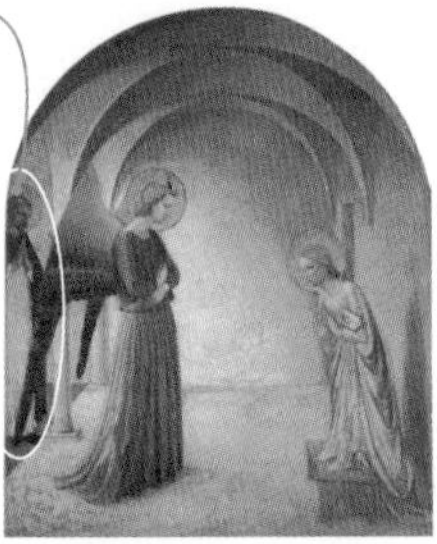

성 마르코도 약삭빠르게 함께 자리했다.

1420~4150년경, 산 마르코 미술관, 피렌체

보티첼리

풍성한 옷을 휘날리며 도착한 천사

천사의 도착을 아직 눈치 채지 못한 걸까?

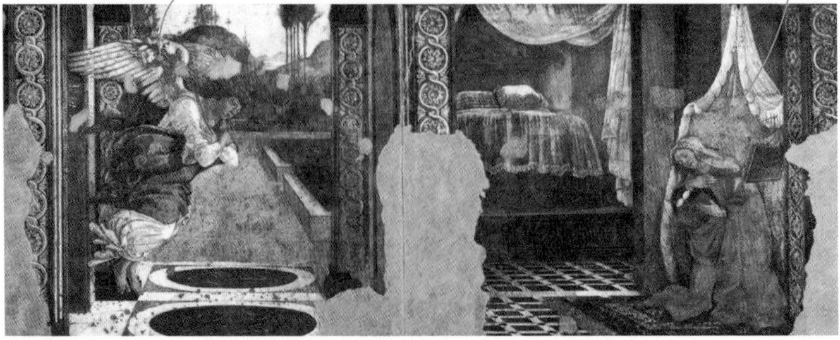

15세기 후반, 우피치 미술관, 피렌체

르네상스의 꽃이 피다!

전성기 르네상스

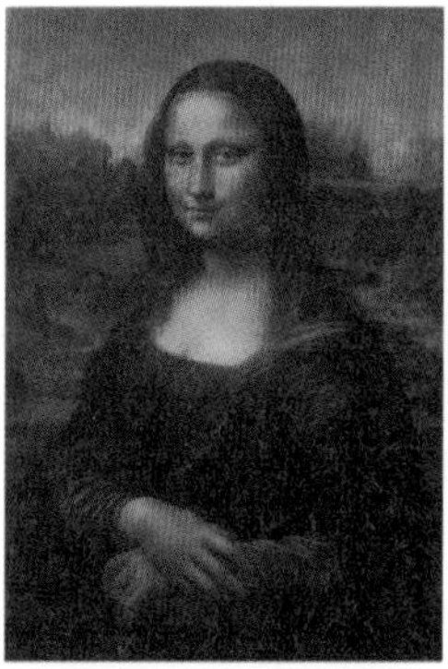

레오나르도 다 빈치

미켈란젤로 부오나로티

라파엘로 산치오

레오나르도 다 빈치

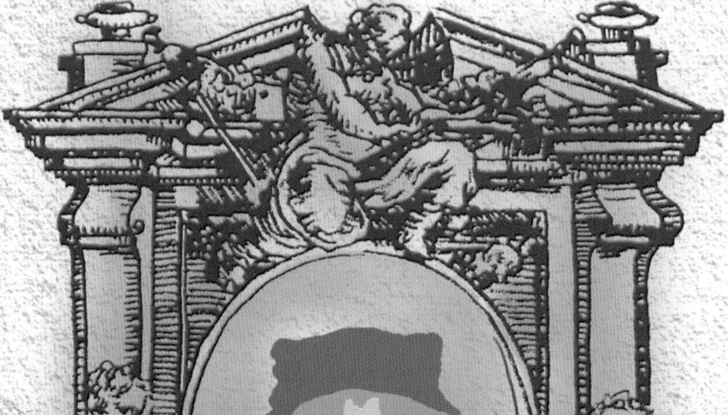

삼라만상을 속속들이 해석하려 한 만능의 천재

레오나르도 다 빈치
Leonardo da Vinci

(1452~1519)

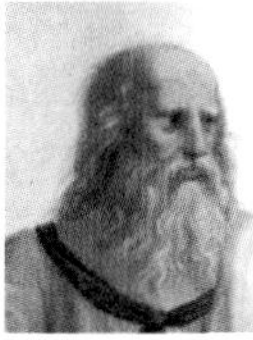

라파엘로 작

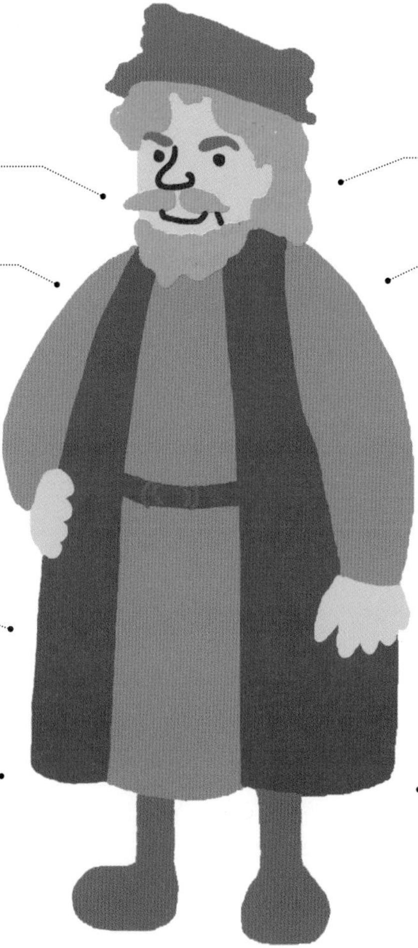

미남

미성

체포된 경험이 있음

하나의 목표만을 이루고자 하는 능력은 부족함

꿈은 하늘을 나는 것

만능의 천재

초비밀주의

누구에게나 친절함

사교에 뛰어남

정치에 무관심

문학에 흥미 없음

말과 새를 매우 좋아함

직함

- ·천재화가
- ·조각가
- ·토목기술자
- ·병기개발기술자
- ·과학자
- ·군사조언자
- ·해부학자
- ·음악가

레오나르도의 걸작 명화

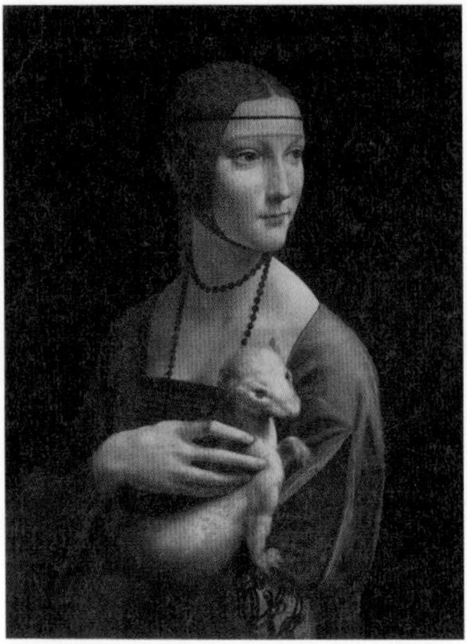

〈**담비를 안고 있는 여인**〉, 1488~1490년경,
차르토리스키 미술관, 크라쿠프

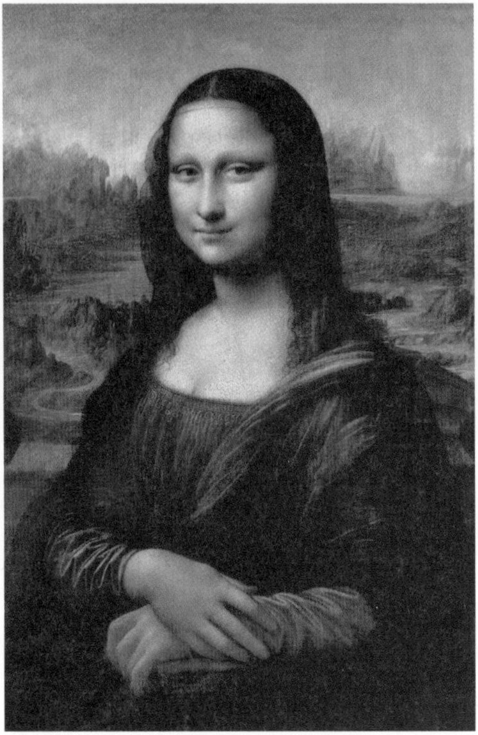

〈**모나리자**〉, 1503~1506년경, 루브르 미술관, 파리

세계에서 가장 유명한 그림으로 조콘다 부인의 초상화라는 설이 전해진다. 레오나르도 자화상의 여성판, 어머니에 대한 애모, 오른쪽 반이 여성, 왼쪽 반이 남성이라는 등 논의는 분분하다.

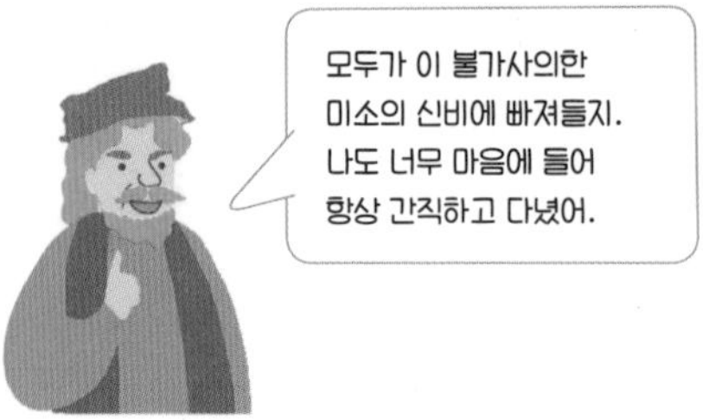
모두가 이 불가사의한
미소의 신비에 빠져들지.
나도 너무 마음에 들어
항상 간직하고 다녔어.

레오나르도 다 빈치는 1452년 토스카나 시골에 있는 빈치 마을에서 공증인 셀 피에로의 사생아로 태어났다. 어린 시절 풍부한 자연환경 속에서 자연을 통해 다양한 것을 배우며 관찰력을 길렀다. 사생아였기 때문에 통상 장남에게 주어지는 배움의 기회인 읽기·쓰기나 산술, 라틴어 등의 교육은 받을 수 없었지만, 비교도 할 수 없는 하늘이 준 재능을 인정받아 당시 최고로 번성했던 베로키오 공방에 제자로 들어가게 되었다. 그 무렵 예술가의 공방은 회화, 조각뿐 아니라 일상의 가구 제작부터 요새 건축까지 다양한 기술을 제공하기 위해 다양한 능력을 가진 장인이 모이는 문화기지였다. 그런 곳에서 레오나르도는 회화의 기술부터 토목, 과학에 이르기까지 다양한 종류의 지식을 익혔다.
레오나르도는 삼라만상을 속속들이 해석하여 그것을 회화의 세계에서 표현하려 하는 과학자의 시선을 지닌 완전히 새로운 타입의 예술가였다.

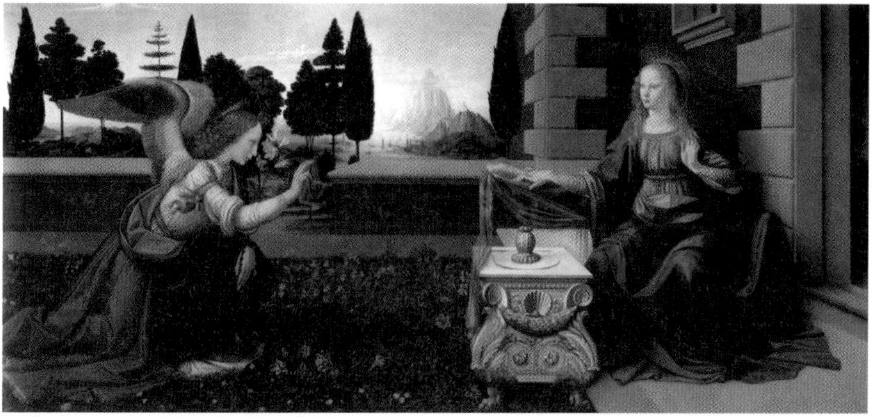

〈수태고지〉, 1472~1475년경, 우피치 미술관, 피렌체

이 대단한 작품인 〈수태고지〉가 레오나르도의 진필이라는 증거는 전혀 발견되지 않았다. 그럼에도 불구하고 이 작품이 레오나르도의 작품이라고 믿어지는 것은 오로지 이 그림의 높은 질 때문이다. 성모마리아의 아름다운 표정과 천사의 고귀함, 독서대의 철저한 디테일 등 어느 부분을 보아도 레오나르도의 손길이라고밖에 설명할 수 없기 때문이다.

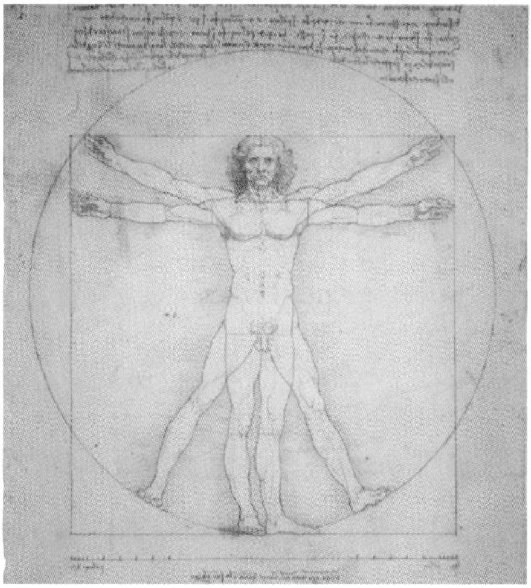

〈비트루비우스의 인체비례〉, 1490년경,
아카데미아 미술관, 베네치아

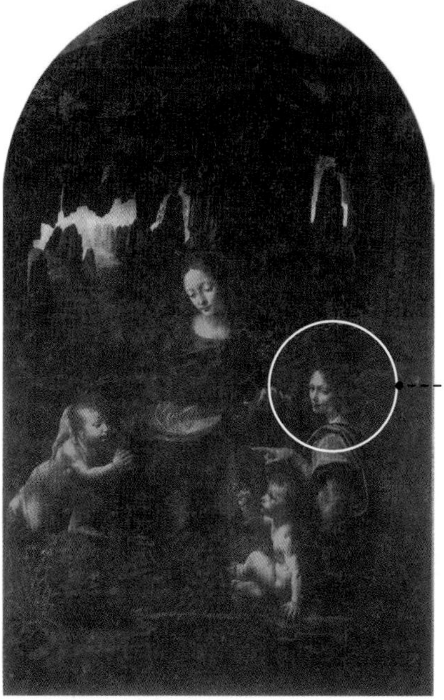

〈암굴의 성모〉, 1483~1486년, 루브르 미술관, 파리

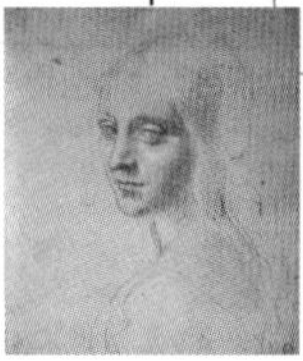

〈천사의 두부(頭部) 습작〉,
국립미술관, 파르마

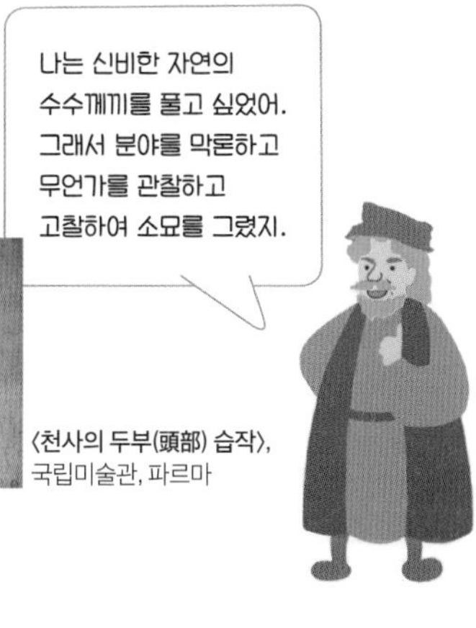
나는 신비한 자연의
수수께끼를 풀고 싶었어.
그래서 분야를 막론하고
무언가를 관찰하고
고찰하여 소묘를 그렸지.

레오나르도 다 빈치
에 관한 일화

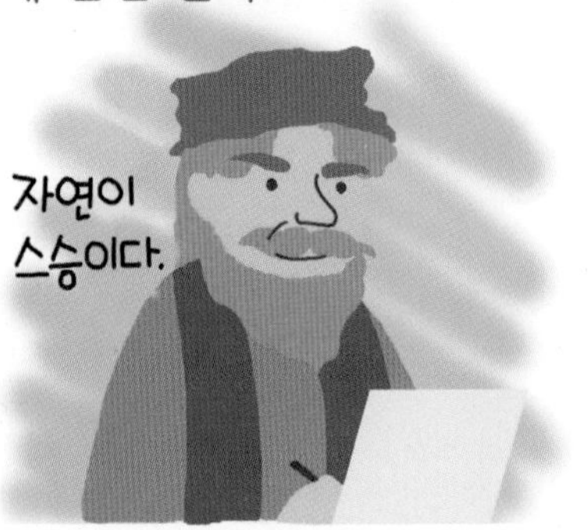
자연이
스승이다.

1 레오나르도는 1452년 빈치 마을의 셀 피에로의 사생아로 태어났다. 레오 소년은 풍부한 자연 속에서 다양한 것을 배우며 자랐다.

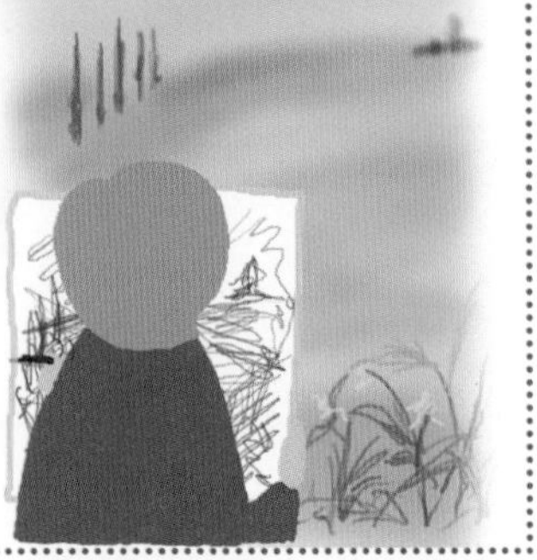

2 변덕스러운 성격이었지만, 회화에 관해서는 항상 흥미를 지니고 있어 당시 매우 평판이 좋았던 베로키오 공방에 제자로 들어갔다.

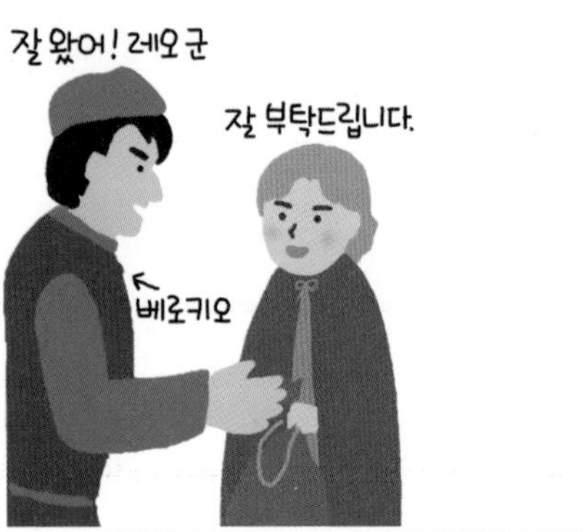
잘 왔어! 레오 군
잘 부탁드립니다.
베로키오

3 공방에 입문한 그는 회화뿐 아니라 조각, 건축, 토목 등의 분야에도 흥미를 보여 다양한 기술을 습득해 나갔다.

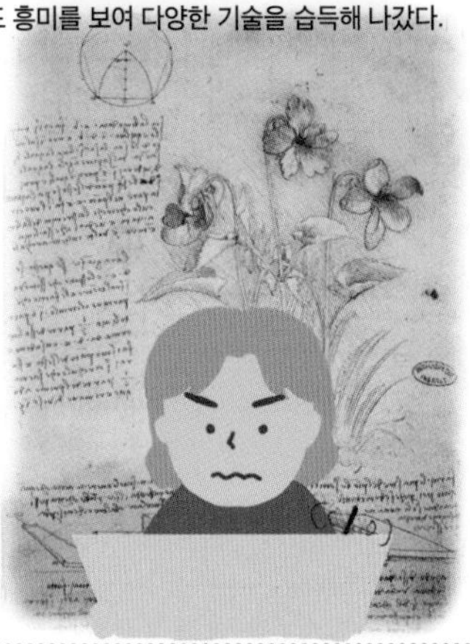

4 어느 날 주인 베로키오는 제작 중인 〈그리스도의 세례〉의 일부 천사를 레오나르도에게 맡겼다. 그러자 레오나르도가 그린 천사가 너무 뛰어나서 자신의 실력을 완전히 넘어섰다는 것을 깨닫게 되었다.

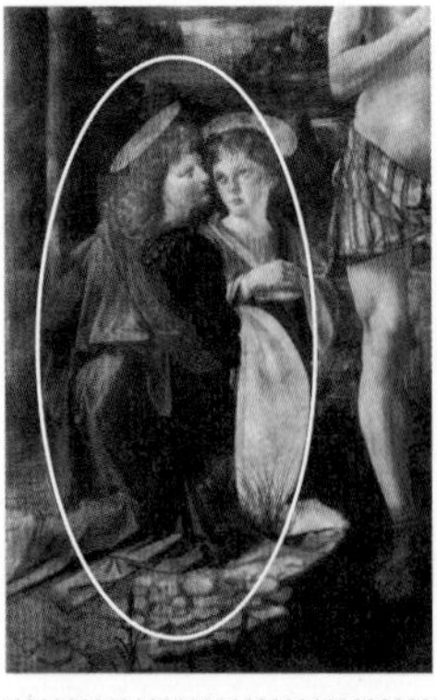

베로키오,
〈그리스의 세례(부분)〉,
1475~1478년, 우피치 미술관, 피렌체

5 뛰어난 예술가였던 베로키오는 깔끔하게 레오나르도의 실력을 인정하고, 이후로는 조각에만 전념하여 두 번 다시 화필을 잡은 일이 없었다고 한다.

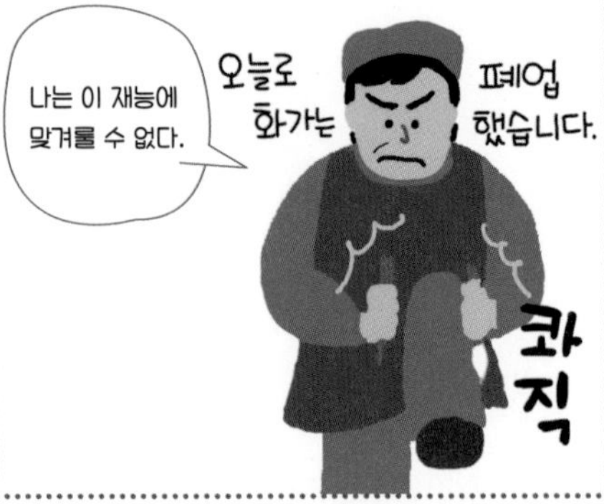
나는 이 재능에
맞겨룰 수 없다.
오늘로 화가는 폐업 했습니다.
콰직

레오나르도의 재미난 일화 ❶

〈말을 너무 좋아한 레오나르도〉

1 레오나르도는 외모도 매우 출중하여 누구와도 금세 친해졌기 때문에 모두에게 사랑을 받았다.

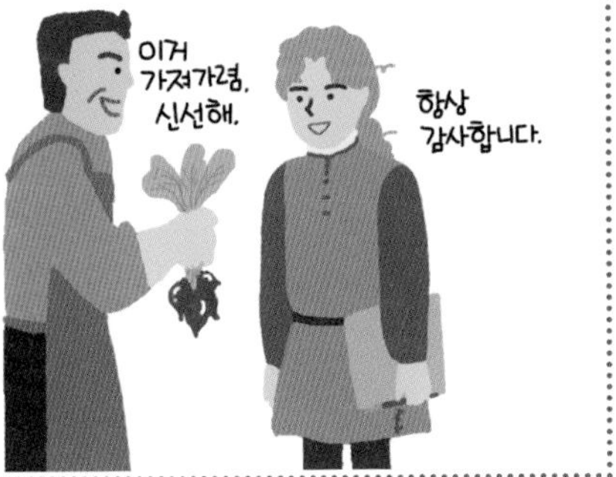
이거 가져가렴. 신선해.
항상 감사합니다.

2 일도 거의 하지 않아 무일푼 상태였지만, 이상하게도 항상 몇 명의 수행원과 몇 마리의 말을 소유하고 있었다.

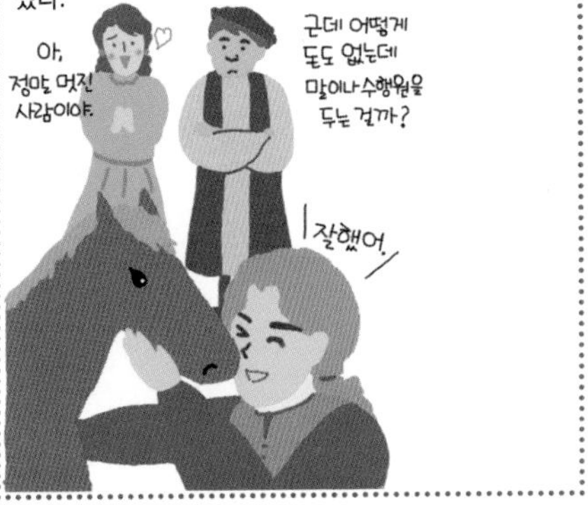
아, 정말 멋진 사람이야.
근데 어떻게 돈도 없는데 말이나 수행원을 두는 걸까?
잘했어.

3 대단한 동물애호가로 특히 말을 사랑하여, 다양한 말의 움직임에 대한 데생을 많이 남겼다. 그의 자연에 대한 흥미는 끊이지 않았다.

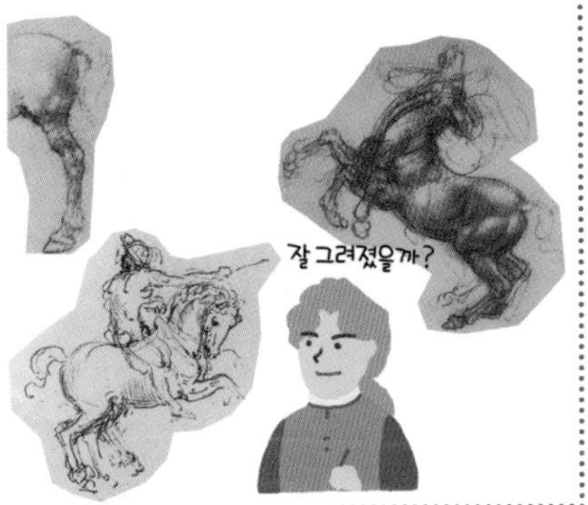
잘 그려졌을까?

레오나르도의 재미난 일화 ❷

〈새를 너무 좋아한 레오나르도〉

1 여러 차례 작은 새를 파는 곳을 지나다가…

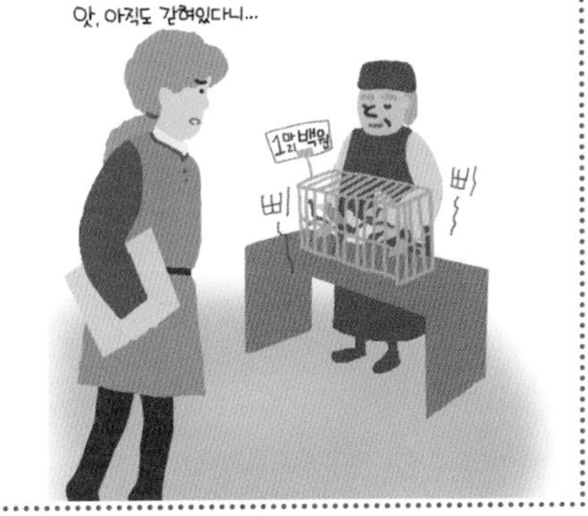
앗, 아직도 갇혀있다니…
1마리 백원
삐
삐~

2 바구니에 갇힌 새가 불쌍해서 참을 수 없었던 그는 값을 주고 새를 사서,

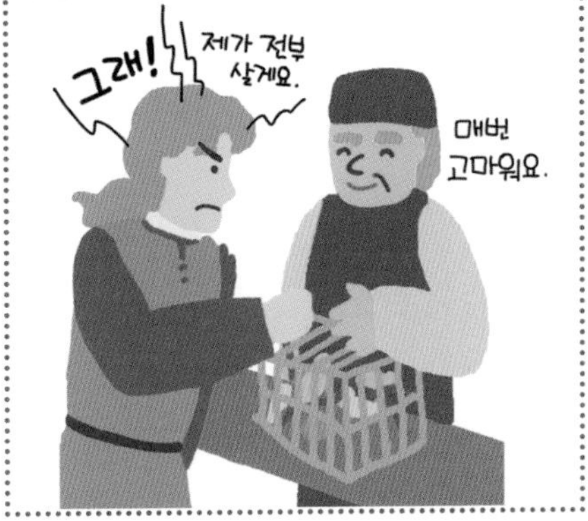
그래!
제가 전부 살게요.
매번 고마워요.

3 자신의 손으로 바구니에서 새를 꺼내 공중에 날려 자유를 찾아주었다.

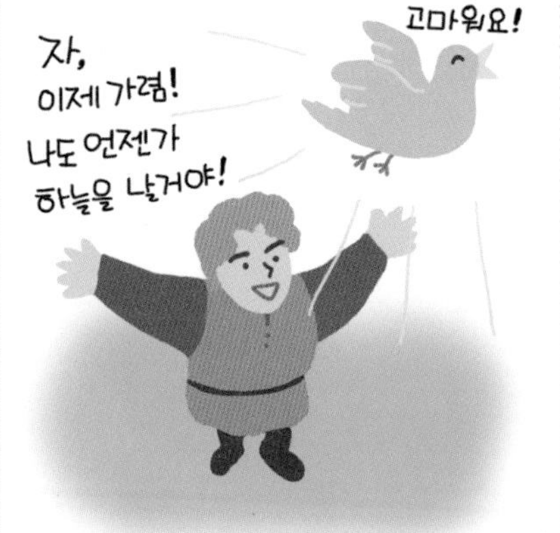
자, 이제 가렴! 나도 언젠가 하늘을 날거야!
고마워요!

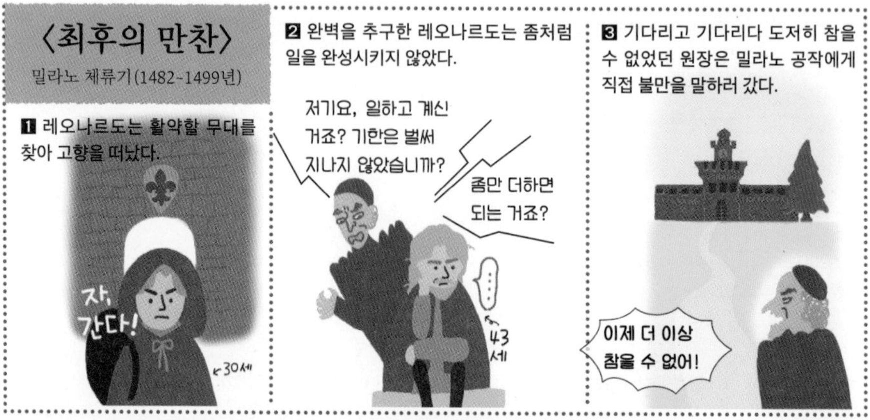
〈최후의 만찬〉
밀라노 체류기(1482~1499년)
1 레오나르도는 활약할 무대를 찾아 고향을 떠났다.
자, 간다!
←30세
2 완벽을 추구한 레오나르도는 좀처럼 일을 완성시키지 않았다.
저기요, 일하고 계신 거죠? 기한은 벌써 지나지 않았습니까?
좀만 더하면 되는 거죠?
…
43세
3 기다리고 기다리다 도저히 참을 수 없었던 원장은 밀라노 공작에게 직접 불만을 말하러 갔다.
이제 더 이상 참을 수 없어!

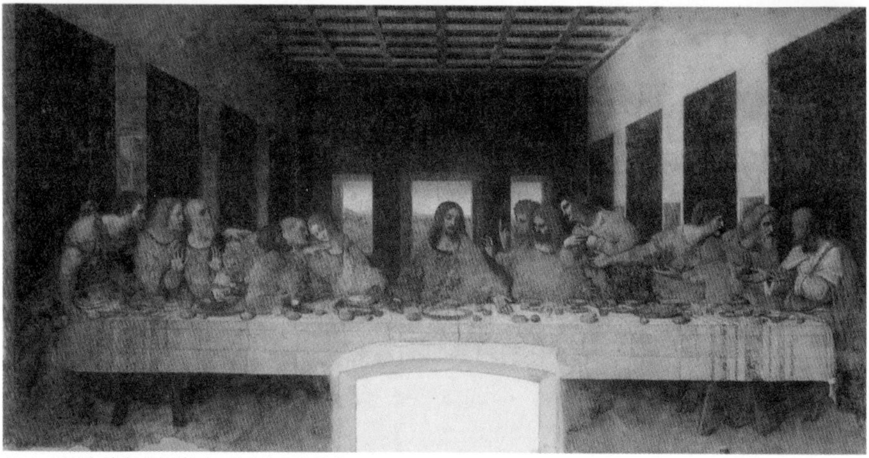

1494~1498년, 산타 마리아 델레 그라치에 교회, 밀라노

1482년 레오나르도는 새롭게 활약할 무대를 찾아 피렌체를 떠나 밀라노로 향했다. 그는 화가로서가 아닌 군사전략, 토목공학, 군사병기 개발에 관한 기량을 어필하는 추천장을 들고서 떠났다.

당시 밀라노의 권력자 루드비코 일 모로는 음악을 매우 사랑하는 인물로 레오나르도의 음악 평판을 듣고 그를 성에 초대했다. 레오나르도는 자신이 만든 신비한 형태의 악기를 들고 가서 모두 앞에서 연주했다.

이렇게 밀라노 공작의 마음에 든 레오나르도는 산타 마리아 델레 그라치에 교회의 〈최후의 만찬〉을 의뢰받았다. 레오나르도는 그리스도가 '주를 배반할 자가 있다'고 제자들에게 말하는 충격의 장면을 어떻게 그릴지에 대해 긴 시간 동안 구상했다. 그래서 때로는 반나절을 그림 앞에서 멍하니 이런저런 생각에 빠져 있곤 했다. 그런 모습을 본 수도원장은 딴짓하지 말고 빨리 완성하라고 집요하게 간청했지만 레오나르도는 듣는 척도 하지 않았다.

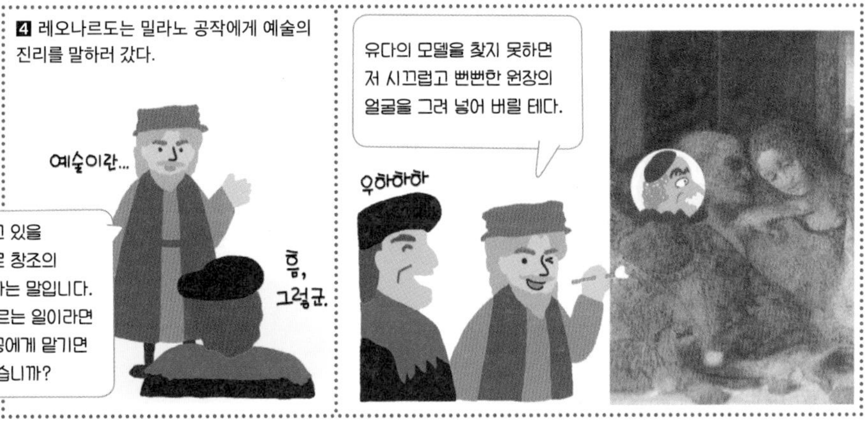
4 레오나르도는 밀라노 공작에게 예술의 진리를 말하러 갔다.
예술이란…
생각하고 있을 때야말로 창조의 시간이라는 말입니다. 그저 바르는 일이라면 페인트공에게 맡기면 되지 않습니까?
흠, 그렇군.
유다의 모델을 찾지 못하면 저 시끄럽고 뻔뻔한 원장의 얼굴을 그려 넣어 버릴 테다.
우하하하

인내심에 한계가 온 수도원장은 결국 밀라노 공작에게 직접 고충을 말하러 갔다. 화가도 정원사처럼 하루 종일 붓을 쉬지 않고 움직여야 한다는 원장의 강한 호소에 밀라노 공작은 어쩔 수 없이 레오나르도를 불러 "원장이 말이 많으니, 작품을 완성해주지 않겠나"라고 부탁했다. 레오나르도는 평소에는 잘 하지 않는 '예술'에 대한 이야기를 시작했다.

"훌륭한 재능을 가진 사람은 실제로 손을 움직이지 않을 때에 더 많은 일을 하고 있는 것입니다. 그 시간은 머릿속으로 창조한 생각을 완전한 형태로 만드는 중요한 시간이란 말입니다."

거기에, "아직 두 개의 얼굴을 그리지 못해 남아 있습니다. 하나는 그리스도의 얼굴입니다. 왜냐하면 그건 천상의 우아한 아름다움이기에 상상하는 것조차 힘들기 때문입니다. 다른 하나는 유다의 얼굴인데, 신을 배반하기로 결심한 인물의 얼굴이 어떤 모습인지 상상하는 것조차 불가능합니다. 다만, 유다의 얼굴은 일단 찾아보고, 만약 찾지 못하면 그 무식한 원장의 얼굴을 넣을 생각입니다."

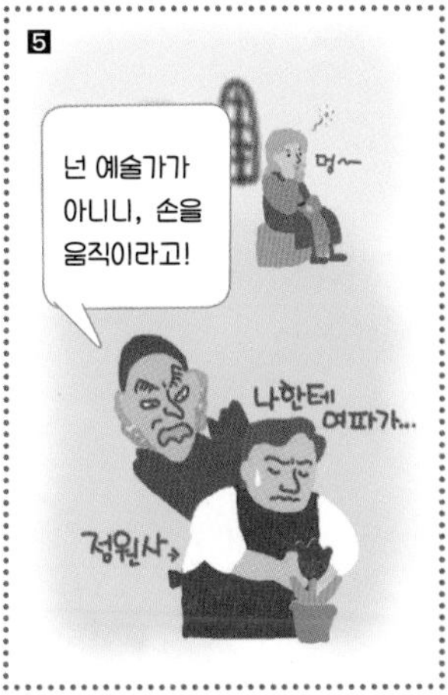
5
넌 예술가가 아니니, 손을 움직이라고!
멍~
나한테 여파가...
정원사→

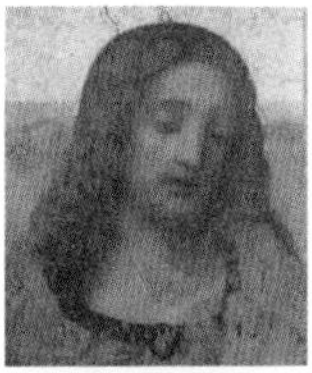
그리스도 얼굴 부분

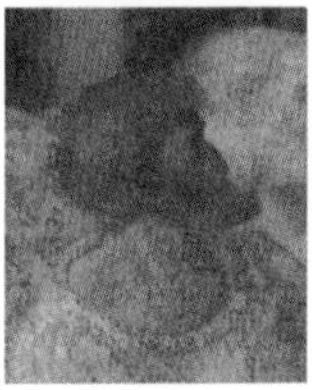
유다 얼굴 부분

그 말을 들은 밀라노 공작은 크게 웃으며 "그건 좋은 생각이다!"라고 말했다. 그 이야기를 듣고 당황한 원장은 그 후로 오직 정원사를 보채는 일에만 전념하여 레오나르도의 일은 일절 언급하지 않았다고 한다.

예고대로 레오나르도는 유다의 얼굴을 '신을 배반하는 무도한 인물의 초상'으로 완성했다. 그리고 그리스도의 얼굴은 미완으로 남겨졌다(심한 퇴화로 현재는 그 차이를 알 수 없게 되었다).

레오나르도의 재미난 일화 ❸

〈깜짝 거울〉

❶ 레오나르도의 아버지 셀 피에로는 그의 소작인에게 작은 원형 방패를 받았는데, 누군가에게 어떤 그림을 그려 달라고 부탁을 받았다.

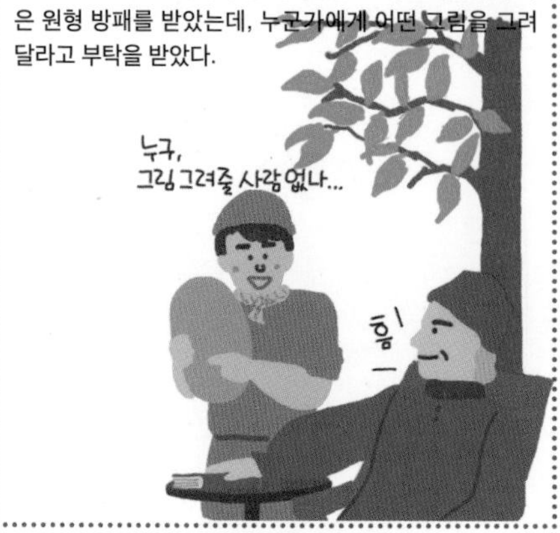

누구,
그림 그려줄 사람 없나...
흠!

❷ 아버지에게 그 일을 부탁받은 레오나르도는 먼저 방패의 뒤틀림을 고쳐 표면을 완전히 깨끗하게 했다.

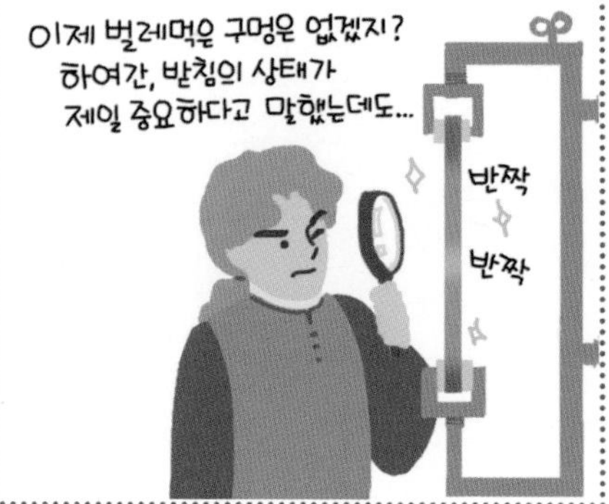

이제 벌레먹은 구멍은 없겠지?
하여간, 받침의 상태가
제일 중요하다고 말했는데도...
반짝
반짝

❸ 그리고는 방패를 본 사람이 깜짝 놀라 기절할 정도로 무서운 동물을 그리기로 했다.

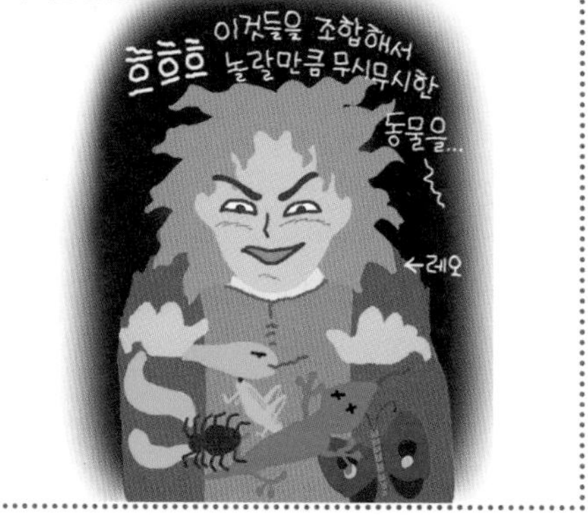

흐흐흐
이것들을 조합해서
놀랄만큼 무시무시한
동물을...
←레오

❹ 그것을 위해 며칠간 집에 틀어박혔고, 방 안은 온통 동물과 벌레들 사체의 악취로 진동했지만, 그는 예술에 대한 열정으로 전혀 개의치 않았다.

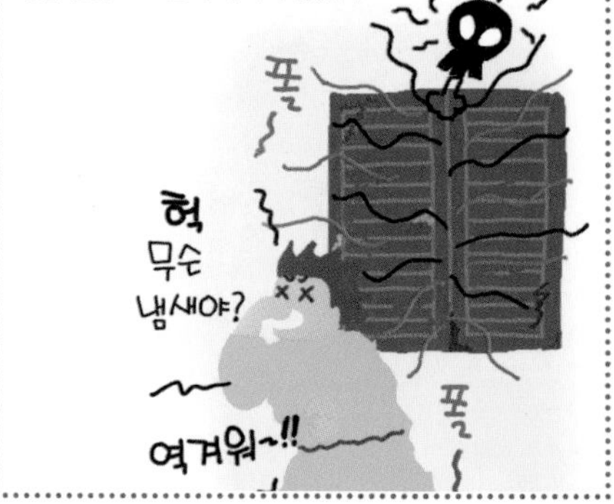

폴
헉
무슨
냄새야?
폴
역겨워~!!

❺ 마침내 완성한 방패를 아버지께 전달할 때, 그 섬뜩한 그림의 효과가 100% 발휘되도록 빛이 들어와 눈앞이 아찔해지도록 조작해 놓았다.

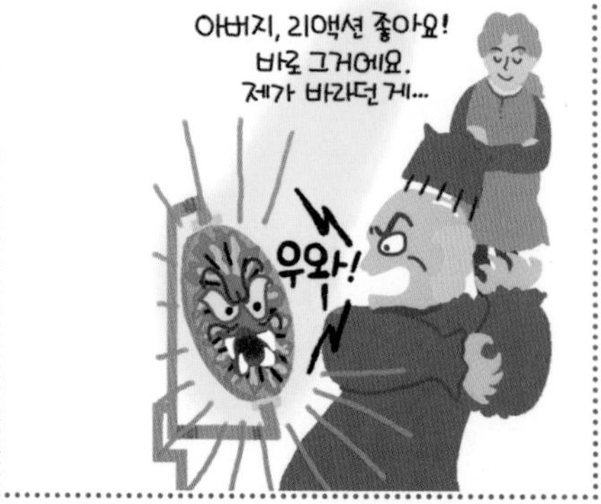

아버지, 리액션 좋아요!
바로 그거에요.
제가 바라던 게...
우와!

❻ 셀 피에로는 결과물이 너무 훌륭한 나머지, 주기 아까운 생각이 들었다. 결국 소작인에게는 가짜 물건을 주고 진짜는 상인에게 고가로 팔아 버렸다고 한다.

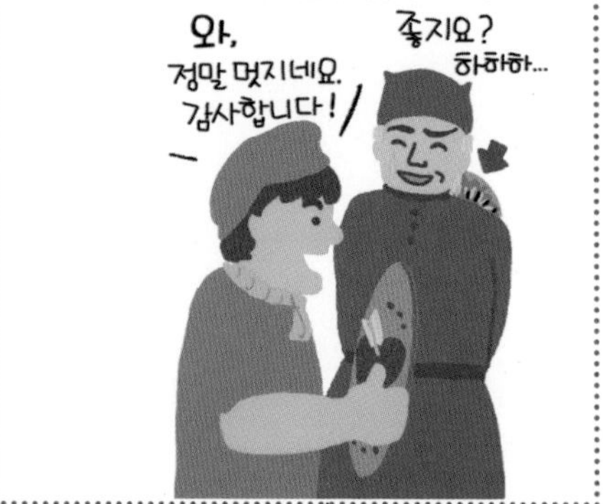

와,
정말 멋지네요.
감사합니다!
좋지요?
하하하...

레오나르도의 재미난 일화 ❹

〈내장 풍선〉

1 이와 같이 사람을 깜짝 놀라게 하는 일을 좋아하던 레오나르도는 어느 날 양의 내장을 손에 넣자…

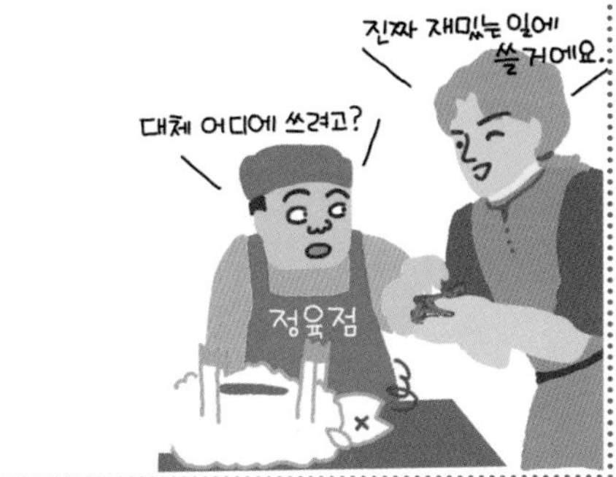
진짜 재미있는 일에 쓸거에요..
대체 어디에 쓰려고?
정육점

2 정성껏 씻어 손바닥에 들어갈 정도로 얇은 가죽으로 만들었다.

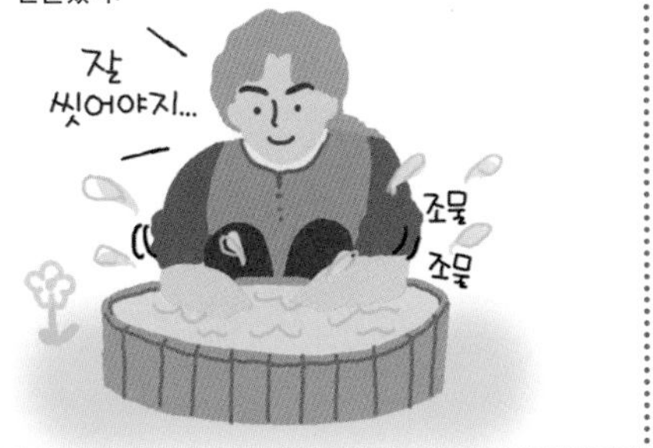
잘 씻어야지…
조물
조물

3 그리고 친구들을 집에 초대하여 그의 방에서 기다리게 하고, 옆방에서 바람 기구를 써서 내장에 공기를 불어넣기 시작했다. 장은 점점 풍선처럼 부풀기 시작해 방 안 가득 커져 안에 있던 사람들을 구석으로 밀어 넣었다.

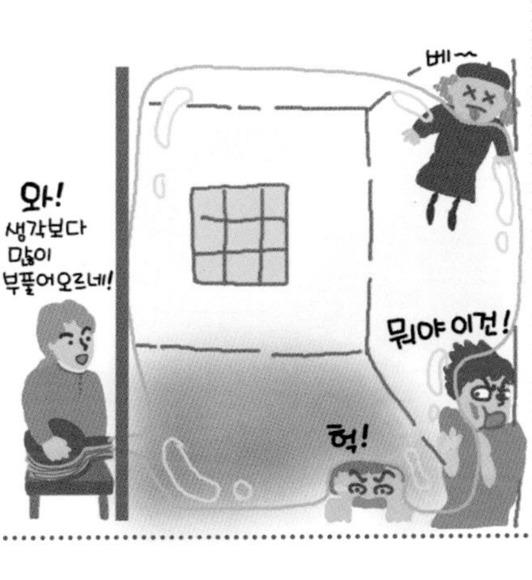
베~
와! 생각보다 많이 부풀어오르네!
뭐야 이건!
헉!

레오나르도의 재미난 일화 ❺

〈가슴에서 백합이 나오는 사자〉

1 어느 날 밀라노 공에게 프랑스 왕을 어떻게 환영할지에 대한 기획을 의뢰받았다.

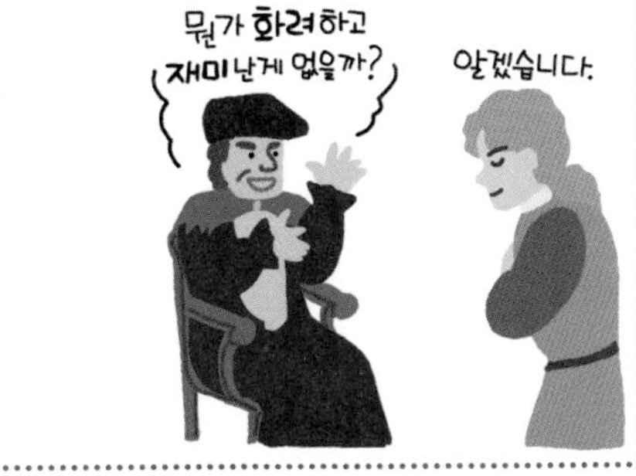
뭔가 화려하고 재미난게 없을까?
알겠습니다.

2 여러 시행착오 끝에…

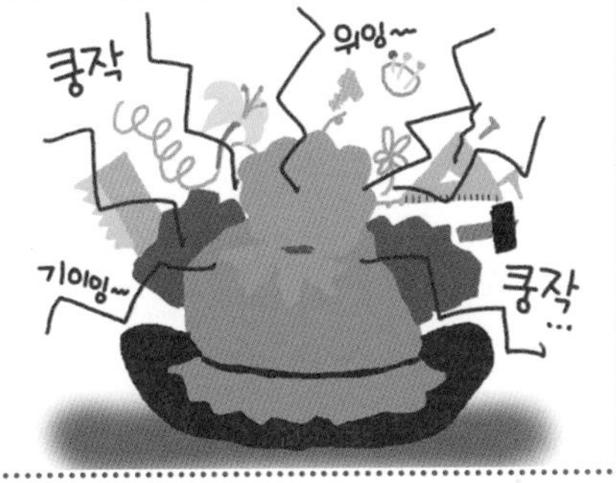
쿵작
위잉~
기이잉~
쿵작…

3 레오나르도가 만든 것은 한 마리 사자의 모형이었다. 그것은 걸으면 가슴 부분이 열려 안에서 백합꽃이 가득 나오도록 장치되어 있었다.

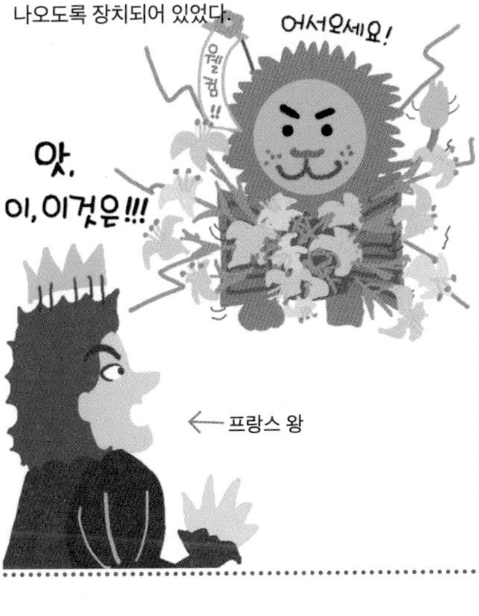
어서오세요!
웰컴!!
앗,
이, 이것은!!!
← 프랑스 왕

레오나르도의 재미난 일화 ❻

〈대결! 레오나르도 vs 미켈란젤로〉

1 레오나르도와 미켈란젤로는 사이가 너무 좋지 않아, 만나기만 하면 말싸움이 붙었다.

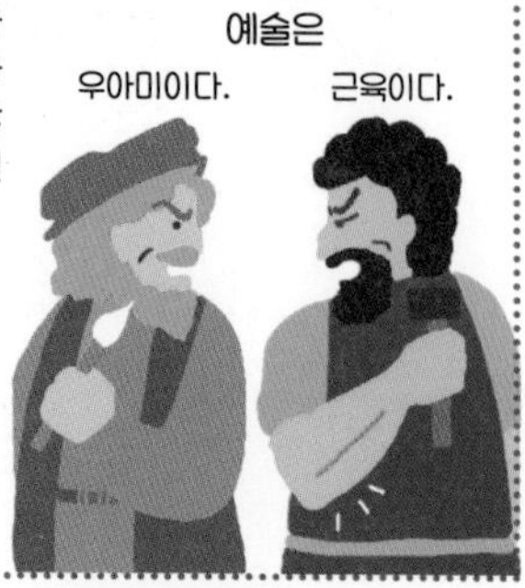
예술은
우아미이다.
근육이다.

2 미켈란젤로가 '내 손은 굳은살투성이지만 당신 손처럼 허약하진 않아!'라고 말하자,

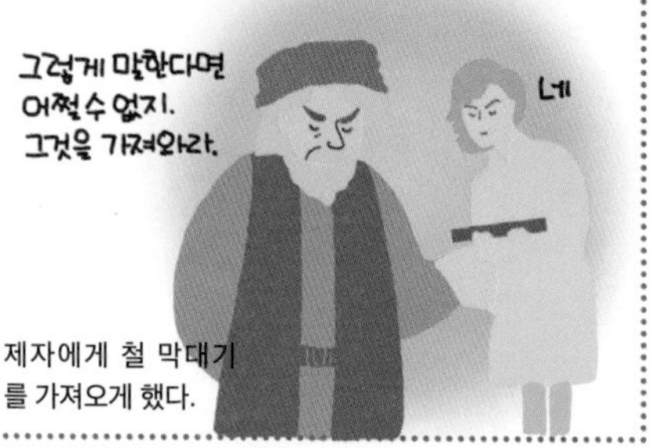
그렇게 말한다면 어쩔 수 없지. 그것을 가져와라.
네

제자에게 철 막대기를 가져오게 했다.

3 그리고는 철 막대기를 맨손으로 꺾어버렸다.

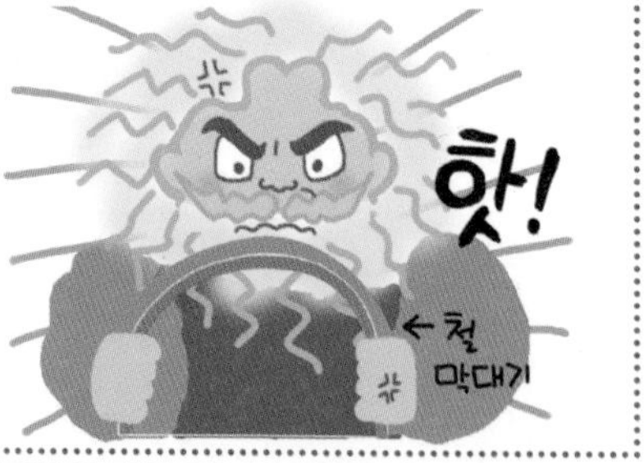
핫!
← 철 막대기

4

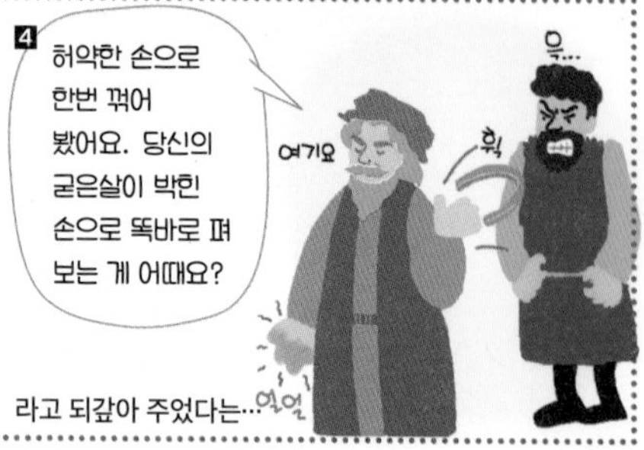
허약한 손으로 한번 꺾어 봤어요. 당신의 굳은살이 박힌 손으로 똑바로 펴 보는 게 어때요?
여기요
윽…
휙
얼얼

라고 되갚아 주었다는…

외전 레오나르도의 슬픈 일화

〈불운의 조로 아스트로〉

1 레오나르도는 자유롭게 하늘을 나는 꿈을 이루기 위해 연구를 계속하고 있었다.

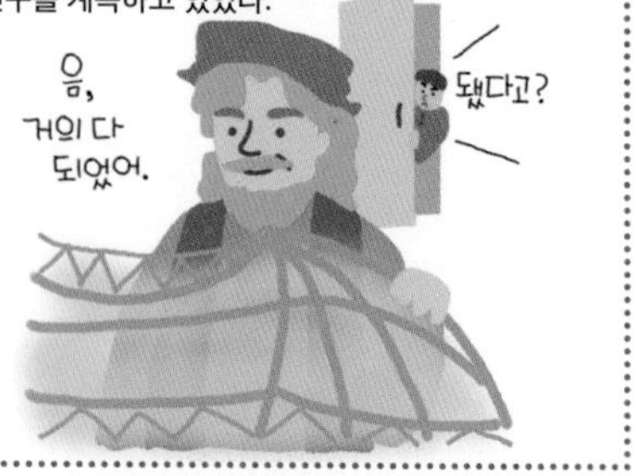
음, 거의 다 되었어.
됐다고?

2 제자인 조로 아스트로는 날 수 있다는 것을 증명해서 스승을 기쁘게 하고 싶어 허락도 없이 날개를 들고 나갔다.

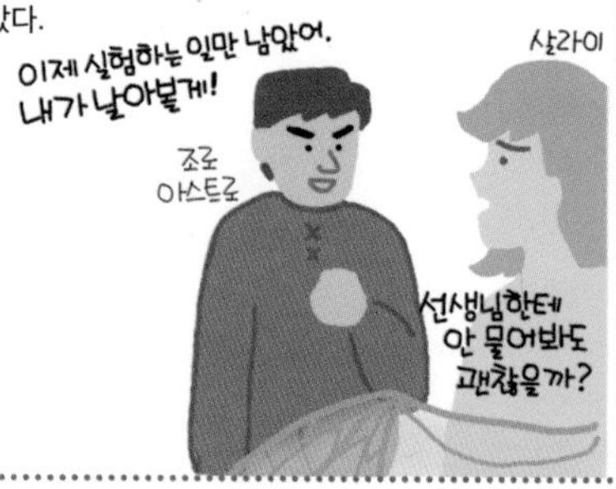
이제 실험하는 일만 남았어. 내가 날아볼게!
조로 아스트로
살라이
선생님한테 안 물어봐도 괜찮을까?

3 고지대에서 날개와 함께 뛰어 날아간 조로 아스트로는 두 번 다시 돌아오지 못했다.

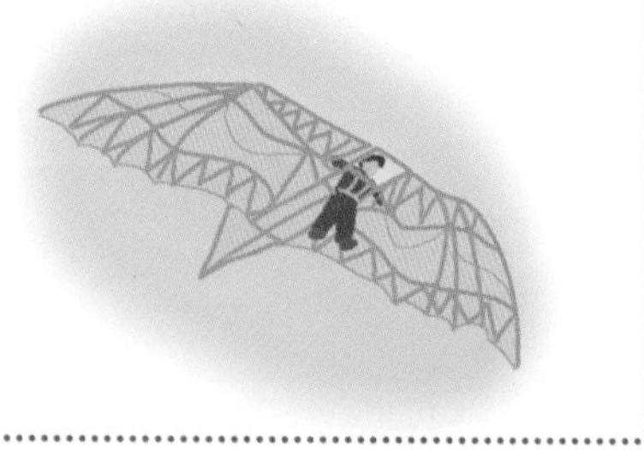

4 연구를 위해 애제자를 잃은 레오나르도의 슬픔은 매우 깊었다.

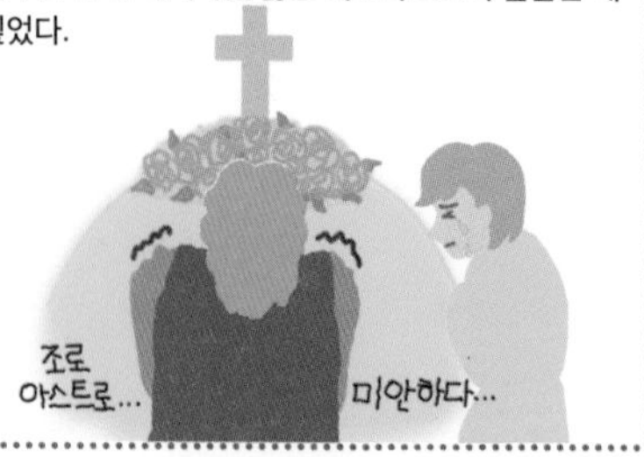
조로 아스트로…
미안하다…

레오나르도의 발명 이모저모

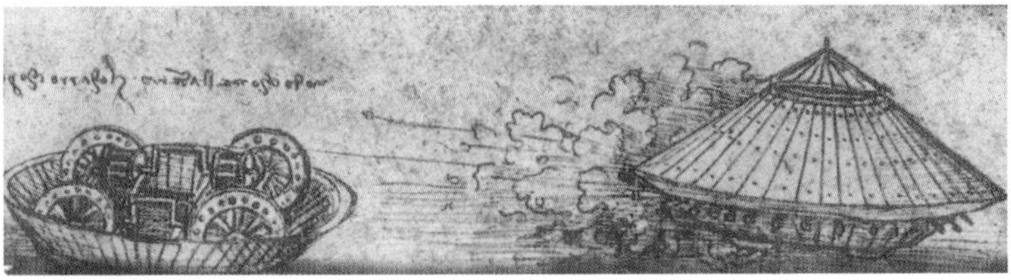

▶전차

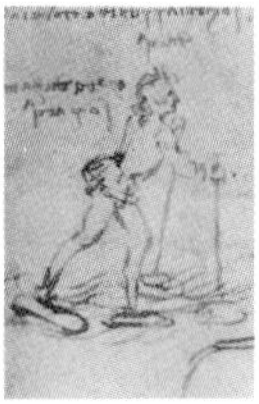

▶물 위를 걷는 방법

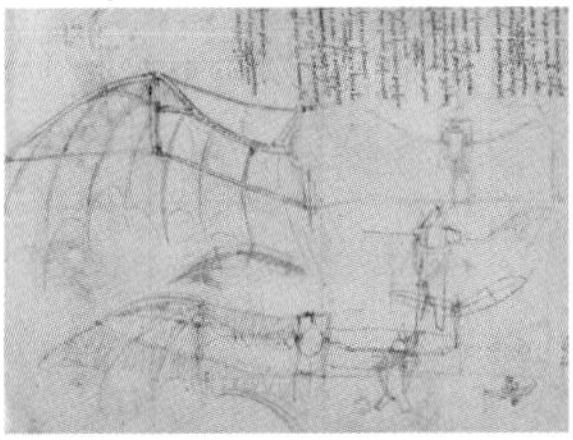

▶원조 행글라이더

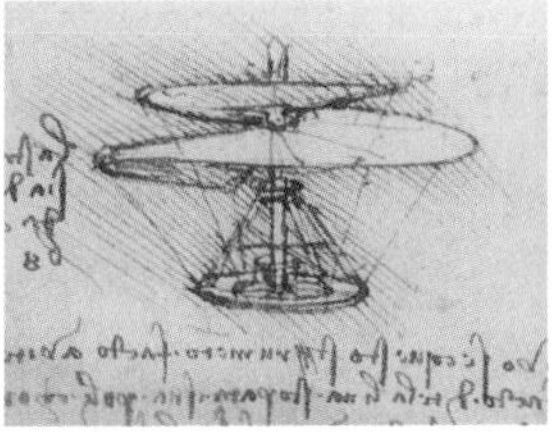

▶헬리콥터

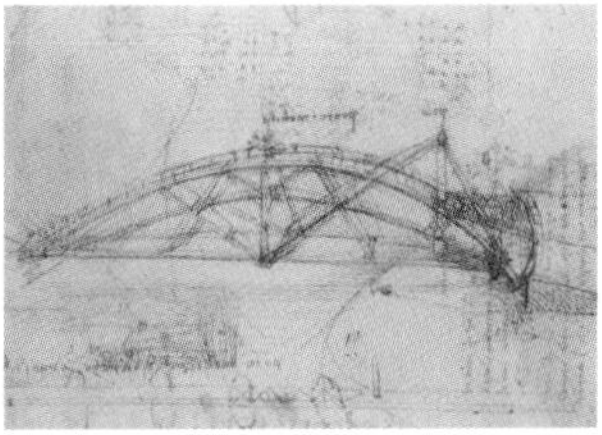

▶개폐식 다리

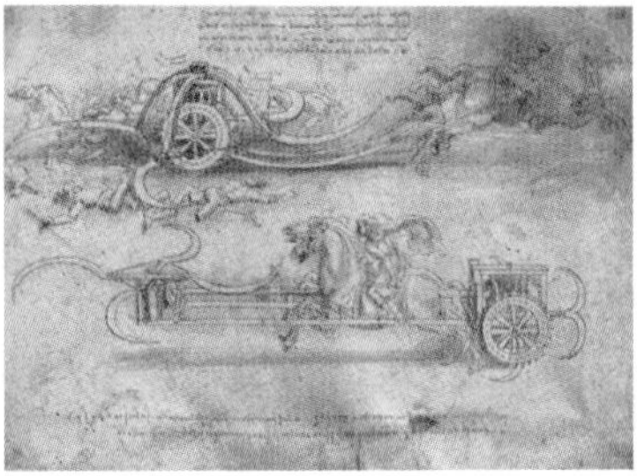

▶양발 절단 살육기계

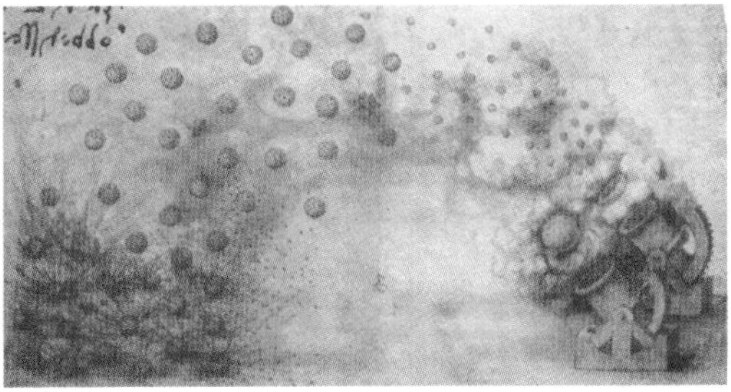

▶연사식 대포

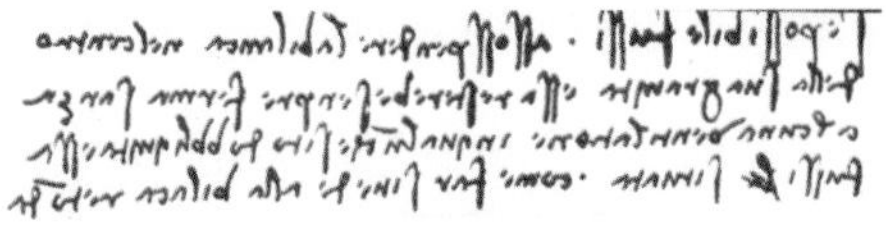

▶거울문자

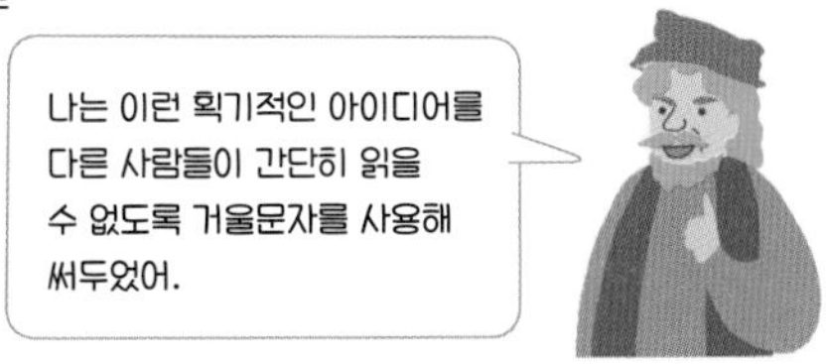
나는 이런 획기적인 아이디어를 다른 사람들이 간단히 읽을 수 없도록 거울문자를 사용해 써두었어.

1 레오나르도는 획기적인 아이디어를 차례로 고안해냈다. 그의 설명에 의하면, 모두 실현 가능한 것으로 생각되지만…

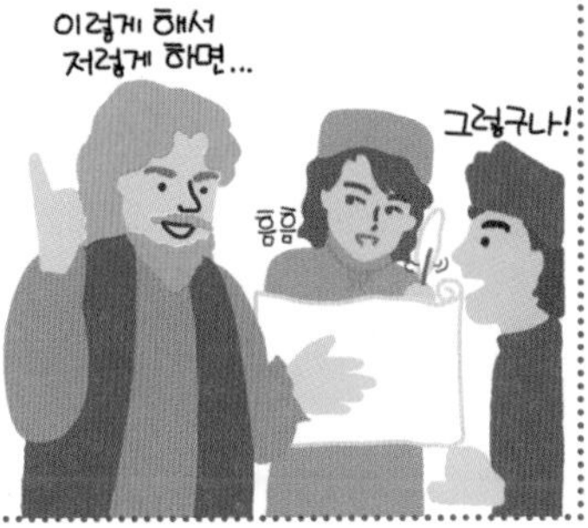
이렇게 해서 저렇게 하면…
흠흠
그렇구나!

2 하지만 정작 자기들끼리 해 보려고 하면, 어느 것 하나 현실성 없는 것들이 되어버렸다.

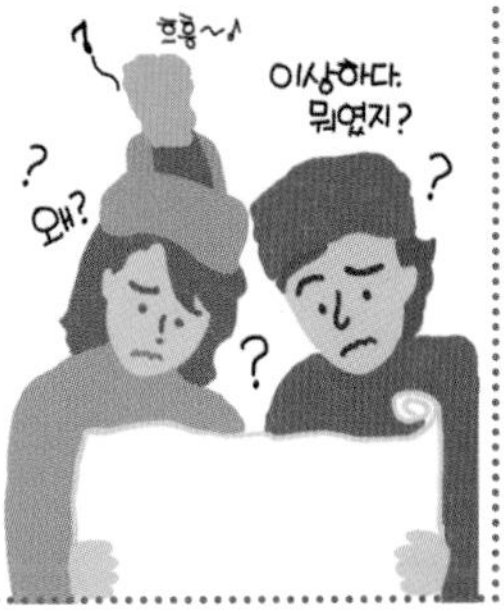
흐흥~♪
이상하다. 뭐였지?
왜?

레오나르도의 여로

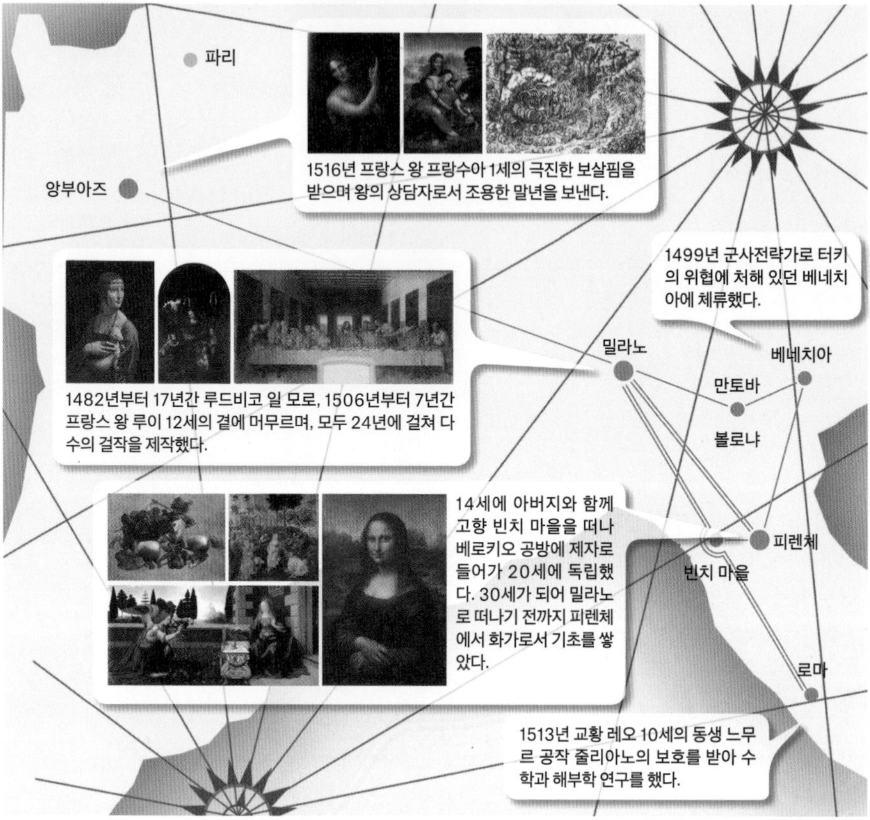
파리
앙부아즈
1516년 프랑스 왕 프랑수아 1세의 극진한 보살핌을 받으며 왕의 상담자로서 조용한 말년을 보낸다.
1499년 군사전략가로 터키의 위협에 처해 있던 베네치아에 체류했다.
1482년부터 17년간 루드비코 일 모로, 1506년부터 7년간 프랑스 왕 루이 12세의 곁에 머무르며, 모두 24년에 걸쳐 다수의 걸작을 제작했다.
밀라노
베네치아
만토바
볼로냐
14세에 아버지와 함께 고향 빈치 마을을 떠나 베로키오 공방에 제자로 들어가 20세에 독립했다. 30세가 되어 밀라노로 떠나기 전까지 피렌체에서 화가로서 기초를 쌓았다.
피렌체
빈치 마을
로마
1513년 교황 레오 10세의 동생 느무르 공작 줄리아노의 보호를 받아 수학과 해부학 연구를 했다.

빈치 마을 ▶ 피렌체 ▶ 밀라노 ▶ 만토바 ▶ 베네치아 ▶ 피렌체 ▶ 밀라노 ▶ 로마 ▶ 밀라노 ▶ 앙부아즈

레오나르도의 생애는 언제나 새로운 곳을 찾아 떠나는 여행의 연속이었다. 당시의 이탈리아 반도는 전쟁이 끊이지 않았기 때문에 레오나르도는 그때그때의 정세를 따라 자신이 가진 다방면의 능력을 다양한 후원자에게 제공하며 활약할 장소를 찾아다녀야만 했다. 하지만 지나친 완벽주의 성향으로 한 가지 일을 하다가 다른 분야의 아이디어가 떠오르면 그쪽으로 모든 열정을 쏟아버렸기 때문에, 각지에 미완성 작품들을 많이 남겼다. 그러한 이유로 의뢰인과 다툼이 생기는 경우도 잦았다.

그런 그의 여행에는 항상 충실한 제자가 동행했다. 조로 아스토로(아마도 비행실험 중 사망)는 처음 밀라노에 갈 때부터 함께했고, 소년 시절부터 레오나르도의 보살핌을 받고 자란 살라이는 마지막으로 프랑스에 가기 전 밀라노까지의 여정을 함께했다. 그리고 마지막 제자 멜지는 레오나르도가 눈을 감는 순간을 함께했다. 만능의 천재 레오나르도의 최후의 땅은 고향 피렌체에서 멀리 떨어진 프랑스의 앙부아즈였다.

1499년 밀라노 공작 루드비코 일 모로가 실패하여 물러나고, 후원자를 잃은 레오나르도

시대의 흐름에 따라
활약할 곳을 찾아 나서는
레오나르도 다 빈치
1499~1519년

1 밀라노에서 베네치아로

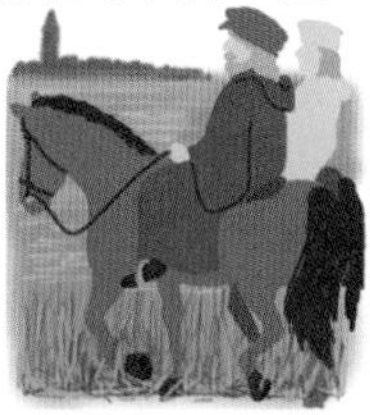

2 베네치아에서 잠수복 개발

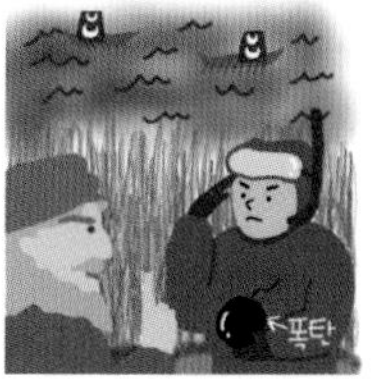
폭탄

3 피렌체 〈앙기아리의 전투〉

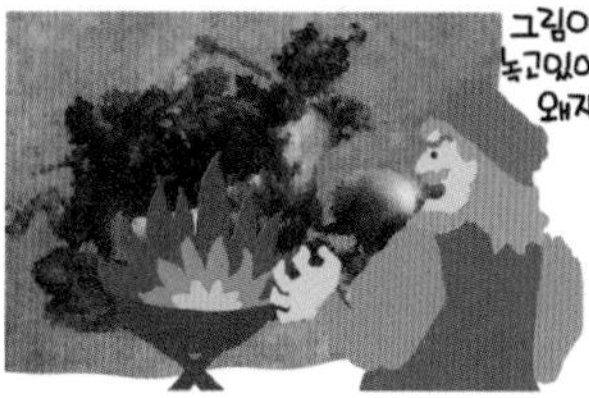
그림이
녹고있어!!
왜지??

4 다시 밀라노에

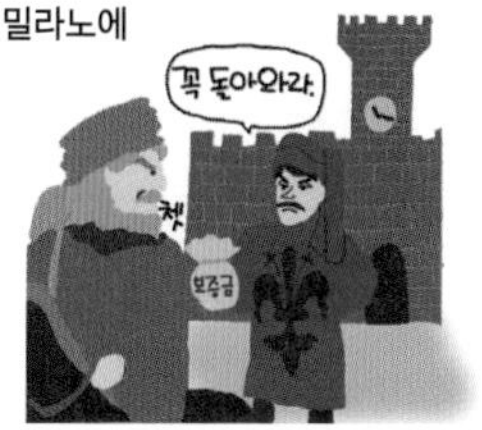
꼭 돌아와라.
칫
보증금

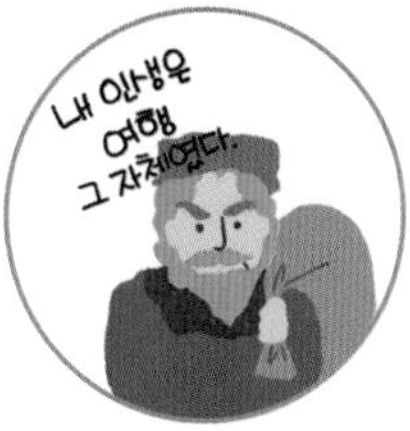
내 인생은
여행
그 자체였다.

는 새로운 땅을 찾아 만토바를 거쳐 베네치아로 향했다. 터키의 위협에 처해 있던 베네치아는 곧 레오나르도를 군사전략가로 고용했다. 레오나르도는 잠수복을 개발하여 수영을 잘하는 사람을 통해 터키 선박 근처에 폭탄을 장착하는 작전을 생각해냈지만, 안타깝게도 성공을 거두진 못했다.

피렌체에 돌아온 레오나르도는 정부청사의 벽에 프레스코화를 그리는 일을 의뢰받았다. 그것은 라이벌 미켈란젤로와의 경쟁으로 기획된 일이었다. 레오나르도는 독자적인 그림 소재를 개발하여 〈앙기아리의 전투〉를 그리기 시작했지만, 재료의 배합에 실패했다. 결국 그림을 건조시키려고 불 옆에 두었다가 마르기도 전에 녹아 버려 그림의 대부분을 잃고 말았다. 또한 오랜 숙적 피사를 치려는 목적으로 아르노 강의 흐름을 바꾸는 토목공사를 위해 사람들을 2만 명이나 모았지만, 공사가 어중간해지는 바람에 실행되지 못했다. 레오나르도가 이 일을 남긴 채 밀라노로 떠나려고 하자, 피렌체 정부는 그에게 '반드시 돌아와서 완성할 것'을 약속하는 고액의 보증금을 지불하게 했다. 하지만 끝내 레오나르도가 이 일들을 완성하는 일은 없었다. 이렇듯 고난이 연속되는 시기였지만, 바로 이 시기에 그 유명한 작품 〈모나리자〉가 그려지기 시작했다. 그는 이 그림을 일평생 어디를 가든지 몸에 간직했다.

당시 밀라노는 프랑스 왕 루이 12세의 통치하에 있었다. 재방문을 환영받은 레오나르도는 또다시 밀라노에서 궁정직속 화가 겸 기술자로 일하게 되었다. 이 시기에 롬바르디아 지방의 별장에 살면서 토지의 귀족 멜지와 알게 되어 경제적으로도 안정된 나날을 보낼 수 있었다. 하지만 평온한 나날은 또다시 전쟁으로 무너져, 그는 다시 새로운 땅을 찾아 여행을 떠났다. 그리하여 선택한 땅이 로마였다.

로마에서는 교황 레오 10세의 동생 느무르 공작 줄리아노의 비호하에 주로 수학과 해부학 연구에 힘을 기울였다. 하지만 3년 후 줄리아노 공작의 죽음으로 레오나르도는 또다시 후원자를 찾아야 하는 신세가 되었다.

새로운 프랑스 왕 프랑수아 1세가 레오나르도의 명성을 듣고 꼭 프랑스에 와서 상담자로서 일해주길 바란다고 의뢰했다. 로마에서 후원자를 잃은 레오나르도는 다시 한번 긴 여행을 떠날 결심을 했다. 긴 시간 함께한 제자 살라이는 여정 중에 들른 밀라노에 남았다. 레오나르도는 멜지와 둘이서 알프스를 넘어 새로운 최후의 땅을 향해 갔다.

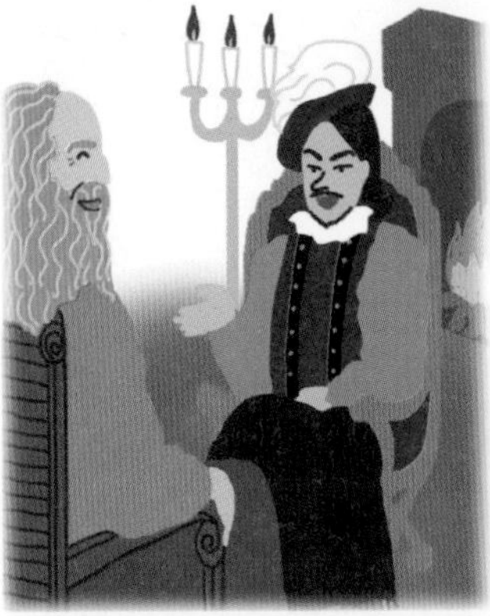

프랑수아 1세는 레오나르도를 극진히 환영하여 앙부아즈라고 하는 조용한 시골에 별장을 지어 주고, 여유가 있을 때마다 레오나르도의 이야기를 들으러 방문했다고 한다.

1 레오나르도는 최후의 나날을 제자 멜지와 함께 고요히 보냈다. 병으로 손이 떨리게 되었지만 그림 그리기를 멈추지 않았다. 이 무렵 특히 폭풍과 홍수로 인한 대재해와 관련된 스케치를 많이 남겼다.

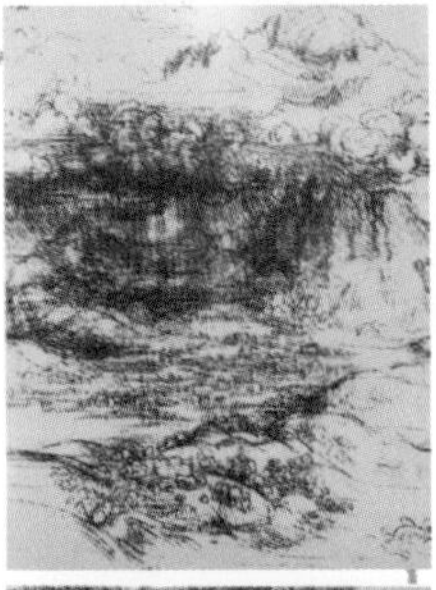

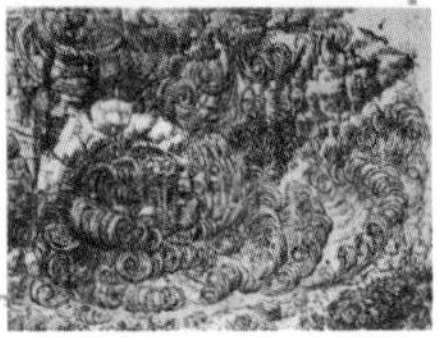

2 이 〈세례자 요한〉이 레오나르도 말년의 최후 작품으로 전해진다.

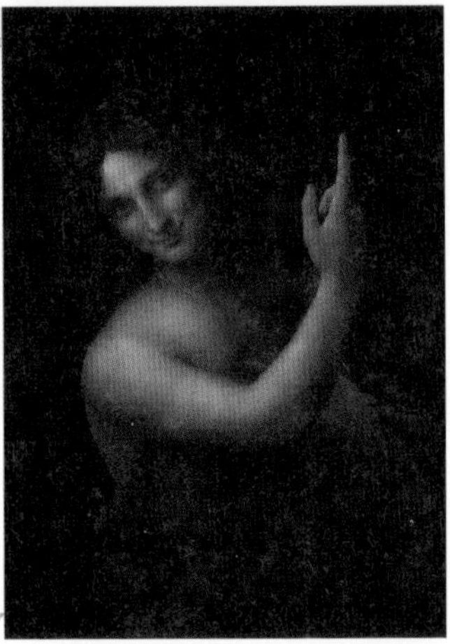

1508~1513년경, 루브르 미술관, 파리

병으로 고생하던 레오나르도는 많은 일들을 완성하지 못하고, 신의 가르침을 거스르며 사람들에게 상처를 주었다고 깊은 회한을 남겼다고 한다. 유언을 통해 모든 그림과 노트는 멜지에게, 일 모로 공작에게 받은 밀라노의 포도밭은 살라이에게 남겼다. 돈은 가난한 사람들에게 기부하였고, 사후에는 피오렌티나 교회에 이장하도록 지시했다.

1519년 5월 2일 레오나르도는 멜지의 보살핌 속에서 숨을 거두었다. 향년 67세였다. 레오나르도의 죽음은 사람들에게 깊은 슬픔을 주었다. 그는 회화에 이제까지 없던 가치를 부여하여, 자연을 경외하는 마음의 소중함을 표현한 만능의 천재였다.

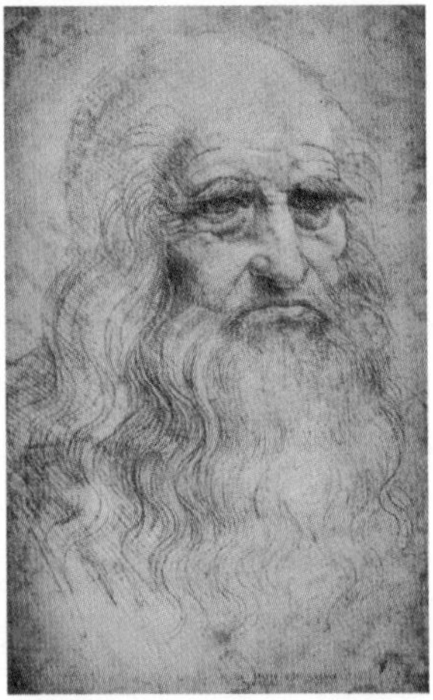

〈자화상(?)〉, 1515년경, 토리노 국립도서관, 토리노

레오나르도 다 빈치의 생가

빈치 마을

Vinci

(피렌체 근교)

빈치 마을은 피렌체에서 서쪽으로 약 25km 떨어진 곳에 위치한 토스카나의 작은 마을이다.
버스 운행 수도 적어 조금 복잡한 여정이지만, 도착하면 세계에서 가장 유명한 대천재를 키워낸 풍요로운 자연을 만날 수 있다.
레오나르도의 생가는 소박함 그 자체로 견학은 무료이며, 관리인 할아버지 한 분만 머물고 있다.

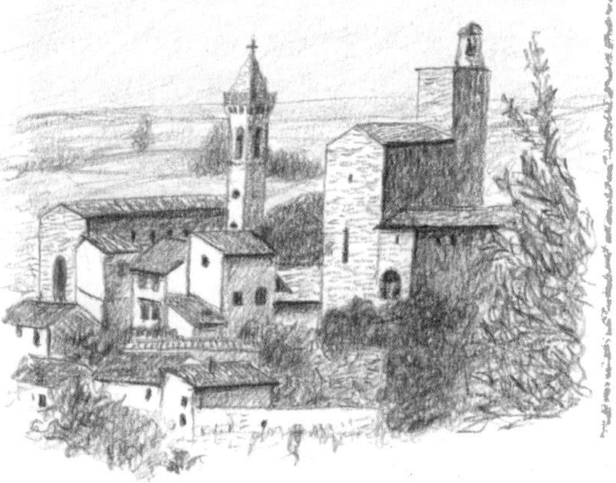

피렌체S.M.N-엔포리	＊철도 약 30분
엔포리 빈치 마을(종점)	＊COPIT사의 버스 약 20분

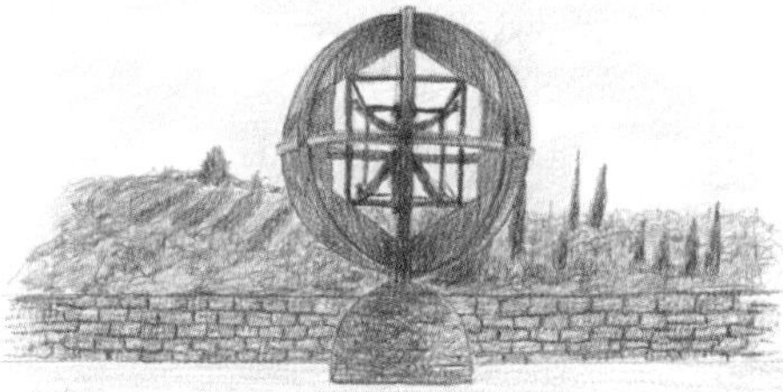

빈치 마을에는 레오나르도의 발명품 모형을 전시한 레오나르도 박물관(Museo Leonardiano), 도서관, 연구소 등이 있다.

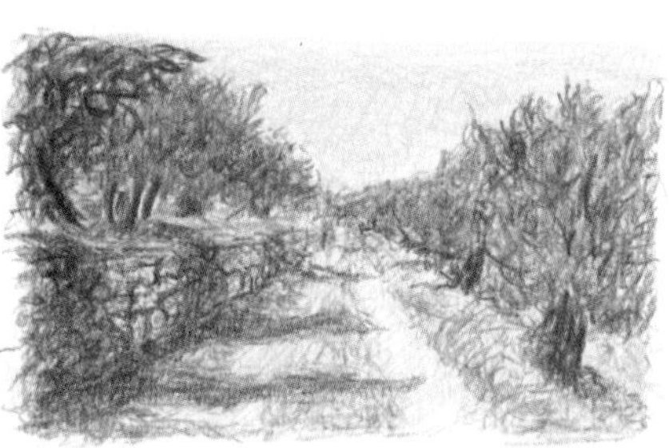

빈치 마을에서 레오나르도 생가까지는 약 3km. '인연의 길(Strada Verde)'이라 불리는 이 길은 포장되어 있지 않아 수레바퀴 자국이 남은 길로 올리브 밭을 가로질러 계속 가면 된다. 레오나르도가 자랐을 때와 전혀 변하지 않은 풍경이 펼쳐져 있다.

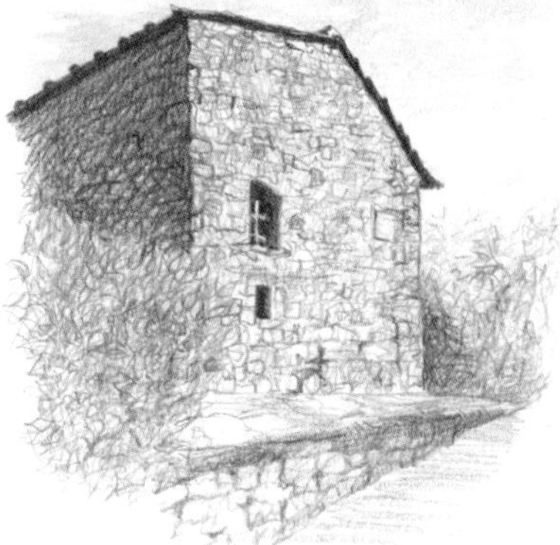

(레오나르도의 생가)

표시는 이것뿐이지만 간단해서 헤맬 염려는 없다. 단, 해가 빨리 지는 계절에는 서두르는 편이 좋다.

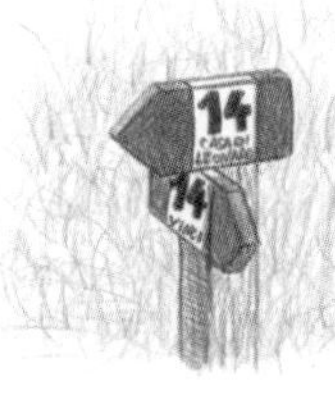

미켈란젤로 부오나로티

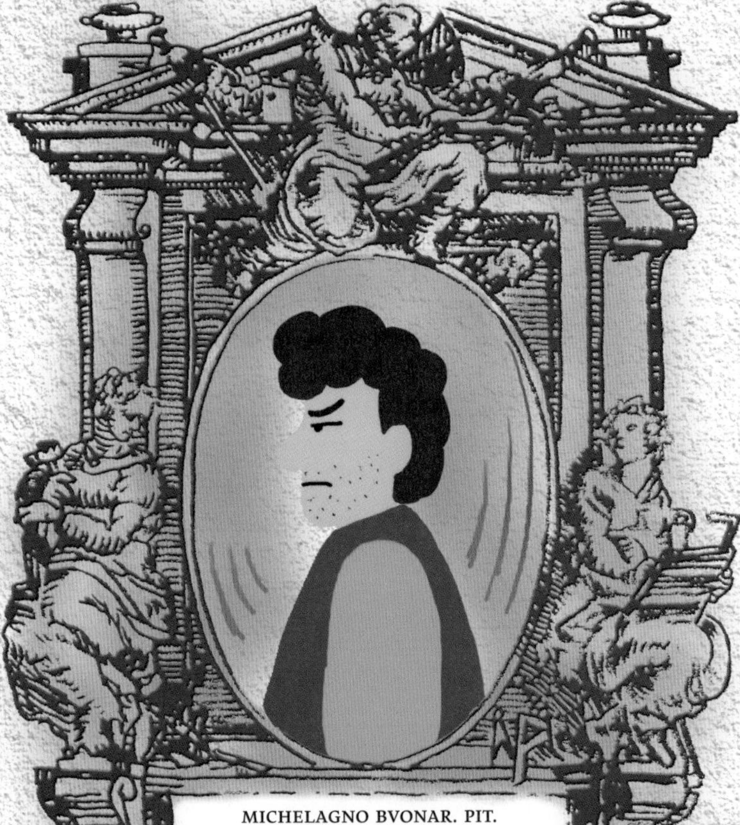

신이 내린 고고한 천재 예술가

미켈란젤로 부오나로티
Michelangelo Buonarroti

(1475~1564)

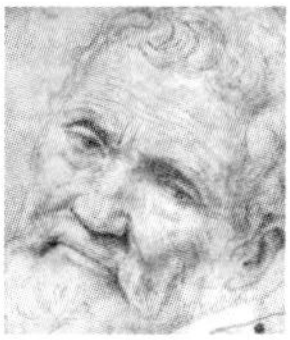

보르텔라 작

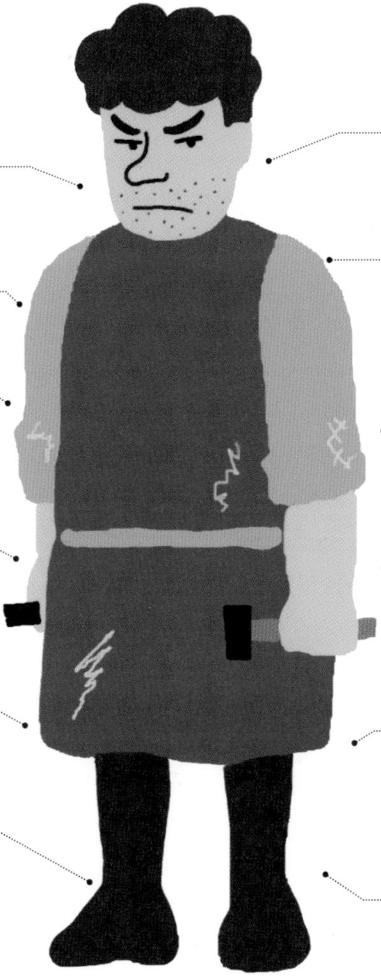
신이 내린 예술가
머릿속은 온통 예술
사람을 매우 싫어함
맡은 일은 일절 협력하지 않음
약동하는 근육이야 말로 아름다움
여자에게 흥미 없음
고집불통
얻어맞은 후유증으로 코가 비뚤어짐
여성의 몸도 남성 모델을 본뜸
시 창작 능력도 뛰어남
레오나르도 다 빈치를 매우 싫어함
자주 의뢰인과 충돌

직함

- 천재 조각가
- 천재 프레스코화가
- 산 피에트로 대성당 건축주임

미켈란젤로
— 이야기 —

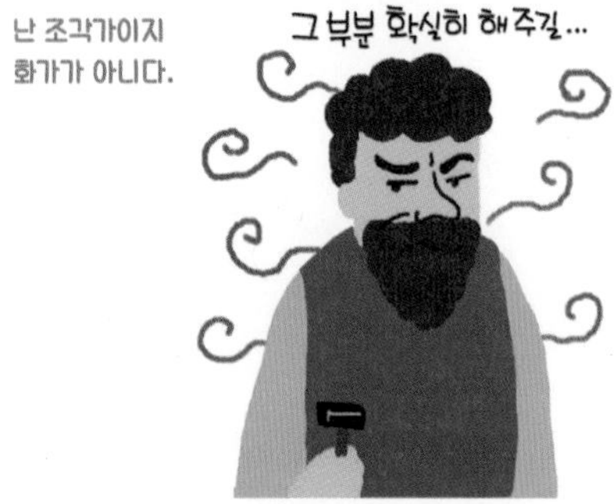
난 조각가이지 화가가 아니다.
그 부분 확실히 해주길...

1 미켈란젤로는 1475년 3월 6일 토스카나 지방의 카프레세에서 태어났다.

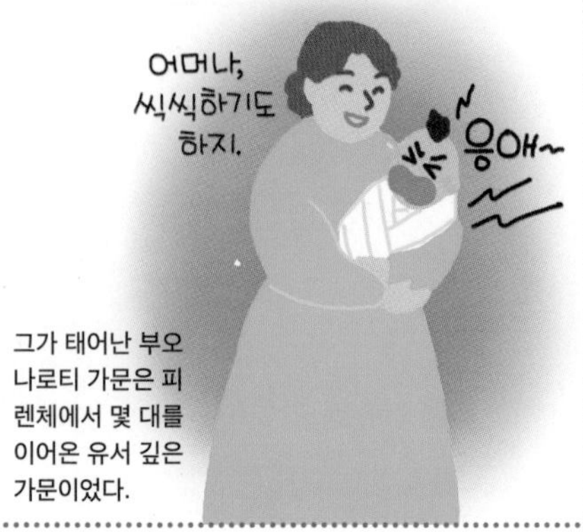
어머나, 씩씩하기도 하지.
응애~
그가 태어난 부오나로티 가문은 피렌체에서 몇 대를 이어온 유서 깊은 가문이었다.

2 미켈란젤로는 채석장이 있는 세티냐노 지방에 수양아들로 맡겨져 돌을 새기는 소리를 들으며 성장했다.

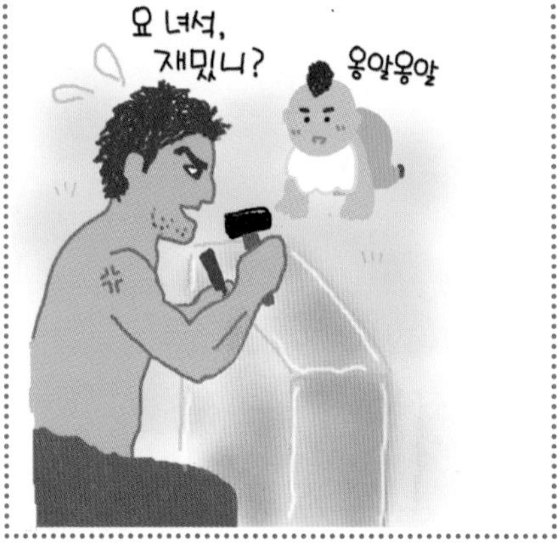
요 녀석, 재밌니?
옹알옹알

3 아버지 루도비코는 아들을 문법학교에 보내 공무원이 되게 하고 싶었지만, 미켈란젤로는 아버지의 뜻에 반하여 그림만 그리고 있었다.

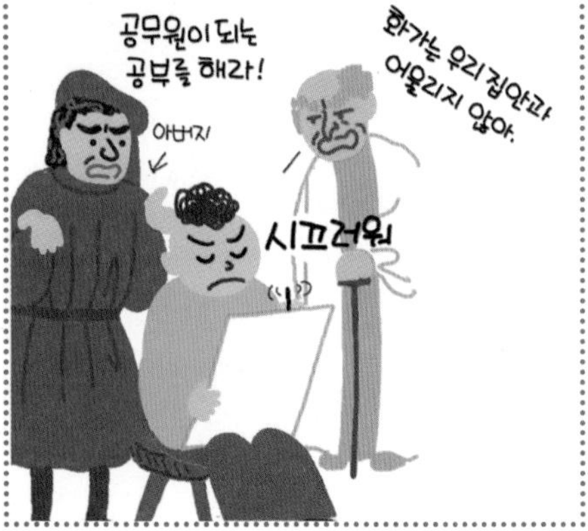
공무원이 되는 공부를 해라!
화가는 우리 집안과 어울리지 않아.
아버지!
시끄러워

4 결국 포기한 루도비코는 당시 평판이 높았던 기를란다요 공방에 미켈란젤로를 입문시켰다.

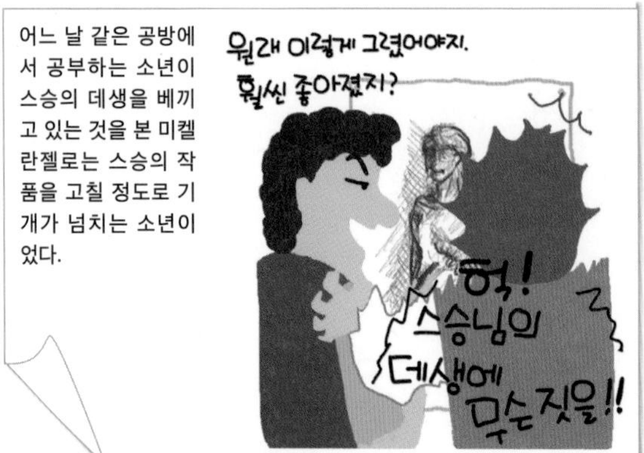
어느 날 같은 공방에서 공부하는 소년이 스승의 데생을 베끼고 있는 것을 본 미켈란젤로는 스승의 작품을 고칠 정도로 기개가 넘치는 소년이었다.
원래 이렇게 그렸어야지. 훨씬 좋아졌지?
헉! 스승님의 데생에 무슨 짓을!!

나중에 바사리가 이 일화 속의 데생을 손에 넣어, 노년이 된 미켈란젤로에게 보여주자,

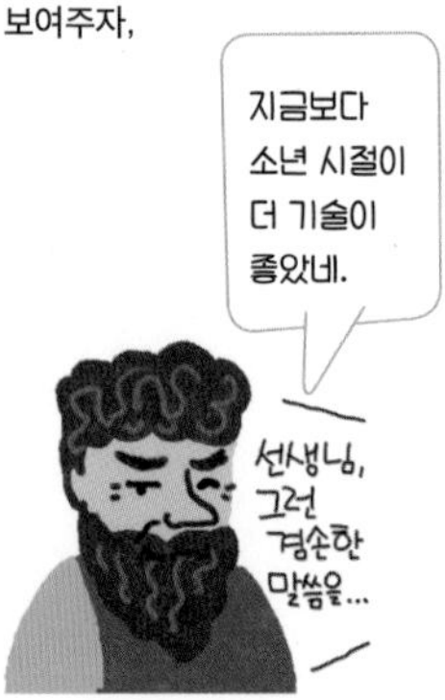
지금보다 소년 시절이 더 기술이 좋았네.
선생님, 그런 겸손한 말씀을...

라고 말했다고 한다.

1 피렌체의 실질적 통치자 로렌초 메디치는 정치력과 인기를 모두 지닌 인물로 예술가의 후원에도 많은 열정을 쏟았다.

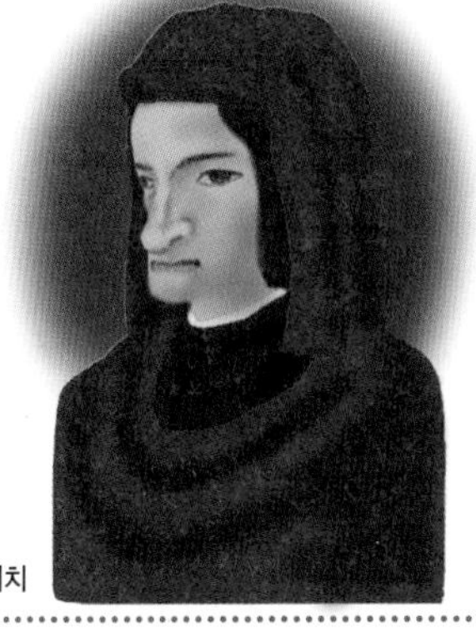

로렌초 메디치

2 로렌초는 고대 조각을 많이 수집한 그의 정원을 학교로 만들어 뛰어난 조각가를 육성하려 했고, 그곳에 미켈란젤로도 불렀다.

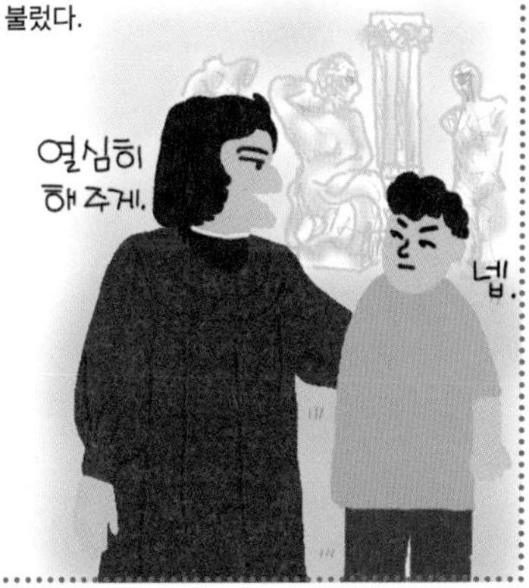
열심히 해 주게.
넵.

3 미켈란젤로의 뛰어난 재능을 알아본 로렌초는 미켈란젤로를 가족의 일원으로 맞이하여 그의 예술 활동을 전면적으로 지원하기로 했다.

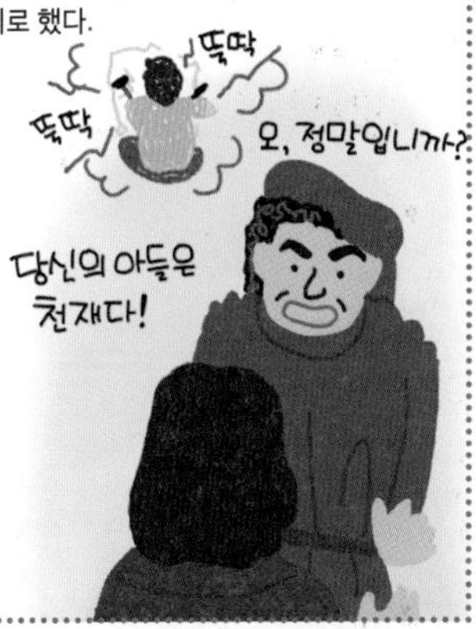
뚝딱
뚝딱
오, 정말입니까?
당신의 아들은 천재다!

4 그곳에는 훗날 교황이 되어 미켈란젤로의 후원자가 된 메디치 가문의 두 명의 자녀들도 있었다.

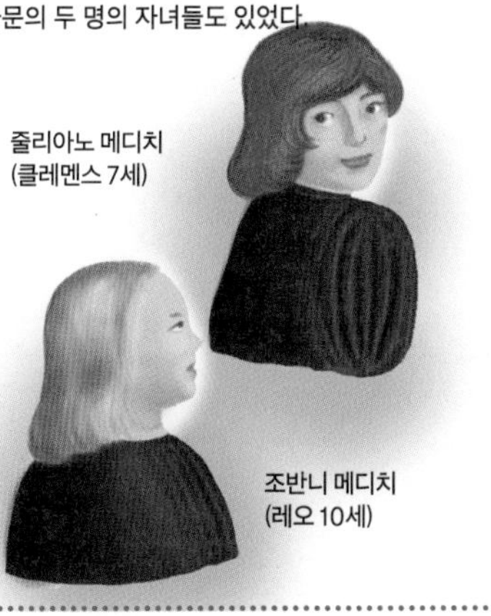
줄리아노 메디치
(클레멘스 7세)
조반니 메디치
(레오 10세)

5 또한 산타 마리아 델 카르미네 교회의 브란카치 예배당에 다니며, 마사치오의 작품을 모사하며 공부했다.

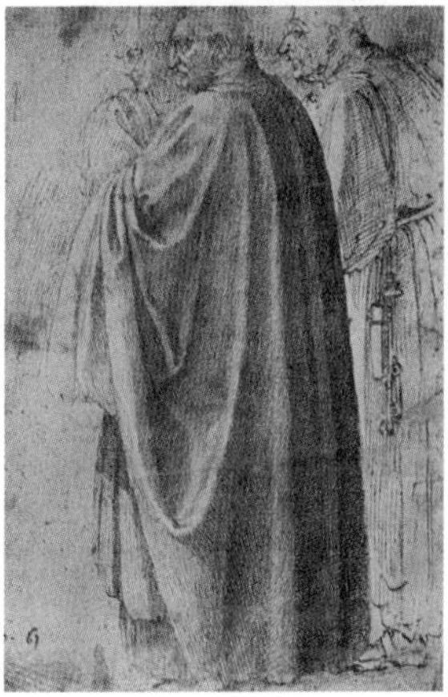

〈마사치오의 "카르투지오의 제례"를 모사〉, 알베르티나 박물관, 빈

6 그러던 중 미켈란젤로의 높은 평판을 질투한 친구 토르지아노는 주먹으로 미켈란젤로를 때리고 말았다.

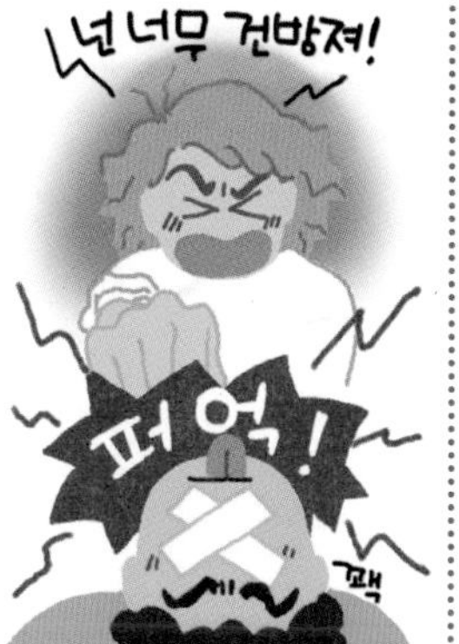
넌 너무 건방져!
퍼억!
꽥

그 일로 코뼈가 부러져 코가 비뚤어졌다고 한다.

1 로렌초가 죽은 후 메디치 가문이 피렌체에서 추방당하게 되자, 그의 비호를 받았던 미켈란젤로도 도망을 가야 하는 처지가 되었다.

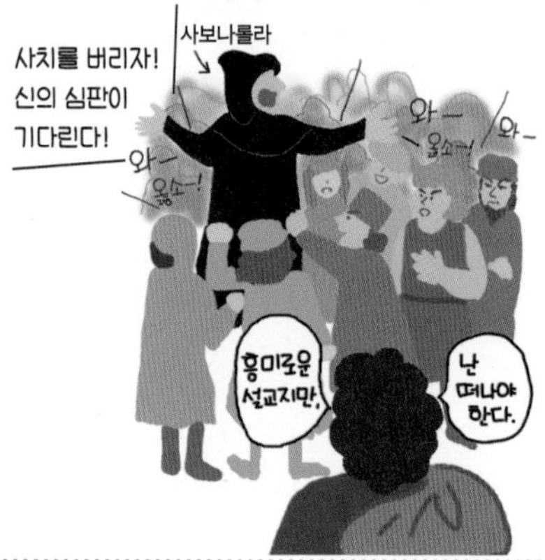
사보나롤라
사치를 버리자! 신의 심판이 기다린다!
와—
옳소—!
와—
옳소—!
와—
흥미로운 설교지만,
난 떠나야 한다.

2 볼로냐에 들어가려고 했을 때, 통행증이 없었던 미켈란젤로는 고액의 벌금을 내야 하는 난처한 상황에 빠졌다.

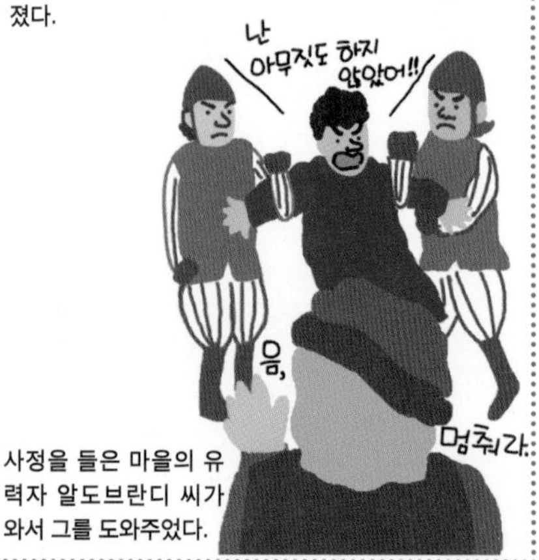
난 아무짓도 하지 않았어!!
음,
멈춰라.

사정을 들은 마을의 유력자 알도브란디 씨가 와서 그를 도와주었다.

3 알도브란디 씨는 미켈란젤로에게 토스카나 방언으로 단테의 시 해설을 듣는 것을 가장 좋아했다. 하지만 미켈란젤로는 시간을 허비하고 있다는 생각에 결국 피렌체에 돌아왔다.

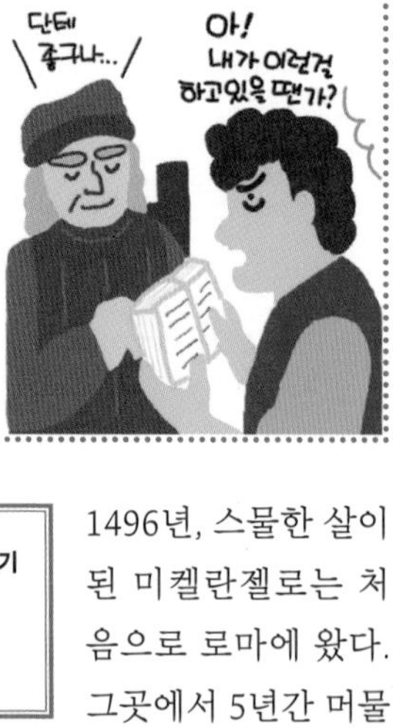
단테 좋구나...
아! 내가 이런걸 하고있을 땐가?

고대풍의 작품이 주특기

바쿠스

1496~1501년

1496년, 스물한 살이 된 미켈란젤로는 처음으로 로마에 왔다. 그곳에서 5년간 머물며 중요한 작품 두 개를 남겼다. 〈바쿠스〉와 그 이름도 유명한 〈피에타〉이다.

은행가 야곱 갈리는 자택 정원에 장식하기 위해 〈바쿠스〉를 고대 조각처럼 만들어 달라고 주문했다. 미켈란젤로는 마치 땅속에서 나온 실제 고대 작품처럼 그것을 만들어 냈다.

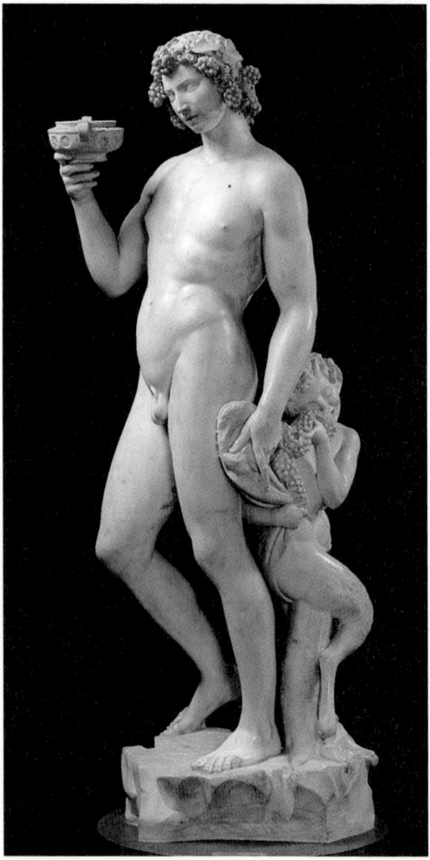

바르젤로 국립박물관, 피렌체

최초의 걸작
피에타
1501년

미켈란젤로는 더없이 세련된 피에타를 26세라는 젊은 나이에 완성했다. 이 작품은 금세 큰 호평을 받았고, 그의 명성은 부동의 자리에 올랐다.
이 작품에는 그리스도의 죽음에 대한 슬픔보다도, 모든 것을 초월한 거룩한 아름다움이 드러나 있다.

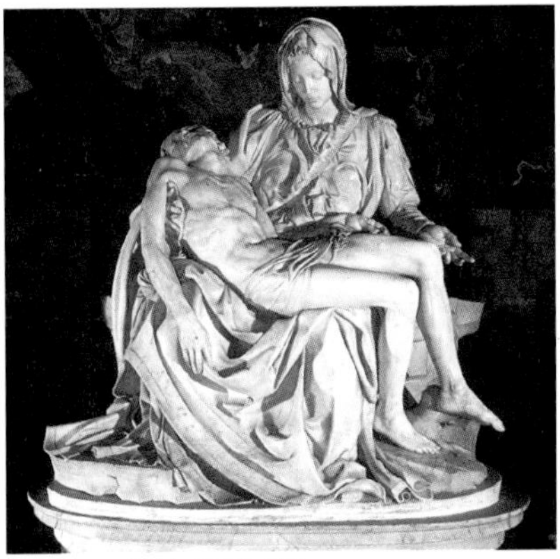
산 피에트로 대성당, 바티칸, 로마

❶ 피에타가 공개되고 머지않아 미켈란젤로는 롬바르디아 지방에서 온 방문객들이 자신의 작품을 칭송하고 있는 것을 보게 되었다.

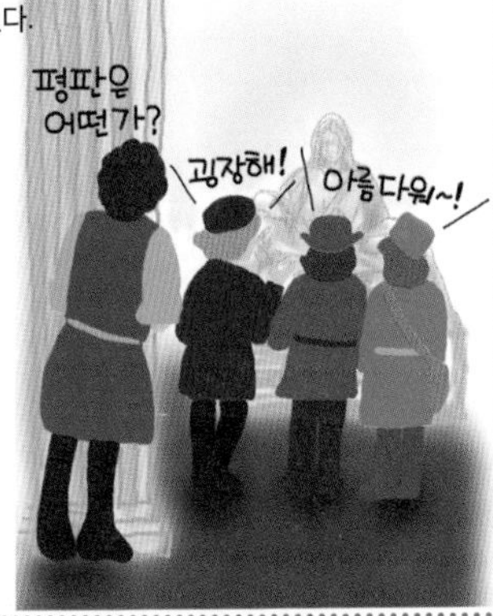
평판은 어떤가?
굉장해!
아름다워~!

❷ 그런데 그중 한 사람이 "이걸 만든 사람이 누구지?"라고 묻자,

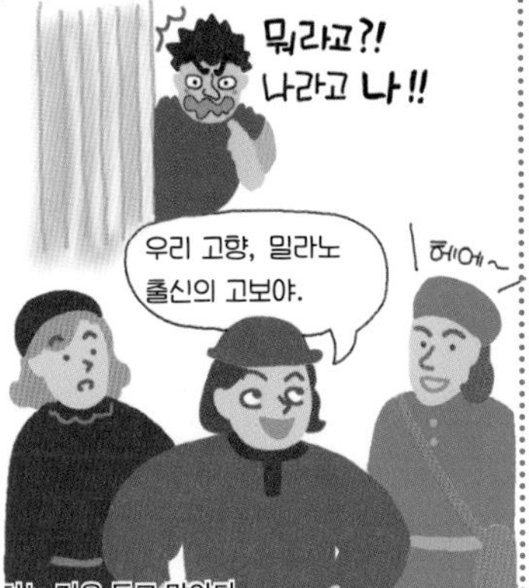
뭐라고?!
나라고 나!!
우리 고향, 밀라노 출신의 고보야.
헤에~

라고 대답하는 것을 듣고 말았다.

❸ 자신의 작품이 다른 사람 것이 되어버린 걸 보고 놀란 미켈란젤로는 그날 밤 남몰래 마리아의 혁대에 자신의 이름을 새겨 넣었다.

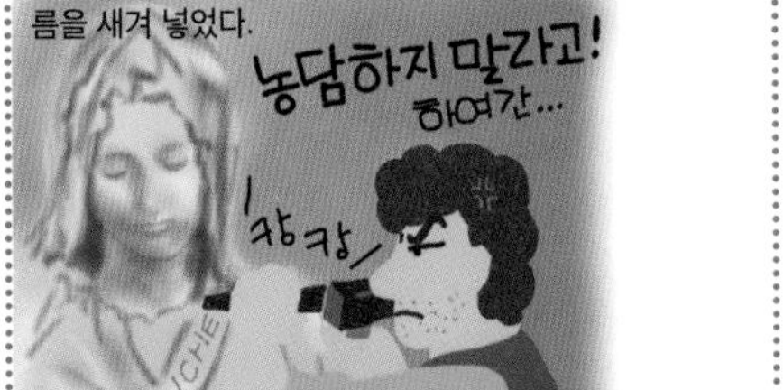
농담하지 말라고!
하여간…
캉 캉
MICHAELANGHE

❹ 아직 젊고 이름이 알려져 있지 않으면, 이처럼 작품의 명예가 가로채이는 경우도 있었다.

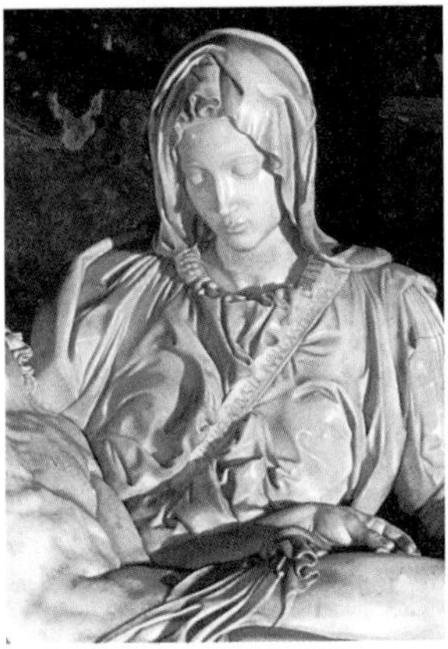

하지만 미켈란젤로는 이후 작품부터는 서명을 새길 필요가 없었다.

정의의 상징
다비드
1501~1504년

피렌체는 긴 정치적 혼란의 끝에 미켈란젤로의 친구였던 피에로 소데리니가 종신집정관으로 취임했다. 〈피에타〉로 명성을 올린 미켈란젤로에게 피렌체 정부는 거대한 대리석을 주고 작업을 의뢰했다. 이 대리석은 이전에도 다른 조각가가 다비드를 조각하려고 다리 부분에 구멍을 뚫어놓아 볼품이 없어진 것이었다. 그런 불리한 조건에도 불구하고 미켈란젤로는 피렌체 공화국의 '자유와 정의의 정신'을 상징하는 전혀 새로운 다비드상을 제작해냈다.

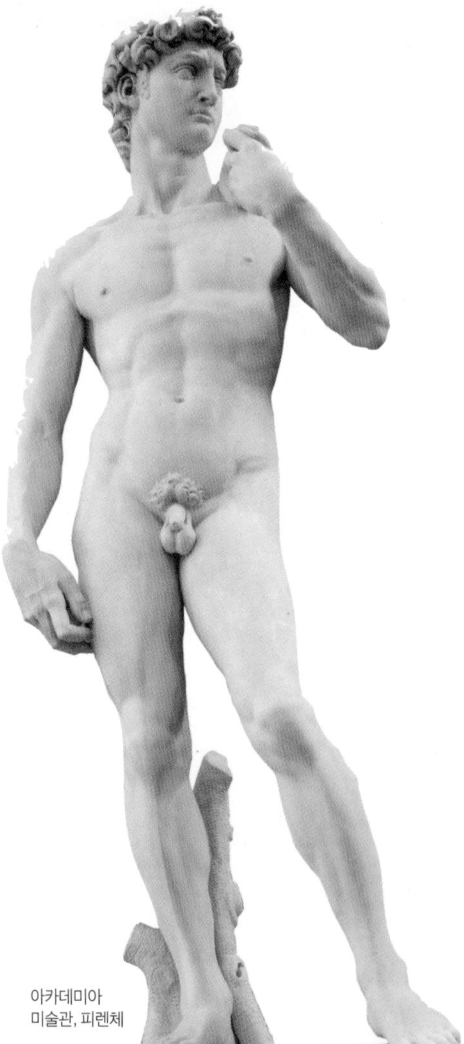

아카데미아 미술관, 피렌체

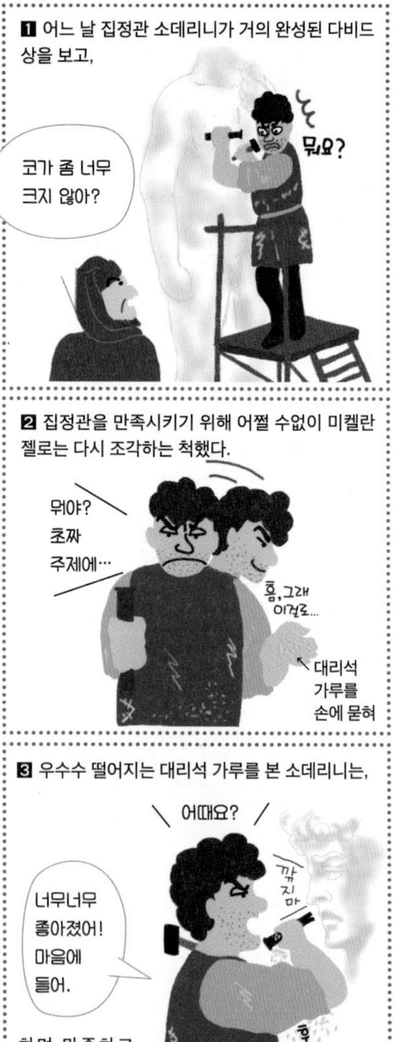
1 어느 날 집정관 소데리니가 거의 완성된 다비드상을 보고,
코가 좀 너무 크지 않아?
뭐요?
2 집정관을 만족시키기 위해 어쩔 수없이 미켈란젤로는 다시 조각하는 척했다.
뭐야? 초짜 주제에…
흠, 그래 이걸로…
대리석 가루를 손에 묻혀
3 우수수 떨어지는 대리석 가루를 본 소데리니는,
어때요?
깎지마
너무너무 좋아졌어! 마음에 들어.
하며 만족하고 돌아갔다.

4 그리고 훌륭한 완성품 다비드를 어디에 놓을지 결정하는 '다비드 설치회의'가 열렸다.

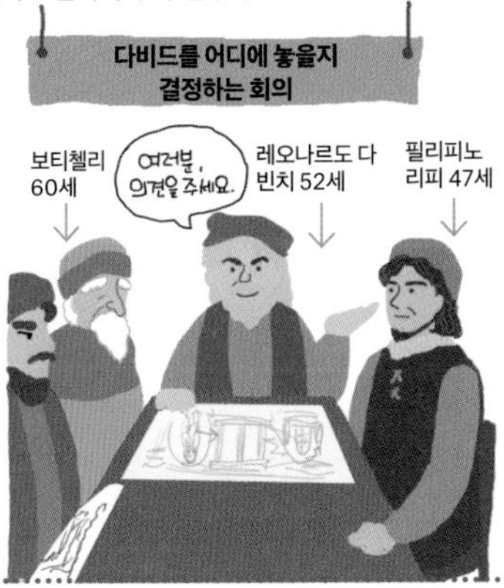
다비드를 어디에 놓을지
결정하는 회의
보티첼리 60세
여러분, 의견을 주세요.
레오나르도 다 빈치 52세
필리피노 리피 47세

5 레오나르도는 정부청사 앞 로지아(한쪽 또는 양쪽에 벽이 없는 복도 모양의 방)를 주장했지만, 미켈란젤로는 베키오 궁전(정부청사) 앞을 주장하여 통과시켰다.

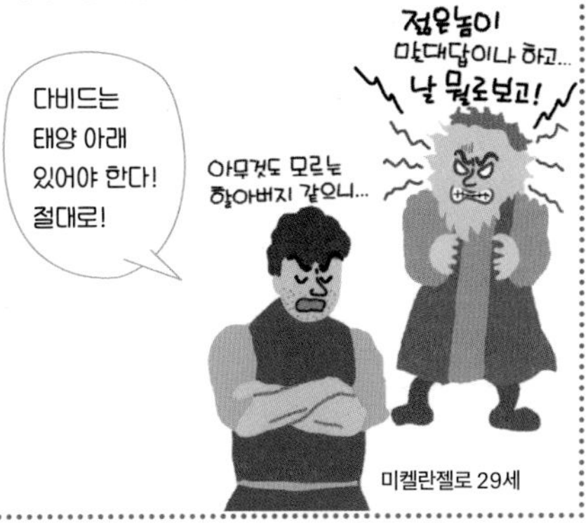
다비드는 태양 아래 있어야 한다! 절대로!
아무것도 모르는 할아버지 같으니...
젊은놈이 말대답이나 하고... 날 뭘로보고!
미켈란젤로 29세

환상의

미켈란젤로 대 레오나르도
카시나의 전투

1504년 〈다비드〉의 성공으로 피렌체에서도 예술가로서 확고한 지위를 얻은 미켈란젤로는 레오나르도의 경쟁작으로 정부청사의 벽에 프레스코화를 그리는 일을 의뢰받았다. 미켈란젤로는 〈카시나의 전투〉를 테마로 선택하고 거대한 밑그림을 그려 정성껏 구상을 해 나갔다. 하지만 레오나르도의 〈앙기아리의 전투〉와 같이 이 기획은 완성되지 못했다.

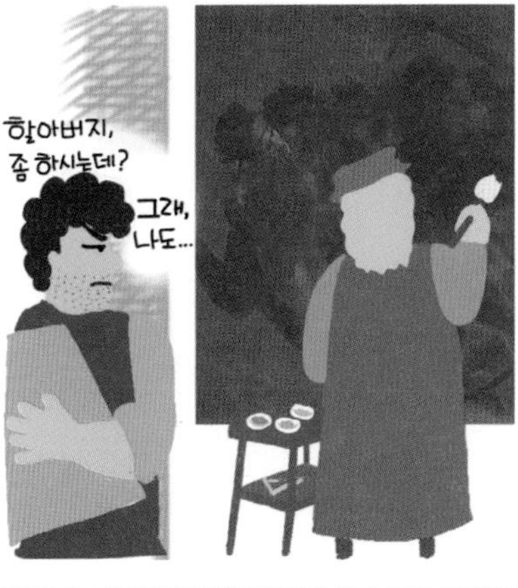
할아버지, 좀 하시는데?
그래, 나도...

원조 마니에리스모
〈톤도 도니〉

미켈란젤로가 그린 유일한 판그림(별명 〈성가족〉)이다. 성모의 몸을 비튼 자세는 차세대 마니에리스모 화가들에게 큰 영향을 주었다.
안젤로 도니를 위해 그려진 이 그림에는 재미있는 일화가 있다. 안젤로 도니는 예술품 주문에 열심인 후원자이자 동시에 이익을 최고로 따지는 상인이기도 했다.
도니는 완성된 그림의 가격을 늘 깎으려고 했다. 이에 격노한 미켈란젤로는 원래 금액의 두 배가 아니면 팔지 않겠다고 단언했고, 결국 도니는 두 배의 돈을 내지 않을 수 없었다고 한다.

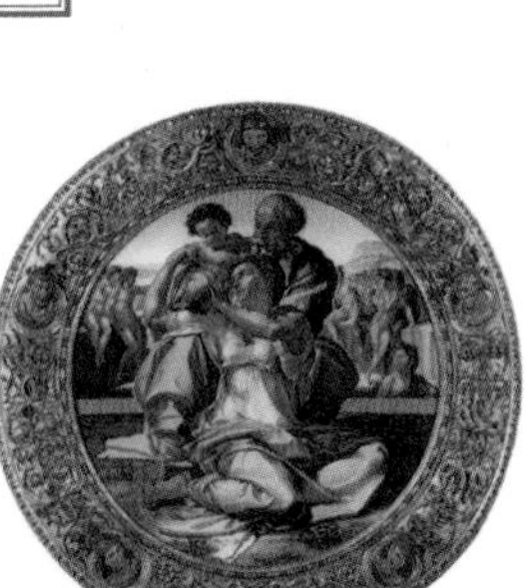
1502~1503년, 우피치 미술관, 피렌체

숙명의 고객 율리오 2세

시스티나 예배당

1508~1512년

1505년 미켈란젤로의 명성은 로마에도 뻗어 나가, 교황 율리오 2세의 열렬한 요청으로 그의 거대한 묘를 제작하기 위해 로마로 가게 되었다.

그는 곧바로 일에 착수했지만, 거만하고 변덕스러운 교황의 성격에 휘둘리게 되었다.

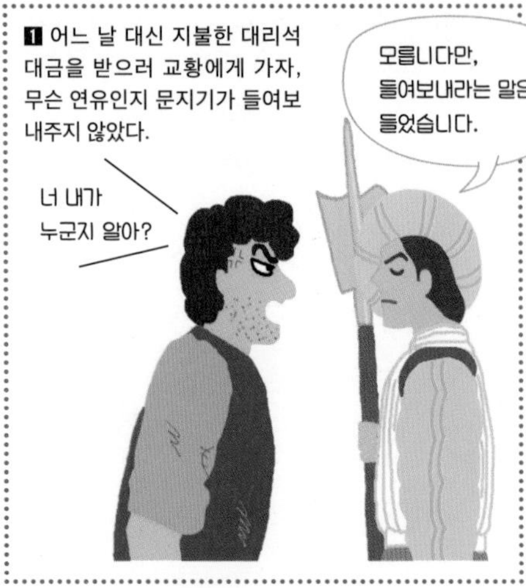
1 어느 날 대신 지불한 대리석 대금을 받으러 교황에게 가자, 무슨 연유인지 문지기가 들여보내주지 않았다.
모릅니다만, 들여보내라는 말은 못 들었습니다.
너 내가 누군지 알아?

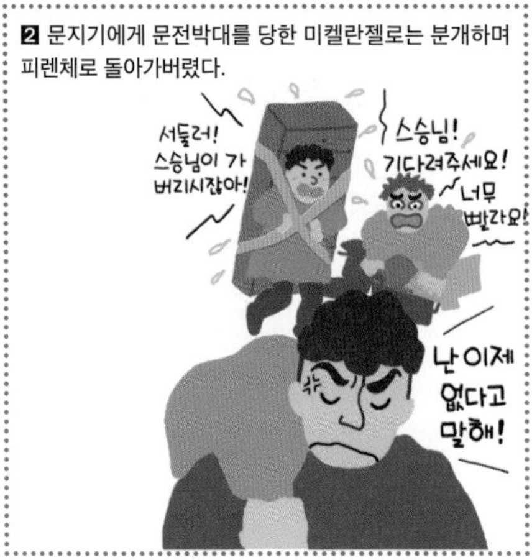
2 문지기에게 문전박대를 당한 미켈란젤로는 분개하며 피렌체로 돌아가버렸다.
서둘러! 스승님이 가 버리시잖아!
스승님! 기다려주세요!
너무 빨라요!
난 이제 없다고 말해!

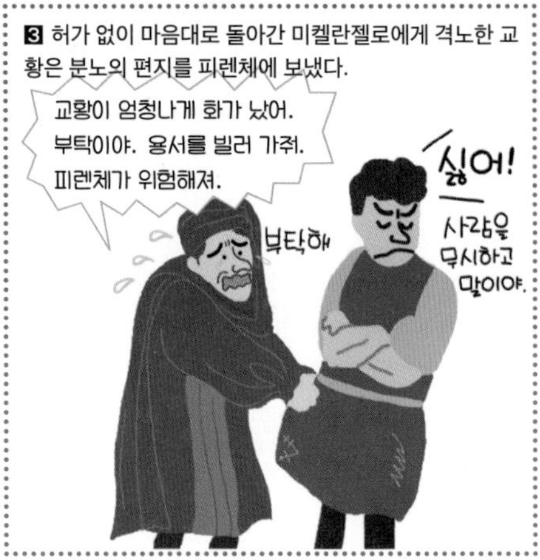
3 허가 없이 마음대로 돌아간 미켈란젤로에게 격노한 교황은 분노의 편지를 피렌체에 보냈다.
교황이 엄청나게 화가 났어. 부탁이야. 용서를 빌러 가줘. 피렌체가 위험해져.
부탁해
싫어!
사람을 무시하고 말이야.

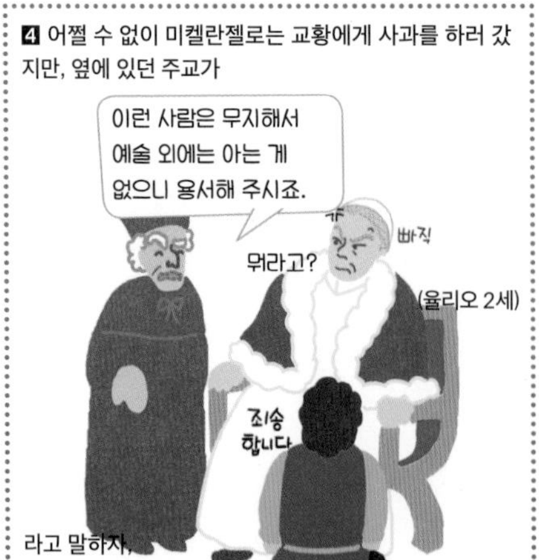
4 어쩔 수 없이 미켈란젤로는 교황에게 사과를 하러 갔지만, 옆에 있던 주교가
이런 사람은 무지해서 예술 외에는 아는 게 없으니 용서해 주시죠.
뭐라고?
빠직
(율리오 2세)
죄송합니다
라고 말하자,

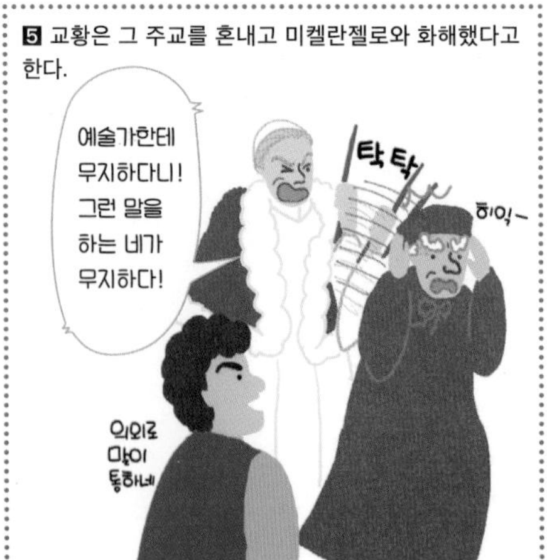
5 교황은 그 주교를 혼내고 미켈란젤로와 화해했다고 한다.
예술가한테 무지하다니! 그런 말을 하는 네가 무지하다!
탁 탁
히익~
의외로 말이 통하네

하지만 율리오 2세의 변덕은 멈추지 않았고, '이런 멋진 묘가 있어도 교회 외관이 초라해선 안 되지'라고 생각하기 시작하여, 산 피에트로 대성당의 신축공사로 머릿속이 가득 찼다. 당시 율리오 2세 아래 건축책임자를 담당하던 사람은 브라만테였다. 그는 미켈란젤로의 재능을 질투하여 더 이상 그의 명성이 높아지지 못하게 할 만한 기회를 엿보고 있었다. 브라만테는 묘의 제작이 중단된 사이 시스티나 예배당의 천장화를 미켈란젤로에게 맡기면 어떻겠냐고 교황에게 말했다. 조각가인 미켈란젤로가 분명 실패하여 큰 수치를 당하게 될 거라고 생각했기 때문이다. 미켈란젤로는 거절했지만 결국 교황의 권력으로 그 일을 맡을 수밖에 없었다.

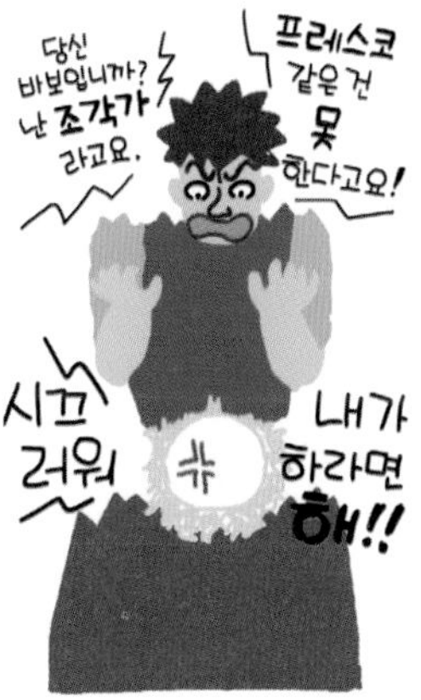
당신 바보입니까? 난 조각가라고요.
프레스코 같은 건 못 한다고요!
시끄러워
내가 하라면 해!!

❻ 하지만 맡은 일은 전력으로 임하는 미켈란젤로와 높은 예술적 센스를 지닌 율리오 2세는 서로 영향을 주고받으며 대천장화를 만들어나갔다.

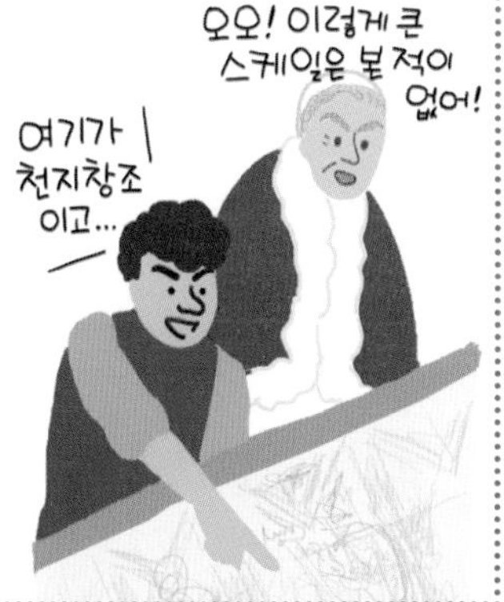
오오! 이렇게 큰 스케일은 본 적이 없어!
여기가 천지창조 이고...

❼ 완성작에 대한 기대를 참지 못한 교황은 종종 작업장을 들여다보다 미켈란젤로에게 쫓겨나곤 했다.

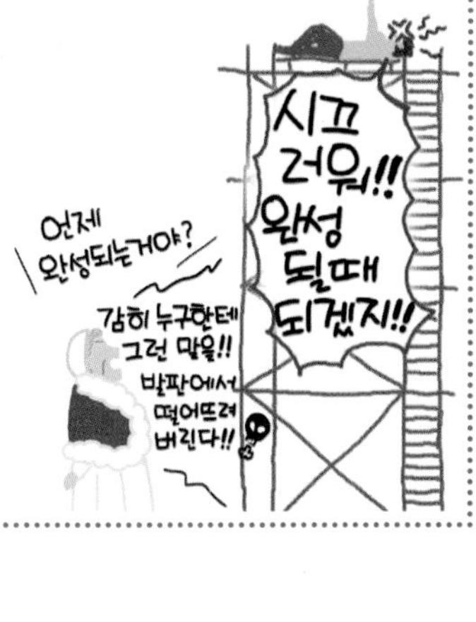
언제 완성되는거야?
시끄러워!! 완성 될때 되겠지!!
감히 누구한테 그런 말을!! 발판에서 떨어뜨려 버린다!!

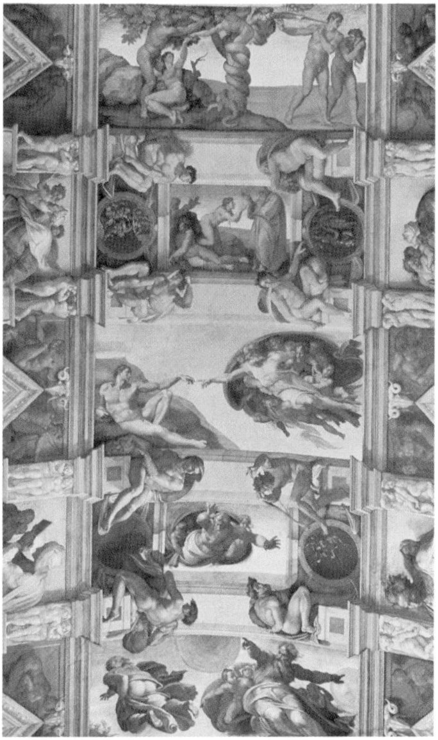
〈시스티나 예배당 천장화(부분)〉, 바티칸, 로마

4년 후 미켈란젤로는 이 대사업을 거의 혼자 힘으로 이루어냈다. 율리오 2세는 완성을 끝까지 지켜보고는 이듬해 1513년에 세상을 떠났다.

로마 약탈의 기억

최후의 심판

1536~1541년

클레멘스 7세에게 의뢰받은 시스티나 예배당의 벽화 〈최후의 심판〉의 프레스코화 제작은 교황이 바오로 3세로 바뀐 후에도 계속되었다.

미켈란젤로는 대형 프레스코화를 강인한 육체를 지닌 사람들로 채워 넣어 장대한 스케일로 존대한 신의 심판의 순간을 그려냈다.

지옥 부분에는, 폭도가 된 신성로마군 병사들에 의해 완전히 파괴되어 하루 만에 로마 인구가 3분의 1이 되었다는 현실에서 일어난 지옥, 1527년 〈로마 약탈〉의 기억을 재현했다고 한다.

이미 60세를 넘긴 미켈란젤로였지만 초인적인 체력은 여전했으며, 5년의 제작 기간에 걸쳐 이 초대형 작품을 완성시켰다. 그리고 자신의 초상화를 성 바르톨로메오가 들고 있는 가죽에 그려 넣었다.

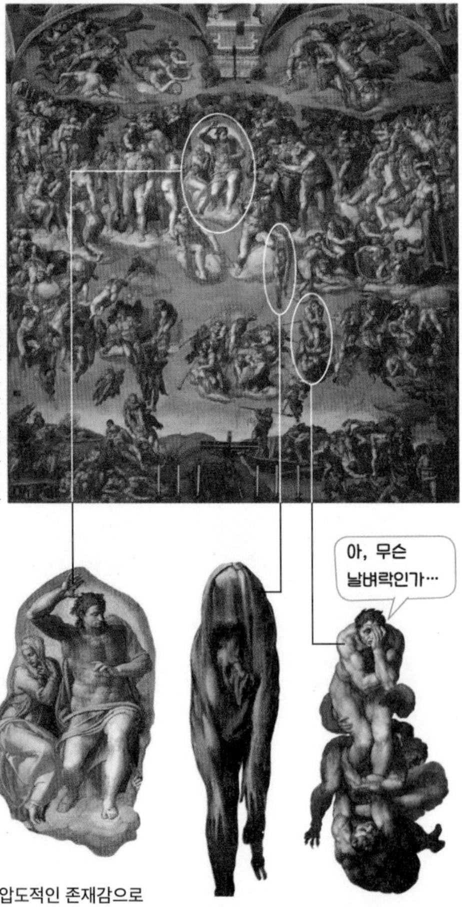
아, 무슨
날벼락인가…

시스티나 예배당, 바티칸 박물관, 로마

압도적인 존재감으로 심판을 내리는 그리스도

미켈란젤로의 자화상

지옥에 떨어지는 남자

1 어느 날 바오로 3세와 함께 전례장이 프레스코화를 보러 가서는,

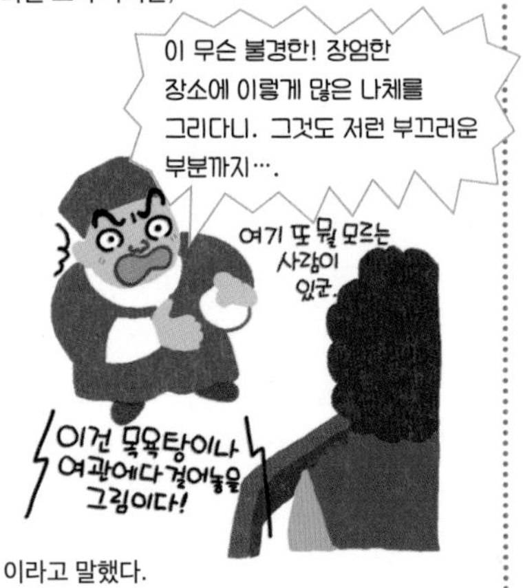
이 무슨 불경한! 장엄한 장소에 이렇게 많은 나체를 그리다니. 그것도 저런 부끄러운 부분까지….
여기 또 뭘 모르는 사람이 있군.
이건 목욕탕이나 여관에다 걸어놓을 그림이다!

이라고 말했다.

2 화가 난 미켈란젤로는 지옥의 심판자 미노스의 얼굴을 이 전례장의 얼굴과 닮게 그려 버렸다.

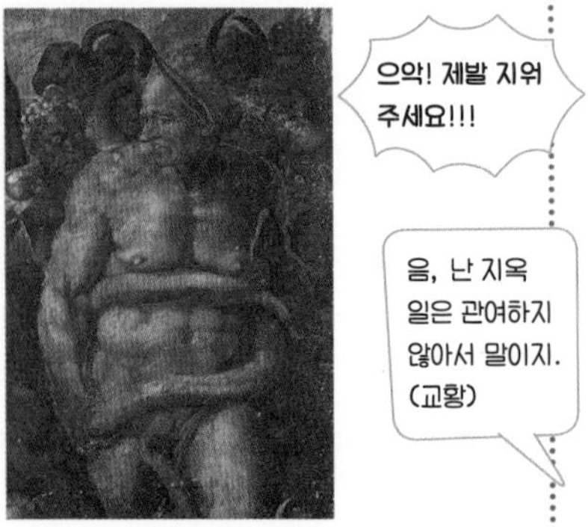
으악! 제발 지워 주세요!!!
음, 난 지옥 일은 관여하지 않아서 말이지. (교황)

율리오 2세의 무덤
모세와 미완의 노예상
1513~1545년

미켈란젤로가 젊은 시절 로마로 거처를 옮겨 교황을 위해 일하게 된 모든 계기인 율리오 2세의 묘비는 아직도 완성되지 못했다. 어지럽게 변하는 정치 상황, 차례로 교대된 교황, 툭하면 변하는 율리오 2세의 유언집행자의 요구 등 이런저런 요소가 이 일의 완성을 방해하고 있었다.

우여곡절 끝에 계획 초기의 일대 기념비 구상과는 동떨어진, 모세 일체를 메인으로 하는 변경된 구성으로 완성되었다. 미켈란젤로는 평생을 고민해온 숙명과도 같은 이 작업을 1545년 율리오 2세가 죽은 지 32년 후에 완성시켰다.

무덤의 일부가 될 예정이었으나 ▶
결국 포함되지 못했다.

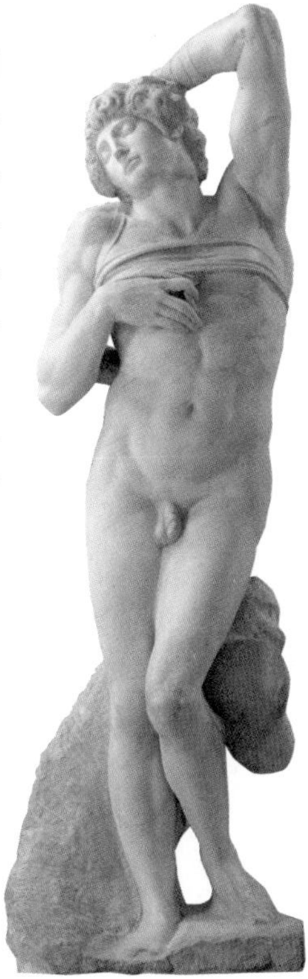
〈죽어 가는 노예〉, 1513년, 루브르 미술관, 파리

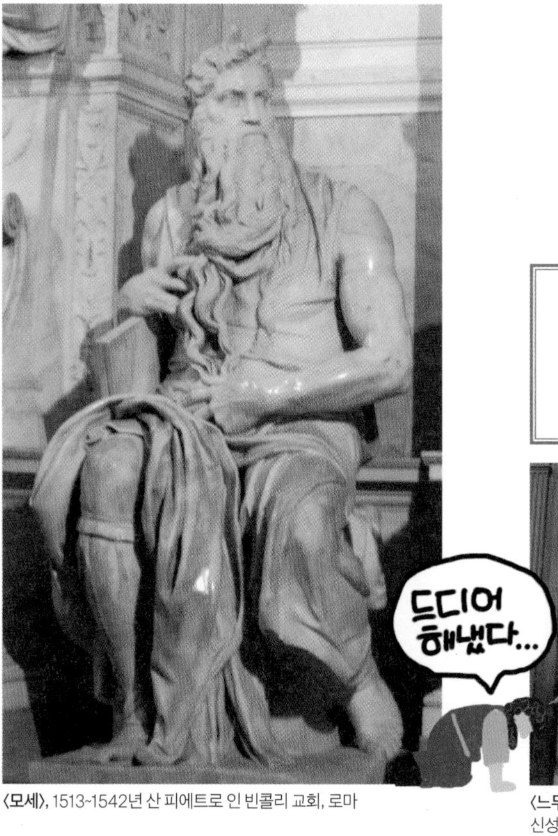
드디어
해냈다...
〈모세〉, 1513~1542년 산 피에트로 인 빈콜리 교회, 로마

메디치가의 무덤
산 로렌초 교회 신성구실
1519~1534년

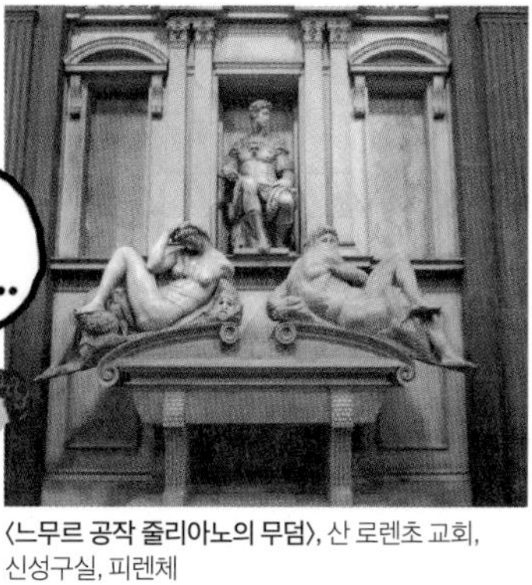
〈느무르 공작 줄리아노의 무덤〉, 산 로렌초 교회, 신성구실, 피렌체

최후 말년까지 전혀 쇠하지 않은 제작 의욕

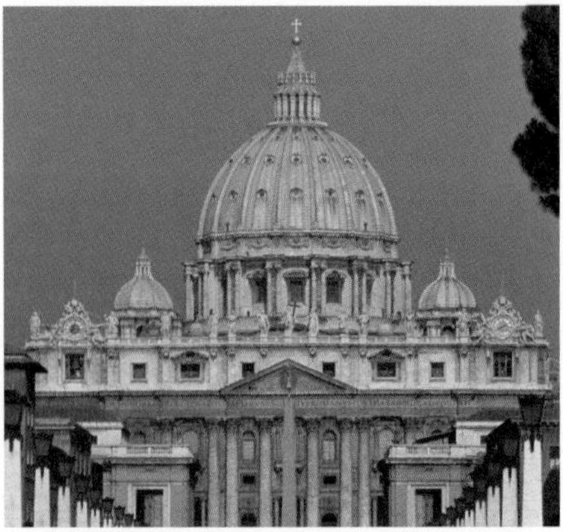

〈산 피에트로 대성당의 쿠폴라〉, 1546~1564년, 바티칸, 로마

〈최후의 심판〉을 그려낸 미켈란젤로의 앞에는 산 피에트로 대성당 신축공사의 건축 주임이라는 최후의 대사건이 기다리고 있었다. 이것은 옛 라이벌인 브라만테가 남긴 기획에 기초한 것이었는데, 미켈란젤로는 구조의 안전성 등을 중요시하여 기존의 기획에서 많이 변경하여 설계하였다.

체력이 약해진 미켈란젤로에게 바사리는 몇 번이나 피렌체에 돌아오기를 권유했지만, 미켈란젤로는 건설주임의 책임감 때문에 끝까지 로마를 떠나지 않았다. 그리고 쿠폴라의 기초 부분이 완성되는 것을 지켜보았다.

죽기 6일 전까지 미켈란젤로는 자신의 묘를 위한 두 점의 〈피에타〉를 조각하고 있었다. 자신의 출발점인 젊은 시절의 〈피에타〉로부터 반세기 이상 시간이 흘러 있었다. 그 양식의 차이는 같은 예술가의 손으로 만들었다고 생각할 수 없을 정도로 그가 살아온 급변하는 시대 변화를 여실히 반영하고 있었다. 두 작품 모두 자신의 손으로 파괴한 상태로 남겨져 있지만, 그럼에도 충분히 전해지는 비애는 미켈란젤로가 걸어온 평탄하지 않았던 삶과 예술에 대한 깊은 고뇌를 이야기하고 있는 듯하다.

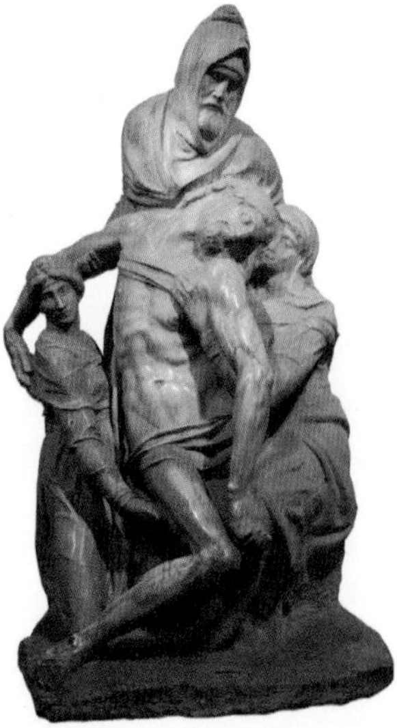

〈피에타〉, 1550년경, 두오모 부속미술관, 피렌체

미켈란젤로는 1564년 2월 16일 친구들이 지켜보는 가운데 89년의 생애를 마감했다. 빈번하게 편지를 주고받으며, 미켈란젤로의 제자이자 친구인 것을 최고의 자랑으로 여겼던 바사리에 의해 피렌체에서 장대한 장례식이 치러졌다.

미켈란젤로의 유체는 비밀리에 짐 속에 넣어져 로마에서 피렌체까지 옮겨졌다. 장례식 때 대예술가의 얼굴을 보고 싶어하는 사람들의 요청으로 관이 열리자, 사후 20일이 지났음에도 불구하고 사체는 전혀 부패하지 않고 마치 잠들어 있는 듯했다고 바사리는 기록하고 있다.

미켈란젤로는 이런 사람

미켈란젤로는 고집불통으로 까다로운 성격이었다고 전해진다. 온화하며 긍정적인 생활을 즐긴 레오나르도 다 빈치와 사이가 나빴던 것도, 저항정신이 강했던 미켈란젤로의 성격을 보면 납득할 수 있을지 모른다. 그런 미켈란젤로의 인품을 드러내는 일화를 몇 가지 소개하고자 한다.

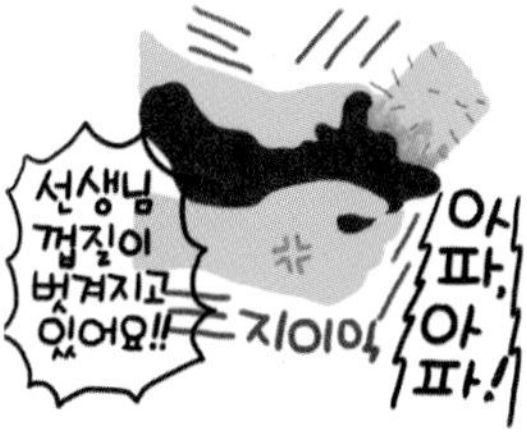
선생님 껍질이 벗겨지고 있어요!!
지이이
아파, 아파!

웬만해선 신발을 벗지 않았다.

가끔 벗으려 하면 가죽이 피부에 붙어서 피부가 벗겨질 정도였다.

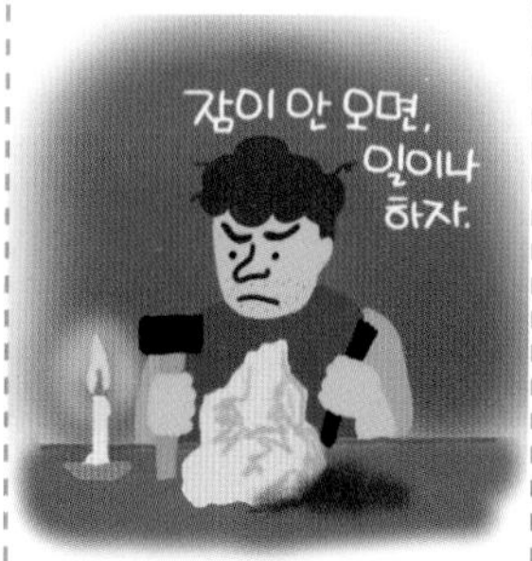
잠이 안 오면, 일이나 하자.

불면증

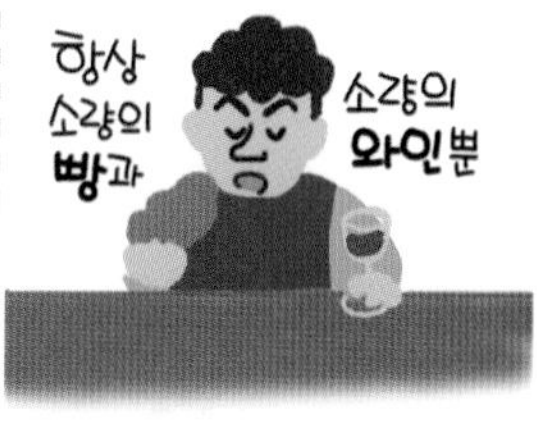
항상 소량의 빵과
소량의 와인뿐

결코 가난하지 않았으나 극도로 **소박한 식생활**

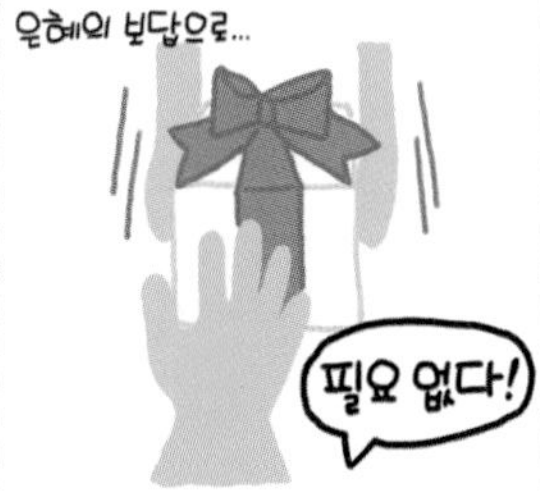
은혜의 보답으로...
필요 없다!

은혜로 생각하는 것이 싫어서 **선물은 일절 받지 않았다.**

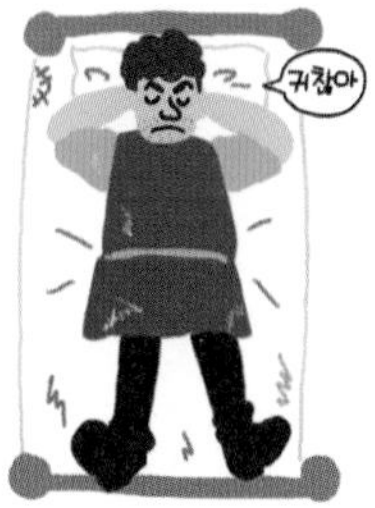
귀찮아

다음 날 다시 입는 것이 귀찮아서 **옷을 입은 채로 잤다.**

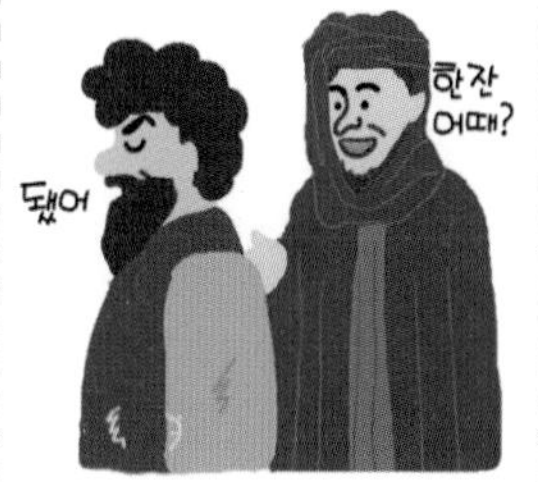
한잔 어때?
됐어

웬만해선 친구와도 식사를 하지 않을 정도로 **사교성이 매우 좋지 않았다.**

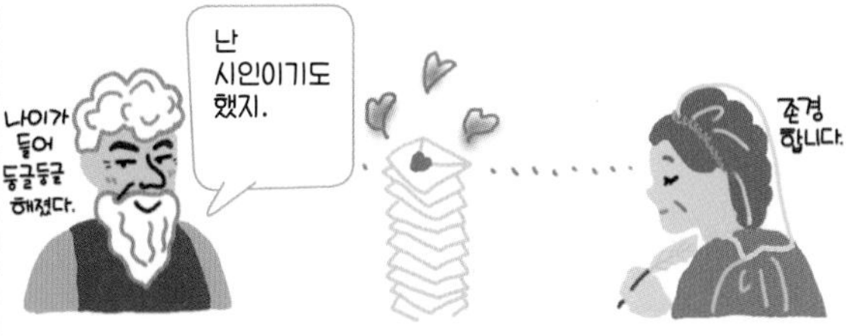
나이가 들어 둥글둥글 해졌다.
난 시인이기도 했지.
존경 합니다.

거의 누구와도 깊은 관계를 맺지 않던 미켈란젤로였지만, 노년이 되자 빅토리아 코론나라는 귀족 부인과 **편지 친구**가 되어, 서로 존경의 언어로 지은 서정시를 다수 주고받았다.

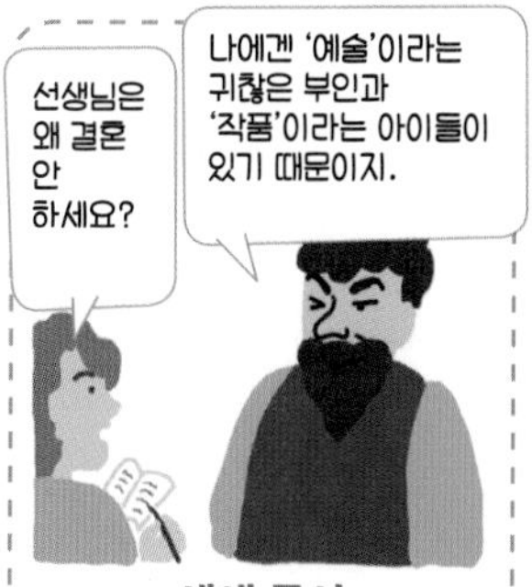
선생님은 왜 결혼 안 하세요?
나에겐 '예술'이라는 귀찮은 부인과 '작품'이라는 아이들이 있기 때문이지.

생애 독신

라파엘로 산치오

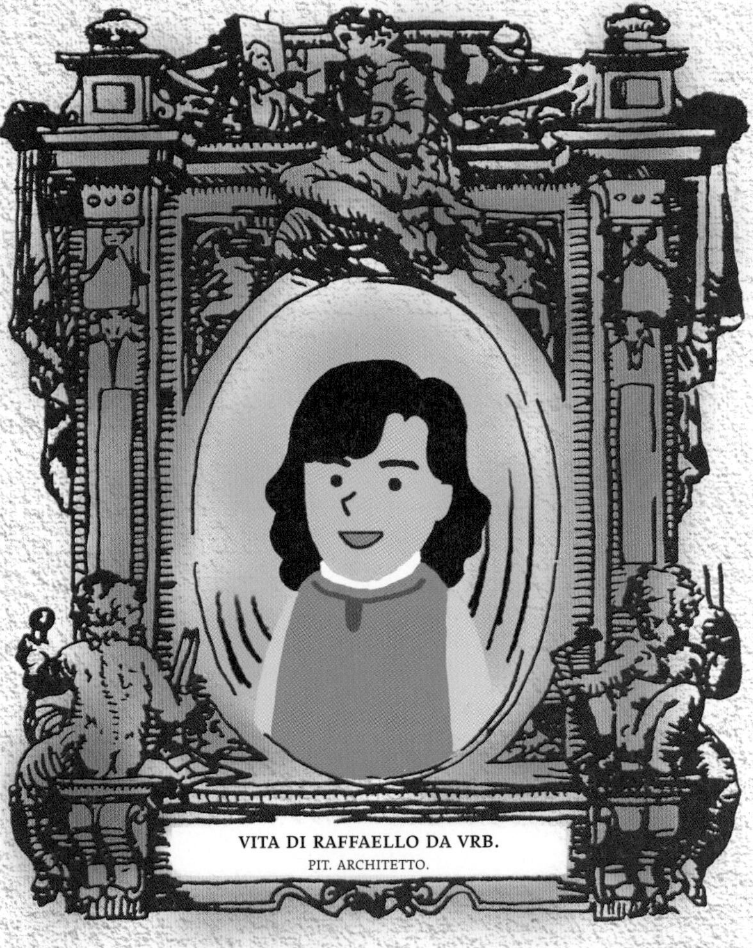

신에게 사랑받은 요절한 천재 화가

라파엘로 산치오
Raffaello Sanzio
(1483~1520)

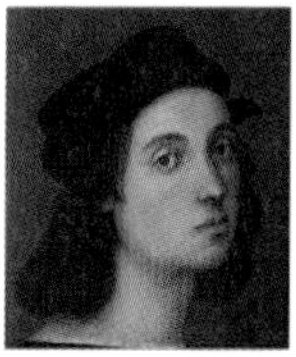
자화상

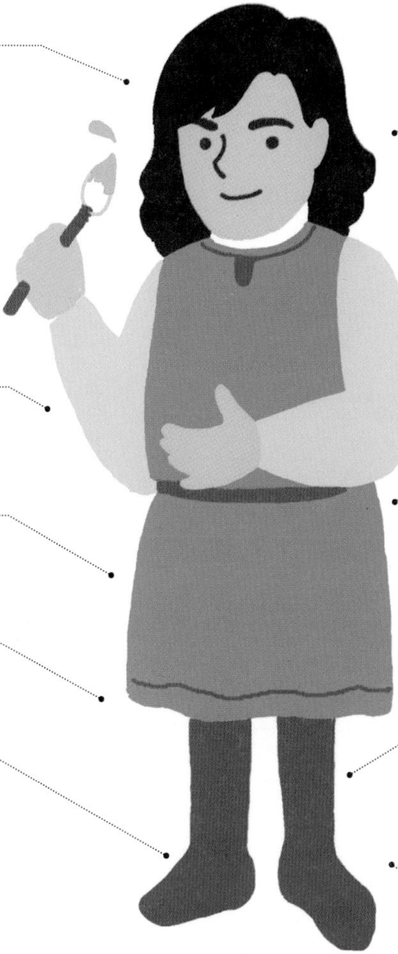
천재 화가
미남
누구에게도 사랑받는 성격
여자를 매우 좋아함
고전적 이상미를 확립
서비스 정신이 충만함
귀족처럼 우아한 몸가짐
야심가
근면하고 겸손함
모방의 달인
37세로 요절

직함
- 천재 화가
- 건축가
- 산 피에트로 대성당 건축주임

● ● ● 라파엘로 걸작 회화의 발걸음 ● ● ●

페루지노에게 그림의 기초를 배우다

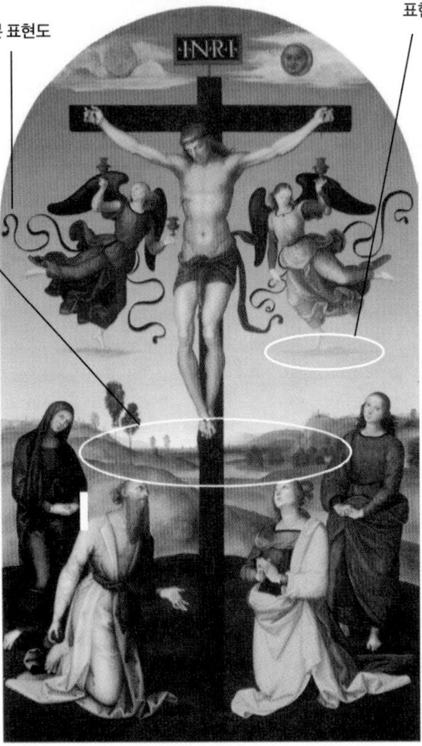

리듬체조 같은 리본 표현도
페루지노의 영향
구름을 타고 있는 천사의
표현은 페루지노의 주특기
먼 풍경은 스승 페루지노의 출신지
움브리아 지방의 풍경
·I·N·R·I·

〈그리스도의 책형(십자가형)〉, 1503~1504년, 내셔널 갤러리, 런던

페루지노

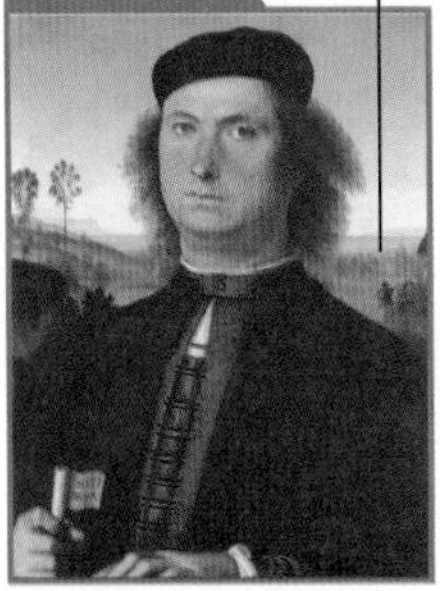

〈프란체스코 델레 오페레의 초상〉, 1494년, 우피치 미술관, 피렌체

페루지노

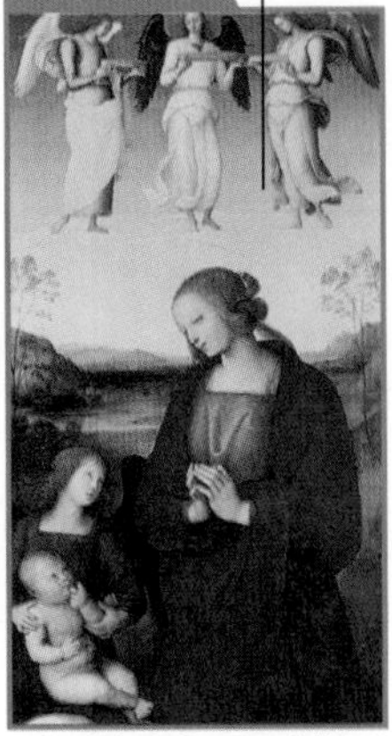

〈성모자와 천사〉, 1490년대 후반, 내셔널 갤러리, 런던

페루지노는 한없이 아름답고 달콤한 성모의 표현으로 당시 최고의 인기 화가였다. 라파엘로의 여성상도 그의 영향을 많이 받았다.

라파엘로는 화가의 아들로 우르비노에서 태어났다. 라파엘로가 열한 살이 되었을 때 아버지가 세상을 떠났고, 그 당시 대단한 인기 화가였던 페루지노의 제자로 들어간 것으로 보인다.

라파엘로는 천부적인 재능과 줄기찬 노력으로 스승의 기술을 순식간에 습득하고 오히려 뛰어넘었다. 그 후 당시 레오나르도 다 빈치와 미켈란젤로가 격전을 벌이던 예술의 도시 피렌체에 입성했다.

천재들의 기술을 눈앞에서 보게 된 라파엘로는 다시 초심으로 돌아가 레오나르도에게 인체의 구조를 잘 이해하는 법을 배웠다.

라파엘로는 일생 동안 끊임없이 선배가 가진 예술의 장점을 본능적으로 흡수하고 지금까지 배운 것들과 잘 융합해낼 줄 아는 천재였다. 좋은 점만을 모아놓은 듯한 그의 고전주의적 이상미(理想美)는 후대 화가들에게 오래도록 본보기가 되었다.

레오나르도에게는 구성력, 심리 회화를 배우다

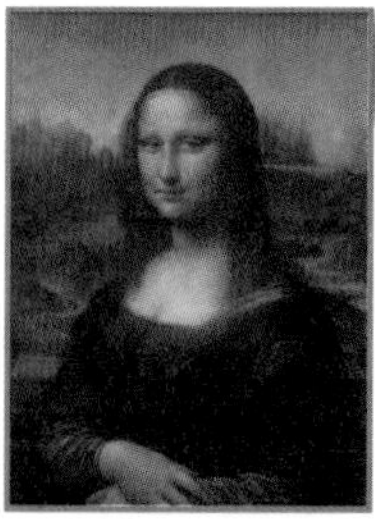
〈모나리자〉, 1503~1506년경, 루브르 미술관, 파리

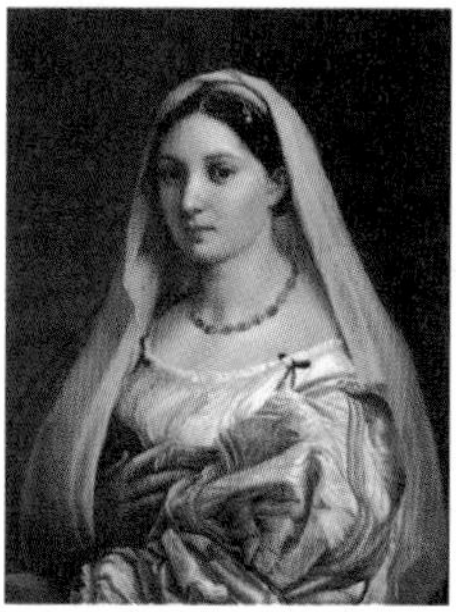
〈라 돈나 벨라타〉, 1515년경, 팔라티나 미술관, 피렌체

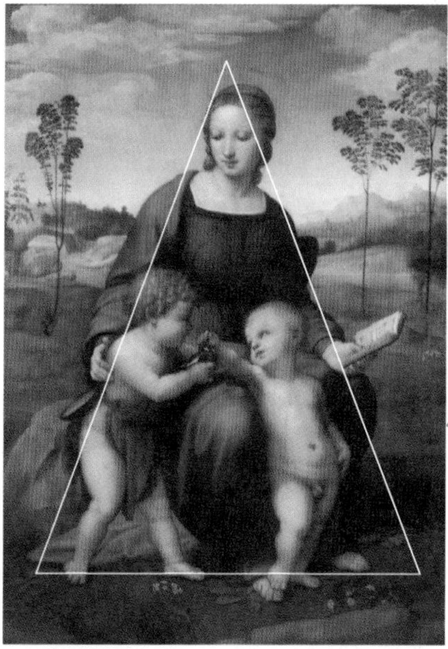
〈도요새와 함께 있는 성모〉, 1506년, 우피치 미술관, 피렌체

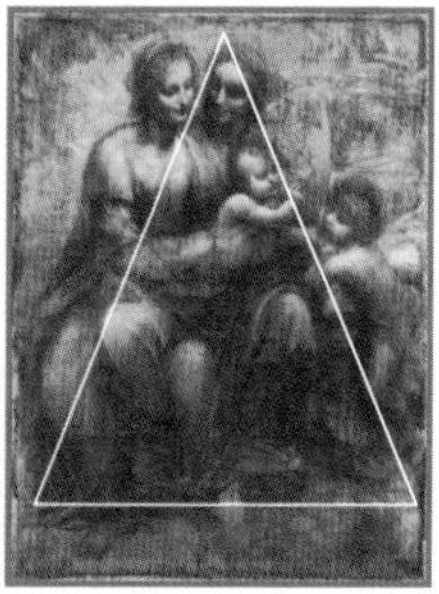
〈성안나와 성모자〉, 1501~1505년경, 내셔널 갤러리, 런던

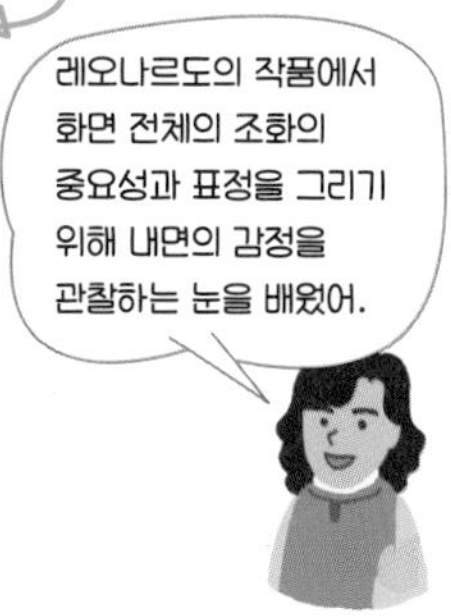
레오나르도의 작품에서
화면 전체의 조화의
중요성과 표정을 그리기
위해 내면의 감정을
관찰하는 눈을 배웠어.

미켈란젤로에게는 강한 육체를 배우다

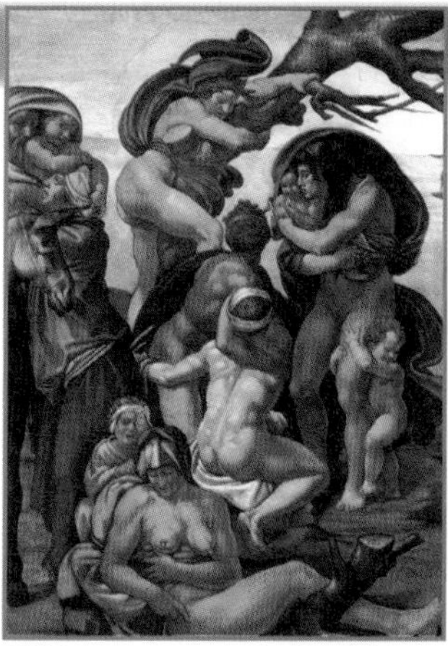
〈대홍수〉, 1508~1509년, 시스티나 예배당, 로마

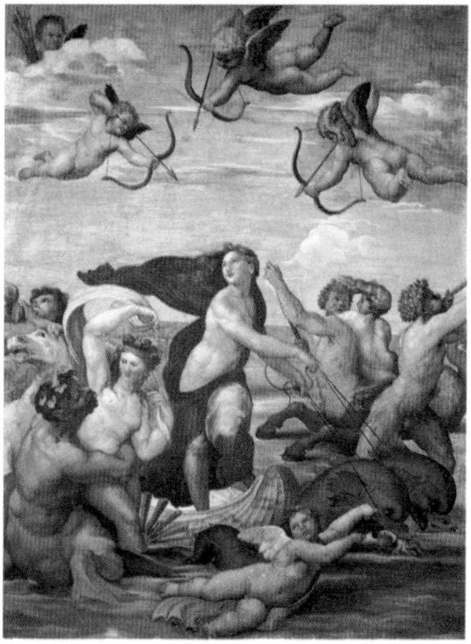
〈갈라테이아의 승리〉, 1512년, 파르네지나 궁전, 로마

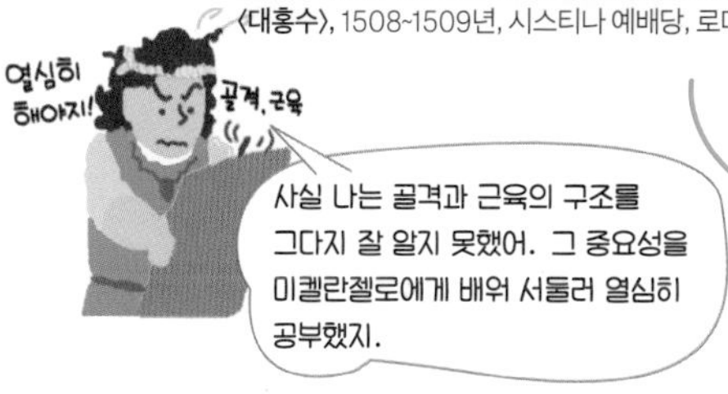
열심히 해야지!
골격, 근육
사실 나는 골격과 근육의 구조를
그다지 잘 알지 못했어. 그 중요성을
미켈란젤로에게 배워 서둘러 열심히
공부했지.

라파엘로 이야기

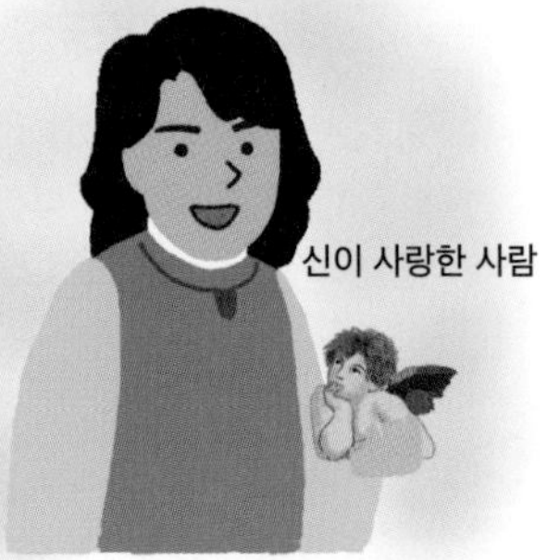
신이 사랑한 사람

1 라파엘로는 당시 번영을 누리던 우르비노 마을에서 1483년 4월 6일에 태어났다.

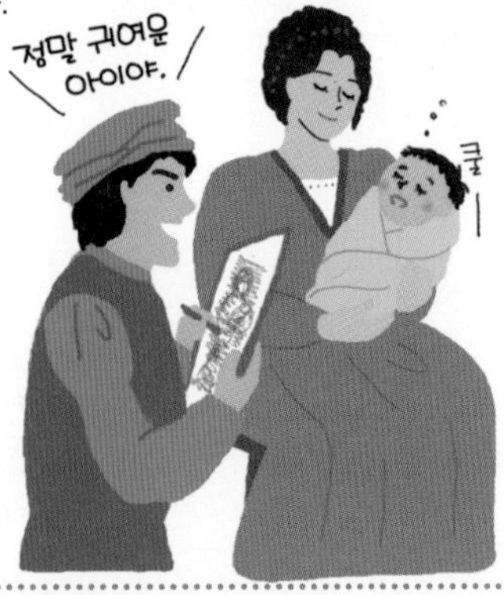
정말 귀여운 아이야.
쿨

아버지 지오반니는 이름이 알려진 화가이자 문필가였다.

2 라파엘로는 열한 살 때 페루지노 공방에 입문했다고 전해진다. 그것을 증명하는 정확한 증거는 남아 있지 않지만, 라파엘로는 분명 페루지노에게서 그림의 기초를 배워 화가로서의 길을 걷기 시작했다.

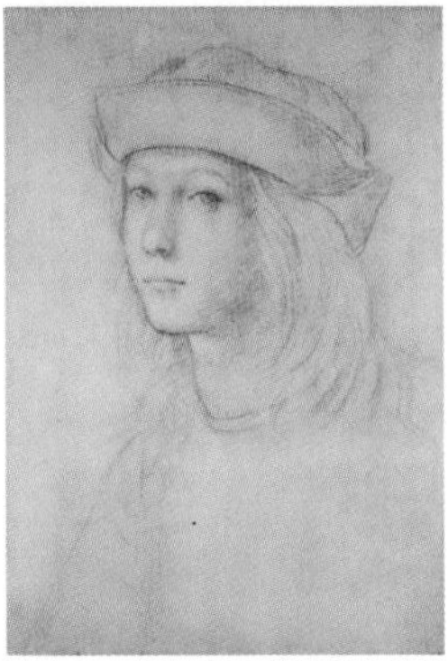

〈자화상〉,
1500~1502년경,
애슈몰린 미술관,
옥스퍼드

3 무엇이든 빨리 배우던 라파엘로는 열일곱 살에 이미 제 몫을 하는 화가가 되어 작업 의뢰를 받고 있었다.

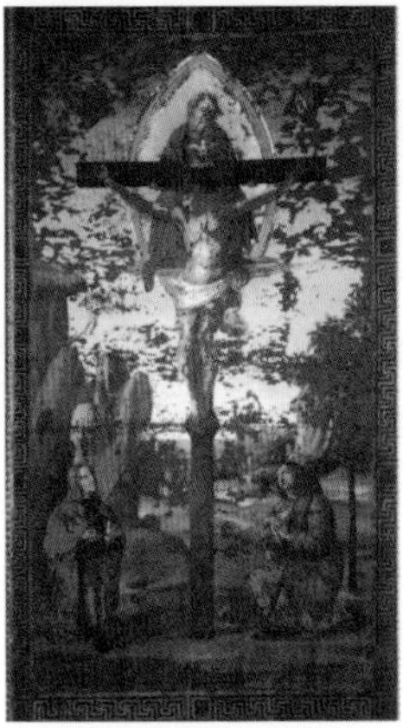

〈삼위일체를 그린 행진기〉,
1499~1500년경,
국립미술관,
치타디카스텔로

4 그리고 피렌체에 와서부터는 레오나르도 다 빈치에게 다양한 것들을 배웠다.

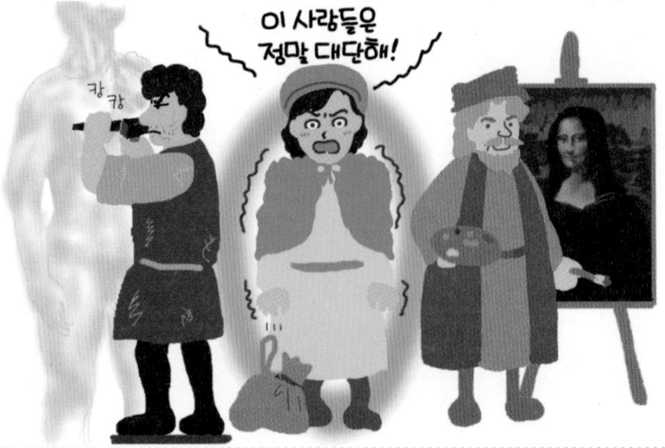
이 사람들은
정말 대단해!
캉 캉

라파엘로는 1504년부터 1508년까지 피렌체에 머물렀다. 당시의 피렌체는 레오나르도와 미켈란젤로가 활동하고 있어 거장들이 한곳에 모인 예술의 최고 중심지였다.

초기의 작품
1504~1508

라파엘로의 초기 작품에는 페루지노와 구분이 안 될 정도로 유사한 작품도 있다. 〈성모의 결혼〉은 같은 1504년경에 제작되어 주제 및 구도가 페루지노의 작품과 거의 유사하지만, 인물 몸짓의 미묘한 변화와 더욱 넓어 보이는 배경 등에서 확실히 스승을 뛰어넘었음을 알 수 있다.

피렌체에 온 라파엘로는 우아한 작풍과 좋은 성격이 빛을 발하여 넉넉한 후원자와 친구 같은 좋은 환경에 둘러싸여 있었다. 그리하여 초상화와 사랑스러운 성모자상을 연이어 제작해나갔다.

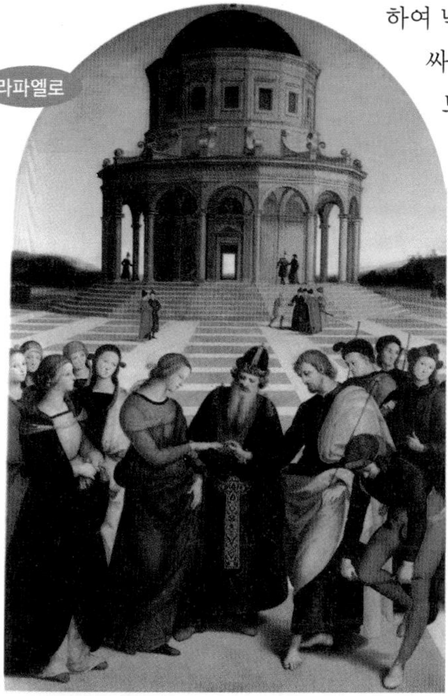
라파엘로
〈성모의 결혼〉, 1504년, 브레라 미술관 회화관, 밀라노

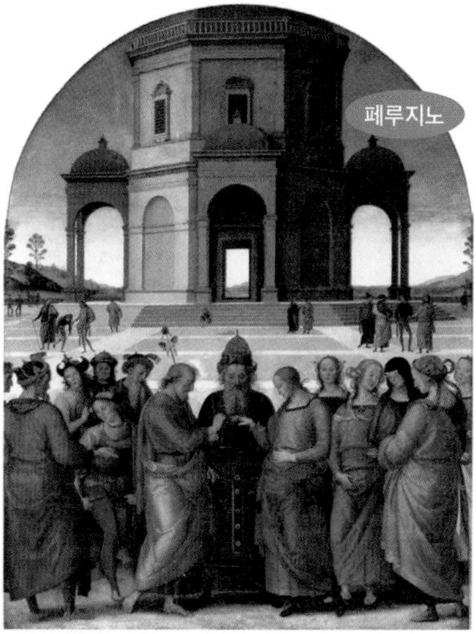
페루지노
〈성모의 결혼〉, 1504년경, 캉 미술관

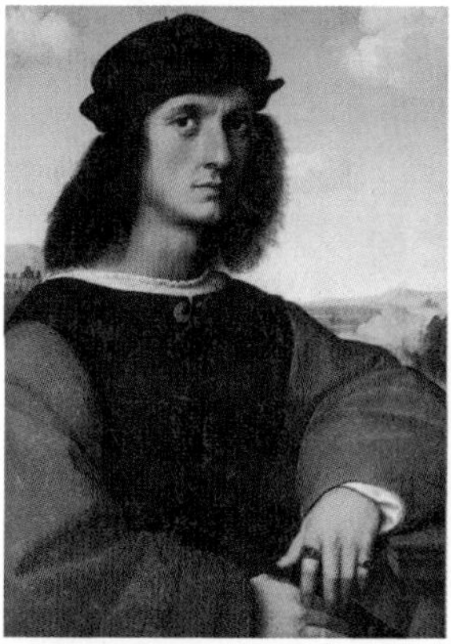
〈안젤로 도니의 초상〉, 1505년, 팔라티나 미술관, 피렌체

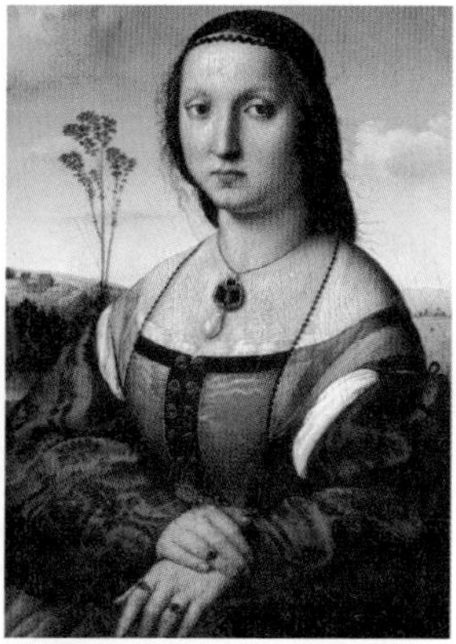
〈막달레나 스트로치〉, 1505년, 팔라티나 미술관, 피렌체

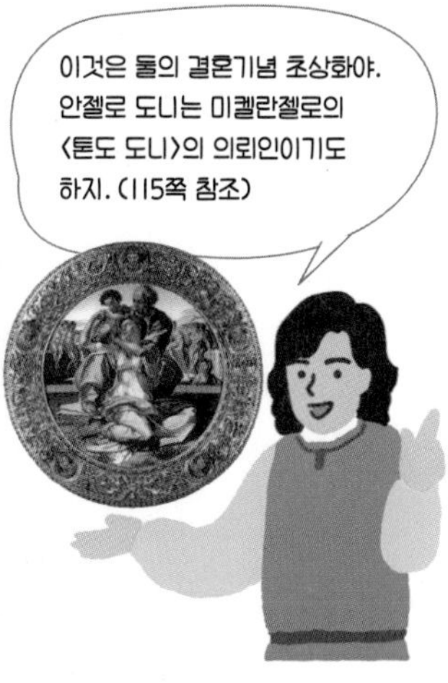
이것은 둘의 결혼기념 초상화야.
안젤로 도니는 미켈란젤로의
〈톤도 도니〉의 의뢰인이기도
하지. (115쪽 참조)

넘버원 성모자 화가

라파엘로는 '성모자의 화가'로 불릴 정도로 이 테마의 작품이 인기가 높아 많은 주문이 쇄도했다. 레오나르도에게 영향을 받은 라파엘로는 페루지노풍의 우아한 여성상 표현에, 레오나르도의 피라미드형 구도와 인물의 내면묘사를 더했다.

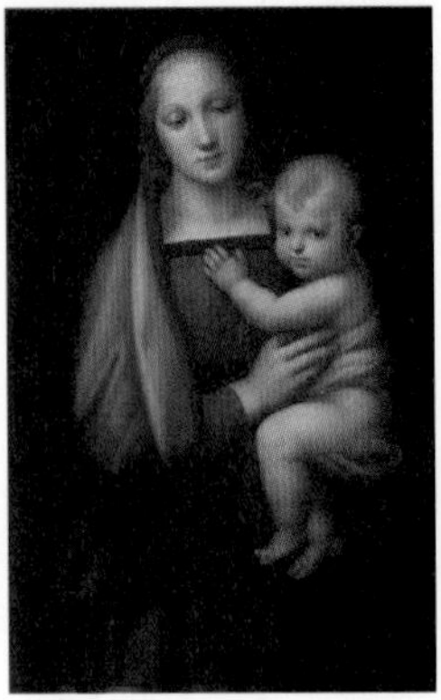

〈그란두카의 성모〉, 1506년경, 팔라티나 미술관, 피렌체

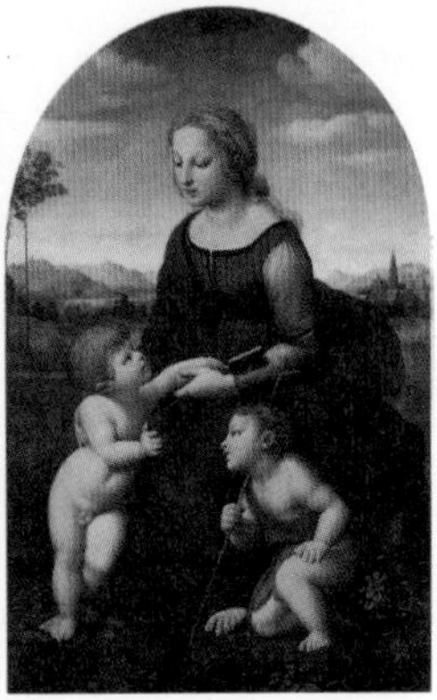

〈세례 요한과 함께 있는 성모와 아기 예수〉, 1507~1508년, 루브르 미술관, 파리

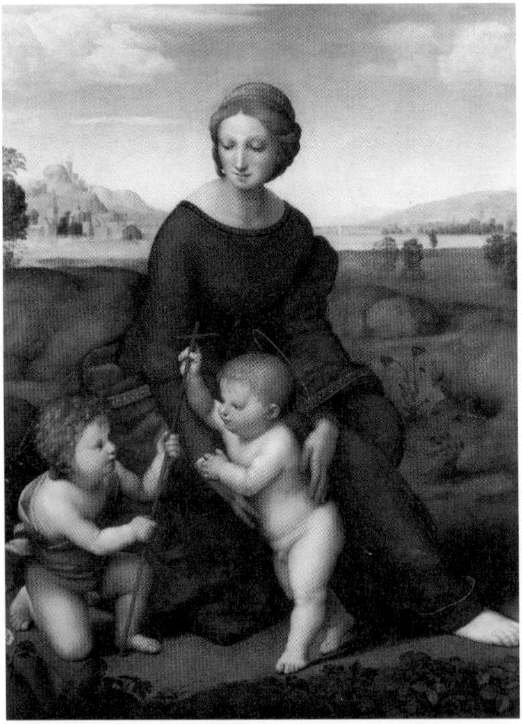

〈초원의 성모〉, 1506년, 미술사 박물관, 빈

피렌체 시대의 최고 걸작. 예술 애호가였던 타데오 타데이는 피렌체에 온 라파엘로를 자택에 초대하여 손님으로 정중히 모셨다. 지금도 구 타데이 저택의 외벽에는 라파엘로의 체류를 기념한 비문이 걸려 있다. 레오나르도에게 영향을 받은 삼각형 중심에 인물을 배치하는 구도가 두드러지게 드러난다.

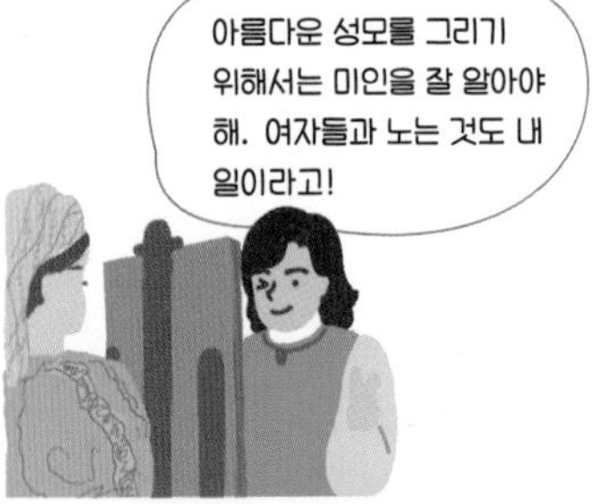
아름다운 성모를 그리기 위해서는 미인을 잘 알아야 해. 여자들과 노는 것도 내 일이라고!

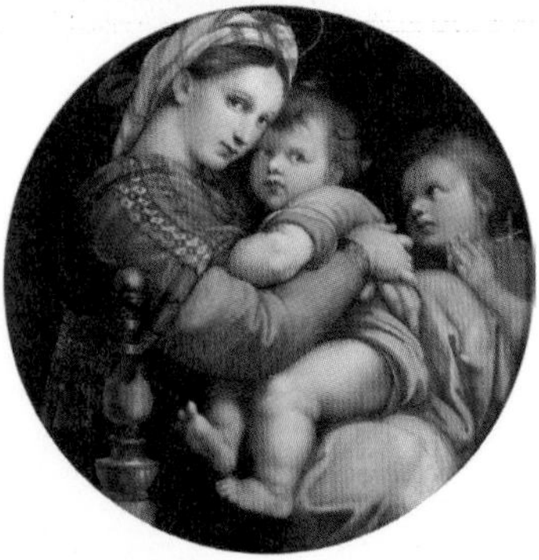

〈세졸라의 성모〉, 1513년, 팔라티나 미술관, 피렌체

이 작품은 조금 시대가 흐른 로마 체류기에 그려졌다. 갓난아기와 너무나 사랑스럽고 예쁜 성모의 온화한 일체감은 로마에서 미켈란젤로적인 강력한 표현을 체득하고도 잃어버리지 않은 라파엘로만의 특색이었다.

로마에서의 성공

1508~1520

당시 바티칸의 전속 건축가였던 브라만테는 라파엘로와 고향이 같은 먼 친척이었다고 한다. 미켈란젤로의 활약을 좋지 않게 생각하던 브라만테는 젊은 인재인 라파엘로를 이용해서 미켈란젤로를 앞지르고 싶어, 라파엘로를 로마로 불러 교황에게 소개했다. 율리오 2세는 품행이 우아한 라파엘로를 곧바로 마음에 들어 했다. 시스티나 예배당의 천장화를 미켈란젤로 대신 그리게 하지는 않았지만(사실은 이것이 브라만테의 계략이었지만), 그 대신 서명의 방과 엘리오도루스의 방의 프레스코화를 의뢰했다.

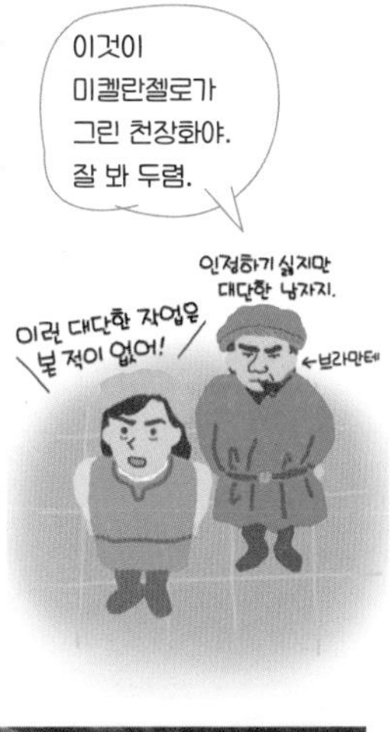
이것이
미켈란젤로가
그린 천장화야.
잘 봐 두렴.
인정하기 싫지만
대단한 남자지.
이런 대단한 작업을
본 적이 없어!
←브라만테

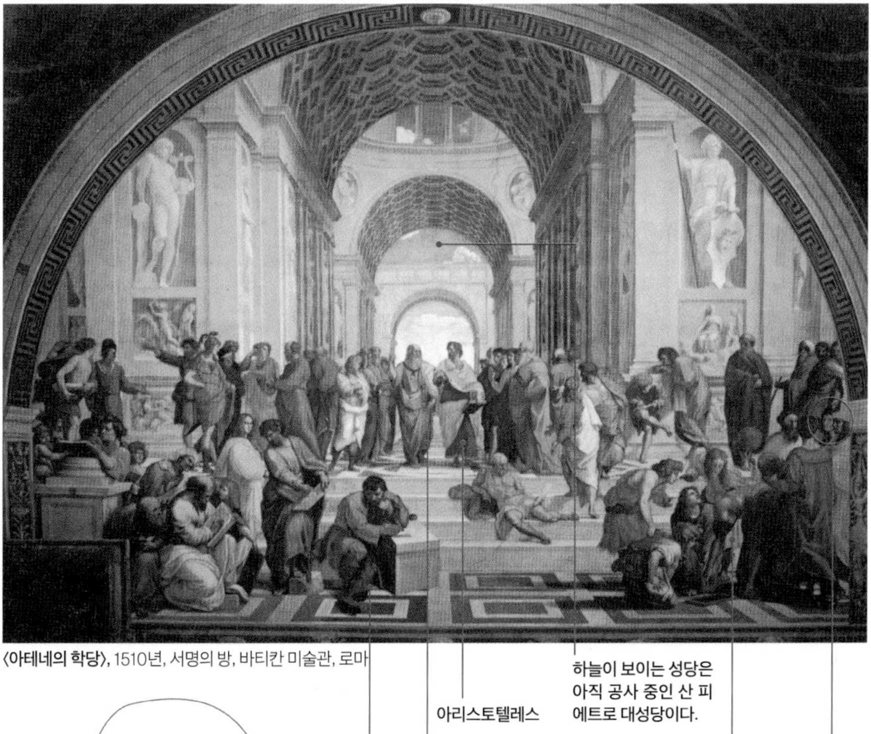

〈아테네의 학당〉, 1510년, 서명의 방, 바티칸 미술관, 로마

하늘이 보이는 성당은 아직 공사 중인 산 피에트로 대성당이다.

아리스토텔레스

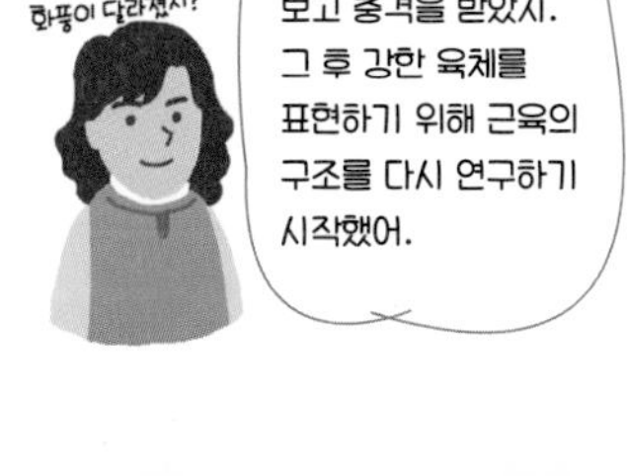
화연히
화풍이 달라졌지?
미켈란젤로의
시스티나 천장화를
보고 충격을 받았지.
그 후 강한 육체를
표현하기 위해 근육의
구조를 다시 연구하기
시작했어.

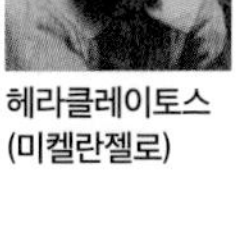

헤라클레이토스
(미켈란젤로)

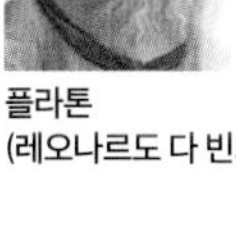

플라톤
(레오나르도 다 빈치)

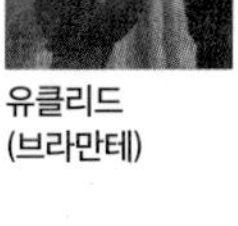

유클리드
(브라만테)

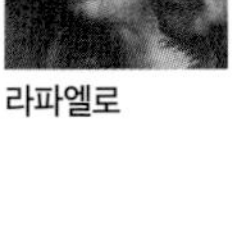

라파엘로

초상화

라파엘로는 인물의 내면을 표현하는 듯한 초상화에도 뛰어났다.
이 율리오 2세의 초상화의 구도는 이후 화가들에게 널리 응용되었다.
율리오 2세는 역대의 교황 중에서도 두드러진 행동파로 전쟁을 좋아하여 재위 기간 중 많은 비난을 받았지만, 예술 비호활동에 많은 열정을 기울였다. 그는 미켈란젤로에게 '시스티나 예배당 천장화'를, 브라만테에게 '산 피에트로 대성당의 신축공사'를, 그리고 라파엘로에게 〈아테네의 학당〉을 의뢰하여 로마를 전성기 르네상스의 최고 중심지로 끌어올렸다.

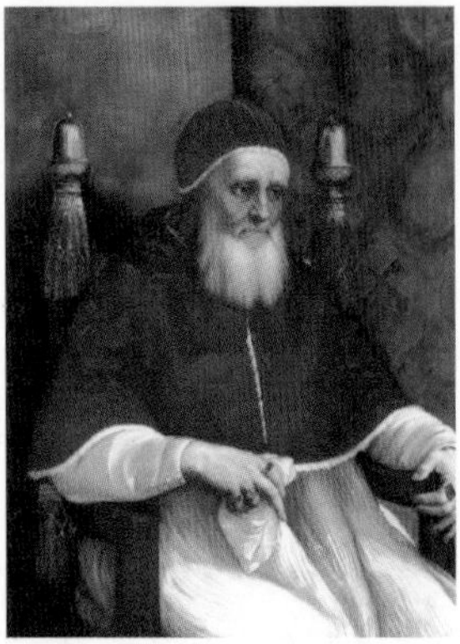
〈율리오 2세〉, 1511~1512년, 내셔널 갤러리, 런던

라파엘로의 연인?

〈라 포르나리나〉라 불리는 이 초상화의 모델은 라파엘로의 연인이었다고 전해진다. 팔찌에는 분명히 라파엘로의 이름이 쓰여 있다. 비밀리에 그려 마지막까지 본인이 간직하고 있었기 때문에 사후 60년이 지나서야 발견되었다.

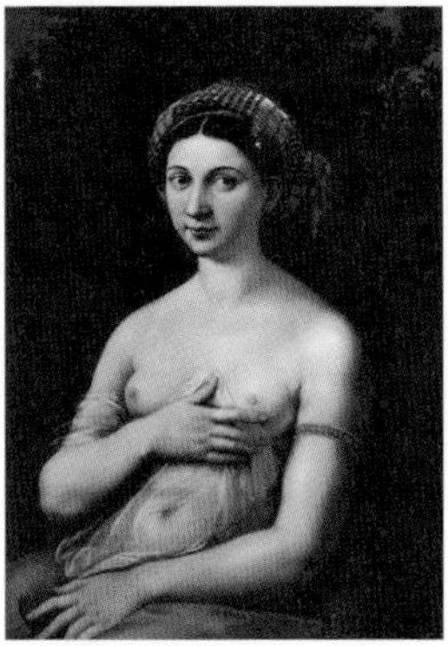
〈라 포르나리나〉, 1518~1520년경, 바르베리니 국립미술관, 로마

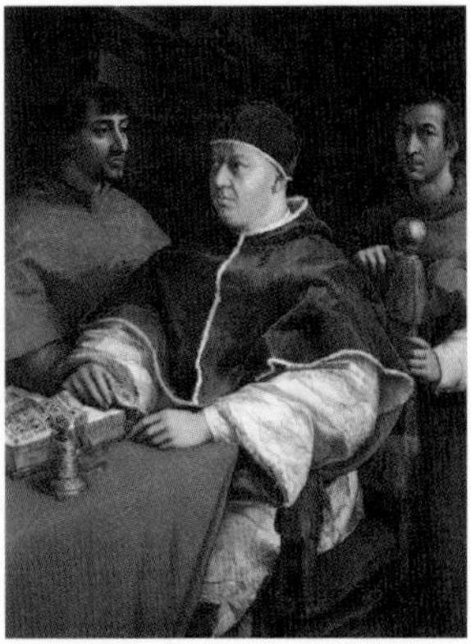
〈레오 10세〉,1518년, 우피치 미술관, 피렌체
왼쪽 뒤의 추기경은 훗날 클레멘스 7세가 된다.

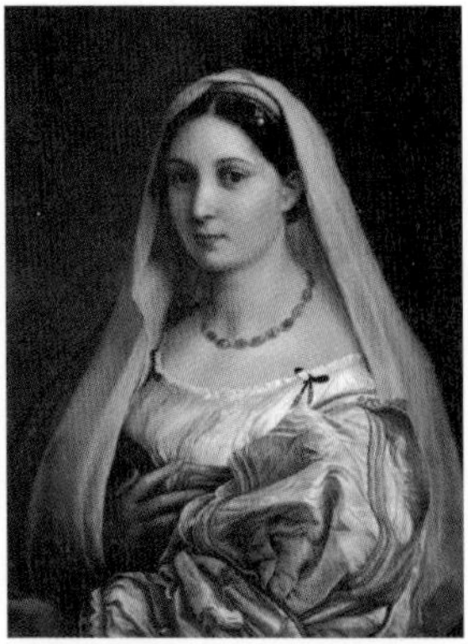
〈라 돈나 벨라타〉, 1515년경, 팔라티나 미술관, 피렌체

〈라 돈나 벨라타〉의 모델은 〈라 포르나리나〉와 동일 인물로 여겨진다. 추기경에게 혼담을 제안받은 라파엘로는 야심을 위해 그녀와의 결혼을 포기하지만, 결혼식 의상을 한 초상화를 그려 그녀를 향한 마음을 표현했다고 한다.

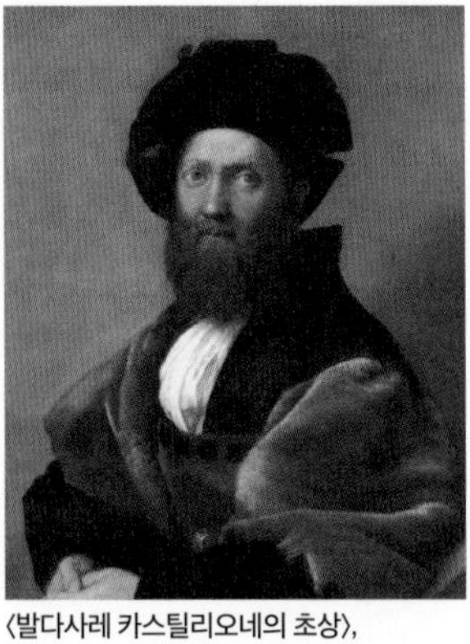
〈발다사레 카스틸리오네의 초상〉, 1514~1515년, 루브르 미술관, 파리

갑작스러운 죽음
1520

1513년 율리오 2세가 죽고 이듬해 브라만테도 세상을 떠났다. 차기 교황은 레오 10세로 그 역시 우아한 품격의 인물로 라파엘로를 매우 친애하여 많은 큰일들을 맡겼다.

건축가로서의 일이 늘어났는데, 브라만테의 뒤를 이어 산 피에트로 대성당의 개수공사 책임자를 맡았고, 대은행가 키지 가문의 예배당 및 별장 장식 작업을 진행하였으며, 로마의 고대유물 감독책임자의 임무도 수행했다.

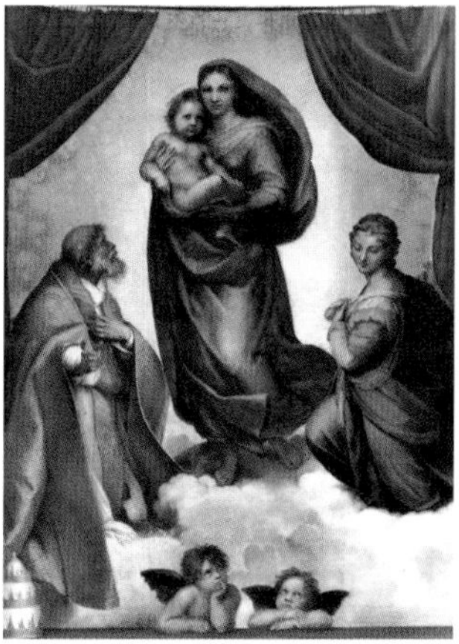
〈시스티나의 성모〉, 1512~1513년, 드레스덴 국립미술관, 드레스덴

1 그렇듯 모든 일이 순조롭게 진행된 라파엘로였지만, 하루는 도를 넘어선 방탕의 밤을 보냈다.

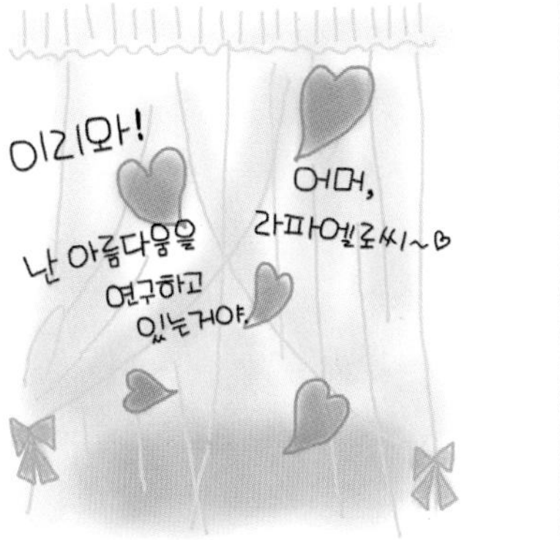
이리와!
난 아름다움을 연구하고 있는거야.
어머, 라파엘로씨~♡

2 노는 것을 너무 좋아한 나머지 방탕의 밤을 보내고 체력이 떨어져서 돌아온 라파엘로는…

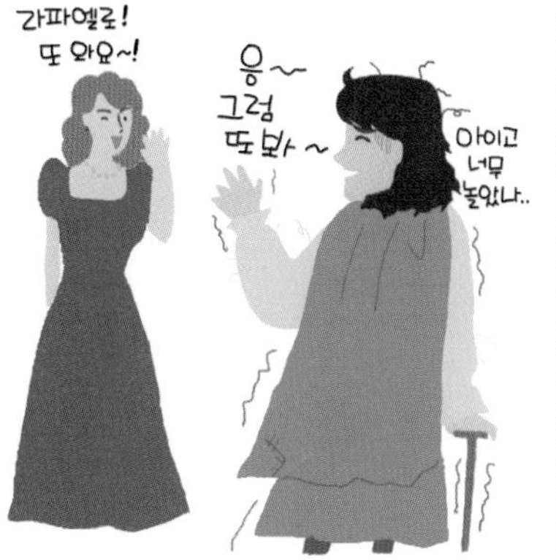
라파엘로! 또 와요~!
응~ 그럼 또봐~
아이고 너무 놀았나..

3 집에 돌아오자마자 고열을 내며 쓰러졌다.

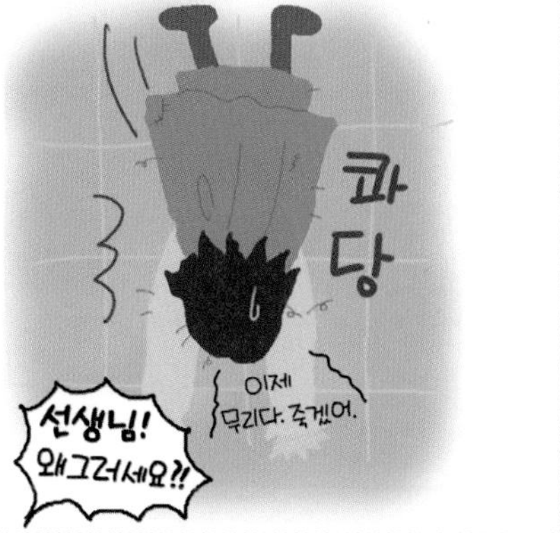
콰당
이제 무리다. 죽겠어.
선생님! 왜그러세요?!!

4 원인을 알 수 없었던 의사는, 기운이 나는 약을 줘야 할 것을 오히려 사혈을 해 버리고 말았다.

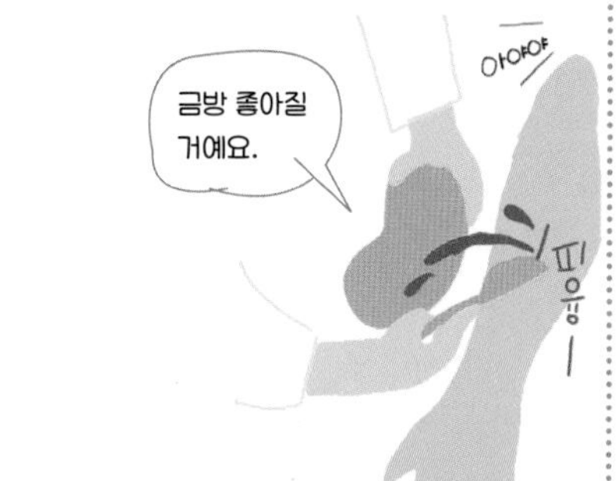
금방 좋아질 거예요.
아야야
피융—

※ 사혈은 중세에 행해진 치료법으로, 나쁜 피를 몸 밖으로 빼냄으로써 병이 낫는다고 믿었다.

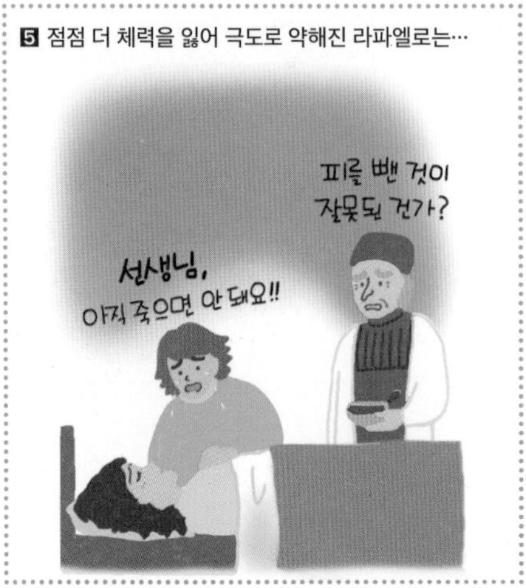
5 점점 더 체력을 잃어 극도로 약해진 라파엘로는…
선생님,
아직 죽으면 안 돼요!!
피를 뺀 것이
잘못된 건가?

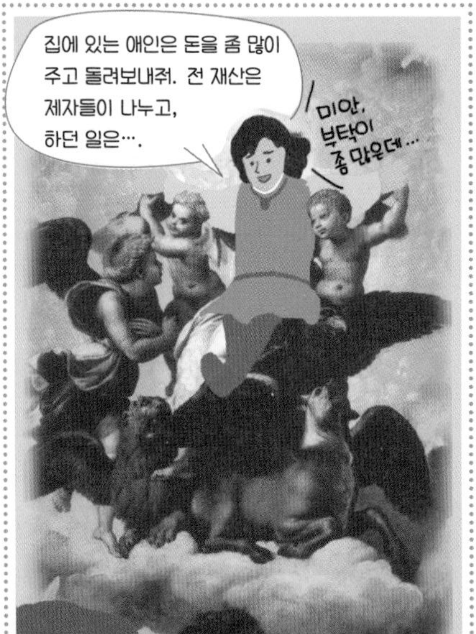
집에 있는 애인은 돈을 좀 많이 주고 돌려보내줘. 전 재산은 제자들이 나누고, 하던 일은….
미안, 부탁이 좀 많은데…
선생님,
잘 처리할게요!
유 언
6 남은 사람들을 배려하여 세세한 유언을 남기고 천국으로 떠났다.

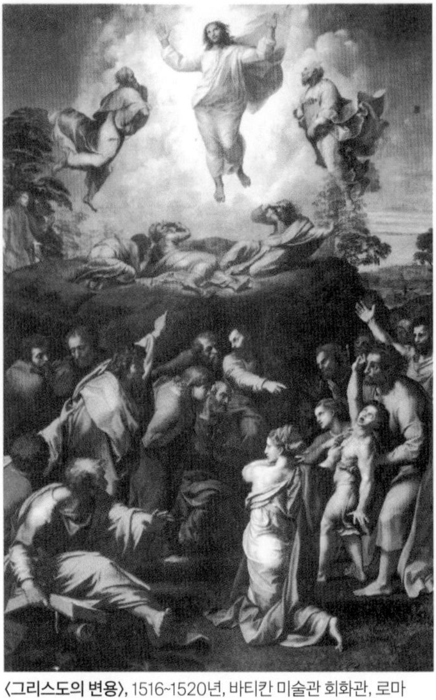

〈그리스도의 변용〉, 1516~1520년, 바티칸 미술관 회화관, 로마

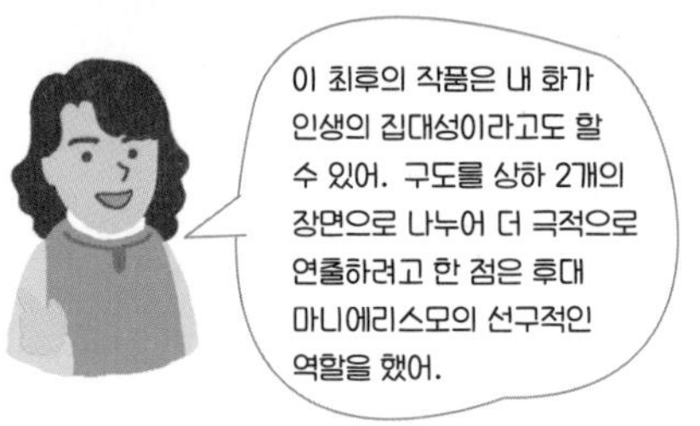
이 최후의 작품은 내 화가 인생의 집대성이라고도 할 수 있어. 구도를 상하 2개의 장면으로 나누어 더 극적으로 연출하려고 한 점은 후대 마니에리스모의 선구적인 역할을 했어.

라파엘로는 37세의 생일에 그 짧은 생애를 마쳤다. 그의 죽음을 둘러싸고 많은 화가들이 눈물로 묘소까지 동행했고, 교황도 눈물을 흘렸다고 한다. 그리고 판테온 내부라는 명예로운 장소에 묻혀 지금까지도 조용히 잠들어 있다.

라파엘로의 죽음과 함께 르네상스도 막을 내렸다. 그리고 위대한 거장들의 방법을 계승하면서 의도적으로 과장하여 표현하는 '마니에리스모'라는 바로크 시대로 넘어가는 과도기적 시대에 접어들었다.

라파엘로는 이런 사람

❶ 라파엘로는 매우 겸허한 사람이었기 때문에 자신보다 뛰어난 작품을 보면,

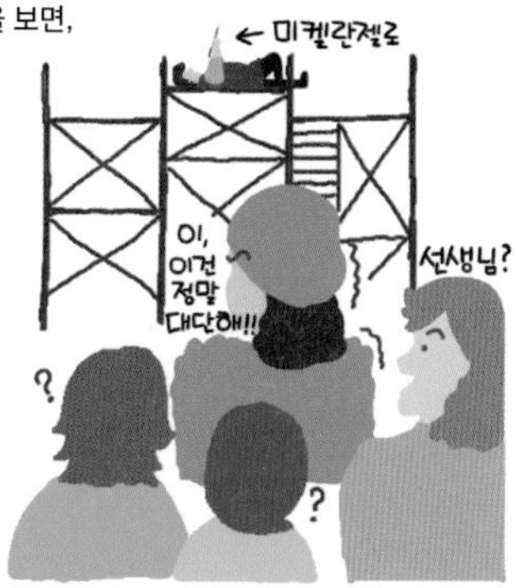
← 미켈란젤로
이, 이건 정말 대단해!!
선생님?

곧바로 스승에서 제자의 자리로 돌아와 더 높은 곳을 목표로 부단히 노력했다.

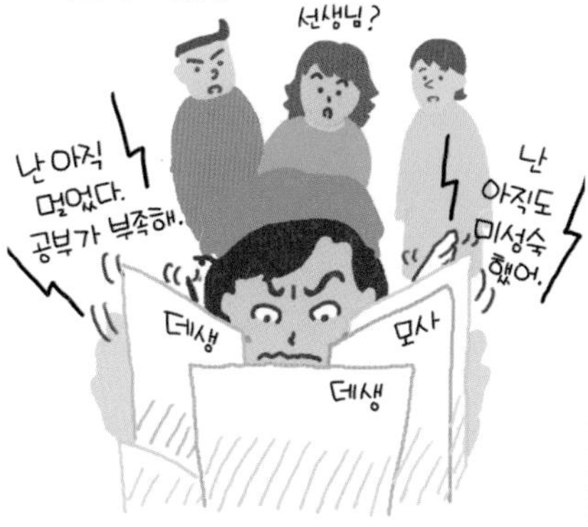
선생님?
난 아직 멀었다. 공부가 부족해.
난 아직도 미성숙했어.
데생
모사
데생

❷ 외출할 때면 항상

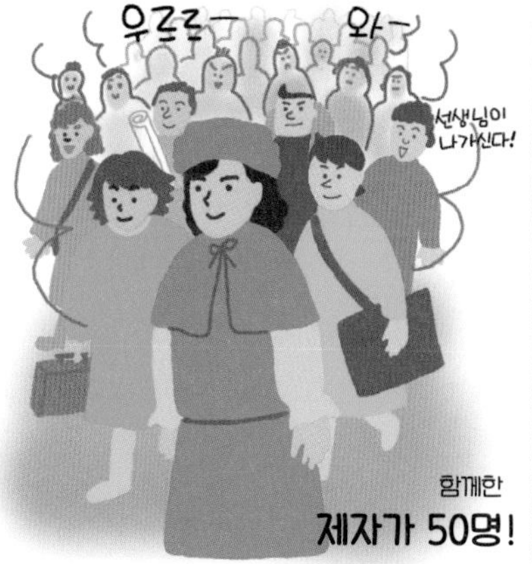
우르르─
와─
선생님이 나가신다!
함께한
제자가 50명!

❸ 모르는 화가에게 데생을 보여 달라는 부탁을 받아도, 자신의 일을 제쳐두고 도와주는 사람이었다.

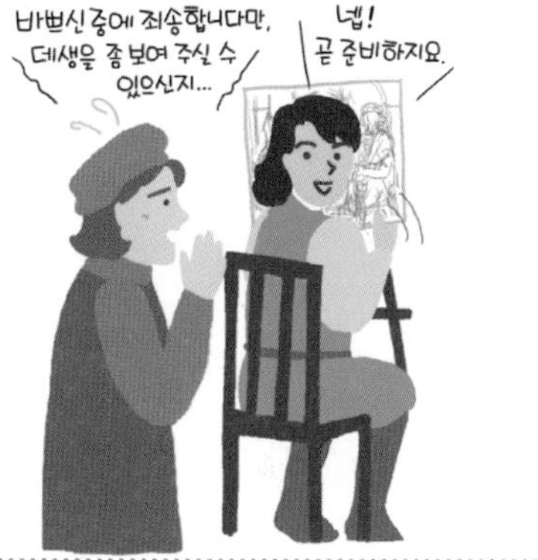
바쁘신 중에 죄송합니다만, 데생을 좀 보여 주실 수 있으신지…
넵! 곧 준비하지요.

❹ 자신들이 대단하다고 생각하는 화가들 사이에는 늘 의견 충돌이 많았는데,

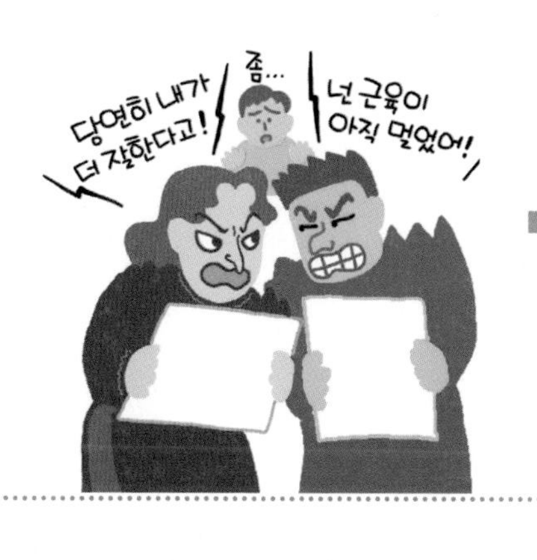
당연히 내가 더 잘한다고!
좀…
넌 근육이 아직 멀었어!

라파엘로와 함께 일하면 순식간에 의견이 일치되어 유쾌한 분위기 속에서 즐겁게 일할 수 있었다고 한다.

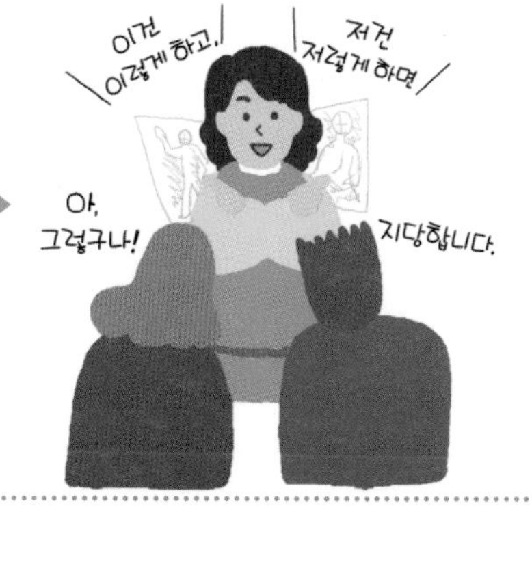
이건 이렇게 하고,
저건 저렇게 하면
아, 그렇구나!
지당합니다.

5 라파엘로는 사랑에 빠지면 일이 전혀 손에 잡히지 않아

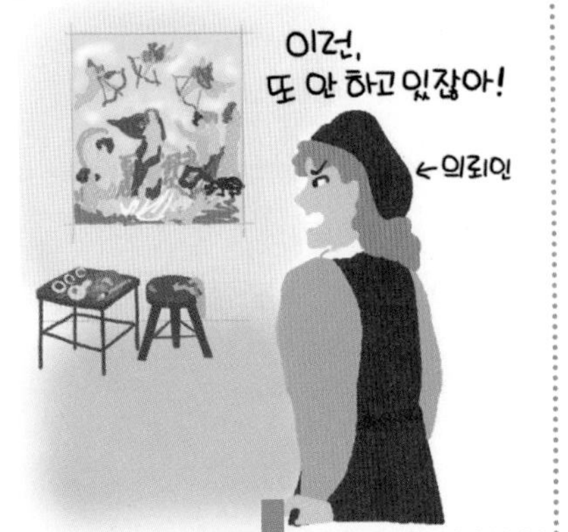
이건,
또 안 하고 있잖아!
←의뢰인

곤란해진 의뢰인은 어쩔 수 없이

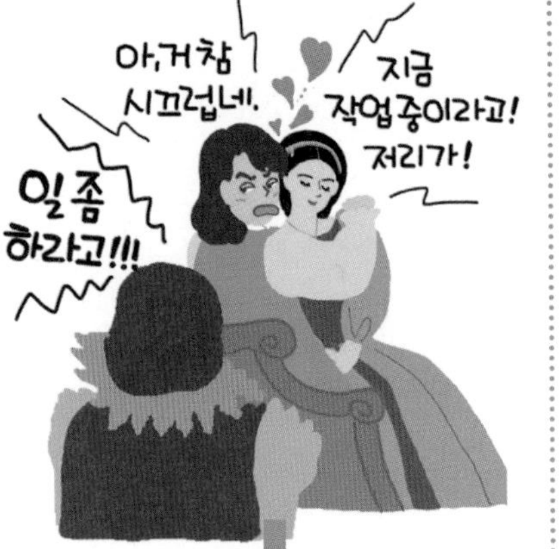
아, 거참
시끄럽네.
지금
작업중이라고!
저리가!
일 좀
하라고!!!

작업장에서도 항상 그와 함께 있어달라고 여자에게 부탁했다. 그렇게 해서 라파엘로는 겨우 일을 완성했다고 한다.

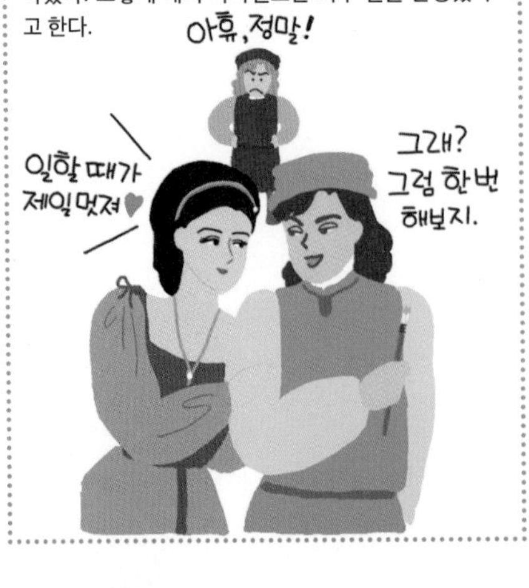
아휴, 정말!
일할 때가
제일 멋져♥
그래?
그럼 한번
해보지.

6 서비스 정신이 충만했던 라파엘로는 집의 리폼을 부탁받자, 벽의 낡은 구멍을 막지 않고 수납으로 사용할 수 있도록 했다.

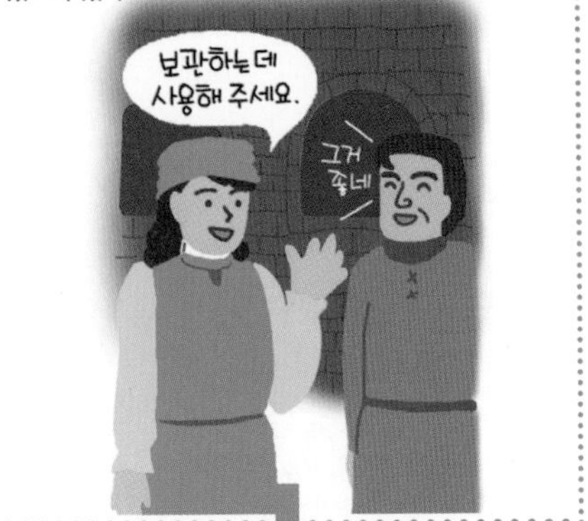
보관하는 데
사용해 주세요.
그거
좋네

그런데, 그 원인으로 건물의 강도가 약해져서

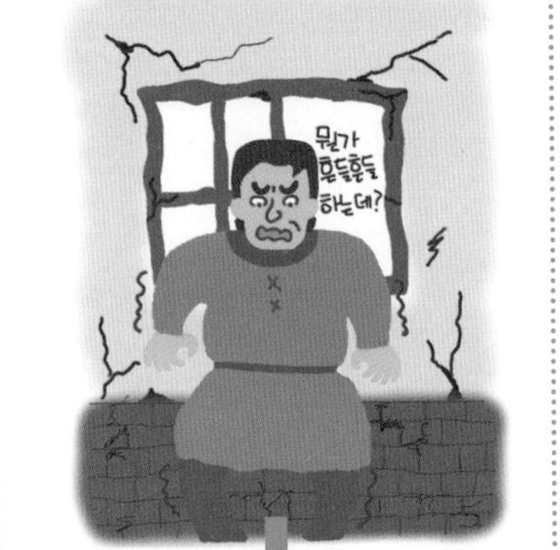
뭔가
흔들흔들
하는데?

다시 라파엘로에게 상담하러 가자, 이번엔 꽤 솜씨가 좋은 장인을 불러 훌륭한 상감세공으로 구멍을 막았다고 한다.

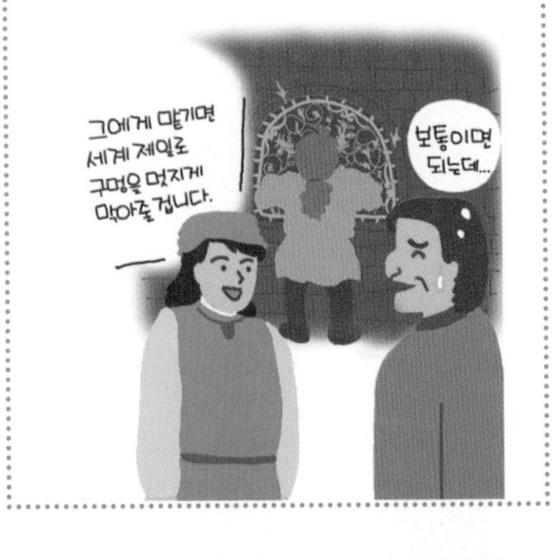
그에게 맡기면
세계 제일로
구멍을 멋지게
막아줄 겁니다.
보통이면
되는데...

미니 칼럼

세 거장의 자화상 비교

같은 '자화상'이라고 해도, 세 사람의 표현 방법은 각각 개성의 차이가 분명했다. 레오나르도는 특기인 데생으로 한 점 승부를, 미켈란젤로는 평범한 초상화가 아닌 예언자나 성인으로 분장하여 분위기를 끌어올렸고, 솔직한 라파엘로는 자화상 그 자체의 작품을 남겼다.

레오나르도 다 빈치

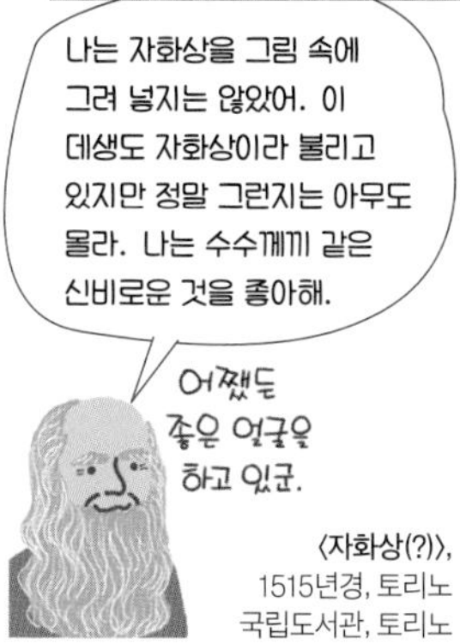
나는 자화상을 그림 속에 그려 넣지는 않았어. 이 데생도 자화상이라 불리고 있지만 정말 그런지는 아무도 몰라. 나는 수수께끼 같은 신비로운 것을 좋아해.
어쨌든 좋은 얼굴을 하고 있군.

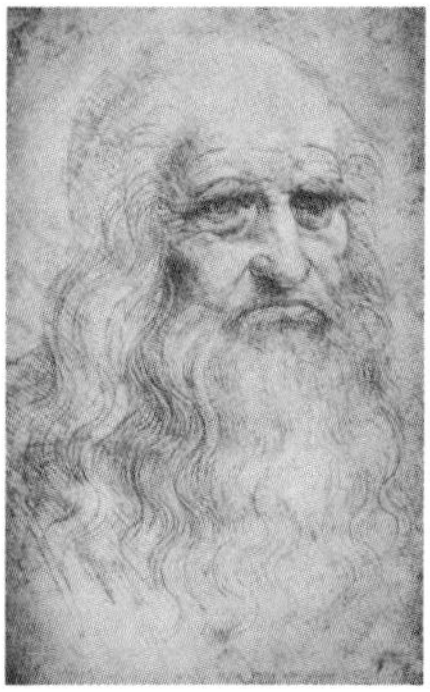

〈자화상(?)〉, 1515년경, 토리노 국립도서관, 토리노

미켈란젤로

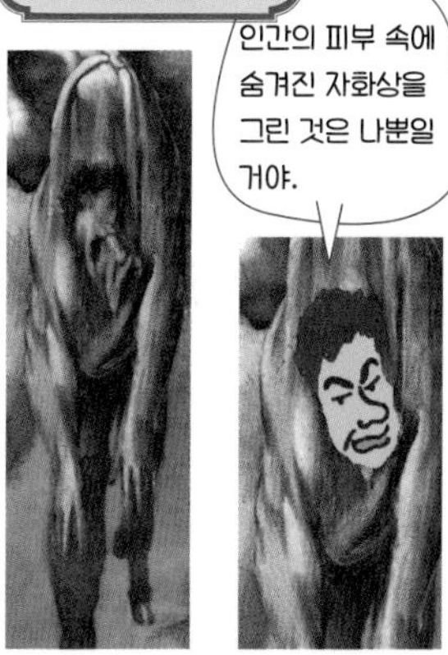
인간의 피부 속에 숨겨진 자화상을 그린 것은 나뿐일 거야.

〈성 바르톨로메오〉, 1541년, 시스티나 예배당, 바티칸 미술관

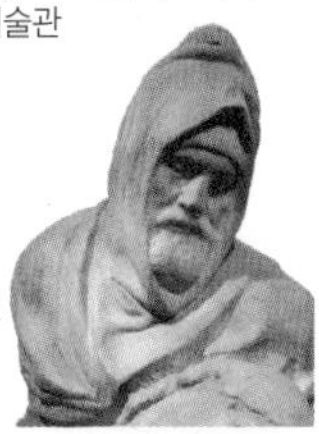

〈피에타〉, 1550년경, 두오모 부속미술관, 피렌체

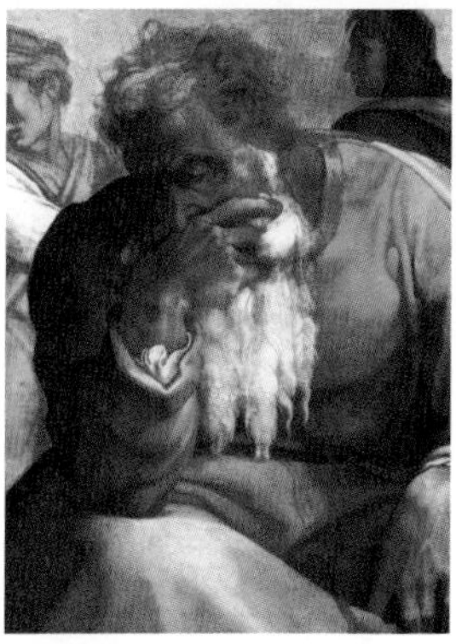

〈예언자 예레미야〉, 1512년, 시스티나 예배당, 바티칸 미술관

라파엘로

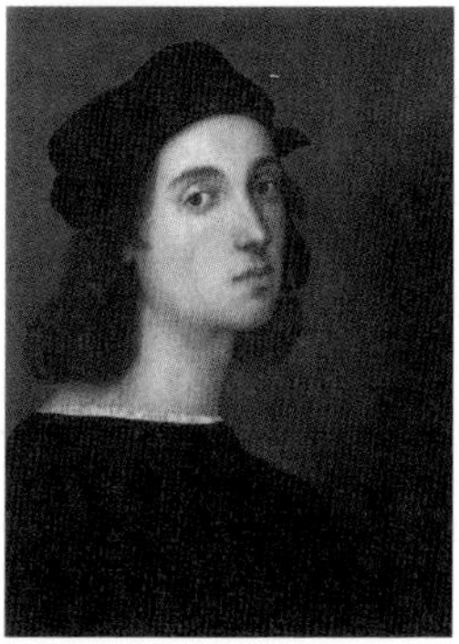

〈자화상〉, 1506년경, 우피치 미술관, 피렌체

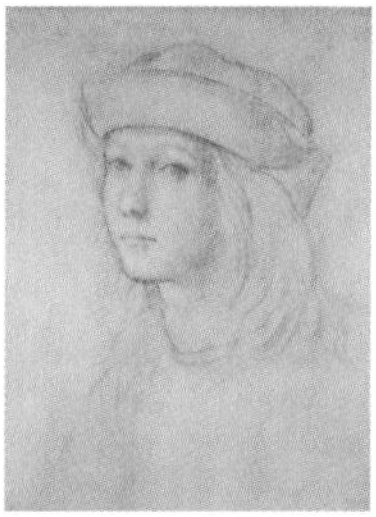

〈자화상〉, 1500~1502년경, 애슈몰린 미술관, 옥스퍼드

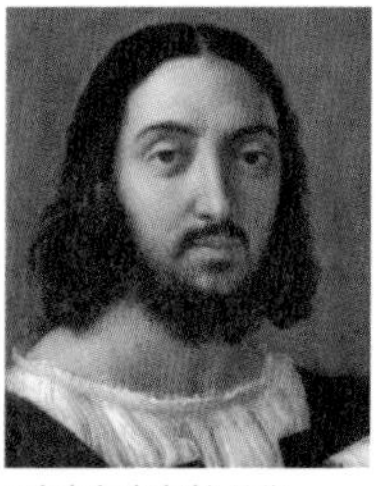

〈지인과 자화상(부분)〉, 1520년경, 루브르 미술관, 파리

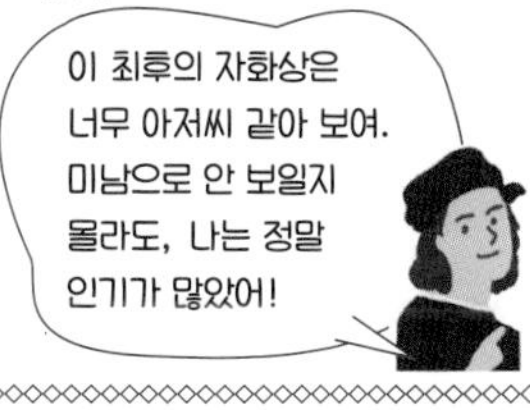
이 최후의 자화상은 너무 아저씨 같아 보여. 미남으로 안 보일지 몰라도, 나는 정말 인기가 많았어!

크하하하

특별 기획 거장들의

악마의 친왕 "사탄"

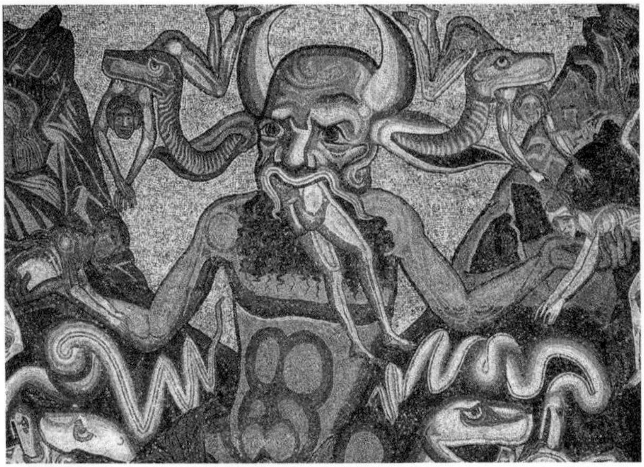

코포 디 마르코발도, 〈**지옥(부분)**〉, 1250~1270년경, 세례당, 피렌체

지오토 이전

지옥의 보스

지금은 이런 모습이 되었지만 예전엔 훌륭한 미남 천사였다나…? 최고 톱클래스의 범죄자 전문으로 양쪽 귀와 입으로 으득으득 영혼을 집어삼킨다. 명예로운 센터포지션. 입으로 삼키고 있는 것은 악인계의 슈퍼스타 배신자 유다이다.

일하는 악마들

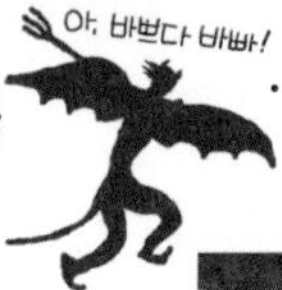

아, 바쁘다 바빠!

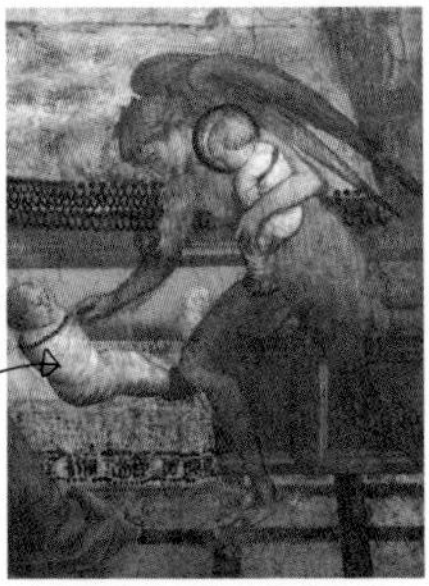

필리포 리피, 〈**성 스테파노전(부분)**〉, 1452~1465년, 대성당, 플라토

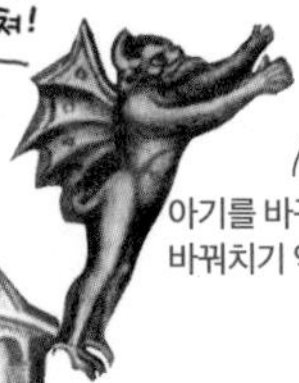

위험해. 도망쳐!

아기를 바꾸는 바꿔치기 악마

담을 부숴 성인에게 피해를 주는 실행범계 악마

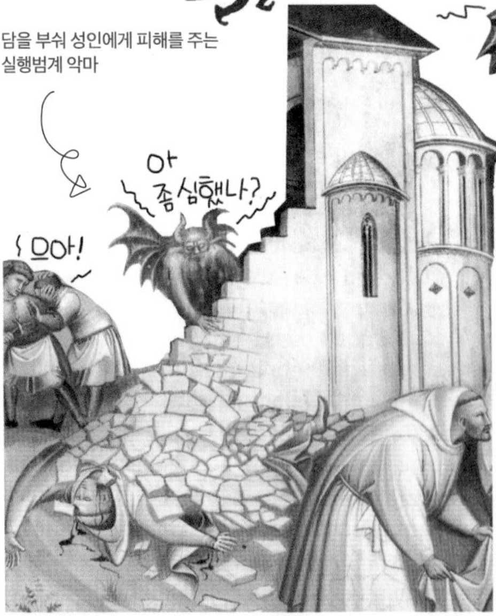

아 좀 심했나?
으아!

스피넬로 아레티노, 〈**성 베네딕투스전(부분)**〉, 1387년경, 산 미니아토 알 몬테 교회, 피렌체

유다를 꼬드기는 유혹계 악마

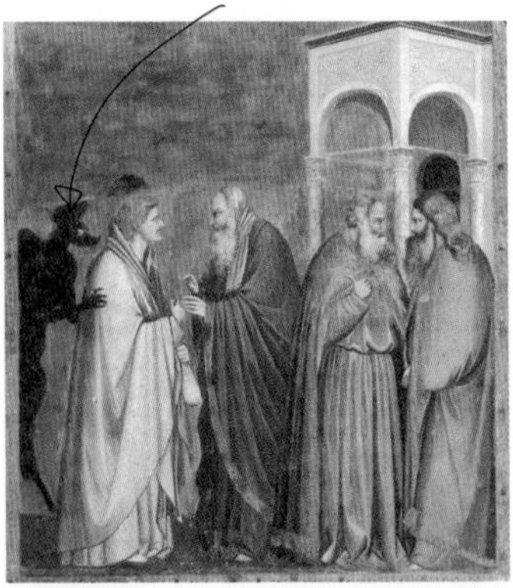

지오토파

지오토, 〈**그리스도전: 유다의 배반**〉, 1304~1305년경, 스크로베니 예배당, 파도바

악마 표현 비교

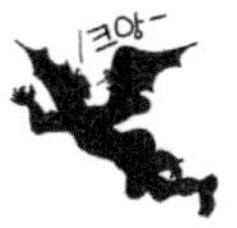

크아-

"그리스도한테는 안 되네"

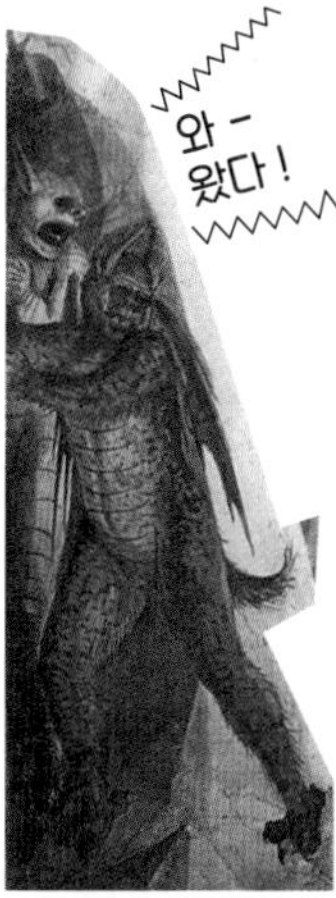

와 -
왔다!

프라 안젤리코
〈저승으로의 하강(부분)〉,
1432~1435년경, 산 마르코 미술관, 피렌체

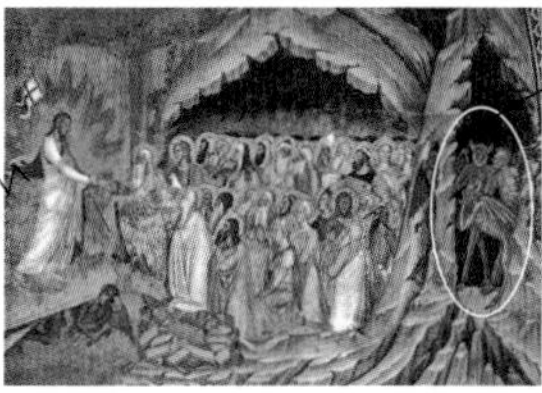

안드레아 다 피렌체, 〈저승에 내려가신 그리스도〉

저승에 내려간 그리스도

그리스도는 사망 후 부활하기까지 3일간 천국에도 지옥에도 못 가고 갇혀 있던 사람들(주로 크리스트교의 세례를 받지 않은 사람들)의 영혼을 저승에서 해방시켰다. 그때까지 그곳을 관리하던 악마들은 구세주가 온다는 소문을 듣고 대형 열쇠로 문을 잠그고 안심했지만 그리스도는 너무나 쉽게 문을 넘어뜨리고 모두를 데리고 나갔다. 이 주제에는 장난기 가득한 악마가 숨어 있다.

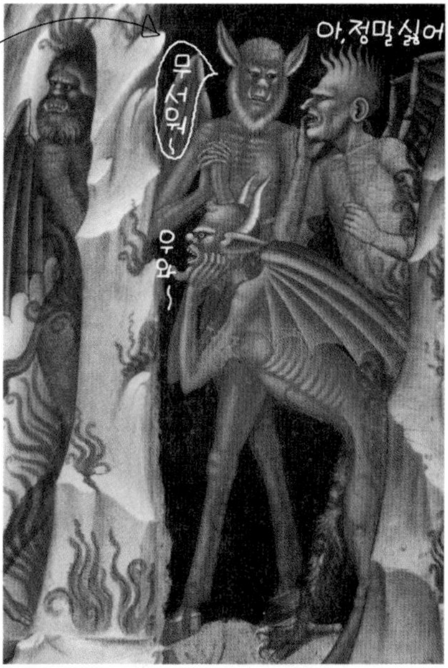

아, 정말 싫어
무서워~
우와~

지오토파

안드레아 다 피렌체, 〈저승에 내려간 그리스도(부분)〉, 1365년경, 산타 마리아 노벨라 교회, 피렌체

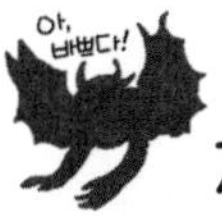

아, 바쁘다!

지옥으로의 안내

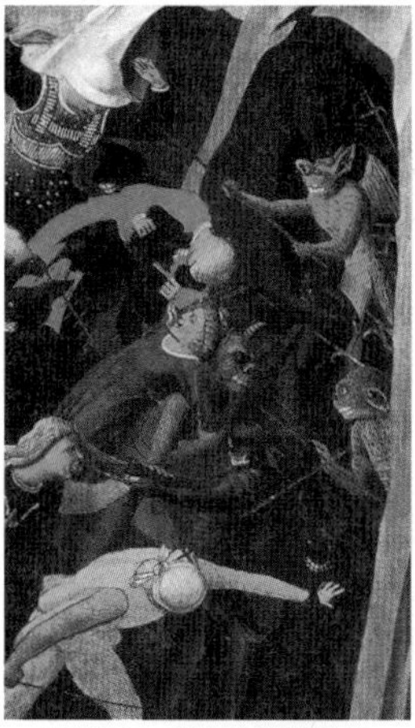

프라 안젤리코, 〈최후의 심판(부분)〉, 15세기 전반, 산 마르코 미술관, 피렌체

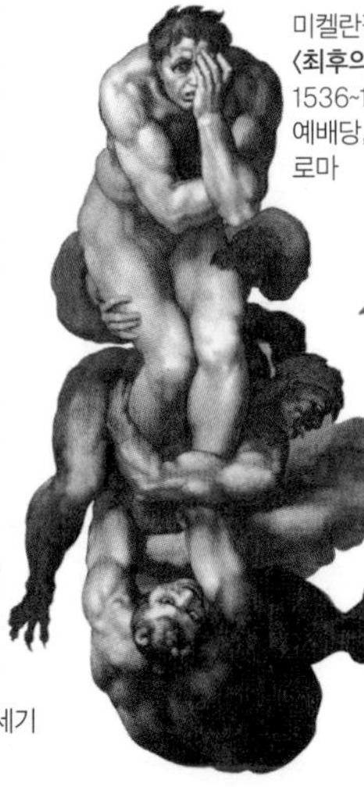

미켈란젤로, 〈최후의 심판(부분)〉, 1536~1541년, 시스티나 예배당, 바티칸 미술관, 로마

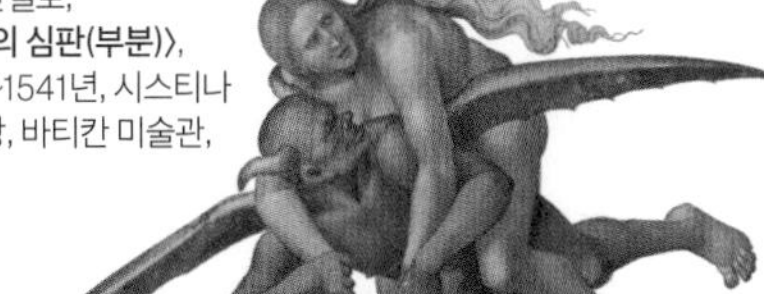

미켈란젤로의 선배

루카 시뇨렐리, 〈최후의 심판(부분)〉, 1500~1503년, 대성당, 오르비에토

잡히면 최후엔…

심판이 떨어져 지옥행이 정해진 영혼에게는 곧 악마가 다가온다. 이 일에 열심인 지옥 가이드에게 붙잡히면 최후의 날이다. 아등바등하지 말고 포기하자. 16세기가 되자 악마도 더욱 실제의 사람처럼 표현되고 있다.

《미술가 열전》의 저자

"조르지오 바사리"는 이런 사람

조르지오 바사리

Giorgio Vasari

(1511~1574)

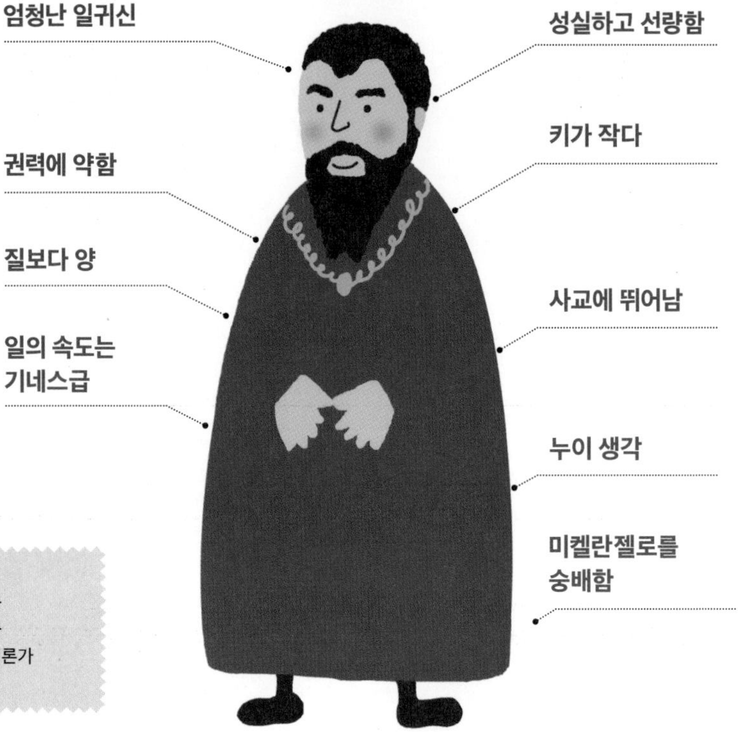

직함
- 건축가
- 문필가
- 미술평론가
- 화가

조르지오 바사리는 1522년 토스카나의 소도시 아레초라는 마을에서 태어났다. 어린 시절 먼 친척인 유명 화가 루카 시뇨렐리에게 '넌 화가나 문필가가 되었으면 좋겠다. 무엇보다도 데생을 열심히 하라'는 말을 듣고 그림을 그리게 되었으며, 그 말을 평생 잊지 않았다고 한다.

열여섯 살 때 아버지가 세상을 떠나, 가장으로서 가족을 부양하기 위해 돈을 벌어야 했기 때문에 무슨 일이든 받아 열심히 일했다. 그 후 타고난 재능과 사교성, 놀라운 작업 속도 등으로 메디치의 역대 당주의 마음에 들어, 마침내 궁전화가의 칭호를 얻게 되었다. 본업인 화가뿐 아니라《미술가 열전》의 집필, 우피치 미술관, 바사리의 회랑, 베키오 궁전의 대개장공사를 수행했고, 그런 와중에도 미켈란젤로의 장례 책임자와 교회의 개수공사, 마지막에는 두오모의 천장화에도 착수했다.

바사리의 열전 비화

《미술가 열전》의 탄생

1 1460년경 로마에서 일하던 바사리는 점차 상류층 사람들이 모이는 지적인 모임에 참가하게 되었다.

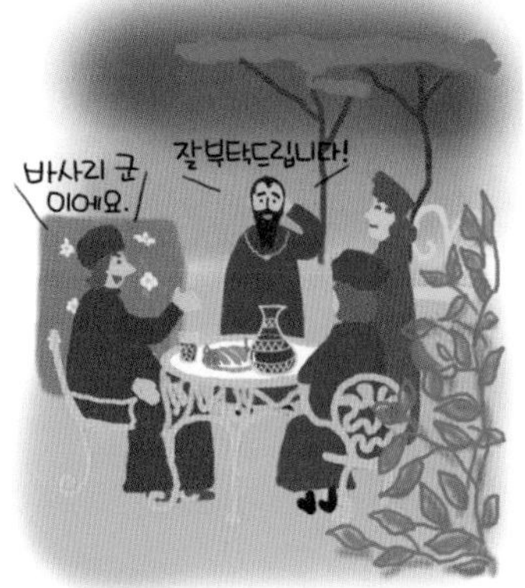
바사리 군이에요.
잘 부탁드립니다!

2 그 모임에서 박식하기로 유명한 파올로 조비오에게 한 가지 제안이 들어왔다.

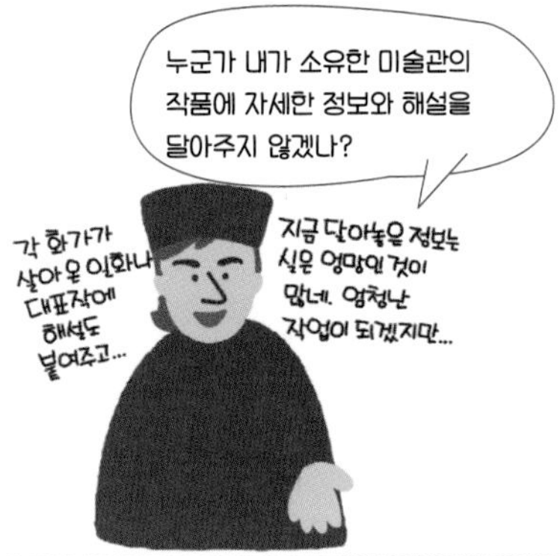
누군가 내가 소유한 미술관의 작품에 자세한 정보와 해설을 달아주지 않겠나?
각 화가가 살아온 이야기나 대표작에 해설도 붙여주고...
지금 달아놓은 정보는 실은 엉망인 것이 많네. 엄청난 작업이 되겠지만...

3 그곳에 있던 사람 중에 화가는 바사리 한 명뿐이었기 때문에, 모두 바사리를 바라보고…

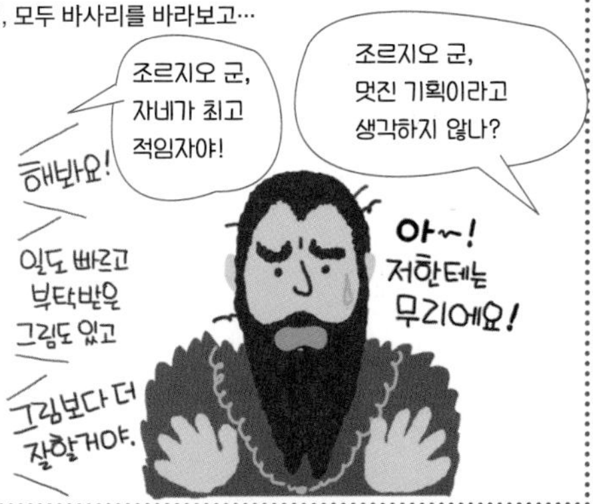
조르지오 군, 자네가 최고 적임자야!
조르지오 군, 멋진 기획이라고 생각하지 않나?
해봐요!
일도 빠르고 부탁받은 그림도 있고
그림보다 더 잘할거야.
아~! 저한테는 무리에요!

4 반강제적으로 일을 받은 바사리였지만, 일을 맡은 이상 타고난 성실함과 책임감으로 열심히 작업에 매진했다.

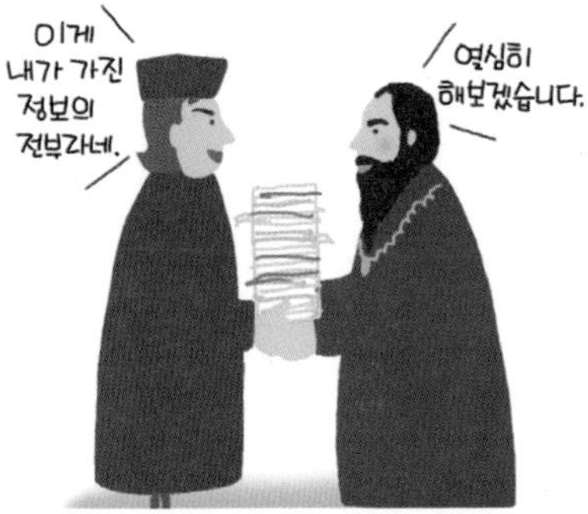
이게 내가 가진 정보의 전부라네.
열심히 해보겠습니다.

5 젊은 시절부터 모아온 뛰어난 화가들에 대한 메모와 데생, 고전 서적, 직접 발로 뛰며 조사한 정보들을 수집해 나갔다.

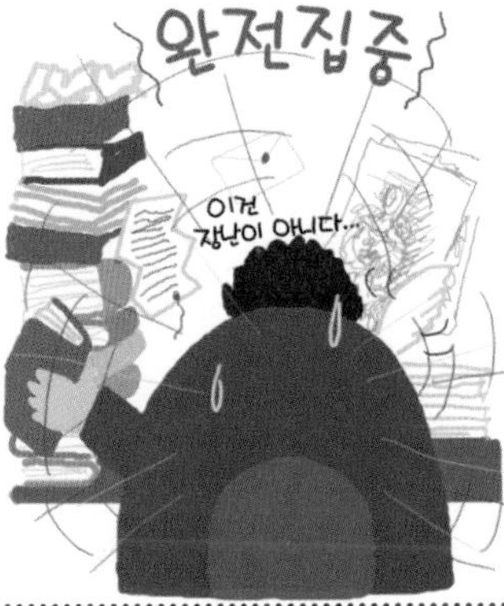
완전집중
이건 장난이 아니다...

6 바사리는 기획이 시작된 지 단 3년 만에 전대미문의 저술을 인쇄하기에 이르렀다. 그것이 바로 《미술가 열전》이다.

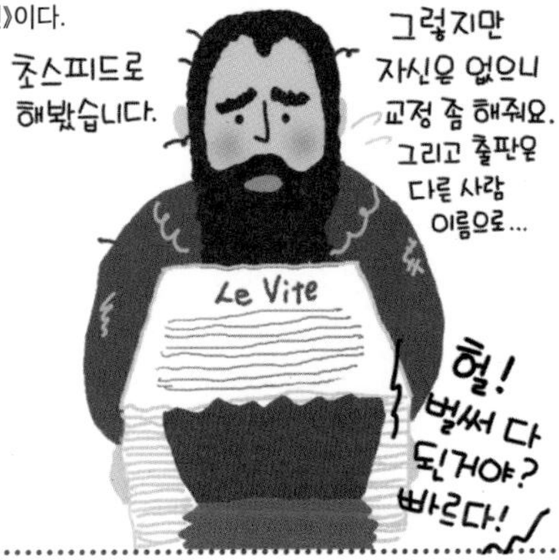
초스피드로 해봤습니다.
그렇지만 자신은 없으니 교정 좀 해줘요. 그리고 출판은 다른 사람 이름으로...
Le Vite
헐! 벌써 다 된거야? 빠르다!

●●● 바사리의 맹렬한 작업 ●●●

세계 최초의 미술사 책

《미술가 열전》 "LE VITE"

치마부에부터 시작하는 이탈리아의 훌륭한 건축가, 화가, 조각가들의 전기

바사리는 세계 최초로 "예술가의 인생과 그 작품의 평론, 해설을 쓴 책"을 출판했다. 그중에서 그가 정의한 '르네상스를 3단계(프로토, 초기, 전성기)로 나누어 생각하는' 방식은 현재까지도 영향을 미치고 있다.

《미술가 열전》은 출판 당시부터 큰 성공을 거두었다. 그리고 지금까지 방대한 출판을 거듭하며 베스트셀러가 되었다. 훗날 연구에 의해 연대의 오류, 근거 없는 그림, 작품의 잘못된 기록, 터무니없는 일화 등으로 다양한 문제점이 지적되기도 했다. 하지만 당시 예술가들의 인격과 생애를 추측하는 귀중한 에피소드들과 정확한 심미안을 가진 바사리에 의한 미술비평의 가치가 담겨 지금까지도 중요한 고전으로 계속 읽혀지고 있다.

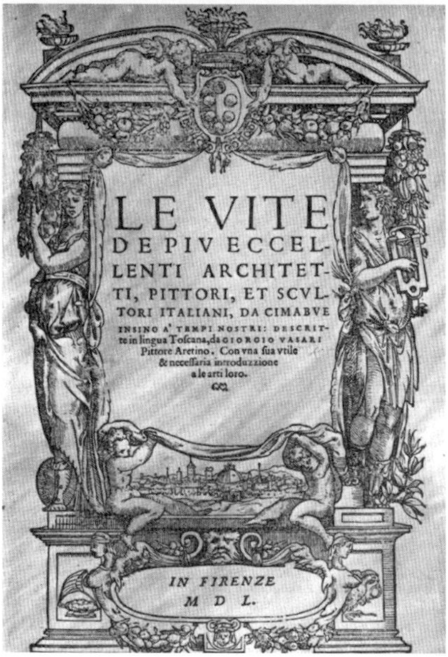
LE VITE
DE PIV ECCELLENTI ARCHITETTI, PITTORI, ET SCVLTORI ITALIANI, DA CIMABVE
INSINO A' TEMPI NOSTRI: DESCRITte in lingua Toscana, da GIORGIO VASARI
Pittore Aretino. Con vna sua vtile & necessaria introduzzione a le arti loro.
IN FIRENZE
M D L.

《미술가 열전》, 표지 1550년, 초판, 피렌체

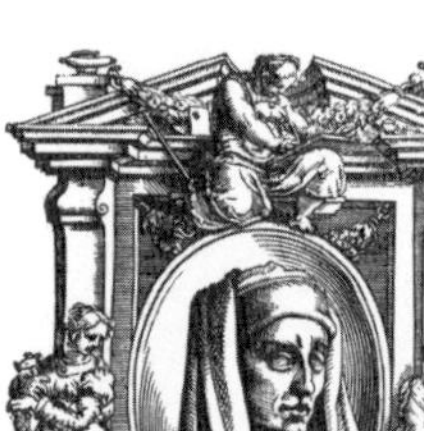
GIOTTO PITTORE, SCVLTORE ET ARCHITETTO FIOR.

〈지오토 장(章)〉의 속표지, 1569년, 제2판, 피렌체

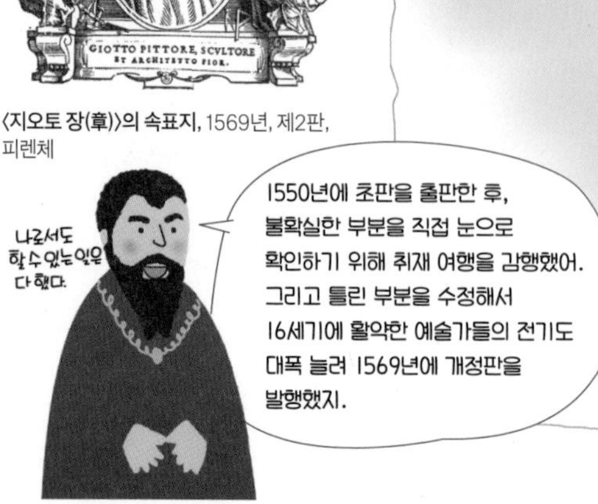
나로서도 할 수 있는 일은 다 했다.
1550년에 초판을 출판한 후, 불확실한 부분을 직접 눈으로 확인하기 위해 취재 여행을 감행했어. 그리고 틀린 부분을 수정해서 16세기에 활약한 예술가들의 전기도 대폭 늘려 1569년에 개정판을 발행했지.

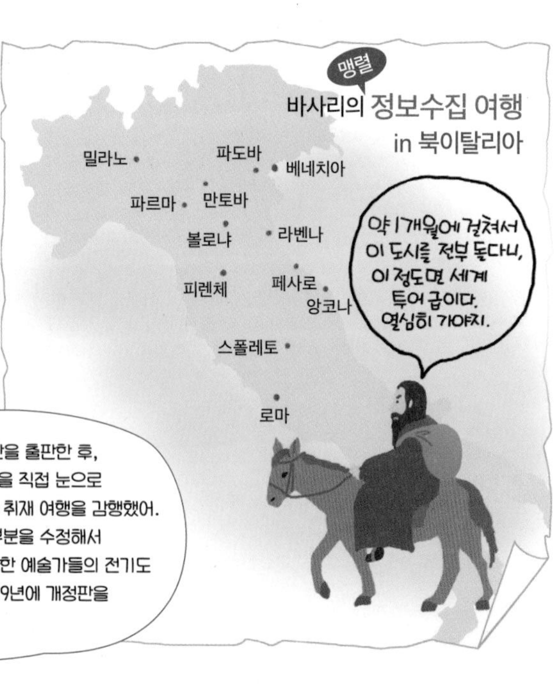
맹렬
바사리의 정보수집 여행
in 북이탈리아
밀라노
파도바
베네치아
파르마
만토바
볼로냐
라벤나
피렌체
페사로
앙코나
스폴레토
로마
약 1개월에 걸쳐서 이 도시를 전부 돌다니, 이 정도면 세계 특어 급이다. 열심히 가야지.

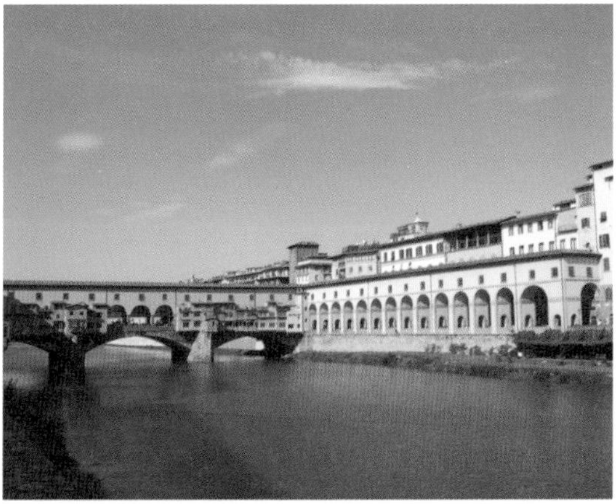

〈바사리의 회랑〉, 1565년, 피렌체

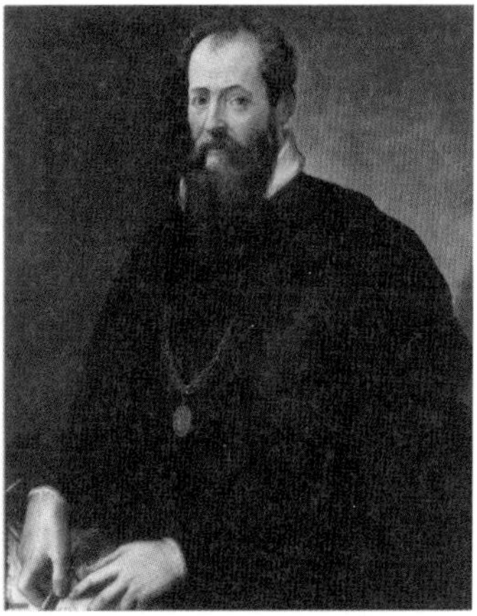

〈자화상〉, 1565년, 바사리의 회랑, 피렌체

베키오 궁전에서 우피치 미술관을 거쳐 피티 궁전을 연결하는 이 공중회로는 코시모 1세의 명으로 아들 프란체스코 메디치와 조반나 다오스트리아의 결혼을 기념하여 건설되었다. 결혼식에 맞추어 통상 6년 걸리는 것을 단 6개월 만에 완성했다고 훗날 건축책임자인 바사리는 말했다. 현재는 초상화 컬렉션이 전시되어 있다.

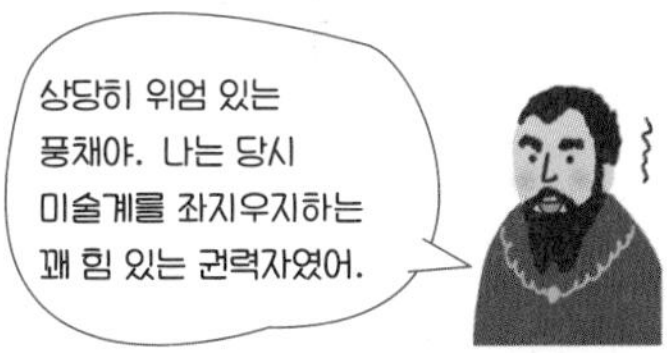
상당히 위엄 있는
풍채야. 나는 당시
미술계를 좌지우지하는
꽤 힘 있는 권력자였어.

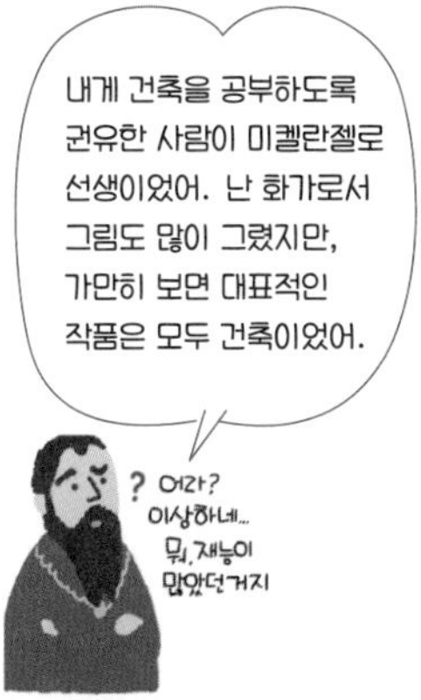
내게 건축을 공부하도록
권유한 사람이 미켈란젤로
선생이었어. 난 화가로서
그림도 많이 그렸지만,
가만히 보면 대표적인
작품은 모두 건축이었어.
? 어라?
이상하네...
뭐, 재능이
많았던거지

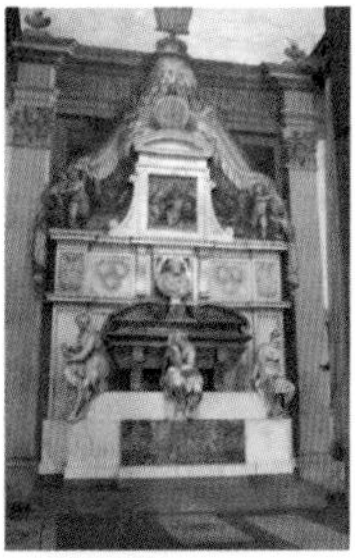

〈미켈란젤로의 묘〉, 1565년, 산타 크로체 교회, 피렌체

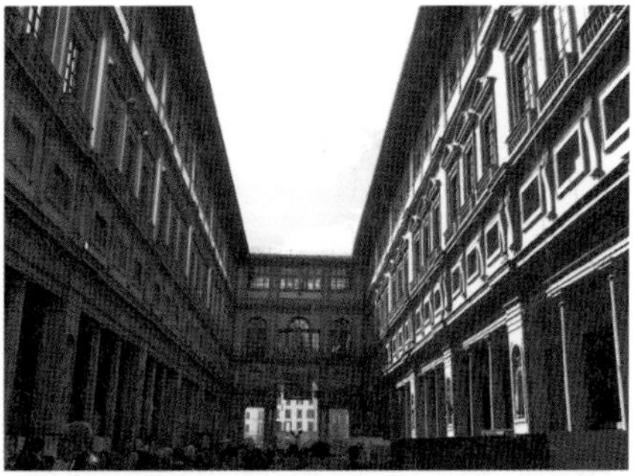

〈우피치 미술관〉, 1560~1580년, 피렌체

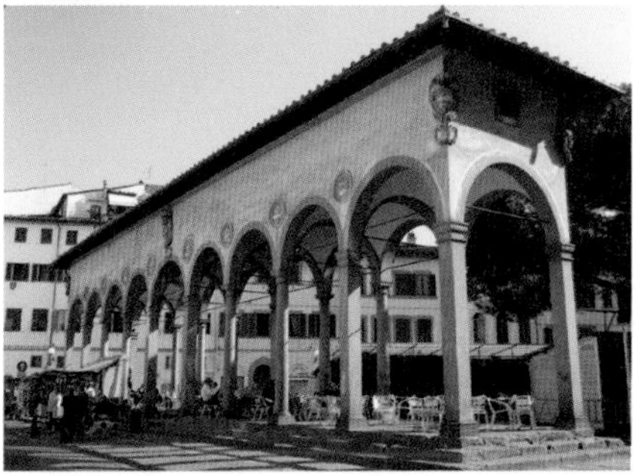

〈구시장의 회랑(물고기의 방)〉, 1570년, 피렌체

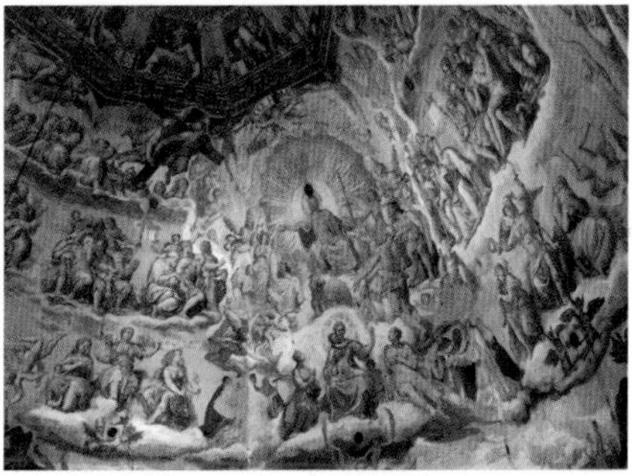

〈대성당의 천장화〉, 1574년, 두오모, 피렌체

르네상스 예술가로 보는

당신은 어떤

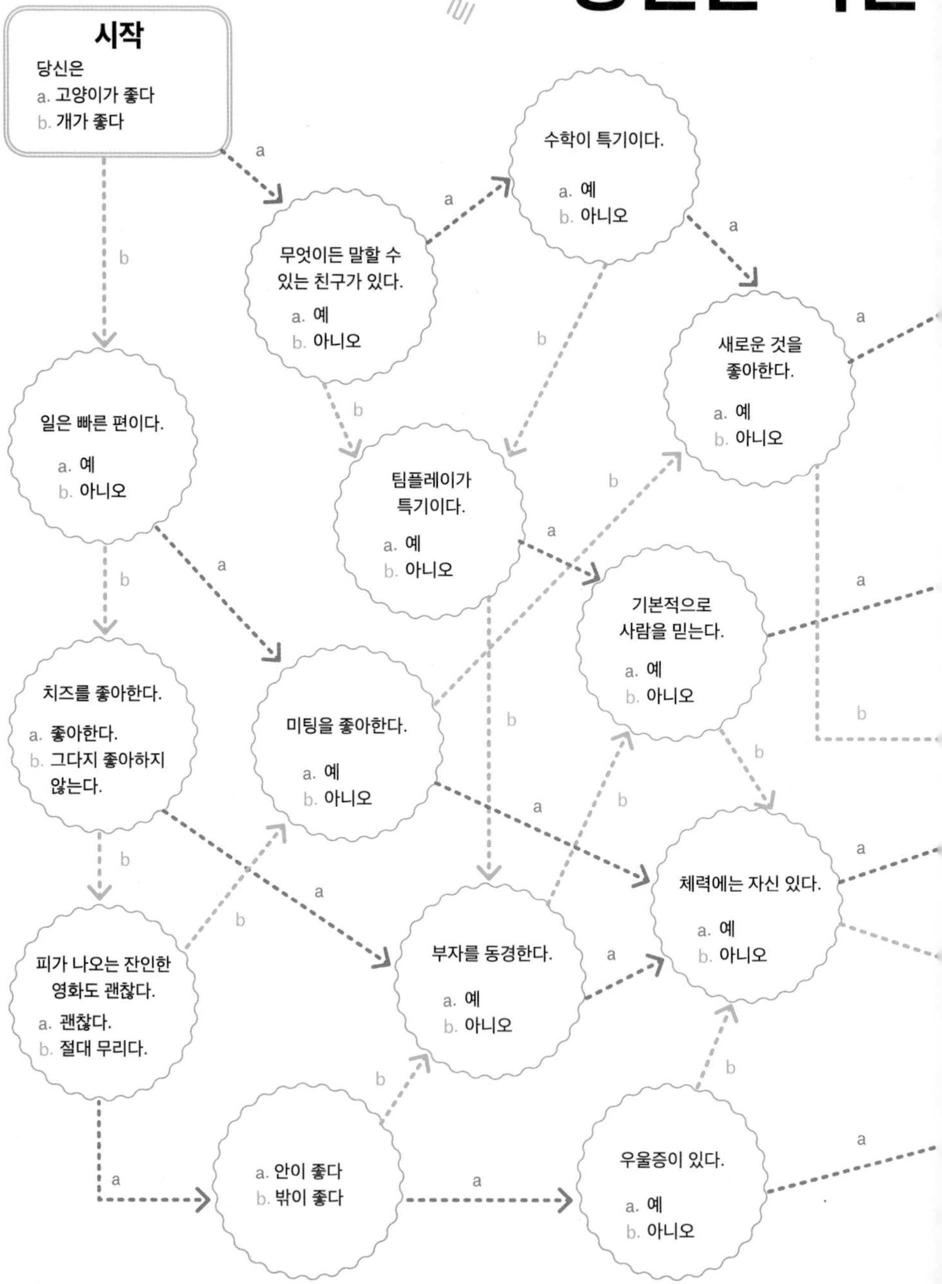

시작
당신은
a. 고양이가 좋다
b. 개가 좋다
무엇이든 말할 수 있는 친구가 있다.
a. 예
b. 아니오
수학이 특기이다.
a. 예
b. 아니오
새로운 것을 좋아한다.
a. 예
b. 아니오
일은 빠른 편이다.
a. 예
b. 아니오
팀플레이가 특기이다.
a. 예
b. 아니오
기본적으로 사람을 믿는다.
a. 예
b. 아니오
치즈를 좋아한다.
a. 좋아한다.
b. 그다지 좋아하지 않는다.
미팅을 좋아한다.
a. 예
b. 아니오
체력에는 자신 있다.
a. 예
b. 아니오
피가 나오는 잔인한 영화도 괜찮다.
a. 괜찮다.
b. 절대 무리다.
부자를 동경한다.
a. 예
b. 아니오
a. 안이 좋다
b. 밖이 좋다
우울증이 있다.
a. 예
b. 아니오

타입 인가?

붙임성이 좋다.
a. 예
b. 아니오

새를 좋아한다.
a. 예
b. 아니오

돈에 집착하지 않는다.
a. 예
b. 아니오

보는 건 미녀도 좋지만 미소년도 좋다.
a. 미녀
b. 미소년

얼굴과 스타일 어느 쪽을 중시하는가?
a. 얼굴
b. 스타일

예술이란?
a. 회화
b. 조각

사진을 찍는다면
a. 풍경
b. 인물

사람 좋다는 말을 듣는다.
a. 예
b. 아니오

상식에 구애받지 않는 혁신적인 당신은 시대를 잘 타고 태어나면 불후의 명성을 손에 넣을지도 모른다.

형식을 파괴하는 혁신자
지오토

머리가 너무 좋은 당신은 주변 사람들이 바보로 보여 고민하는 것은 아닌지? 조금 친절한 마음으로 사람을 대한다면 무적의 위인이 될 것이다.

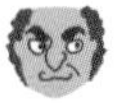

두뇌명석 불언실행
브루넬레스키

무언가에 너무 깊이 빠져 버리는 당신은 주변 시선 등은 아랑곳하지 않고 자신의 길을 간다. 어느새 시대가 당신을 따라갈지도.

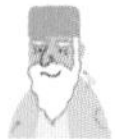

원조 마니아
우첼로

성격도 외모도 나무랄 데 없는 당신. 그늘에서의 노력도 전부 열매를 맺는다. 단, 연애문제에 함정이 숨어 있을지도.

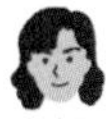

모든 명예를 손안에
라파엘로

섬세하고 감수성 풍부한 당신은 시대의 총애를 받는 아이가 될지도. 단, 일이 잘 안 풀리는 시기에 슬며시 다가오는 수상한 권유에는 각별히 주의하라.

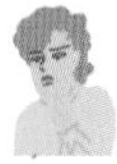

정점과 사양
보티첼리

계속해서 여러 가지 것들을 생각해 버리는 당신. 생각이 산만한 습관을 고치면 성과가 훨씬 올라 돈 많고 좋은 후원자를 발견할지도 모른다.

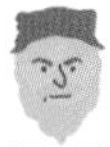

전설적 존재
레오나르도 다 빈치

사람이 좋아 일과는 거리가 먼 당신은 단기간에 큰 성과를 내어 후세에 이름을 남길지도. 하지만 과로에는 주의할 것.

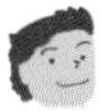

혜성 같은 스타의 인생
마사치오

실력도 노력도 유례없는 당신. 모두가 두려워할 정도의 대단한 인물이었다고는 해도 조금은 몸가짐에도 신경을 쓰자.

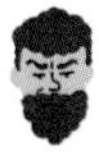

압도적인 존재감
미켈란젤로

참고문헌

G.바사리, 《르네상스 화인전》, 히라카와 수케히로(平川祐弘)·코다니 토시지(小谷年司)·타나카 히데미치(田中英道) 역, 하쿠수이샤(白水社), 1982년.

G.바사리, 《르네상스 화인전 속편》, 히라카와 수케히로·센보쿠야 카야토(仙北谷茅戸)·코다니 토시지 역, 하쿠수이샤 1995년.

G.바사리, 《르네상스 조각가 건축가열전》, 모리타 요시유키(森田義之) 감역, 하쿠수이샤, 1989년.

로렌 모레, 《조르조 바사리 메디치가의 연출가》, 히라카와 수케히로·히라카와 케이코(平川恵子) 역, 하쿠수이샤, 2003년.

- 이탈리아 르네상스의 거장들

루치아노 벨로시(Luciano Bellosi), 《지오토》, 노무라 유키히로(野村幸弘) 역, 도쿄쇼텐(東京書籍), 1994년.

조반니 파넬리(Giovanni Fanelli), 《브루넬레스키》, 코지마 요시에(児嶋由枝) 역, 도쿄쇼텐, 1994년.

조반나 가에타 베르텔라(Giovanna Gaeta Bertela), 《도나텔로》, 요시노 아키라(芳野明) 역, 도쿄쇼텐, 1994년.

오르넬라 카사차(Ornella Casazza), 《마사치오》, 마쓰우라 히로아키(松補弘明) 역, 도쿄쇼텐, 1994년.

안나리타 파올리에리(Annarita Paolieri), 《파올로 우첼로·도메니코 베네치아노·안드레아 델 카스타뇨》, 모로카와 하루키(諸川春樹)·카타기리 요리츠구(片桐頼継) 역, 도쿄쇼텐, 1995년.

존 포프 헤네시(John Pope Hennessy), 《프라 안젤리코》, 키타무라 아카리(喜多村明理) 역, 도쿄쇼텐, 1995년.

글로리아 포시(Gloria Fossi), 《필립포 리피》, 츠카모토 히로시(塚本博) 역, 도쿄쇼텐, 1994년.

브루노 산티(Bruno Santi), 《보티첼리》, 세키네 슈이치(関根秀一) 역, 도쿄쇼텐, 1994년.

브루노 산티, 《레오나르도 다 빈치》, 카타기리 요리츠구 역, 도쿄쇼텐, 1993년.

루츠 호이징거(Lutz Heusinger), 《미켈란젤로》, 이시이 모토아키(石井元章) 역, 도쿄쇼텐, 1996년.

브루노 산티, 《라파엘로》, 이시하라 히로시(石原宏) 역, 도쿄쇼텐, 1995년.

- TASCHEN 시리즈

프랑크 초르나, 《레오나르도 다 빈치》, Junko Misuno 역, TASCHEN, 2000년.

질 네레, 《미켈란젤로》, Mariko Nakano 역, TASCHEN, 2002년.

크리스토프 테네스, 《라파엘로》, Kazuhiro Akase 역, TASCHEN, 2006년.

- 서양미술사 전반

《신서양미술사》, 센조쿠 노부유키(千足伸行) 감수, 니시무라쇼텐(西村書店), 1999년.

H. W. 존슨, 《미술의 역사》, 키무라 시게노부(木村重信)·츠지 시게부미(辻成史) 역, 소겐샤(創元社), 1980년.

하야사카 유코(早坂優子), 《감상을 위한 서양미술사 입문》, 시각디자인 연구소, 2006년.

- 피렌체사 · 메디치가

피에르 안토네티(Pierre Antonetti), 《피렌체사》, 나카지마 아키카즈(中島昭和) · 와타나베 타니코(渡部谷子) 역, 하쿠수이샤, 1986년.

타카시나 슈지(高階 秀爾), 《피렌체 초기 르네상스 미술의 운명》, 츄오코론샤(中央公論社), 1966년.

와카쿠사 미도리, 《피렌체 세계 도시의 이야기》, 분게이슌주(文藝春秋), 1999년.

모리타 요시유키(森田義之), 《메디치가》, 고단샤(講談社), 1999년.

타카시나 슈지, 《르네상스의 빛과 그림자 - 예술과 정신풍토》, 츄오코론샤, 1987년.

나카지마 히로오(中嶋浩郎) · 나카지마 시노부, 《피렌체 역사산책》, 하쿠수이샤, 2006년.

- 기타

로스 킹, 《천재건축가 브루넬레스키 - 피렌체 · 꽃의 돔은 어떻게 건축되었나》, 와타나베 키쿠코(渡辺希久子) 역, 도쿄쇼텐, 2002년.

로스 킹, 《시스티나 예배당과 미켈란젤로》, 타나베 키쿠코(田辺希久子) 역, 도쿄쇼텐, 2004년.

미야시타 타카하루(宮下孝晴), 《프레스코화의 르네상스 - 벽화로 읽는 피렌체의 미》, 일본방송출판협회, 2001년.

조르조 스피니, 《미켈란젤로와 정치 - 메디치에 저항한 시민 예술가》, 모리타 요시유키 · 마츠모토 노리아키(松本典昭) 역, 토우수이쇼보(刀水書房), 2003년.

아르빙 스톤(Irving Stone), 《미켈란젤로의 생애》, 신조 데츠오(新庄哲夫) 역, 후타미쇼보(二見書房), 1966년.

레온 바티스타 알베르티, 《회화론》, 미와 후쿠마츠(三輪福松) 역, 중앙공론미술출판, 1971년.

안토니오 마네티, 《브루넬레스키전 부 그라소 이야기》, 아사이 토모코(浅井朋子) 역, 중앙공론미술출판, 1989년.

마츠모토 노리아키, 《후원자들의 르네상스 - 피렌체 미술의 무대 뒤》, 일본방송출판협회, 2007년.

나카모리 요시무네(中森義宗), 《크리스트교 심볼 도전》, 토우신샤(東信社), 1993년.

에리카 랑뮤아(Erika Langmuir), 《네셔널 갤러리 가이드 - 런던 국립미술관으로의 초대》, 타카하시 유코(高橋裕子) 역, 도우호우샤(同朋舎)출판, 1996년.

글로리아 포시, 《우피치 미술관 - 예술 역사 컬렉션》, 마츠모토 하루미(松本春海) 역, 피렌체 밀라노, 2001년.

하야사카 유코(早坂優子), 《천사의 서랍 - 미술관에 사는 천사들》, 시각디자인 연구소, 1995년.

하야사카 유코, 《마리아의 윙크 - 성서의 명장면 모음》, 시각디자인 연구소, 1995년.

도시쿠라 타카시(利倉隆), 《악마와 미술의 이야기》, 미술출판사, 1999년.

사토 코우조우(佐藤幸三), 《도설 르네상스를 산 여성들》, 가와데쇼보신샤, 2000년.

- **외국 문헌**

GIORGIO VASARI, Firenze 1981.

Carlo Bertelli, Giulliao Briganti, Antonio Giuliano, *Storia dell'arte italiana volume Primo*, Milano 1990.

Carlo Bertelli, Giuliano Briganti, Antonio Giuliano, *Storia dell'arte italiana volume secondo*, Milano 1990.

Antonio Manetti, a cura di C. Perrone, *Vita di Fillippo Brunelleschi*, Roma 1992.

FIRENZE. ARTE E ARCHITETTURA, Milano 2000.

Arte. le garzantine Enciclopedia dell'Arte, 2002.

Matilde Battistini, *Simboli e allegorie*, Milano 2003.

Paula Nuttall, *FROM FLANDERS TO FLORENCE*, London 2004.

Lorenzo Lorenzi, *Devils in Art. Florence, From the Middle Ages to the Renaissance*, transl. Mark Roberts, Florence 2006.

Marcello Vannucci, *LE GRANDI FAMIGLIE DI FIRENZE*, Roma 2006.

Stefania Stefani, *La vita straordinaria di LEONARDO DA VINCI*, Firenze-Milano 2006.

G. Vasari, *Le vite dei più eccellenti pittori scultori ed architetti*, Edizione integrale, Roma 2007.

Milena Magnano, *Leonardo*, Milano 2008.

Paolo Franzese, *Raffaello*, Milano 2008.

일러스트로 읽는
르네상스의 거장들

초판1쇄 인쇄 2013년 11월 11일
초판1쇄 발행 2013년 11월 18일

지은이 스기마타 미호코
옮긴이 강신이
펴낸이 김지훈
편 집 나성우
마케팅 최미정
관 리 류현숙
디자인 스튜디오헤르쯔

펴낸곳 도서출판 어젠다
출판등록 2012년 2월 9일(제406-2012-000007호)
주소 경기도 파주시 광인사길 217
전화 (031)955-5897 | **팩스** (031)945-8460
이메일 agendabooks@naver.com

ISBN 978-89-97712-11-3 03600
이 도서의 국립중앙도서관 출판시 도서목록(CIP)은 e-CIP홈페이지(http://www.nl.go.kr/ecip)와
국가자료공동목록시스템(http://www.nl.go.kr/kolisnet)에서 이용하실 수 있습니다.(CIP제어번호: CIP 2013022428)